정관정요

명역고전

정관정요

오긍 지음 · 김원중 옮김

Humanist

일러두기

1. 이 책은 《정관정요》를 완역한 것으로, 쉬다오쉰許道勳 역주·천만밍陳滿銘 교열의 《정관정요貞觀政要》(臺北, 三民書局, 2000)를 저본으로 삼고, 핑위치엔騈宇騫 주注의 《정관정요貞觀政要》(中華書局, 2011), 예광다葉光大의 《정관정요전역貞觀政要全譯》(貴州人民出版社, 1991)과의 비교 대조 등을 거쳤다.
2. 원문에 충실하게 직역 위주로 하면서 의미가 불분명한 부분에서는 현대적인 의역을 곁들였다. 따라서 필요에 따라 문맥을 연결하는 적절한 단어를 삽입해 문의文意를 명백히 하고자 하였다. 본문 가운데 [ ]는 역자가 문맥상 자연스럽게 읽히도록 생략된 말을 첨언한 것이다. 구태의연한 고어투는 가능한 한 현대어로 번역하면서 어감을 살렸다.
3. 편마다 달려 있는 소제목은 역자가 문단을 나누어 임의로 붙인 것이며, 대체로 연도에 따라 구분하고 문장이 길 경우 단락에 따라 재구분하였다. 이로써 소제목만 보고도 내용을 유추하도록 하였다.
4. 역주는 각주로 붙였고 인명과 개념어, 관직명 등을 그 대상으로 삼았다.
5. 각 편 첫 부분에 해제를 붙였는데, 각 편을 이해하는 데 도움을 주기 위한 것이나 역자의 독단과 지나친 감상주의를 경계하고자 하였으며, 본문과의 중복을 피하고자 간소화하였다.
6. 찾아보기는 인명·관직명·개념어 위주로 작성했다. 다만 지나치게 상식적인 수준의 용어는 배제하였다.

서문

중국의 역대 제국 가운데 가장 넓은 영토를 차지하고 화려한 문화를 꽃피운 당제국, 그 기틀을 마련하고 난세를 태평성대로 이끈 인물이 바로 당태종이다. 그가 다스린 시기를 그의 연호인 정관貞觀을 따서 '정관의 치治'라고 하는데, 현종이 다스린 '개원開元의 치治'와 더불어 중국 역사의 황금시대라고 부른다.

《정관정요》는 당태종이 다스렸던 시기의 정치의 요체(政要)를 정리한 책으로, 당태종 이세민李世民이 신하들과 정치에 관해 폭넓게 대화를 나눈 토론집의 성격을 띤다. 626년부터 649년까지 약 23년간 중국 역사에서는 가장 위대한 정치의 시대라고 이야기하는 그 당시 정치의 거의 모든 것을 정리한 것이 바로《정관정요》이다.

당나라는 세계의 중심이라는 말에 걸맞게 세계 각지의 상인이 오가고 문물이 모여들어 섞이며 융화되어 찬란한 문화를 이룩하였지만 그 과정은 결코 만만찮았다.《정관정요》는 당태종이 당제국을 반석에 올려놓는 데 성공할 수 있었던 비밀의 핵심을 보여준다.

방대한 영토를 가진 중국의 역대 제국은 늘 주변의 이민족과의 관계를 고심해왔다. 당나라 역시 서쪽의 토번, 북쪽의 호족, 남쪽의 월족, 동쪽의 고구려 등 강력한 이민족과 접하고 있었던 탓에 변방을 안정시키는 것이 대외적인 큰 문제였다. 대내적으로는 대규모 토목공사와 무리한 고구려 원정 등으로 수나라가 멸망하고 당나라가 세워지는 와중에 피폐해진 민생을 시급히 안정시켜야 하는 문제가 있었다. 이에 당태종은 가장 기본적인 군주의 도리를 바탕으로 신하들과 진지하게 토론하며 국정을 운영하여 문제를 해결해간다. 《정관정요》는 군주 자신이 사치와 방종을 경계하며 언행에 신중하고 신하의 간언을 받아들이며 백성을 아끼고 변방을 안정시켜 모두가 잘사는 나라를 목표로 노력하는 리더십의 전형을 보여준다. 오긍吳兢은 당태종이 신하들과 나라의 운영을 토론하는 모습에 큰 감명을 받아 후세의 왕들이 이를 본받기를 원해 《정관정요》를 집필하였던 것이다.

당태종은 창업創業을 이룬 후에도 수성守成을 위해 끊임없이 노력했는데, 엄정한 자기 관리는 물론 군주와 신하의 관계, 군주와 백성의 관계, 주변국과의 관계 등에 대해서도 신하들과 토론을 벌이며 더 나은 정치를 펼치려고 하였다. 이러한 '리더의 자기 관리 노력'과 '관계에 대한 고민'은 1300여 년이 지난 오늘날 우리 주변에서 일어나는 문제에도 적용해볼 여지가 있다.

현대사회의 가장 큰 특징은 조직사회라는 점이다. 최근에는 조직의 분화와 발전이 눈부시게 이루어졌지만 조직을 움직이는 기본 원리인 관료주의는 쉽게 바뀌지 않는다. 조직은 개인들의 서열 관계로 이루어진다. 또한 팀으로 편성되고 팀 사이의 알력과 협력 관계가 분명히 존재한다. 당나라 시기에는 가장 복잡 미묘한 조직의 형태가 궁중이고 거기서 일어나는 일은 오늘날 복잡 다양한 기업이라는 조직에서 벌어지는 일과 큰 차이가 없을 것이다. 당나라 전체를 하나의 큰 조직으로 본다면, 황제야말로 그 조직의 리더라고 할 수 있다. 그 당시 당태종이 보여준 소통하는 리더십은 당나라 제국을 중국 역사에서 손꼽히는 위대한 나라로 만드는 원동력이 되었다.

《정관정요》가 소통하는 리더십의 고전이라면, 늘 그와 함께 대비되는《한비자》는 군주론과 제왕학의 고전이라 할 수 있다. 당태종의 시대는 600년대이며, 한비자의 시대는 기원전 200년대이니, 그 간극은 9백년 정도가 된다. 독자들은 제왕학의 전범으로 꼽히는《한비자韓非子》를 함께 읽기를 권한다. 읽기에 따라 득이 될 수도 있고 실이 될 수도 있는《한비자》의 관점은 분명《정관정요》와는 다른 시각을 보여주기 때문이다.

창업을 이루는 난세에는 강력한 권력을 바탕으로 엄격한 법치를 펼치는《한비자》의 제왕적 리더십이 필요하다. 진시황이 서른아홉에 천하를 통일하고 불과 11년 동안 제국을 유지하다가 객사하고 그의 아들 대에서 3년도 채 못 되어 제국을 마감하게 된 것은, 힘들고 어려운 창업을 이루어냈지만 수성하는 데 초심을 끝까지 간직하지 못했을뿐더러 지나친 형벌로만 나라를 다스리려고 했기 때문일 것이다. 이런 점에서 타율보다는 자율을 강조하고 백성을 다스리기 위한 방법으로 덕치를 내세운 당태종이 추구한 소통의 리더십은 참조할 만한 가치가 충분하다고 하겠다. 오긍은 치국의 방식에 대해 고민하면서 당태종이 법치가 아닌 덕치, 군주보다는 백성, 닫힌 세계관보다는 열린 세계관, 불신보다는 신뢰, 수직보다는 수평의 통치 스타일을 고수하고, 그 어떤 제왕보다도 인문학을 육성하여 역사와 고전을 중시하였으며, 신하와의 소통을 바탕으로 권력을 공유한 점을 높이 여겨 그의 리더십을 모두 담고자 하였을 것이다.

이번 개정 작업에서는 초판의 기본적인 틀은 유지하되, 해제를 전면적으로 재작성하여 그 과정에서 전편의 구성을 분명히 알 수 있도록 하였으며, 눈에 거슬리거나 잘못된 글자를 바로잡고 오긍의 원저자 서문을 새로 번역하여 수록했다. 책 전체가 대부분 대화체로 구성되어 있는 만큼 대화체의 어감을 살려 현장감이 전달되도록 힘썼다. 아울러 책의 편제 역시 원전의 체제를 유지하면서 중간의 소제목 등을 독자가 알기 쉽도록 새로 달았다. 본문 번역의 미세한 부분도 손을 보아《정관정요》원전이 지닌 진면목을 보여주고자 하였다.

늘 그렇듯 새벽에 일어나 고전 번역 작업을 해온 지 20년의 세월이 훌쩍 지나갔다. 어느덧 고전 번역은 나의 일상이 되었고, 그 결과물은 나의 분신이 되었다. 우리의 삶이 살아 있는 한 고전은 영원하리라는 믿음은 여전하다. 이 책을 통해 리더들이 소통과 공감 능력을 키우고, 창업 못지않게 어려운 수성의 과정에서 초심을 유지하면서 조직을 운영해나가는 힘을 기르기를 바라는 마음이 간절하다.

2016년 4월

김원중

차 례

권卷 9

권卷 10

해제

열린 정치와 소통하는 리더십의 고전,《정관정요》

소통하는 리더십의 제왕, 당태종

험난한 창업의 과정을 거치다

당태종 이세민은 열린 마음과 소통하는 리더십을 보여준 제왕이라는 평가를 받고 있다. 수양제처럼 신하에게 엄하고 백성 위에 군림하며 대규모 토목공사를 벌임으로써 위엄을 내세우는 제왕이 아니라, 언제나 신하의 간언에 귀 기울이고 민심을 살피고 백성에게 애정을 베푼 제왕이었다.

수나라는 오랜 기간 분열되어 있던 중국을 통일했지만 수양제隋煬帝는 대규모 토목공사와 고구려 원정 등 연이은 실정失政으로 민심을 잃은 상태였다. 각지에서 반란이 일어나 전국이 혼란스러웠다. 이에 이세민은 수양제를 타도하고자 태원太原 방면 군사령관으로 있던 아버지 고조高祖 이연李淵을 설득해 병사를 일으켰다. 618년 장안에 입성해 당나라를 세우고 이연이 제위에 올랐지만 여전히 각지에서는 군웅들이 할거하며 왕이나 황제를 자칭하고 있었다. 그래서 설거薛擧·설인고薛仁杲 부자, 유무주劉武周, 왕세충王世充·두건덕竇建德 등과 수년에 걸쳐 여러 차례의 전쟁을 치른 후에야 비로소 명실상부한 당제국이 서게 된다.

이러한 창업 과정에서 이세민은 누구보다도 큰 공을 세웠다. 그러나 고조는 맏아들 이건성李建成을 황태자로 삼음으로써 결국 형제간에 불화를 일으키는 발단을 제공하였다. 팽팽한 대립 상태에 있던 중 이세민이 먼저 입조入朝하는 이건성과 동생 이원길을 현무문에서 죽이고 626년에 아버지 고조에게서 제위를 이어받으니 그때 그의 나이 겨우 스물아홉이었다.

문치로 들어서다

당태종은 당나라를 세우면서 여러 차례 전쟁을 치렀고, 피 비린내 나는 형제의 난을 일으키면서 제위에 올랐으나 유학의 중요성을 강조하며 문치文治의 길로 들어섰다. 예악禮樂과 인의仁義 등 유학에 바탕을 둔 문치를 내세우면서 홍문관弘文館을 설치하고, 국학에는 학사學舍를 4백여 칸이나 증설하고, 국자國子·태학太學·사문四門·광문廣文에서도 학생을 증원했다. 또한 도교를 과감히 받아들여 민심을 잡는 데 박차를 가했다. 특히 그는 인재를 등용하는 데 심혈을 기울였다. 자신에게 3백 번 이상이나 간언한 위징魏徵 같은 신하들을 내치지 않고 받아들였고, 8대 명신이라 불리는 소신파 신하들을 곁에 두고 스스럼없이 소통하며 국정을 이끌었다. 만약 당태종이 이렇게 소통을 하지 않고 군림하는 제왕적 리더십만을 보여주었더라면, 국정은 결코 그가 원하는 방향으로 흘러가지 않았을 것이다.

> "덕행을 쌓은 군주는 귀를 거스르는 말을 듣고, 얼굴을 살피지 않고 하는 간언을 좋아한다. 군주가 충신을 가까이하려면 의견을 제시하는 인사를 후하게 대우하고 참언하기 좋아하는 자를 질책하며, 간사하고 아첨하는 사람을 멀리해야 한다." (〈공평公平〉)

당태종이 제위에 오른 626년부터 649년에 이르는 23년 동안 정치·경제·문화·예술·군사 등 다방면에서 크나큰 진전이 있었다. "군주는 배이고 백성은 물이다. 물은 배를 띄울 수도 있지만, 배를 뒤엎을 수도 있다.〔君舟人水 水能載舟 亦能覆舟〕"는 대전제를 내세운 그는 겸허한 제왕이었고 이 점이 황금시대를 맞이하는 원동력으로 작용한다.

당태종이 그러한 자세를 견지하지 않았다면, 천하를 통일한 진시황의 뒤를 이은 호해가 불과 3년이 못 되어 멸망한 것이나 분열을 끝내고 천하를 아우른 수문제의 뒤를 이은 수양제 역시 14년 만에 멸망한 것처럼 그의 입지도 치명적인 타격을 입었을 것이다.

곧은 나무는 그림자가 굽을까 걱정하지 않는 것처럼, "현명한 신하를 곁에 두는 것도 군주요, 내치는 자도 군주이다."라며 모든 것이 자기 탓이라고 생각했던 당태종은 수많은 문제가 생길 때마다 "창업이 쉬운가, 수성이 어려운가?"라는 질문을 스스로에게 계속 던지며 해이해지려는 자신을 채찍질하곤 하였다.

그러나 당태종도 초심을 끝까지 유지하지는 못했다. 지나친 영토 확장과 고구려 침략 등으로 민심은 이반하고 재정은 고갈되었으며 만년에는 후계자 선정을 놓고 난항을 겪었다. 심지어 생전에 그의 후궁이자 고종의 황후가 된 측천무후에 의해 주周라는 새로운 나라가 건국되는 치욕을 겪게 된다. 통치 말년에 자기 관리에 실패했다는 것은 커다란 오점으로 남는다.

《정관정요》를 지은 오긍은 누구인가

오긍은 하남河南 개봉開封 사람으로 당고종唐高宗 총장總章 3년(670)에 태어나 당현종唐玄宗 천보天寶 8년(749)에 생을 마감했다. 오긍은 어린 시절부터 부지런히 학문을 연마하여 경학과 사학에 식견이 높았다. 무주武周 때, 사관史官으로 국사國史 편찬에 참여하였는데, 역사를 거리낌 없이 바르게 서술하여 당시 사람들로부터 '동호(董狐, 직필로 이름난 진晉나라의 사관)'라는 예찬을 듣기도 하였다. 오긍은 그 당시 사마천 시대 이후 처음으로 역사를 포괄적으로 기술한 《사통

史通》의 저자 유지기劉知幾와 필적할 만한 역사가였다. 그는 중종 때 우보궐右補闕·기거랑起居郎·수부낭중水部郎中 등을 지냈으며, 현종 때는 간의대부諫議大夫 겸 수문관학사修文館學士·위위소경衛尉小卿·좌서자左庶子를 역임하는 등 근 30년간 관직 생활을 하였다. 그는《측천실록則天實錄》,《예종실록睿宗實錄》20권,《중종실록中宗實錄》20권의 편찬 작업에 참여하기도 하였다.

오긍은 당태종 사후 20여 년 뒤에 태어났고, 그가《정관정요》를 집필한 시기는 당태종이 다스렸던 시기보다 50여 년이 흐른 뒤였다. 사관인 오긍은 최고 통치자인 황제가 잘못된 행동을 하면 그로 말미암아 백성은 큰 고통을 받고 국가의 종묘사직에 막대한 재앙을 초래할 수 있다고 보았다. 오긍은 미래 세대에게 교훈을 남기고자《정관정요》를 집필하면서 중국인의 기본적인 역사 기술 원칙인 춘추필법春秋筆法을 고수하여 당태종의 장점만이 아니라 단점까지도 적나라하게 기록하였다.

당태종은 늘 겸허하게 자신을 돌아보고 사치와 방종을 경계하였으며 신하의 간언을 받아들였다. 당태종은 "구리로 거울을 만들면 의관을 단정히 할 수 있고, 고대 역사를 거울삼으면 천하의 흥망과 왕조 교체의 원인을 알 수 있으며, 사람을 거울로 삼으면 자기의 득실을 분명하게 할 수 있다."라고 말했다.

이러한 지침을 지속적으로 실천하기란 쉬운 일이 아니었기 때문에 안일하고 나태해진 여러 왕조가 단명해왔던 것이기도 하다. 늘 역사에서 교훈을 찾았으며 신하의 간언으로 자신의 잘못을 되돌아 보고 반성하며 바로잡기 위해 노력하였다. 아울러 당태종은 민생을 안정시키기 위해 농업을 장려하였으며 변방을 안정시켜 왕조와 나라를 오래 보존하고자 하였다.

《정관정요》의 구성과 내용, 편제 시기와 판본

《정관정요》의 구성과 내용

이 책은 모두 10권 40편으로 구성되어 있으며, 태종이 그 당시 역사가 겸 신하인 위징, 방현령房玄齡, 두여회杜如晦, 왕규王珪 등과 이야기를 나눈 책문策問·쟁간爭諫·의론議論·주소奏疏 등이 모두 포함되어 있다.

각 권의 구체적인 내용은 다음과 같다.

제1권에서는 군주가 갖춰야 할 도와 정책의 근본에 대해 논의하고 있다. 창업과 수성의 문제, 방종을 경계하라는 논의, 직간하는 신하의 대우 문제 등을 다룬다. 결국 군주가 지켜야 할 기본적인 도는 신하와 상생하고 협력해서 백성을 위한 정치를 펼치는 것이다.

"군주 된 자의 도리는 반드시 먼저 백성을 생각하는 것이오. 만일 백성의 이익을 손상해가면서 욕심을 채운다면, 마치 자기 넓적다리를

베어 배를 채우는 것과 같아서 배는 부를지언정 곧 죽게 될 것이오." (〈군도君道〉)

제2권에서는 어진 관리의 임명과 간언의 중요성을 강조한다.

"나라가 위급해져 망하려고 하나 지탱시키지 않고, 군주가 엎어지려고 하나 부축하지 않는다면 어떻게 이런 사람으로 보좌하도록 할 수 있겠는가?" (〈정체政體〉)

군주가 잘못된 판단을 내리려고 할 때, 군주의 판단을 바로잡아 올바른 방향으로 나아갈 수 있도록 직언할 수 있는 신하가 있어야 한다는 것이다.

제3권에서는 군주와 신하가 거울로 삼아야 할 계율의 문제, 관리 선발 방법, 봉건제를 다루고 있다. "신하란 군주의 허물을 비추어주는 거울 같은 존재"라고 당태종은 말한다. 군주에게 허물이 있어도 그 누구도 쉽게 그 허물을 지적하지 못한다. 하지만 군주가 스스로 잘못을 깨닫지 못할 때, 신하가 '당신은 틀렸습니다.' 하고 의견을 내어 바로잡아주어야 한다는 것이다. 당태종은 신하들의 말만 들은 것이 아니라, 황후의 말도 경청하면서 자신의 허물을 적지 않게 바로잡았던 일은 잘 알려져 있다.

제4권에서는 태자와 여러 왕을 경계시키는 내용으로, 특히 태자의 교육에 대해 이야기하고 있다. 〈태자제왕정분太子諸王定分〉 편에서 밝히듯, 태자와 왕자들의 위계질서를 확립하는 것은 중요한 문제이다. 또한 태자를 바르게 지도하는 것은 단순히 군주의 자리를 잇는 것뿐만 아니라 백성과 나라가 존속하기 위한 기본적인 작업이다.

제5권에서는 유가에서 강조하는 인·충·효·신·공평에 대해 문답식으로 정리하고 있다. 당태종은 인의를 바탕으로 정치를 펼칠 것을 주장하였다.

> "숲이 울창하면 새가 깃들이고, 수면이 넓으면 물고기가 노닐며, 여러분의 인의가 두터우면 백성이 즐거운 마음으로 따를 것이오. 사람들은 한결같이 재앙을 두려워하여 피할 줄은 알지만, 인의를 행하면 재앙이 발생하지 않는다는 이치는 모르고 있소. 인의의 준칙은 항상 마음속에 간직하여 그것을 계속 발전시키는 것이오. 만일 잠시라도 마음이 나태해지면 인의로부터 멀어질 것이오. 이것은 음식물이 육체에 영양이 되는 것과 같이 언제나 배가 불러야만 생명을 보존할 수 있소." (〈인의仁義〉)

아울러 충성과 의리, 효도와 우애, 공평무사, 성실과 자제를 강조하였다.

제6권에서는 검소와 절약, 겸손과 사양, 성실과 신의 등 군주가 지켜야 할 개인적인 덕목에 대해 이야기하고 있다. 군주는 백성의 고달픈 삶을 측은히 여기고 백성과 함께 동고동락同苦同樂하는 자세를 견지해야 한다. 또한 겸손한 자세로 탐욕을 경계하고 절약을 솔선수범하며 책과 간언을 통해 잘못을 깨닫게 되었을 때 반성하고 똑같은 과오를 되풀이하지 않아야 한다는 점을 강조한다.

제7권에서는 유학과 문학, 역사에 관해 이야기하고 있다. 당태종은 유학을 권장하고 문학과 역사를 중시하였으니 바로 오늘날의 인문학 육성과 같다. 구체적으로 보면, 주공周公을 성인으로 존중하였던 관례를 중단하고, 새로이 공자의 묘를 수도의 학교인 국학國學 안에 세워 이전의 제도를 본받고 공자를 선성先聖으로 삼아 존중하고, 안연을 선사先師로 삼도록 하였다. 국학에는 학사學舍를 증설했다. 국자國子·태학太學·사문四門·광문廣文에서도 적지 않은 수의 학생을 증원했다. 그 가운데 서학書學·산학算學에는 박사博士와 학생을 두었고, 여러 가지 학과도 갖추었다. 태종은 또 여러 차례 국학을 순행하여 좨주祭酒·사업司業·박사로 하여금 학문을 강의하도록 하였다. 사방에서 책을 짊어지고 공부하러 온 학생이 천여 명이나 되었고 토번, 고창, 고구려, 신라 등 여러 소수민족 우두머리도 자제를 보내 학문을 구하였다.

제8권에서는 백성의 생활과 밀접한 관련이 있는 농업, 형법, 부역, 세금에 대해 논의하고 있다. 농사를 장려하고, 공평하고 신중하게 법을 집행하며, 공물과 조세는 되도록 줄여야 한다는 점을 강조하고 있다.

제9권에서는 대외적인 정벌과 변방의 안정책 등 국방 문제를 다루고 있다. 이민족에게 둘러싸인 중국의 역대 제국은 변방의 안정이 늘 큰 문젯거리였다. 전쟁이라는 것은 어쩔 수 없이 치러야 하는 경우도 있지만 지나친 영토 확장 전쟁은 국내 정세를 혼란에 빠뜨릴 수 있으므로 자제해야 한다는 점을 이야기하고 있다.

마지막 제10권에서는 군주가 순행과 사냥은 자제하고, 초심을 끝까지 지킬 것을 역설한다.

> "천하가 평정되었지만 내가 만일 천하를 지키면서 법도를 잃는다면, 공훈과 업적은 지키기 어려울 것이오. 진시황은 처음에는 육국을 평정하고 천하를 차지하였으나, 만년이 되어서는 오히려 강산을 보존하지 못했소. 이 역사적 교훈은 경계로 삼아야 하오. 그대들은 마땅히 나라의 이익을 앞세우고 사사로운 이익을 잊도록 해야 하오. 그러면 빛나는 명성과 숭고한 지위는 끝까지 완전하게 보존될 수 있을 것이오." (〈신종愼終〉)

이는 창업할 시기의 초심을 잃은 왕조가 어떻게 되는지 진시황의 사례를 역사의 거울로 삼아 자신과 후대를 경계하고자 한 말이다.

《정관정요》의 편제 시기와 판본

《정관정요》는 여러 판본이 전해지고 있으며 편제 시기를 놓고 아직까지도 학계에서 논란이 일고 있다. 편제 시기에 대한 현재의 통설은 중종에게 바친 초진본과 현종에게 바친 재진본, 두 가지 판본이 존재한다는 설이다.

오긍은 측천무후則天武后 시기에 사관에 입관하였는데, 당시 무후는 중풍에 걸려 정사를 돌보지 못하는 고종高宗을 대신해 수렴청정을 하고, 고종이 죽자 어린 중종中宗과 예종睿宗을 제위에 오르게 하고는 심지어 주나라를 세우기도 했다. 무후의 전횡에 대해 비판의식을 가지고 있었던 오긍은 중종이 복위되자 '정관지치'의 성과를 중종에게 생생하게 밝히고자 하였다. 중종 경룡景龍 3년에 오긍은 중종에게 책을 바치면서 표表를 함께 올려 이 책의 의미를 말했으나 나약한 중종은 정사를 제대로 펼치지 못하다가 황후 위씨韋氏에게 시해되는 비운을 겪으면서 책은 그대로 서고에 쌓여 있었다. 그런데 당나라 현종玄宗이 즉위하면서 현종의 치세가 빛을 발하게 된다. 729년 오긍은 서문에 자신이 존경해 마지않았던 원건요源乾曜와 장가정張嘉貞 두 재상의 이름을 언급하고 이 책을 현종에게 바치게 된다. 이때 10권 40편의 목차도 함께 적어놓았다고 한다.

판본에 관련해서도 논란이 많다. 사실상 이미 당송唐宋 시기에 서로 다른 판본이 읽히고 있었다. 원元나라 때 유학자인 과직戈直이 주석을 달고 교감을 한 판본이 처음 나왔는데 여기에는 구양수歐陽脩

와 사마광司馬光 등 22명의 논평이 있었다. 이 과직의 집해본集解本은 원나라 지순至順 4년(1333)에 간행되었다.

현존하는 가장 오래된 판본은 명나라 홍무洪武 3년(1370)에 송렴宋濂이 교정을 본 것(明本)으로, 과직의 집해본과는 불과 40년밖에 차이가 나지 않는다. 현재 베이징 도서관 선본실善本室에 보관되어 있는 것으로 알려져 있다. 이어서 명나라 성화 원년成化元年(1465)에 과직의 집해본을 중각한 과본戈本이 나왔으니 이 책 역시 주요한 판본으로 널리 유통되었다. 문장을 비교해보아도 성화간본이 홍무간본에 비해 유려하고 무리 없이 읽힌다. 1978년에 상하이 고적〔上海古籍〕 출판사에서 표점본(標點本, 고문에 구두점을 찍은 판본)이 발행되어 뒤에 나온 주석본들은 대체로 이 책에 의거하여 출간되고 있다.

《정관정요》를 어떻게 읽을 것인가

당태종은 상황에 따라 창업의 난세에서는 인의 따위는 아랑곳없이 전쟁과 정변을 일으키고 수성의 치세에서는 왕도로 덕치를 베풀었다. 오긍이 살았던 시기는 창업이 아니라 수성의 상황이었으므로 창업한 이후 치세를 잘 이끌어간 당태종을 모범으로 삼아 후세에 교훈을 남기고자 하였다. 그래서 당태종의 창업 시기보다는 수성 시기를 중점적으로 기술하고 있다.

당태종은 천하의 지존의 자리에 올랐으나 성공에 자만하지 않고 언제나 자신을 절제하고 검약하며 솔선수범했다. 유학과 학문을 장려했으며 그 자신도 손에서 책을 놓지 않았다. 책을 통해 통치철학을 가다듬었으며 역사 속에서 교훈을 얻고자 했다. 다른 사람을 대할 때는 열린 마음으로 관용을 베풀었다. 인재를 등용할 때는 원수일지라도 덕과 재능이 있는 자라면 가리지 않았다. 당태종이 성군이 되도록 이끈 위징도 원래는 태자 이건성의 참모였다. 이러한 신하들이 간언을 하면 당태종은 경청하고 받아들여 국사를 이끌었다.

특히 독자들은 《정관정요》를 통해 군신 간의 토론이 격의 없이 벌어졌음을 알 수 있다. 대제국의 절대 권력을 가진 황제 앞에서 신하들이 자유롭게 자기 의견을 펼치고 황제에 대한 비판도 서슴지 않는 장면은 때로 아슬아슬하기도 하다. 그것은 당태종이 소통하려는 의지가 있었기에 가능한 일이었다. 태종은 때로 격노하기도 했지만 곧 간언을 받아들여 자신의 잘못을 반성하며 과오를 시정해 가는 모습을 보여주었다.

지극히 인간적이면서도 진정한 성군의 자세를 보여준 태종의 국가 경영 방식은 오늘날 우리에게도 시사하는 바가 크다. 스스로 낮추어 절제하고 배우며 경청하고 관용을 베푸는 자세는 오랜 세월을 격隔하고도 오늘날에도 통하는 조직의 경영 방식일 것이다.

고구려를 어떻게 볼 것인가

《정관정요》에는 이민족 가운데 유독 돌궐과 고구려가 자주 등장하는데 부정적이고 적대적인 묘사가 대부분이다. 돌궐은 승냥이와 이리에, 고구려는 물고기와 자라에 비유하기도 한다. 돌궐은 힘이 없을 때는 비굴하게 굽실거리고 강성해지면 돌보아준 은혜를 배반하므로 믿을 수 없다고 비난하였으며, 고구려의 연개소문은 자신의 군주를 죽인 무도無道한 자니 그가 보낸 공물을 받을 수 없다며 돌려보내기도 했다. 주변의 이민족이 거의 당나라에 복속된 상황에서 돌궐과 고구려는 당에 지속적으로 군사적인 위협을 가하고 있었기 때문에 당으로선 이들이 눈엣가시 같은 존재였다.

태종은 돌궐을 이간하여 분열시키고 공격하여 물리친 후에는 수많은 신하의 간언을 듣지 않고 고구려에 대한 친정親征에 나선다. 막리지인 연개소문을 징벌한다는 명분을 내세웠다. 하지만 연개소문이 정변을 일으키기 전부터 당은 고구려에 대한 전쟁 준비를 해왔다. 대당大唐 주화파인 영류왕이 태자를 당에 인질로 보내고 고구려 지도까지 바쳤으나 당은 오히려 점점 요구 수위를 높이고 군사적 압박을 가해왔다.

전쟁의 초반에는 당이 승리했으나 안시성 전투에서 패하여 후퇴할 수밖에 없었는데 이후 태종은 태자에게 국정을 맡길 정도로 병이 깊어졌다. 수왕조의 전철을 밟지 않겠다고 수없이 다짐하던 태종이었지만 고구려에 대한 세 번의 큰 전쟁으로 나라가 기울었던 수왕조의 잘못을 되풀이하고 말았던 것이다. 물고기와 자라 같아서 신경 쓸 것 없다고 하면서도 수없이 고구려를 들먹이고, 연개소문이 무도하다고 거듭 비난한 것은 대제국이었던 당으로서도 고구려가 그만큼 힘든 상대였기 때문이었을 것이다.

《정관정요》 달리 읽기

이와 같은 맥락에서 《정관정요》에는 비난을 많이 받은 수양제와 태자 이건성에 대해 달리 볼 수 있는 여지가 있다.

《정관정요》에서 수양제는 무도하고 포학하며 무리한 토목공사와 원정으로 나라를 잃은 어리석고 한심한 군주라고 수없이 비난을 받았다. 실정을 하여 나라를 잃은 것이 사실이기는 하지만 치적이 없는 것은 아니다. 그는 율령을 정비하고 대운하를 완공하고 경제 발전의 기초를 닦아놓았다. 이러한 바탕에서 당나라는 정치·경제적으로 안정적인 출발을 할 수 있었던 것이다. 수의 신하였던 이연(당고조) 등이 나라를 멸망시키고 새 나라를 창업한 것이니 자신들의 명분을 위해 수양제를 폭군으로 몰아세웠던 것으로 해석해볼 수 있다.

태종의 형인 태자 이건성도 《정관정요》에서 비난을 많이 받은 인물이다. 이건성은 이세민의 공적과 덕망이 나날이 융성해지는 것에 질투심이 일어 동생 이원길과 함께 그를 제거하려는 모의를 하였다. 이 사실을 안 이세민이 건성과 원길이 입조入朝할 때 현무문에서 공격해 죽였다는 것이《정관정요》의 기록이다. 창업의 과정에서 이세민의 공이 더 컸다지만 이건성의 공도 없지 않았으며 이건성은 이미 태자로서 부황의 신임을 받고 있었다. 이건성은 합법적인 방법으로 라이벌인 이세민의 세를 약화시킬 방안을 구하고 있었던 것인데, 음모를 꾸미고 쿠데타로 형인 태자와 동생을 죽이고 부황을 위협해 제위에 오른 것은 이세민이었다. 그러니 태종이 제위에 오르고 나서 명분을 위해 이건성이 먼저 음모를 꾸민 것으로 뒤바뀐 채 역사에 기록된 것이다.

오긍이 춘추필법春秋筆法을 고수하여 태종의 장점은 물론 단점까지 기록한 것은 사실이지만 그 역시 모든 사가史家가 그렇듯이 시대적 상황과 개인의 한계를 완벽하게 벗어날 수는 없었다. 자국 중심주의와 승자가 기록한 역사를 재해석하지 않고 기록했다는 점을 고려한다면 좀 더 흥미롭고 균형 잡힌 시각으로《정관정요》를 읽을 수 있을 것이다.

정관정요서貞觀政要序[1]

당나라의 뛰어난 재상으로 시중侍中 안양공安陽公[2]과 중서령中書令 하동공河東公[3]이 있사온데, 때마침 성스럽고 영명한 폐하를 만나 재상으로 보필하여 제왕의 도를 삼가 밝게 하고, 왕정王政을 보좌하여 조화를 이루게 하였으며, 한 가지 사물이라도 어그러지는 바가 있을까 두려워하였고, 사유四維[4]가 펼쳐지지 못할까 염려하였으며, 매번 극기克己하고 정신을 면려하여 옛날의 사실史實을 면면히 생각함에 일찍이 부족함이 없었사옵니다.

태종太宗 때의 정치가 교화되어 진실로 충분히 볼만한 점이 있었

1) 이 서문은 저자 오긍吳兢이 당나라 현종에게 바친 일종의 명문이다.

2) 원건요源乾曜를 말한다. 당나라 현종 개원 8년(720)에 시중에 임명되었으며 개원 17년(729)에는 시중에서 파면되어 태자소부太子少傅에 제수되고 안양공에 봉해졌다.

3) 장가정張嘉貞을 말한다. 개원 8년에 중서령에 임명되었으나 개원 11년에 파면되었으며, 훗날 다시 공부상서工部尚書에 임명되었으며 하동후河東侯에 봉해졌다.

4) 나라를 다스리는 데 지켜야 할 네 가지 강령으로, 예禮·의義·염廉·치恥를 말한다.

으니 예로부터 지금에 이르기까지 그런 경우는 없었사옵니다. 가르침을 세운 아름다움과 전장典章, 책략策略, 간언과 상주하는 문장들을 후세에 드리우게 되었으니, 크나큰 정치를 넓게 천명하였으며 지극한 도道를 더욱 숭고하게 하였던 것이옵니다. 재주가 없는 신에게 명하여 보다 자세히 가려 수록하게 하였으니 글의 체제와 대략이 모두 정해진 규범과 들어맞사옵니다.

이에 들은 바를 엮어서 편집하고 옛 사적을 자세히 참고하였으며, 그 요지를 간추려 그 넓은 대강大綱을 거론하였으니, 문장은 질박함과 수식을 겸하였으며, 뜻은 악을 징계하고 선을 권하는 데 두었으니, 인륜의 기강이 갖추어지고 군사軍事와 국사國事에 관한 정사가 보존되었사옵니다.

무릇 1질帙 10권卷으로 도합 40편篇이고 제목을 《정관정요貞觀政要》라고 말씀드리오니 천하와 나라를 보유하고자 하는 자는 이전의 궤적을 따라 선善을 택하여 따르면 영구해야 할 제업이 더욱 빛날 것이며, 위대해야 할 공적이 더욱 드러나게 될 것이니, 어찌 반드시 요堯와 순舜을 조술祖述할 것이며 [주나라의] 문왕文王과 무왕武王을 법도로 삼을 뿐이겠나이까! 그 각 편의 목차를 왼쪽에 순서대로 열거하겠사옵니다.

권卷 1

제1편

군도(君道:군주의 도)

【해제】

〈군도〉 편은 한 나라의 최고 통치자인 군주가 마땅히 갖추어야 할 도리에 관해 태종과 신하들이 나눈 담소로 구성되어 있다. 과거 군주는 하늘에 비유되었으며, 군주가 바르면 아래 백성이 안락한 생활을 할 수 있지만, 군주가 사악하면 백성은 고통의 나날을 보내야 했다.

고대 역사책을 들추어보면, 군주가 처음 나라를 세웠을 때는 대부분 덕행이 빛나고 큰 공적을 쌓지만, 시간이 지나면서 그 위세가 곤두박질치는 경우가 많았다. 그 까닭은 초심을 잃고 점차 교만하고 나태해지기 때문이었다. 다시 말해서 천하를 다스리는 군주가 인품을 닦으며 정사를 열심히 돌보지 않고, 사리사욕을 채우며 향락을 추구해 망국의 위험을 초래하게 된다는 것이다.

이로부터 벗어나기 위해서는 자신과 생각을 달리하는 의견을 널리 받아들여 잘못을 고치고 몸과 마음을 수양하는 것이 중요하다. 이렇게 하면 굳이 나라를 억지로 다스리지 않아도 저절로 다스려지는 정치가 가능하기 때문이다.

군주가 바르면 나라가 안정된다

정관貞觀[1] 초년에 태종太宗은 곁에서 모시는 신하들에게 이런 말을 했다.

"군주 된 자의 도리는 반드시 먼저 백성을 생각하는 것이오. 만일 백성의 이익을 손상해가면서 욕심을 채운다면, 마치 자기 넓적다리를 베어 배를 채우는 것과 같아서 배는 부를지언정 곧 죽게 될 것이오. 만일 천하를 안정되게 다스리려고 한다면 먼저 군주 자신의 행동을 바르게 해야 하오. 몸이 곧은데도 그림자가 기울고, 윗사람이 훌륭히 다스리려고 노력하는데도 아랫사람들이 혼란스러운 경우는 없소. 나는 늘 자신을 상하게 하는 요소는 밖에 있는 것이 아니라 모두 자신의 탐욕스러움이 재앙을 부른다고 생각해왔소. 만일 산해진미만을 추구하고 노래와 춤 그리고 미녀들에게 빠져 허우적거린다면, 이러한 욕망은 한없이 커질 것이고, 이것은 결국 정사에 막대한 지장을 주며, 백성이 근심을 끌어안고 살아가게 할 것이오. 또 만일 군주가 이치에 맞지 않는 말을 한마디라도 한다면, 백성은 그 때문에 사분오열할 것이고, 마음을 바꾸어 원한을 품고 모반하는 이가 생겨날 것이오. 나는 항상 이러한 이치를 생각하고 감히 나 자신의 욕망에 따르는 행동을 하지 않았소."

간의대부諫議大夫 위징魏徵[2]이 이렇게 대답했다.

"옛날 성스럽고 현명한 군주들은 모두 가깝게는 자기 자신에게

1) 당태종唐太宗 이세민李世民의 연호로 627년에서 649년까지이다.

2) 당나라 초기의 저명한 정치가(580~643). 〈임현〉 편에 자세한 사적이 실려 있다.

서 원인을 찾아 행동했습니다. 그런 까닭에 멀리로는 온갖 사물을 살필 수 있었습니다. 과거 초장왕楚莊王은 섬하詹何[3]를 초빙하여 그에게 나라를 다스리는 요령에 관해 질문했습니다. 섬하는 자신의 몸과 마음을 수양하는 방법으로 나라를 다스리면 된다고 대답했습니다. 초장왕이 또 이와 같은 방법으로 나라를 다스리면 어떠한 효과를 기대할 수 있는가를 묻자, 섬하는 '군주 자신의 품행이 단정한데 나라가 안정되지 못했다는 말은 듣지 못했습니다.'라고 답했습니다. 폐하께서 밝힌 도리는 사실상 고대 성현들께서 말씀하신 뜻과 같습니다."

현명한 군주와 어리석은 군주

정관 2년, 태종이 위징에게 [이런] 질문을 했다.

"무엇을 기준으로 현명한 군주라 하고 어리석은 군주라 하오?"

위징이 말했다.

"군주가 영명한 까닭은 널리 듣기 때문이고, 군주가 어리석은 까닭은 편협하게 어떤 한 부분만을 믿기 때문입니다. 《시경詩經》〈대아大雅·판板〉 편을 보면 '선현들이 말씀하시길 풀을 베고 나무를 하는 사람에게도 물어보라 하셨네.'라는 구절이 있습니다. 옛날 요堯임금과 순舜임금이 다스릴 때에는 사방의 문을 활짝 열어 천하의

3) 춘추시대 은둔지사로 낚시질을 잘했다고 한다. 여기에 실린 장왕과의 대화는 《열자》〈설부〉에 있다.

현명하고 덕망 있는 선비를 초빙하고, 시야를 넓혀 민간의 소리를 들었으며, 백성의 정서를 살펴 정치를 맑게 했습니다. 이와 같이 했기 때문에 성스럽고 현명한 군주는 무슨 일이든 분명하지 않은 것이 없었습니다. 그리하여 사악한 공공共工[4]이나 곤鯀[5] 같은 사람들도 그 영명함을 가릴 수 없었고, 간사한 자의 교묘한 말과 간계로도 그들을 어둡게 할 수 없었습니다.

그러나 진이세秦二世[6]는 그 자신을 깊숙한 궁궐에 숨기고 조정의 신하들과 백성을 물리치고 조고趙高[7]의 말만 들었습니다. 그래서 천하가 붕괴되고 민심이 돌아섰는데도 실태를 알지 못했습니다. 양무제梁武帝[8]는 주이朱異의 말만 듣고 중용해 후경侯景이 반란군을 이끌고 수도로 쳐들어올 때까지 끝내 눈치채지 못했습니다. 수양제隋煬帝[9]는 우세기虞世基의 말만 믿고 각지에서 의병이 일어나 성을 공격하고 군현을 뒤흔드는 것도 몰랐습니다.

4) 고대 전설 속의 악인으로 환두驩兜, 삼묘三苗, 곤鯀과 함께 사흉四凶으로 불렸다.

5) 우임금의 아버지이자 요임금의 신하로 치수에 공을 세우지 못한 까닭에 순임금에게 우산羽山에서 죽임을 당했다.

6) 진시황秦始皇의 차남으로 이세황제二世皇帝라고도 한다. 형벌과 법령을 가혹하게 실행하다가 재위 3년 만에 환관 조고趙高에게 살해당하고 진은 멸망했다.

7) 진시황 사후 이사李斯와 유언을 위조해 태자 부소扶蘇를 죽이고 호해胡亥를 이세황제로 세워 정권을 잡았다. 후에 호해를 살해하고 자영子嬰을 왕으로 세웠지만, 결국 자영에게 살해되었다.

8) 남조南朝시대 양梁나라의 초대 황제(재위 502~549)로 이름은 소연蕭衍이다. 유학과 불교를 숭상하는 정책을 실시했는데 갈수록 지나친 숭불 정책을 펴면서 백성을 가혹하게 수탈하는 등 나라의 기강을 어지럽게 했다. 주이朱異의 말만 듣고 위나라에서 투항한 장수 후경을 대장군으로 임명했지만, 후에 후경이 이끄는 반란군에게 양나라는 멸망당하고 그는 옥에 갇혀 굶어 죽었다.

9) 수문제隋文帝의 차남 양광楊廣으로 형과 아버지를 살해하고 제위에 올랐다(재위 604~618). 즉위한 후 폭정을 일삼아 백성의 원성이 끊이지 않았다.

그러므로 다른 사람의 군주 된 자는 여러 의견을 듣고 아랫사람들의 합리적인 건의를 받아들여야만 합니다. 그렇게 하면 제아무리 권세가 큰 대신이라도 아랫사람들의 소리를 가리거나 군주를 어리석게 할 수 없으며, 백성의 실정이 조정에 그대로 반영될 수 있습니다."

태종은 위징의 말을 극찬했다.

창업과 수성의 비중은 상황에 따라 다르다

정관 10년, 태종은 주위에 있는 신하들에게 말했다.

"제왕의 대업에 있어서 처음 창업創業하는 것과 그 일을 지키는 것(守成) 가운데 어느 것이 어렵소?"

상서좌복야尙書左僕射[10] 방현령房玄齡[11]이 대답했다.

"천하가 혼란스러워지면 영웅들은 다투어 일어나지만, 쳐부수어야 적이 투항하고, 싸워 이겨야 적을 제압할 수 있습니다. 이런 관점에서 말하면, 창업이 어렵습니다."

위징이 대답했다.

"제왕이 병사를 일으키는 것은 반드시 세상이 혼란스러워진 뒤의 일입니다. 그러한 혼란을 제거하고 흉악한 폭도들을 진압하면 백성은 제왕을 기꺼이 추대하고, 천하의 인심이 제왕에게로 돌아오

10) 당대 중앙행정기구 삼성육부三省六部 가운데 삼성의 하나로, 집행을 담당하는 상서성의 차관을 말한다. 좌우左右 복야가 있고, 중추의 고관이다.

11) 당나라 초기의 대신이다(579~648). 방언겸房彦謙의 아들로 자는 교喬이다. 책략이 뛰어나고 박학했으며 문장에 능했다. 그는 수나라의 멸망이 머지않았음을 예견하기도 했다. 〈임현〉에 자세한 사적이 실려 있다.

게 됩니다. 창업은 하늘이 주고 백성이 받드는 것이기 때문에 어려운 것이라고 할 수 없습니다. 그러나 일단 천하를 얻은 뒤에는 마음이 교만하고 음란한 데로 달려가게 됩니다. 백성은 편안한 휴식을 원하지만 각종 부역은 끝이 없고, 백성은 잠시도 쉴 틈이 없지만 사치스러운 일은 오히려 멈추지 않습니다. 나라가 쇠락하고 피폐해지는 것은 언제나 이로부터 발생합니다. 이러한 점에서 말하면, 이미 세운 업적을 지키는 일이 어렵습니다."

태종이 말했다.

"현령은 과거 나를 따라 천하를 평정하면서 갖은 고생을 다하며 만사일생萬死一生으로 요행히 생명을 부지했기 때문에 창업의 어려움을 아는 것이오. 위징은 나와 함께 천하를 안정시키며 교만하고 음란한 병폐가 발생할 조짐을 걱정하며, 이것이 위태롭고 멸망의 길로 가는 것이기 때문에 이룩한 업적을 지키기 어렵다고 생각한 것이오. 현재 창업의 어려움은 이미 과거가 되었고, 세워진 제왕의 사업을 유지하는 어려움은 마땅히 공들과 신중히 상의해야 할 것이오."

수나라의 멸망이 던지는 교훈

정관 11년, 특진特進[12] 위징이 다음과 같은 상소를 올렸다.

12) 관직명이다. 한漢나라 때는 제후 가운데 공적이 특히 크고 조정의 존경을 받는 사람에게 특진의 자리를 주었는데, 지위는 왕공王公 아래이다. 당송 시기 특진은 문산관文散官 2급으로 정2품에 해당된다.

"신이 보건대, 예로부터 〈하도河圖〉를 얻어 천명을 받고 나라의 대업을 열어 천자의 자리에 오르면 예악 제도를 굳건히 하고 법률 조문의 시행을 추진하고, 다방면의 뛰어난 인재를 부리며, 존귀한 제왕의 자리에 앉아 천하를 다스리던 군주는 모두 자기의 두터운 덕이 천지와 서로 짝을 이루고, 자기의 총명함이 해와 달과 똑같이 빛을 발한다고 생각했습니다. 나뭇가지와 뿌리가 튼튼하면 백세까지 전해 영원히 보존할 수 있습니다. 그러나 뿌리를 지탱할 수 있는 사람이 매우 적고, 패망이 끊임없이 이어지는 까닭은 무엇이겠습니까? 그 원인을 살펴보니, 나라를 다스리는 근본 원칙을 잃었기 때문입니다. 수隋나라가 멸망한 교훈은 멀리 있는 것이 아니니 귀감으로 삼을 만합니다.

과거 수나라가 천하를 통일한 후 군사력이 강한 30여 년간 그 위세는 1만 리까지 퍼졌고, 위세가 먼 곳의 다른 나라까지 진동시켰습니다. 그러나 하루아침에 들어먹자 전부 다른 사람의 소유가 되었습니다. 수양제가 어찌 천하를 편히 다스리는 것을 싫어하고, 나라가 영원하기를 바라지 않아 하夏나라의 폭군 걸왕桀王의 포학한 정치를 시행해 멸망에 이르렀겠습니까? 그는 자기의 부강함만 믿고 후환을 생각하지 않았던 것입니다. 천하의 백성을 몰아세워 모든 일을 자기 욕심대로 처리하고, 소유하고 있던 재물을 전부 소진하면서까지 향락을 누리고, 천하의 미녀를 선발해 궁궐로 불러들이고, 먼 곳에서 생산되는 진귀한 보물을 거두어들였습니다. 군주가 궁궐 정원의 화려한 장식과 정자와 누각의 웅장한 장관을 추구했기 때문에 징발과 부역은 끝이 없었고 자주 전쟁을 일으켜 병사를 동원하는 것 또한 그치지 않았습니다. 겉으로는 분명 장중한 위엄이 있지만, 속은 간사함과 기만으로 가득 차 있었습니다. 참언과 사악한 일을 일삼는 자는 반드시 복을 받지만, 충성스럽고 정직한 사람은 자기 목숨도 부지할 수 없었습니다. 윗사람과 아랫사람이 서로 상대방을 가려 군주는 군주답지 못하고 신하는 신하답지 못하며, 백성은 이런 포학한 정치를 견디기 어려웠으므로 나라 안이 나뉘고 무너진 것입니다. 그리하여 천하에서 가장 존귀한 황제가 보통 사람의 손에 죽고, 자손이 끊겨 천하 사람들의 비웃음을 사게 되었습니다. 어찌 애통해하지 않을 수 있습니까?"

저절로 다스려지게 하라

"지혜롭고 명철한 선왕(고조와 태종)께서는 기회를 타고 위험에 빠진 백성을 구원하셨습니다. 기울어가는 나라의 대들보를 다시 바르게 세우고, 퇴색한 사회의 도덕규범을 새로이 펼치셨습니다. 먼 곳에 사는 사람들이나 가까운 곳에 있는 사람들이 모두 편안히 생업에 전념할 수 있게 된 것은 나라를 다스린 지 채 1년도 안 되었을 때의 일입니다. 전쟁에서 승리해 폭도를 제거하고 살상 행위가 사라지게 하는 데는 또한 백 년이 채 걸리지 않았습니다. 현재 수왕조의 궁전은 전부 그대로 있고 진귀한 보물로 가득 차 있으며, 궁궐의 미녀들은 군왕을 곁에서 모시고 있습니다. 천하의 만백성이 모두 군주의 신하와 노비입니다.

만일 수나라가 망한 것을 거울로 삼고 우리가 천하를 어떻게 얻었는지 생각하며 하루하루 신중히 보낸다면, 비록 정치적인 업적을 쌓았을지라도 자만하지 않을 것입니다. 녹대鹿臺[13]의 화려한 옷을 불태우고, 아방궁阿房宮의 넓은 궁전을 버리고, 위엄 있게 높이 치솟은 궁전에서 나라의 멸망을 근심하며, 낮고 누추한 집에 사는 사람의 안락함을 생각하십시오. 그러면 군주의 덕이 자연스럽게 백성을 교화해 억지로 다스리지 않아도 저절로 다스려지는 무위지치無爲之治에 이르게 됩니다. 이것이 덕德으로 나라를 다스리는 상책上策인 것입니다.

이미 이루어져 있는 것을 훼손하지 않고 옛 모습 그대로 보존하며, 긴급하지 않은 것을 제거하고 줄이고 줄여 최대한도로 줄입니다. 또한 설사 남루한 집과 화려한 집, 옥돌 난간과 진흙 누대樓臺가 섞여 있을지라도 이러한 차별을 헤아려보는 사람은 없을 것입니다. 백성이 좋아하는 일을 하도록 하면 힘을 다 쓰지 않아도 만사가 이루어집니다. 언제나 궁전에 사는 사람이 편안하면, 그것을 지은 사람의 수고로움을 생각합니다. 만일 이와 같으면 백성은 기뻐하며 아들이 부모를 봉양하는 것처럼 자발적으로 군주에게 의지할 것이

---

13) 은殷나라 주왕紂王이 세운 누대樓臺로, 주왕은 주무왕周武王에게 정벌을 당하고 이곳에서 분신자살했다.

며, 만민이 군주의 미덕에 감화되어 따를 것입니다. 이것은 덕으로써 다스리는 차선책인 것입니다.

만일 군주가 언제나 선한 생각을 하지 않고, 사물의 종말을 신중히 고려하지 않으며, 처음 창업할 때의 어려움을 잊어버리고 천명이 당왕조에 있다는 말만 하며, 질 낮은 목재로 궁전을 짓는 검소함은 잊어버리고 궁궐을 조각하는 화려함만을 좇아 이미 있던 기초 위에 더욱 크게 확대시키고, 이미 갖추어진 기초 위에 장식을 해 더욱 화려하게 하며, 이와 같은 욕망이 조금씩 늘어나 만족할 줄 모른다면, 백성은 군주의 미덕을 볼 수 없고 단지 노역 동원 소식만 끊임없이 듣게 될 것입니다. 이것은 나라를 다스리는 가장 낮은 계책입니다.

비유하자면 이러한 방법은 마른 나무를 등에 진 채 불을 끄려 하고, 물방울을 날려 [물이] 끓어오르는 것을 막는 것과 같습니다. 이는 폭력으로 혼란한 상태를 안정시키는 것과 같으며, 혼란과 같은 길에서 나온 것으로서 그 죄과는 셀 수도 없거늘, 또 무슨 볼만한 업적을 후세 사람들에게 남기겠습니까!

군주가 자기 덕행을 빛낼 만한 업적을 세우지 못하면 백성이 원망하고 귀신이 노여워하게 됩니다. 그리하면 반드시 재앙이 생길 것이고, 재해가 일단 생기면 반드시 반란이 일어날 것입니다. 반란이 일어나고서 자신의 생명과 명예를 지키는 사람은 거의 없습니다. 하늘의 뜻에 순응해 왕조를 바꾸었으니 제왕의 업적을 7백 년간 흥하게 하고 강산을 자손들에게 남겨주어 만대까지 전해야 합니다. 나라의 기업基業은 얻기는 어렵지만 잃는 것은 매우 쉽습니다. 이것은 신중히 생각하지 않을 수 없습니다!"

뿌리를 튼튼하게 하는 이유

이달에 위징은 또 상소를 올려 이렇게 말했다.

"신이 듣건대, 나무를 무성하게 키우려면 그 뿌리를 튼튼하게 해야 하고, 물을 멀리까지 흐르게 하려면 그 원류를 깊게 해야 하며, 나라를 오랫동안 평안히 다스리려면 많은 덕행을 쌓아야 한다고 합니다. 근원이 깊지 않으면서 멀리까지 흘러가기를 바라고, 뿌리가 튼튼하지 않으면서 나무가 성장하기를 구하며, 덕이 두텁지 못하면서 나라가 다스려지기를 바라는 것은 미천하고 어리석은 저조차도 불가능하다는 것을 압니다. 하물며 현명한 군주께서야 어떠하겠습니까!

군주는 천자의 지위라는 중임을 맡고 온 나라에서 가장 높은 자리에 있으며 최고의 존경과 숭상을 받으며 무한한 복을 영원히 보유하고 있습니다. 안락할 때 위험을 생각하지 못하고, 검소한 생활을 통해 사치를 경계하는 일을 생각하지 못하며, 미덕을 많이 쌓지 못하고 감정이 사욕을 누르지 못하는 것은 나무뿌리를 뽑아버린 뒤에 무성하게 자라기를 구하고 원류를 막아놓은 채 물이 멀리 흐르기를 바라는 것과 같습니다. 무릇 수많은 군주를 보건대 하늘의 사명을 받아 기업基業을 열 때는 심사숙고하며 덕행을 드러내지 않은 이가 없지만, 공을 세운 뒤 그들의 덕행은 점점 쇠퇴해갔습니다. 처음에 훌륭했던 이는 확실히 많지만, 끝까지 훌륭한 행실을 한 이는 아주 적습니다. 천하를 얻는 것은 쉽지만 그 제업을 지키는 일이 어찌 어렵지 않겠습니까? 과거 천하를 취할 때는 역량이 남았지만, 지금 제업을 지킴에 있어서는 역량이 부족한 것이 무엇 때문이겠습니까?

창업할 때는 깊이 걱정하면서 성심성의를 다해 아랫사람들을 대했지만, 일단 뜻을 얻자 방종해져 다른 사람에게 오만하게 굴기 때문입니다. 사람을 대함에 있어 정성을 다하면 호胡나라와 월越나라 같은 오랑캐라도 한 몸처럼 단결하게 되지만, 뜻을 얻은 후 다른 사람을 경멸하면 뼈와 살을 나눈 형제라도 곁을 스쳐 가는 거리의 사람처럼 멀어집니다.

비록 가혹한 형벌로 감찰하고 위엄과 분노를 떨쳐도 아랫사람들은 모두 구차하게 모면하려고만 할 뿐 군주가 어질다고 생각하지 않습니다. 겉으로는 공경하는 체하지만 마음속으로는 복종하지 않을 것입니다. 백성의 원한을 부르는 것은 일의 크기에 달려 있지 않습니다. 두려워할 것은 민심에 있습니다.[14] 물은 배를 둥실둥실 띄울 수도 있고 뒤집을 수도 있으므로 마땅히 신중해야 합니다. 썩은 새

14) 이 구절은《상서》〈대우모〉에 보인다. 원문에서 '민民'을 '인人'으로 쓴 것은 태종의 휘諱를 피하기 위해서이다.

끼줄로 수레를 매고서 달리듯 위험하니 어찌 소홀할 수 있습니까?"

무위지치의 열 가지 방법

"백성을 다스리는 군주는 자기가 좋아하는 것 앞에서 만족해 자신을 경계할 수 있어야 하고, 대규모의 토목공사를 일으킬 때는 가능한 일만 하고 그칠 때를 알아서 백성이 안락한 생활을 할 수 있도록 해야 합니다. 높고 위태로운 일을 생각할 때는 겸손함과 온화함으로 자신을 경계할 생각을 하고, 자만으로 가득 차는 것을 두려워할 때는 거대한 강과 바다가 사방의 물줄기를 모두 받아들이는 것을 생각하며, 유희와 사냥의 기쁨에 도취되었을 때는 고대 제왕과 제후들이 그것을 1년에 세 차례만 했던 것을 생각하고, 나태해지는 것을 두려워할 때는 시종 신중하게 일을 처리할 것을 생각하고, 윗사람과 아랫사람 간의 신뢰가 단절되는 것을 걱정할 때는 마음을 비우고 아랫사람의 의견을 받아들이는 것을 생각하며, 참언과 간사한 무리를 염려할 때는 자신의 언행을 단정히 해 간사함을 제거하려고 생각해야 합니다. 그리고 상을 시행할 때는 일시적인 기쁨으로 인해 아름다운 것을 장려하는 근거를 잃지 않도록 하고, 처벌할 때는 일시적인 노여움으로 인해 징벌을 남용하는 일이 없도록 해야 합니다.

총괄해서 말하면, 이 '십사十思'는 각종 미덕을 떨치고, 재능 있는 사람을 뽑아서 직무를 맡기며, 정확한 의견을 택해 일에 반영하는 것입니다. 이와 같으면 지혜로운 사람은 전력을 다해 지혜로운 계책을 바칠 것이고, 용감한 사람은 용맹을 떨쳐 나라를 지킬 것이며, 어질고 덕망 있는 선비는 어진 정치를 펼치려고 노력할 것이고, 성실한 사람은 마음을 다해 나라에 충성할 것입니다. 문인이나 무인, 백성이 모두 앞다투어 나라에 충성하므로 군주에게는 어떠한 일도 발생하지 않습니다. 군주는 진정으로 사냥의 즐거움을 누릴 수 있고, 적송자赤松子나 왕자교王子喬[15]처럼 오래 살 수 있고, 순임금이 오현의 금슬을 타고 〈남풍南風〉[16]을 부르며 옷을 늘어뜨리고 손을 휘저었던 것처럼 백성에게 설교하지 않아도 저절로 교화됩니다. 정신을 수고롭게 하면서까지 아랫사람들의 일을 대신 처리하실 필요가 있겠습니까! 자신의 총명한 눈과 귀를 사용하면서까지 [다스리지 않아도 다스려지는] 무위無爲의 위대한 진리를 훼손시킬 필요가 있겠습니까!"

군주와 신하는 물고기와 물의 관계와 같다

태종이 직접 조서를 써서 위징에게 답변했다.

"그대의 여러 차례에 걸친 상소를 보았는데, 그 내용이 매우 충성

---

15) 두 사람은 모두 고대 전설 속에 나오는 신선으로 장수했다.

16) 이 시는 부모가 자식을 기르는 것은 남풍이 만물을 생장할 수 있도록 하는 것과 같은 이치라는 내용으로, 효孝를 주제로 하고 있다.

스럽고 말도 무척 주도면밀했소. 나는 그대의 상소를 읽을 때면 피곤함도 잊고 항상 깊은 밤까지 이르렀소. 만일 그대가 국정을 깊이 있게 관찰하고 개인의 이해를 넘어 대의를 중시하지 않았다면, 어떻게 나라를 다스리는 훌륭한 계책을 바쳐 나의 부족한 점을 보충할 수 있었겠소?

나는 진무제晉武帝[17]가 동오東吳를 평정한 후, 사치스럽고 음란한 생활에 빠져 나라를 다스리는 일에는 무관심했다고 들었소. 그 당시 진왕조의 승상이었던 하증何曾[18]은 조정에서 물러나와 아들 하소何劭에게 이렇게 말했소.

'내가 조정에 나갈 때마다 황상께서는 나라를 다스리는 원대한 계획은 말씀하지 않고 일상적인 잡담만 하시니, 이는 국가를 후세 사람들에게 전할 만한 인물이 아니다. 너 역시 화를 면할 수 있겠느냐.'

또 그의 손자들을 가리키며 이렇게 말했소.

'이 아이들은 반드시 혼란스러운 세상을 만나 죽게 될 것이다.'

이후 하증의 손자들이 하수何綏에 이르러 과연 동해왕東海王 사마월司馬越의 부당한 형벌로 죽임을 당했소. 이전 사람들은 역사를 기록하면서 하증을 두고 선견지명을 갖춘 사람이라고 찬미했소.

그러나 나는 결코 그렇지 않다고 보오. 하증이 그의 군주에게 충성하지 않은 죄악은 매우 크다고 생각하오. 신하는 조정에 나와서

17) 사마소司馬昭의 장남인 사마염司馬炎을 말한다. 그는 삼국시대의 분열기를 통일로 이끌었다.

18) 진陳나라 사람으로 사마의司馬懿와 조상曹爽이 권력을 다툴 때, 또 사마염이 위魏나라를 찬탈하는 일에 참여했다.

는 나라를 위해 성심을 다하려는 생각을 해야 하고, 조정에서 물러 나와서는 스스로를 수양함으로써 허물을 고치려고 해야 하오. 군주가 덕치를 하면 그 미덕을 도와서 일을 처리하고, 군주에게 잘못이 있으면 바로잡아 구해주어야 하오. 이것이 군주와 신하가 마음을 같이해 나라를 다스리는 방법인 것이오. 하증은 승상 관직에까지 올라 지위가 높았고 명망도 높았으니, 엄정한 직언과 간언으로 나라를 다스리는 이치를 밝혀 시정을 보좌해야 했소.

그러나 그는 조정에서 물러나온 후 자손들 앞에서만 이러한 주장을 했을 뿐, 조정에 나와서는 직언도 간언도 하지 못했소. 이와 같은 사람을 현명하다고 칭송하는 것은 잘못된 일이 아니오? 나라가 위급해 의지할 곳이 없는데, 어찌 이런 인물을 승상으로 기용할 수 있소? 그대가 상소한 의견은 내 자신의 허물을 알게 했소. 나는 장차 서문표西門豹[19]가 성격이 급했기 때문에 무두질한 가죽을 허리에 차 자신을 부드럽게 하고, 동안우董安于[20]가 마음이 느긋했으므로 허리에 활을 차서 자신을 긴장시켰던 사례를 책상 위에 써놓고 수시로 나 자신을 경계시킬 것이오. 틀림없이 기대했던 효과를 얻게 될 것이오.

나는 '편안하구나!(康哉) 선량하구나!(良哉)'[21] 같은 노래가 순임금의 시대에만 있게 하지는 않겠소. 올해 말에는 우리나라에도 이 노래가 울려 퍼지도록 할 것이오. 군주와 신하 사이가 물고기와 물의

---

19) 위魏나라 신하로 하백河伯이 여자를 원한다는 미신을 깨기 위해 무당과 촌장을 물에 던졌다. 또한 장수漳水의 물로 관개시설을 만들어 치적을 쌓았다.

20) 춘추시대 진晉나라 조간자趙簡子의 가신으로 동알우董閼于라고도 한다.

21) 《상서》〈익직〉에 실린 것으로, 고요가 순임금의 치세에 대하여 모든 일은 편안하고 신하들은 선량하다며 찬미한 것이다.

관계와 같다는 것은 오늘 분명하게 드러났소. 그대의 훌륭한 말에 대한 답변이 비록 늦긴 했지만, 나를 두려워하지 말고 숨김없이 정치의 득실에 관해 지적해주기 바라오. 나는 마음을 비우고 심지를 안정시켜 그대의 훌륭한 말을 공손히 기다릴 것이오."

편안함을 경계하라

정관 15년, 태종이 곁에서 모시는 신하들에게 말했다.

"천하를 지키는 일이 쉬운가, 어려운가?"

시중侍中[22] 위징이 대답했다.

"매우 어렵습니다."

태종이 말했다.

"현명하고 능력 있는 자를 임명하고, 간언을 받아들이면 되거늘, 어찌 어렵다고 하는 것이오?"

위징이 말했다.

"예로부터 내려오는 제왕들을 살펴보면, 그들은 상황이 위급할 때는 현명하고 재능 있는 사람을 임명하고 간언을 받아들였습니다.

---

22) 진秦나라 때 처음 설치된 관직으로, 편전 안을 왕래하기 때문에 시중이라고 불린 것이다. 양한시대에도 계속 열후列侯 아래에 두고 낭중郎中의 직책을 더했으며 정해진 인원이 없었고, 황제 곁에서 수레나 의복, 음식물 등을 관리했다. 무제 이후로 권위가 점점 향상되었으며, 후한 시기에는 대부분 박학하고 덕망 있는 선비로 구성되어 그 위상이 더욱 높아졌다. 동진東晉 때는 문하성門下省을 두어 시중이 그 장관이 되었고, 상서성尙書省 장관 상서령尙書令, 중서성中書省 장관 중서감中書監과 더불어 실질적인 재상이었다. 수대에는 그 명칭을 바꾸어 납언納言이라 했다. 당대에 이르러 다시 시중으로 명칭을 바꾸었고, 일찍이 황문감黃門監, 좌상左相으로도 개칭되었는데, 중서령中書令·동평장사同平章事 등과 함께 정식 재상이 되었다.

그러나 일단 천하가 안정되고 살기 좋아지면 반드시 게을러졌습니다. 천하가 안정되고 편안한 상태에 기대 나태해지려는 생각을 할 때에는, 간언하는 자는 간언이 받아들여지지 않았을 경우의 자기 앞날을 걱정해 모조리 말할 수는 없었습니다. 그 결과 나라의 세력은 나날이 약해져 결국 위급한 지경에 이르렀습니다. 성인이 편안할 때에도 위험한 때를 생각한 까닭은 바로 이러한 상황이 발생하는 것을 피하기 위해서였습니다. 편안한 생활을 하면서 두려운 마음을 가질 수 있으면 어찌 어렵다고 할 수 있겠습니까?"

제2편

정체(政體: 정치의 요체)

【해제】

정치란 기본적으로 군주나 신하 한 개인에 의해서 이루어지는 것이 아니라 이들이 상호 협력할 때라야만 제대로 이루어질 수 있다. 과거에는 군주와 백성의 관계를 배와 물의 관계로 비유해, 물은 배를 떠가게 할 수도 있지만 배를 뒤집어버릴 수도 있다고 함으로써 모든 정치의 근본은 백성임을 강조해왔다.

그러나 많은 신하는 군주의 위세에 눌려 솔직한 의견을 펼치지 못하고, 잘못된 명령을 그대로 따라 수많은 백성에게 재앙을 안겨주기도 한다. 이것은 신하들이 올바른 간언을 할 수 없도록 한 군주에게 첫 번째 책임이 있고, 다음으로는 신하로서의 책무를 다하지 못한 채 윗사람에게 영합하려고 한 신하의 책임이 있다. 군주가 겸손하게 아랫사람들의 의견을 받아들이고, 신하들도 거리낌 없이 시비를 가릴 수 있을 때 그 나라의 정치는 안정된다. 그리고 군주는 무예에 뛰어난 사람보다는 경전에 밝은 사람을 관리로 임용해야 요임금이나 순임금과 같은 어진 군주로 후세까지 이어질 수 있다는 것이 〈정체〉 편의 일관된 내용이다.

활의 오묘한 이치를 파악하라

정관 초년에 태종이 소우蕭瑀[1)]에게 이런 말을 했다.

"나는 젊어서부터 활과 화살을 좋아해 그 오묘함을 전부 알 수 있다고 생각해왔소. 최근 좋은 활 십여 개를 얻어 활을 만드는 장인에게 보여준 일이 있소. 장인이 이렇게 말했소.

'모두 좋은 재료가 아닙니다.'

나는 그 이유를 물었소. 그러자 장인은 이렇게 말했소.

'나무 재료의 중심이 바르지 못해 나무의 결이 곧지 않습니다. 활은 비록 단단하고 강하더라도 화살을 쏘면 쭉 뻗어나가지 못합니다. 이것은 좋은 활이 아닙니다.'

나는 비로소 그 이치를 깨달을 수 있었소. 나는 무공으로 천하를 평정하면서 수많은 활과 화살을 사용했지만, 지금까지도 활의 오묘한 이치를 깨닫지 못했소. 하물며 나는 천하를 차지한 시간이 길지 않으니 나라를 다스리는 이치에 대해 아는 것은 활에 대해 아는 것에도 훨씬 미치지 못하오. 게다가 활에 대해서도 잘 모르는 부분이 있으니, 나라를 다스리는 이치는 어떠하겠소!"

이로부터 5품 이상의 관리인 경관京官은 중서내성中書內省에서 돌아가며 당직을 하도록 조서를 내렸다. 태종은 매번 그들을 불러 자리를 주고 함께 이야기하며 외부의 일에 관해 물음으로써 백성의 고통과 정치상의 득실을 이해하려고 노력했다.

---

1) 남조시대 후량後梁 명제明帝의 아들로 당고조에게 들어가 벼슬길에 올랐다. 자는 시문時文이고 문학에 재능이 있었다. 그 논의하는 바가 명쾌하고 포용력 있는 인물이다.

한 사람의 뜻을 꺾어야 하는 이유

정관 원년, 태종이 황문시랑黃門侍郎[2] 왕규王珪[3]에게 말했다.

"중서성에서 발표한 조서 가운데 의견이 일치하지 않는 곳이 꽤 있으니 간혹 각 방면에 이런저런 잘못이 있으면 서로 다른 의견으로 바로잡으시오. 원래 중서성과 문하성門下省[4]을 설치한 것은 서로 잘못을 방지하기 위함이었소. 사람들의 의견은 항상 이렇게 저렇게 분열되어, 어떤 것은 옳고 어떤 것은 그를 수 있으나, 출발점은 모두 나라의 대사를 위하는 것이오. 그렇지만 어떤 사람은 자기의 단점은 뒤덮어 보호하고 다른 사람이 자기 잘못을 지적하는 것을 듣기 꺼려해 사람들이 옳고 그름을 말하면 내심 그들을 원망하고 한탄하오. 어떤 이는 개인적으로 불화가 생기는 것을 피하고, 서로 상대방 얼굴만 살피며 잘못된 일인 줄 알면서도 바로잡지 않고 그대로 시행하오. 한 관리의 아주 사소한 감정은 거스르지 못하면서 순식간에 수많은 사람을 위태롭게 하는 위험을 만들고 있는 것이오. 이것은 실제로 나라를 멸망시키는 길이오. 신들은 이 점을 특별히 유념해 방지해야만 할 것이오.

---

2) 관직명이다. 후한後漢시대에는 황제를 모시거나 조서를 전달하는 일을 해 급사황문시랑給事黃門侍郎이라고 했으며, 진晉나라 이후에는 기밀문서를 다루며 황제의 고문역을 담당해 시중과 함께 주요 관직이 되었다. 수양제隋煬帝 때 '급사'라는 두 글자를 빼고 황문시랑이라 부르게 되었다.

3) 자는 숙개叔玠이고, 태종 때 간의대부諫議大夫가 되었으며, 방현령房玄齡 등과 공동으로 정사를 보조했다. 〈임현〉에 자세한 사적이 보인다.

4) 원래는 황제의 시종으로 고문기관이었는데 이후 권력이 점차 증대해 정권 기구의 중심이 되었다. 수·당으로부터 송대에 이르면서 중서성과 함께 중요 기관을 장악하고 조서를 심사하는 일을 했다. 이곳의 장관은 시중·납언·좌상左相 등으로 불렸다.

수왕조 때 안팎의 높고 낮은 관리들이 정사를 처리하면서 항상 미루기만 하고 절충해 결정하지 못했소. 그리하여 혼란에 이르게 되었소. 사람들은 대부분 이 이치를 깊이 생각하지 못했소. 당시에는 한결같이 자기에게는 피해가 미치지 않을 것이라 여기고, 눈앞에서는 복종하는 척하고 등 뒤에서 배신하며 이와 같은 후환을 낳게 될 줄은 생각지도 못했소. 후에 큰 혼란이 한꺼번에 폭발해 가정과 나라가 모두 망했소. 비록 어떤 사람은 달아나 죽음은 면했지만 오랜 세월 고통 속에서 목숨을 부지하며 여론의 질책을 받았을 것이오. 신들은 사심을 버려 나라에 보답하고, 올바른 원칙을 굳게 지켜 모든 문제를 서로 계발하고 발전시켜 처리하며, 위아래가 부화뇌동하지 않도록 하시오."

경전에 정통하라

정관 2년, 태종이 황문시랑 왕규에게 질문했다.

"근대(近代, 육조시대와 수나라)에 이르러 군주와 신하가 나라를 다스리는 것이 이전 시대 군주와 신하의 경우보다 뒤떨어지는 편인데, 이것은 무엇 때문이오?"

왕규가 대답했다.

"옛날의 제왕이 나라를 다스릴 때는 마음으로 청정무위淸靜無爲를 숭상했고, 백성이 무엇을 원하는지를 생각했습니다. 그러나 요즘의 군주와 신하는 백성의 이익을 손상시켜가면서 자기 욕망을 채우고, 임용한 대신들은 경학에 정통한 자들이 아닙니다. 한나라 조정의 재상 가운데는 경전에 정통하지 않은 이가 한 명도 없어, 조정에 어려운 문제가 발생하면 모두 경전에 근거해 결정했습니다. 그러므로 사람들은 대부분 예의규범을 알고 있었고, 나라는 매우 안정되게 다스려졌습니다. 그러나 요즘에는 무예를 중시하고 유학을 경시하며, 어떤 이는 법령과 형벌을 사용하여 유가의 도덕규범은 이미 어그러졌으며, 순박하고 돈후한 아름다운 풍속도 많이 파괴되었습니다."

태종은 왕규의 말이 정말로 옳다고 생각했다.

그 후로 관리 가운데 학식이 월등히 뛰어나고 정치적 두뇌가 있어 정치의 근본을 아는 사람들은 대부분 승진했으며, 어떤 이는 여러 차례 중용되기도 했다.

침묵이 독이 되는 이유

정관 3년, 태종이 곁에서 모시는 신하에게 말했다.

"중서성과 문하성은 모두 매우 중요한 기관이오. 재능 있는 자를 선발해 실제로 중요한 임무를 맡기도록 하시오. 만일 군주가 내린 명령이 부당해 실행하기 어렵다면 각기 의견을 말해 토론할 수 있소.

요즘 아랫사람들은 나의 뜻에 영합해 무조건 받아들이고 있을 뿐 조서의 글에 대해서 직언하거나 간언하는 말 한마디가 없으니, 어찌 말이 되오? 만일 조서를 관할하고 문서를 시행하는 일이 이렇다면 누군들 감당할 수 없겠소? 어찌 수고롭게 인재를 선발해 중임을 맡길 필요가 있겠소? 이 이후로 황제가 내린 조서 가운데 부당해 실행할 수 없는 부분이 있으면 반드시 자기 의견을 견지하도록 하고, 잘못되었음을 분명히 알면서도 두려운 마음이 있어 침묵을 지키는 일이 없도록 하시오."

지나치게 꼼꼼하면 사리에 밝지 못하다

정관 4년, 태종이 소우에게 질문했다.

"수문제隋文帝[5]는 어떤 군주였소?"

소우가 대답했다.

"그는 자신을 극복하고 예절을 따랐으며, 성실하게 나라를 다스리는 일을 생각했으며, 조정에 나가 일을 처리할 때마다 매우 진지했습니다. 어떤 때는 해가 서산으로 기울어질 때까지 쉬지 않고 정

---

5) 양견楊堅이다. 북주北周시대에 수국공隋國公이 되었고 후에 승상으로 임명되어 조정의 일을 총괄했다. 581년 북주의 정제靜帝를 폐하고 수隋왕조를 세웠다. 589년 진陳을 멸망시켜 전국을 통일했다. 재위 기간 동안 균전제均田制를 지속적으로 시행하고, 호적을 다시 편찬했으며, 관제를 혁신해 삼성육부三省六部 제도를 확립했다. 중앙집권을 강화하고 재정 수입을 늘렸으며, 위진 이래 시행된 구품관인법九品官人法을 폐지하고 새로운 과거제를 만들었다.

무를 돌보았고, 5품 이상의 관리들을 자리로 불러 모아 국사를 함께 논의했습니다. 그럴 때면 식사 시간을 잊어 곁에서 모시는 자가 간단한 음식을 가져다주어 배고픔을 면하기도 했습니다. 비록 그의 성품이 인자하거나 지혜롭지 못할지라도, 전심전력으로 나라를 다스리는 군주라는 말은 들었습니다."

태종이 말했다.

"그대는 하나만 알고 둘은 모르오. 그 사람은 지나치게 꼼꼼해 사리에 밝지 못했소. 사람의 마음이 어리석으면 자기 잘못을 관찰하지 못하고, 지나치게 꼼꼼하면 사물에 대해 여러 가지 의심이 생기는 법이오. 그는 또 고아와 과부를 속이고 천하를 차지했기 때문에[6] 항상 신하들이 복종하지 않을 것을 두려워했고, 문무백관을 쉽게 믿지 못했소. 그는 일의 크고 작음을 가리지 않고 모두 직접 처리해 결정했으니, 비록 몸과 마음이 피곤하리만큼 바쁠지라도 합리적으로 일을 처리할 수는 없었소. 조정의 신하들은 그의 마음을 익히 알고 있었으므로 또 감히 직접 간언하지 못했던 것이오. 재상 이하의 관리들은 수문제의 뜻에 따랐을 뿐이오.

나의 생각은 그대와는 다르오. 천하는 넓고, 온갖 일이 일어나므로 반드시 실제 상황에서 출발해 처리해야 하오. 모든 일은 문무백관에게 맡겨 상의해야 하며, 재상이 대책을 세워서 타당성이 있다면 주청해 시행할 수 있소. 하루에 처리해야만 하는 문제가 수만 가지나 되는데 어찌 한 개인이 생각하고 결정할 수 있겠소? 게다

---

6) 수문제의 딸은 북주 선제宣帝의 황후였다. 선제가 죽은 후 그는 나이 어린 외손자 주정周静을 폐위시키고 등극했다.

가 하루 열 건의 일을 처리해야 하지만 다섯 건밖에 처리하지 못했을지라도 옳게 처리한 것은 좋지만, 잘못 처리한 것은 어떻게 하겠소? 이와 같이 하여 나날이 쌓여 해가 거듭되면 잘못은 더욱더 많아질 것이고, 설령 나라가 멸망하지는 않는다 해도 어떤 다른 기대를 할 수 있겠소? 어찌 널리 현명하고 훌륭한 재능을 갖춘 자를 선발해 높은 지위에서 일을 살피도록 하고, 법령을 엄하게 하는 것과 같겠소? 이렇게 하면 누가 감히 일을 그르치겠소?"

그리하여 관청에 명령해 조서를 내렸는데, 그 일이 부당하거나 시행할 수 없는 것이라면 반드시 자기 의견을 위에 보고해 마음대로 시행하지 못하도록 하라고 했다. 이로써 반드시 신하의 책임을 다하게 했다.

질병을 치료하듯 다스려라

정관 5년, 태종이 곁에서 모시는 신하에게 말했다.

"나라를 다스리는 것과 질병을 치료하는 것에는 어떠한 차이도 없소. 환자의 상태가 좋아졌다고 생각되면 잘 보살펴야 하오. 만일 다시 발병해 악화되면 반드시 죽음에 이를 것이오. 나라를 다스리는 것 또한 그러하니, 천하가 조금 안정되면 더욱 조심하고 삼가야지, 평화롭다고 하여 교만하게 굴거나 사치스러운 생활을 하면 틀림없이 멸망에 이를 것이오. 오늘 천하의 안정과 위험은 나에게 달려 있기 때문에 매일매일 근신하고 있소. 비록 누릴 만한 조건이 되어도 누릴 수 없소. 그러나 나의 눈·귀와 팔다리가 할 수 있는 일은 여러분에게 맡기겠소. 군주와 신하가 한 몸이 되었으니 한마음으로 협력해야만 하오. 일을 함에 있어 이치에 맞지 않는 부분이 있으면 한 치도 숨김없이 간언해야 하오. 만일 군주와 신하가 서로를 의심해 마음속의 말을 할 수 없다면, 이것은 실제로 나라를 다스리는 데 큰 재앙인 것이오."

구중궁궐에서도 삼가야 하는 이유

정관 6년, 태종이 곁에서 모시는 신하들에게 말했다.

"고대의 제왕을 보건대, 흥성한 이도 있고 쇠망한 이도 있는 것은 아침에 뜬 해가 저녁에 기울어지는 것과 같은 이치로, 모두 눈과 귀가 가려져 당시의 정치적 득실을 알지 못했던 까닭에서요. 충성스럽고 정직한 사람은 말을 하지 않고, 간사하고 아첨하는 자만이 매일같이 중용되어 군주는 자기의 허물을 보지 못해 멸망에 이른 것이오. 나는 깊숙한 구중궁궐 안에 있어 천하의 일을 모두 볼 수는 없소. 그래서 아래의 일은 그대들에게 위임해 나의 귀와 눈으로 삼은 것이오. 천하가 태평스럽고 사해가 안정되었다고 하여 삼가는 마음을 버리지 말도록 하시오. 《상서》 〈대우모〉에 '경애해야 하는 대상은 군주이고, 두려워해야 하는 대상은 백성이다.'라는 말이 있소. 이것은 군주 된 자가 도리를 지키면 백성은 그를 받들어 군주로 삼고, 도리를 저버리면 백성은 그를 버리고 군주라고 부르지 않는다는 뜻이오. 이것은 정말로 두려워할 만한 일이오!"

위징이 대답했다.

"고대 이래로 나라를 잃은 군주는 모두 안정된 시대에 위험을 잊고 있었고, 잘 다스려지던 때에 혼란을 잊었기 때문에 오래도록 안정되게 다스릴 수 없었습니다. 지금 폐하는 천하를 손에 쥐고 있고, 나라 안팎이 태평하므로 나라를 다스리는 방법에 마음을 둘 수 있습니다. 항상 깊은 연못을 지나고 살얼음 위를 걷는 것처럼 조심스럽게 일을 처리하면 나라의 운명은 자연스럽게 오랜 시간 이어질 것입니다. 신은 또 '군주는 배에 비유되고, 백성은 물에 비유된다. 물은 배를 띄울 수도 있고, 배를 뒤집을 수도 있다.'는 말을 들었습니다. 폐하께서는 백성을 두려워하는 것이 무엇인지를 생각하고, 진정 폐하께서 알고 계신 것처럼 하십시오."

신하가 직간하게 하라

정관 6년, 태종이 곁에서 모시는 신하들에게 말했다.

"옛사람이 말하기를 '나라가 위급해져 망하려고 하나 지탱시키지 않고, 군주가 엎어지려고 하나 부축하지 않는다면 어떻게 이런 사람으로 보좌하도록 할 수 있겠는가?'[7]라고 했소. 군주와 신하의 대의가 충심으로 노력을 다하지 않고도 구할 수 있는 것이겠소? 나는 일찍이 폭군 걸왕이 관용봉關龍逢[8]을 죽이고, 한경제漢景帝가 조착晁錯[9]을 죽였을 때 책을 덮고 탄식하지 않은 자가 없었다는 글을 읽었소. 그대들이 바른말로 솔직하게 간언하면 나라의 정치에 도움이 될 수 있소. 나는 결코 그대들이 나의 뜻을 거스른다고 하여 마음대로 벌주거나 질책하는 일은 없을 것이오. 요즈음 조정에서 정무를 처리할 때 나라의 법령에 맞지 않는 것이 있었소. 그러나 여러분은 사소한 일로 여기고 자신들의 의견을 개진하지 않았소. 무릇 큰일은 모두 작은 일에서 시작되고, 작은 일을 논의하지 않으면 큰일 또한 구할 수 없으니, 사직이 기울고 위태롭게 되는 것은 이로부터 말미암지 않은 것이 없소. 수양제는 포학했는데, 그가 평범한 백성의 손에 살해되었을 때 전국의 백성 가운데 이 소식을 듣고 비통해한 자는 거의 없었소. 여러분은 항상 나를 위해 수왕조가 멸망한 일을 생각하시오. 나는 항상 여러분을 위해 관용봉과 조착이 살해된 일을 생각하겠소. 우리 군주와 신하가 서로 지켜주면 어찌 좋은 일이 없겠소!"

7) 《논어》〈계씨〉에 보인다.

8) 하나라 말기의 대신으로 걸왕에게 여러 차례 직간直諫했다가 결국 걸왕에게 살해되었다.

9) 한경제 때 어사대부御史大夫를 지냈다. 근본을 중시하고 말단을 억누르는 중앙집권 정책을 견지했고, 병사를 모집해 흉노를 제어할 것을 건의했다. 후에 오초吳楚 등이 조착晁錯의 이름으로 반란을 일으키자 한경제가 그를 죽였다.

탁월한 장인이 있어야 보옥이 빛을 본다

정관 7년, 태종이 비서감秘書監[10) 위징과 고대로부터 나라를 다스린 득실에 관해 조용히 토론하던 중 이런 말을 했다.

"지금 나라는 큰 혼란의 끝이라 서둘러 잘 다스릴 수는 없소."

위징이 말했다.

"그렇지 않습니다. 무릇 인간은 편안하고 즐거우면 교만하고 게을러집니다. 교만하고 게을러지면 혼란을 생각하게 되고, 혼란을 생각하면 다스리기 어려워집니다. 인간은 위험하고 어려운 상황에 처하면 자기의 생사를 걱정하게 됩니다. 자기 생사를 걱정하면 천하가 태평스럽게 다스려지기를 바랍니다. 나라가 평화롭기를 희망하면 쉽게 교화할 수 있습니다. 그러므로 큰 혼란 이후에 쉽게 교화되는 것은 마치 굶주린 사람이 쉽게 음식에 만족하는 것과 같은 이치입니다."

태종이 말했다.

"현명한 사람이 나라를 다스려도 백 년이 지난 뒤에야 포학한 이들을 제압할 수 있고 살벌한 풍습을 없앨 수 있소. 큰 혼란이 있은 후에 천하의 태평을 갈구한다고 하여 어떻게 순식간에 목적에 이를 수 있겠소?"

위징이 말했다.

"이것은 대체로 평범한 사람의 상황을 말한 것이니, 영명한 군주

10) 관직명이다. 후한 환제桓帝 때 처음으로 설치해 궁중 내 도서의 문자를 교감校勘하고 관리하는 일을 담당했다. 위진 때도 두었고, 남북조 때는 비서성秘書省으로 바꾸었다. 수·당·송은 비서감秘書監을 비서성의 장관으로 삼았다.

에게 적용할 수는 없는 것입니다. 만일 영명한 군주가 교화를 베풀어 윗사람과 아랫사람이 마음을 하나로 하고, 백성들이 한 사람이 말하는 것처럼 신속하게 호응한다면, 서두르려고 하지 않아도 빠른 시간 안에 성공할 수 있습니다. 1년이면 교화시킬 수 있으므로 아주 어려운 일은 아니라고 믿습니다. 3년 후에 성공한다면 너무 늦었다고 해야 합니다."

태종은 위징의 말이 옳다고 생각했다.

봉덕이封德彝[11] 등이 대답했다.

"하夏·은殷·주周 삼대 이후의 사람들은 점점 경박해졌기 때문에 진秦나라에서는 법으로 나라를 다스렸고, 한왕조는 인의와 형법을 섞어 사용했습니다. 이들 나라는 모두 잘 다스리려고 했지만 그럴 만한 능력이 없었습니다. 어찌 능력이 있었는데 원하는 대로 하지 못한 것이라 말할 수 있겠습니까? 위징은 글 읽는 선비로 세상의 실무는 모릅니다. 만일 폐하께서 위징의 말을 믿는다면, 아마도 나라를 쇠망하게 하고 혼란스럽게 만들 것입니다."

위징이 말했다.

"오제五帝[12]나 삼왕三王[13]은 나라 안의 백성을 바꿔 교화를 실현하지는 않았습니다. 억지로 다스리지 않아도 저절로 다스려지는 오제의 통치술을 사용하면 제업이 이루어지고, 인의도덕의 통치를 펼치면 삼왕의 왕업을 이루게 됩니다. 이것은 당시 군주가 어떤 방법으

---

11) 이름은 윤倫이다. 처음에는 수나라에서 내사사인內史舍人이 되었으나 후에 당나라로 귀화해 이세민을 위해 군사軍事에 참여했다. 정관 초기에 상서우복야로 승진했다.

12) 고대의 다섯 제왕으로 황제黃帝·전욱顓頊·고신高辛·요堯임금·순舜임금을 말한다.

13) 하·은·주 창업의 주역인 우禹임금, 탕湯임금, 문文·무武왕을 말한다. 문왕과 무왕은 부자父子이므로 한 임금으로 본다.

로 나라를 다스리고 백성을 교화하느냐에 달려 있는 것입니다. 이 점은 고대 전적의 기록을 살펴보면 금방 알 수 있습니다.

고대에 황제黃帝[14)]와 치우蚩尤[15)]가 70여 년간 싸우자 혼란이 극심했습니다. 그러나 황제가 전쟁에 승리한 후 태평스러운 세상을 만들었습니다. 구려九黎[16)]가 도덕을 혼란스럽게 하자 전욱顓頊이 그들을 정벌했습니다. 전욱은 그들을 무찌른 뒤에도 교화를 잃지 않았습니다.

걸왕이 포악해지자 탕湯임금[17)]이 그를 내쫓았습니다. 탕임금의 시대에는 천하가 태평스러웠습니다. 은殷나라의 주왕紂王이 무도했으므로 무왕武王이 정벌했습니다. 무왕의 아들 성왕成王 때에도 태평성대였습니다. 만일 사람들이 점점 경박해지고 사악해져 순진하고 진실될 수 없다고 한다면, 지금 어떻게 요괴나 마귀가 되지 않았으며, 어찌 다시 그들을 교화할 수 있겠습니까?"

봉덕이 등은 더 이상 위징에게 반박하지 못했다. 그러나 여전히 불가능하다고 여겼다.

태종은 항상 위징의 건의를 받아들였고, 그것을 시행함에 있어 게으르지 않아 수년 내에 나라가 안정되었다. 그러고는 신하들에게 이렇게 말했다.

"정관 초, 사람들은 제각기 다른 의견을 갖고 있어 지금 세상에서는 제도帝道나 왕도王道를 실행할 수 없다고 말했소. 그러나 위징만

---

14) 성은 공손公孫이고 호는 헌원씨軒轅氏이다. 중원 각 부족의 공동 조상으로 중국인들의 숭배 대상이다. 음악·문자·의학의 창시자로 추앙받고 있다.

15) 동장 구려족九黎族의 우두머리이며 무도하고 포악한 인물로 황제黃帝에게 죽임을 당한다.

16) 고대 부락으로 삼묘三苗의 조상으로 전한다.

17) 은왕조의 창시자로 성탕成湯·천을天乙·성당成唐 등으로도 불린다.

은 나에게 이것을 권했소. 나는 위징의 견해를 받아들여 불과 수년 만에 중국이 안정을 얻었으며, 먼 곳의 이민족들도 복종해왔소. 돌궐족突厥族은 예로부터 항상 중원의 적이었는데, 지금 그들의 우두머리는 칼을 차고 궁궐에서 호위를 하고 있으며, 미개한 부락 사람들은 중원의 풍습에 따라 옷을 입고 있소. 군대를 움직이지 않고도 내가 이 경지까지 이르게 된 것은 모두 위징의 공로요."

또 고개를 돌려 위징에게 말했다.

"옥은 비록 바탕이 아름답지만 돌 속에 숨어 있어 뛰어난 기술을 가진 장인이 쪼고 갈지 않는다면 기와 조각이나 돌덩이와 별다를 것이 없소. 만일 기술이 뛰어난 훌륭한 장인을 만난다면, 그 옥은 만세토록 이어지는 보기 드문 보옥이 될 수 있소. 나는 비록 옥의 아름다운 바탕은 없지만, 여러분이 자르고 깎아서 다듬어주었소. 여러분이 인의로써 나를 이끌어주고, 도의로써 나를 밝혀주어 내 공덕과 업적이 오늘의 수준에까지 이른 것이오. 그대는 기술이 탁월한 장인이라고 할 만하오."

큰 기러기가 얕은 연못으로 나오면 화살을 맞는다

정관 8년, 태종이 곁에서 모시는 신하들에게 말했다.

"수나라 때 백성은 재물을 마음대로 썼으니 어찌 이것을 보존할 수 있었겠소? 나는 제위에 오른 후로 오로지 백성만을 사랑해 어떠한 부역도 부과하지 않았소. 그리하여 백성은 모두 생산에 종사해 자기 재산을 갖게 되었으니, 이는 내가 백성에게 베풀어준 것이오. 과거에는 부역이라는 이름으로 적지 않은 세금을 매겼기 때문에 항상 백성에게 상을 내려도 그들에게 주지 않은 것만 못했소."

위징이 대답했다.

"요와 순이 임금의 자리에 있을 때에는 백성들도 '밭을 갈아 밥을 먹고 우물을 파서 물을 마셨다.'라며 근심 걱정 없이 배불리 먹고 배를 두드리며 '황제가 나에게 무슨 소용인가?'라고까지 했습니다. 지금 폐하의 백성에 대한 이러한 사랑은, 백성들이 날마다 폐하의 은덕을 누리고 있지만 그들 자신은 오히려 깨닫지 못한다고 말할 수 있습니다."

위징이 또 아뢰었다.

"하루는 진문공晉文公이 사냥을 하는데, 들짐승을 쫓다가 커다란 늪지 속으로 들어가 방향을 잃어 빠져나오지 못했습니다. 마침 그곳에 한 어부가 있기에 문공은 그에게 말했습니다.

'나는 그대의 군주요. 어느 곳으로 가야 나갈 수 있소? 그대가 나에게 말해준다면 후한 상을 내릴 것이오.'

어부가 말했습니다.

'신은 당신에게 나가는 방법을 아뢰겠나이다.'

문공이 말했습니다.

'연못을 나가면 그대에게 상을 주겠소.'

그래서 어부는 문공을 늪지에서 나올 수 있도록 도와주었습니다.

그러자 문공이 이렇게 말했습니다.

'그대가 지금 나에게 가르치려고 하는 것이 무엇이오? 듣고 싶소.'

어부가 말했습니다.

'큰 기러기가 커다란 물과 바다에서 살다가 작은 물로 옮기자 화살에 맞아 죽는 재앙이 생겼습니다. 큰 물고기는 항상 깊은 연못에 사는데, 얕은 못으로 나오면 반드시 낚이는 우환이 생길 것입니다. 지금 군주께서는 사냥을 하며 짐승을 쫓다가 늪지까지 들어왔는데, 무엇 때문에 그리 멀리 왔습니까?'

문왕文王이 말했습니다.

'그대 말이 옳소!'

문왕을 따르던 자에게 어부의 이름을 기록하도록 했습니다. 어부가 말했습니다.

'무엇 때문에 군주라고 합니까? 군주란 하늘을 존경해 천하를 다스리고, 사직을 공경해 사방의 국토를 지키며, 백성을 아끼고 부세賦稅를 줄이고 노역을 가볍게 하면 신하와 백성이 이익을 받게 됩니다. 만일 군주가 하늘을 존경해 천하를 다스리지 않고, 사직을 공경스럽게 섬기지 않으며, 국토를 공고히 하지 않고, 밖으로는 제후를 예로써 대하지 않고, 안으로는 민의를 등지면 나라가 멸망하게 됩니다. 신은 비록 많은 상을 받을지라도 그것을 지킬 수 없을 것입

니다.'

그러고는 문공의 상을 받지 않고 떠났습니다."

태종이 말했다.

"그대의 말이 옳소."

뿌리가 흔들리지 않아야 가지와 잎이 무성해진다

정관 9년, 태종이 곁에서 모시는 신하들에게 말했다.

"과거 처음 수왕조의 수도를 평정했을 때, 궁궐 안에 미녀와 진귀한 보물 등 완구품은 어느 정원이건 가득 차지 않은 곳이 없었소. 수양제는 만족할 줄 모르고 끝없이 징발했소. 게다가 동서로 정벌하느라 무력을 다 썼으며 전쟁을 좋아했소. 백성은 이를 감당하지 못했고 결국에는 멸망에 이르렀소. 이것은 모두 짐이 직접 목격한 것이오. 그래서 아침저녁으로 열심히 노력하고, 청정무위의 도리로 천하가 평안하기를 희망하고 있소. 부역이 지나치게 일어나지 않고, 해마다 곡식이 풍년 들어 백성이 편안하고 즐거운 생활을 할 것이오. 나라를 다스리는 것은 마치 나무를 기르는 것과 같아 뿌리가 흔들리지 않으면 가지와 잎은 무성해지오. 군주가 청정무위의 도리로 다스릴 수 있다면 백성이 어찌 편안하지 않겠소?"

군주가 먼저 엄정하고 공명해야 한다

정관 16년, 태종이 곁에서 모시는 신하들에게 말했다.

"어떤 경우는 군주가 위에서 어리석게 일하지만 신하는 아래에서 잘 다스리고, 어떤 경우는 신하가 아래에서 어리석게 일하지만 군주는 위에서 훌륭하게 다스린다. 이 두 가지 상황을 비교하면 어떤 것이 더 심하겠는가?"

특진 위징이 대답했다.

"군주가 한마음으로 나라를 다스리면 신하의 과실을 분명히 살필 수 있습니다. 하나를 벌주어 백 명의 사람을 경계시킨다면, 누가 감히 군주의 위엄을 두려워하지 않으며 전심전력으로 나라를 구하지 않겠습니까? 만일 군주가 위에서 어리석고 포학해 충신의 간언을 따르지 않는다면, 백리해百里奚[18]나 오자서伍子胥[19]가 우虞나라와 오吳나라에서 나라의 재앙을 구하는 일도 실패했을 것입니다. 그리하여 나라의 패망을 더욱 재촉할 것입니다."

태종이 말했다.

"반드시 이와 같다면 북제北齊의 문선제文宣帝는 어리석고 포학했지만, 양준언楊遵彦[20]이 정확한 방법으로 그를 보좌해 나라가 다스려지게 했고, 당시 사람들이 '군주는 위에서 어리석지만, 정치는 아

---

18) 춘추시대 사람으로 진목공秦穆公이 패업霸業을 세우는 일을 도왔다.

19) 춘추시대 오吳나라의 대부로 이름은 원員이고 자는 자서子胥이다. 그는 합려闔閭를 도와 왕위에 오르게 한 후 막강한 권력을 쥐었다. 오왕 부차夫差 때, 월越나라와 강화하지 말고 멸망시켜 후환을 제거할 것을 권했다. 그러나 오왕은 간신의 참언을 듣고 그를 멀리하더니 결국에는 칼을 내려 자살하도록 명했다.

20) 문선제文宣帝를 위해 법령을 개정하고 조정을 장악해 나라의 세력을 강화시킨 인물이다.

래에서 맑구나.'라고 한 일은 또 어떻게 해석해야 하오?"

위징이 말했다.

"양준언은 포학한 군주를 도와 백성을 구제하고 나라의 혼란을 제거했지만, 때로 매우 위험한 지경에 처하며 고통스러워했습니다. 이는 군주가 엄정하고 공명해 신하들이 국법을 두려워하며, 군주에게 거리낌 없이 직언하고 바르게 간언해 모두 군주의 신임을 받는 것과는 같은 경우라고 말할 수 없습니다."

스승 같은 신하가 필요하다

정관 19년, 태종이 곁에서 모시는 신하들에게 말했다.

"나는 예로부터 제왕이 교만하고 자만심에 차면 결국에는 실패하는 것을 보았는데, 그 수는 헤아릴 수 없을 정도요. 멀리 아주 옛날 일을 기술할 수는 없고, 진무제가 오나라를 평정하고, 수문제가 진陳나라를 멸망시킨 이유를 말해보겠소. 그들은 나날이 교만해지고 자만에 찼으며 사치가 심해 그 자신 또한 한 세대를 갈 수 없으리라 생각했지만, 신하들은 감히 사실대로 말하지 못했소. 정국은 이 때문에 혼란스러워졌소. 나는 돌궐을 평정하고, 고구려高句麗를 평정한 후에 또 철륵鐵勒을 겸병하고, 멀리 이민족을 복종시켜 주州와 현縣을 설치했소. 변방의 소수민족은 복종할 뜻을 내비쳤으며,

나라의 명성과 교화는 나날이 더욱 확대되었소.

나는 교만과 자만에 빠질까 두려워하여 항상 나 자신을 통제하며 태양이 서산으로 질 때까지 바쁘게 일하고서야 식사를 하며, 어떤 때는 밤을 지새우며 앉아서 아침을 맞기도 하오. 항상 신하들의 솔직하고 바른 의견과 건의가 정치 교화에 쓰일 수 있기를 바라며 그들을 사우師友로 삼으려고 하오. 이처럼 하면 나라는 안정되고 평안할 것이오."

국법의 위력을 갖추어라

태종이 즉위한 후, 서리와 가뭄의 재앙이 있어 곡식값이 폭등하고, 돌궐이 침략해 약탈하면서 각 지방이 매우 불안정했다. 태종은 오로지 백성을 걱정하며 온 힘을 다해 나라를 다스리고 근검절약을 숭상하고 은덕을 베푸는 일에 열성이었다. 이때 장안長安으로부터 하동河東, 하남河南, 농우隴右에 이르는 지역에 기근이 특히 심해 비단 한 필에 겨우 쌀 한 말을 얻을 수 있었다. 백성들은 비록 동쪽으로 서쪽으로 음식을 찾아다녔지만 조금도 원망하거나 한탄하지 않았으며 저마다 편안하지 않은 이가 없었다.

정관 3년이 되자 관중關中 지역에 큰 풍년이 들어 백성들은 모두 자기 고향으로 돌아갔으며, 결국 한 사람도 흩어진 이가 없었다. 태종이 인심을 얻어 이 경지까지 이른 것이다. 게다가 그가 신하들의 의견을 받아들이는 것은 마치 물 흐르는 것과 같고, 더불어 유학을 아름답게 여기며 좋아해 나라를 다스릴 만한 덕망 있는 사람을 찾는 데 게으르지 않았고, 인재를 선발해 관리로 임명하는 일에 노력했으며, 과거의 악습을 개혁하고 제도를 부흥시켰고, 항상 한 가지 일을 시행하면서 유사한 여러 종류의 일까지 선을 행했다.

당초 고조의 장자인 식은왕息隱王과 넷째인 해릉왕海陵王의 무리로 태종을 해치려고 모함하는 이는 수백 수천 명에 이르렀다. 그러나 일이 안정된 후에 그중 몇 사람을 자기 측근에 임명한 것은 어떠한 의심이나 거리를 두지 않은 도량이 넓은 행동이다. 당시 태종은 나라의 대사를 결단하고, 제왕으로서의 기풍을 갖추었다는 평가를 받았다. 그는 탐관오리를 매우 증오했고, 법률을 악용해 재물을 받은 자는 반드시 용서하지 않았다. 수도 밖의 외부 관리로 뇌물을 받은 자가 있다면 모두 보고하도록 해 그 죄를 무거운 법에 따라 처리했다. 이로부터 관리들은 대부분 스스로 청렴한 생활을 하고 근신했다.

왕공이나 후비, 공주의 집안, 세력 있는 가문이나 간사한 무리를 통제했다. 이들은 모두 국법의 위력을 두려워해 자신들의 행적을 가리고 감히 일반 백성을 침범하거나 억누르지 못했다. 상인이나 여행객이 벽지에서 투숙하더라도 강도를 만나지 않았고, 천하가 다스려졌기 때문에 감옥은 항상 텅 비었다. 말과 소는 산과 들에서

방목하고, 외출할 때는 몇 개월씩 문을 닫아걸지 않았다. 해를 거듭해 농업이 풍작이었으므로 쌀 한 말이 3~4전에 불과했고, 나그네는 장안에서 영남까지, 산동에서 동해가까지 모두 입을 것과 먹을 것을 가지고 다닐 필요 없이 길에서 공급받을 수 있었다. 산동 마을로 들어서면 나그네는 후한 대접을 받았으며, 나그네가 떠나갈 때는 길에서 필요한 것들을 주었다. 이러한 다스림은 모두 옛날에 없었던 것이다.

권卷 2

제3편

임현(任賢: 현신을 임용하라)

【해제】

일찍이 위魏나라 조조曹操가 인재를 천하에서 얻기 위해 '구현량求賢良'이라는 조칙을 내렸듯이, 어질고 현명한 신하를 얻는다는 것은 힘든 일이 아닐 수 없다. 현명한 신하를 곁에 두는 자도 군주요, 내치는 자도 군주다.

〈임현〉 편에서는 당나라 태종 때 어진 신하로 손꼽히는 방현령·두여회·위징·왕규·이정·우세남·이적·마주 등 여덟 명의 사적과 인품에 관해 간략하게 소개하고 있다. 이들은 당시 태종을 위해 자신들의 재능과 역량을 다 바쳤을 뿐만 아니라 비난에 가까운 간언도 서슴지 않음으로써 나라의 기강을 확립하는 데 공헌했다.

창업의 공신, 방현령

방현령房玄齡은 제주齊州 임치현臨淄縣 사람이다. 처음에는 수隋나라 습성현隰城縣의 위尉가 되었고, 후에 어떤 사건에 연루되어 파직됨으로써 상군上郡으로 옮겼다. 태종이 병사들을 이끌고 위북渭北 지역을 순행할 때, 방현령은 말고삐를 잡고 진영 문 앞에서 면회를 요청했다. 태종은 현령을 만나 단번에 의기투합했는데 마치 이전에 알고 지낸 사람 같았다. 그리하여 위북도渭北道의 행군기실참군行軍記室參軍으로 임명했다. 방현령은 자기를 알아주는 사람을 만난 것을 기뻐해 태종을 위해 전심전력을 다했다. 이때, 적군이 평정되자 대다수의 사람이 앞을 다투어 금은보화를 구했다. 다만 방현령만은 그렇지 않았다. 그는 먼저 적군의 성안에 있는 인재를 찾아내어 태종이 있는 진영으로 보냈다. 또 지혜로운 신하나 용맹한 장수가 있으면 은밀히 결합해 각자 필사의 노력으로 나라에 보답하도록 했다. 이후 현령은 여러 차례 승진해 진왕부秦王府[1]의 기실記室로 임명되었고, 섬동도陜東道의 행대고공낭중行臺考功郎中[2]을 겸임했다.

방현령은 진왕부에서 10여 년 동안 일했으며, 문서의 기초를 만드는 기실을 장기간 맡았다. 은태자隱太子는 태종의 공과 덕이 나날이 융성해지는 것을 보고 강한 질투심을 느꼈으며, 방현령과 두여회杜如晦가 태종으로부터 신임과 예우를 받자 이들을 미워해 고조[3]

---

1) 고조가 재위할 때 이세민을 진왕秦王으로 봉했으므로 그의 관부를 진왕부秦王府라고 했다.

2) 행대는 상서성을 중대中臺라고 하는 것에 대한 명칭으로, 임시로 지방에서 정벌 사무 등을 돌보는 곳이다. 고공낭중은 관리들의 근무 성적을 조사하는 부서의 우두머리를 말한다.

에게 참언을 했다. 이로 인해 방현령은 두여회와 함께 쫓겨났다. 은태자가 혼란을 일으키려고 하자, 태종은 방현령과 두여회를 불러 도사의 옷을 입고 자신이 거주하는 곳으로 잠입하도록 해 일을 상의했다. 혼란이 잠잠해진 후 태종이 태자가 사는 동궁으로 들어갔을 때, 방현령을 태자좌서자太子左庶子[4]로 발탁했다.

정관 원년, 현령은 또 중서령中書令[5]으로 승진했다. 3년에는 상서좌복야尙書左僕射로 승진했으며, 국사國史를 감찰해 편수編修했다. 방현령은 재상으로 백관을 통솔하고, 아침 일찍부터 밤늦게까지 부지런히 일하고 게으르지 않았다. 마음을 다해 절조를 지켰고, 공무를 처리함에 있어서 조금의 실수도 용인하지 않았다. 다른 사람에게 우수한 점이 있다는 것을 들으면 자기가 그러한 것처럼 기뻐했다. 그는 관리의 직무에 통달했고 문학적 재능도 갖추었다. 법령을 심사해 제정한 것은 관대하고 공평하게 하는 데 마음을 둔 것이다. 사람을 채용하면서 완벽하기를 구하지 않은 것은 자기의 장점으로 다른 사람의 단점을 비교하지 않은 것이다. 능력에 따라 사람에게 관직을 주어 미천한 자에게도 거리를 두지 않았다.

정관 13년, 태자소사太子少師[6]의 직책을 더했다. 현령은 자신이 재

3) 태종의 아버지 이연李淵이다. 수나라 대업大業 13년(617) 태원유수太原留守로 임명되었다. 수나라에서 농민봉기가 일어났을 때, 기회를 틈타 장안을 공격해 당唐왕조를 세우고 연호를 무덕武德이라고 했다. 9년간 재위에 있었으며, 626년에 아들 세민世民에게 자리를 물려주고 자칭 태상황太上皇이라 했다.

4) 태자직太子職의 하나로 좌우左右가 있다. 태자의 시종관侍從官으로 의식儀式 지도나 상주문上奏文의 내용을 검토한다.

5) 기무機務와 조칙詔勅을 담당하는 관청인 중서성中書省의 장관이다.

6) 역대 태자소사太子少師·태자소부太子少傅·태자소보太子少保는 동궁삼소東宮三少라고 하며 태자를 보좌하고 인도했다.

상의 지위에 오른 지 15년이 되었으므로 여러 차례 표를 올려 사임하기를 원했다. 태종은 조서를 내려 그를 칭찬하고 사임을 허락하지 않았다.

정관 16년, 현령은 또 승진해 사공司空[7]으로 임명되었다. 방현령은 또 나이가 많았으므로 사직하기를 요청했다. 태종은 사람을 파견해 현령에게 이렇게 말했다.

"나라에서는 오랫동안 그대를 재상으로 임용했소. 하루아침에 훌륭한 재상을 잃는 것은 마치 사람이 두 손을 잃는 것과 같소. 만일 그대의 근력이 쇠하지 않았다면 이 직책을 사양하지 마시오."

방현령은 더 이상 사직을 청하지 않았다.

태종은 또 항상 제왕의 대업을 창업하는 어려움과 방현령이 자기의 창업을 보좌한 공로를 생각했다. 이에 〈위봉부威鳳賦〉를 지어 자신을 비유하고, 그것을 방현령에게 주었다. 태종이 방현령을 칭찬하고 신임한 것이 이와 같았다.

제왕의 업에 필수 불가결한 두여회

두여회[8]는 지금의 섬서성 서안시 장안구 근처인 경조京兆 만년현萬年縣 사람이다. 당고조의 연호인 무덕武德 초기에 진왕부의 병조참군兵曹參軍이 되었다. 오래지 않아 또 섬주陝州 총관부總管府의 장사長史로

---

7) 태위太尉, 사도司徒, 사공司空을 삼공三公이라고 한다. 이들은 천자의 고문으로 나라를 다스리는 것을 보좌한다.

옮겼다. 그때 진왕부에는 우수한 인물이 많았지만 다른 곳으로 전임되는 이가 적지 않았다. 태종은 이런 상황을 걱정했다. 기실인 방현령이 말했다.

"진왕부의 관리 가운데 떠나는 자는 비록 많지만, 대부분 애석해 할 만한 이가 없습니다. 두여회는 총명하고 견식이 높으니, 군주를 보좌할 만한 인재입니다. 만일 대왕께서 제후의 지위만을 지키려고 단정히 팔짱을 끼고 앉아 있는다면, 그는 쓸모없습니다. 그러나 만일 대왕께서 세상을 경영해 제왕의 일을 이루고자 하신다면, 이 사람 없이는 절대로 불가능할 것입니다."

그리하여 태종은 고조에게 주청해 두여회를 진왕부의 속관이 되도록 하고, 항상 휘하에서 모의에 참여하도록 했다. 당시에는 군사 행동과 국정이 특히 많았는데, 두여회의 사리를 판단하고 문제를 해결하는 능력은 물 흐르는 것처럼 명쾌해 동료들로부터 존경을 받았다. 관직이 승진되어 천책부天策府[9]의 종사중랑從事中郎으로 임명되었고 문학관학사文學館學士[10]를 겸임했다.

---

8) 자는 극명克明이고 경조京兆 두릉杜陵 사람으로 당나라 초기의 대신이다. 수나라 대업 연간에 보부양위補滏陽尉를 지냈으나 오래지 않아 사임하고 돌아왔다. 당고조가 수도를 평정하고, 진왕秦王 이세민이 문학관文學館을 세워 18학사를 두었을 때 두여회杜如晦를 그 수장으로 삼았다. '현무문지변玄武門之變' 전에 태자 건성建成과 원길元吉의 모함을 받아 방현령 등과 함께 쫓겨났다. 그러나 후에 다시 방현령 등과 계획을 세워 변을 평정하고 태자좌서자太子左庶子가 되었다. 또 병부상서로 승진했으며 채국공蔡國公이라는 작위를 받았다. 정관 3년에는 상서좌우복야가 되어 방현령과 함께 조정을 관장했으며, 각종 전장제도典章制度는 대부분 이 두 사람이 상의한 것에서 나왔다. 역사책에서는 "현령은 지모에 뛰어나고, 여회는 결단력이 뛰어나 그 시대 사람들은 훌륭한 재상이라고 말하고, 언제나 방두房杜라고 칭했다."라고 했다.

9) 무덕 4년(621)에 고조는 진왕의 공이 높았기 때문에 천책상장天策上將을 더하고 지위는 왕공王公의 자리에 있게 했으며, 부서를 개설하고 관속을 두었으므로 그의 관저를 천책부라 불렀다.

은태자가 반란에 실패했을 때 두여회는 방현령과 그 공로 면에서 똑같았고, 발탁되어 태자좌서자로 임명되었다. 오래지 않아 또 병부상서兵部尙書[11]로 승진했으며 채국공蔡國公으로 봉해져, 제후의 봉지〔實封〕 1300호를 받았다. 정관 2년, 본관本官 병부상서로서 시중侍中을 검교檢校[12]했다. 정관 3년, 상서우복야로 임명되고 이부상서吏部尙書[13]를 겸하게 되었다. 방현령과 공동으로 조정의 정사를 관장했다. 조정 기구의 규모, 법령, 제도, 문물에 이르기까지 모두 이 두 사람이 상의해 정했다. 당대 사람들로부터 널리 칭찬을 받았고, 당대인들은 두 사람을 합쳐 '방두房杜'라고 칭했다.

3백 번이나 간언한 위징

위징魏徵은 고아로서 거록巨鹿 사람인데 얼마 전에 집을 상주相州의 내황현內黃縣으로 옮겼다. 당고조 무덕 말년에 태자세마太子洗馬[14]가 되었다. 그는 태종과 은태자가 서로 헐뜯으며 제위를 쟁탈하려는 것을 보고 언제나 태자 건성建成에게 적절한 계획을 만들어 권했다.

---

10) 당나라 정관 초기에 태종은 유학한 선비들을 널리 불러 경전과 역사를 연구하도록 하고, 이들을 위해 문학관을 설치했다. 이 문학관에서 경전과 역사 연구를 담당하는 사람을 학사學士라 불렀다.

11) 당나라 병부에서는 무관 선발과 병적, 군령 등의 행정을 담당했다. 병부의 수장을 병부상서라고 했다.

12) 당대 본관本官 위에 더해서 그 등급을 승진시키기 때문에 사용한 명칭이다.

13) 당대에는 이부를 육부六部의 우두머리로 삼았다. 이부는 관리들의 임명과 파직, 고시, 승진과 강등 등을 관장했다. 그 수장이 이부상서이다.

14) 관직명으로 진秦나라 때 처음 설치했다. 태자의 궁중에서 도서를 관리했다.

태종이 은태자를 살해한 후 위징을 불러 질책했다.

"그대가 우리 형제를 이간한 것은 무엇 때문인가?"

그곳에 있던 수많은 사람은 모두 그가 죽게 될 것을 두려워했다.

그러나 위징은 오히려 기세등등한 채 태연하게 이렇게 대답했다.

"황태자 건성이 만일 저의 말을 들었다면, 틀림없이 오늘의 재앙은 없었을 것입니다."

태종은 숙연한 태도로 경의를 표하고 특별히 예우했으며, 간의대부諫議大夫로 발탁했다. 태종은 항상 그를 내실로 불러 정치상의 득실에 관한 자문을 구했다.

위징은 나라를 다스릴 만한 재능이 있었으며, 성격 또한 강직해 굽히는 일이 없었다. 태종은 그와 담소를 나눌 때마다 기뻐하지 않은 적이 없었다. 위징 또한 자기를 알아주는 군주를 만난 것을 기뻐해 전심전력으로 보필했다. 태종은 또 위징을 위로해 이렇게 말했다.

"그대가 간언한 3백여 가지 일은 모두 나의 생각에 들어맞는 것이었소. 그대에게 충성으로 나라에 보답하려는 마음이 없고서야 어찌 이와 같이 할 수 있겠소?"

정관 3년, 비서감秘書監으로 지위가 올라 조정의 일을 했다. 그의 사려 깊고 원대한 계획은 나라를 다스리는 데 많은 도움이 되었다.

태종은 일찍이 그에게 이런 말을 했다.

"그대의 죄는 제환공齊桓公의 허리띠를 쏜 관중管仲[15]보다도 크지

15) 이름은 이오夷吾이고, 춘추시대 초기 정치가이다. 포숙아의 추천으로 경卿으로 임명되었고, 중보仲父로 존칭되었다.

만,[16] 내가 그대를 신임하고 중용한 것은 환공이 관중에게 한 것을 뛰어넘소. 요즘에 군주와 신하 간의 결합이 어찌 나와 그대 같음이 있겠소?"

정관 6년, 태종은 구성궁九成宮[17]으로 행차해 가까운 신하들과 주연을 벌였다. 그때 장손무기長孫無忌[18]가 이런 말을 했다.

"왕규와 위징은 옛날 은태자를 섬겼고, 저는 그들을 원수처럼 생각했는데, 오늘 이들과 이 연회에 참가하게 될 줄은 생각지도 못했습니다."

태종이 말했다.

"과거에는 분명 위징은 나의 적이었소. 그러나 그는 전심전력을 다해 자기가 섬기는 사람을 섬겼을 뿐이니, 이 또한 칭찬할 만하오. 나는 지금 그를 발탁해 중용했소. 어찌 고대의 영명한 군주에게 부끄러움이 있겠소? 그러나 위징은 나를 거스르면서 진실되게 간언했고, 항상 내가 그릇된 일을 하는 것을 허락하지 않았소. 나는 이 때문에 그를 특별히 중히 여기는 것이오."

위징은 태종의 이와 같은 말을 들은 후 재차 감사하며 말했다.

---

16) 기원전 785년 제양공齊襄公이 피살되자 공자 소백小白과 규糾는 제나라 군주가 되기 위해 다투었다. 당시 포숙아鮑叔牙는 소백을 보좌했고, 관중管仲은 규를 보좌했다. 규는 관중에게 군대를 인솔해 거莒에서 소백을 막도록 했다. 관중은 화살로 소백을 쏘아 허리띠를 맞추었다. 이후 소백은 먼저 제에 이르러 제나라 군주가 되었는데, 그가 환공桓公이다. 환공 즉위 후 포숙아는 관중을 추천해 경卿이 되도록 했다. 환공은 옛날의 원수를 잊지 않았지만 관중을 임용해 패업을 성취했다.

17) 당나라 때에 황제가 피서를 즐기던 곳으로 원래는 수나라의 인수궁仁壽宮이었다.

18) 자는 보기輔機이고 하남河南 낙양洛陽 사람이다. 태종 장손황후의 오빠이다. 어려서부터 학문을 좋아해 경전과 역사책을 두루 섭렵했다. 무덕 9년에는 태종을 도와 왕위를 탈취했다. 상서우복야, 사공, 사도 등의 관직을 역임했다. 고종 때는 태위의 직을 맡았다. 이후에 고종이 무측천武則天을 황후로 삼으려는 것을 반대했다가 검주黔州로 추방되었다.

“폐하께서 저를 데려다 의견을 펼치도록 했기 때문에 감히 말을 한 것입니다. 만일 폐하께서 근본적으로 저의 의견을 듣지 않았다면, 저는 감히 용의 비늘을 범하며[19] 폐하가 꺼리는 것을 건드렸을 것입니다.”

태종은 이 말을 듣고 매우 기뻐하며 각각 15만 전을 내렸다.

정관 7년 시중으로 승진하고, 여러 번 승진해 정국공鄭國公으로 봉해졌다. 그는 오래지 않아 질병 때문에 사직을 원했다. 태종이 말했다.

“나는 정책을 구상하면서 그대를 선발해 중요한 부서에 배치해 중임했소. 그대는 나의 잘못을 보고 의견을 제시하지 않은 적이 없었소. 그대만이 유독 광석 속의 금을 보지 못하고 있소. 무엇이 진귀한 가치가 있소? 금은 일단 뛰어난 장인의 제련을 거쳐 그릇으로 만들어지면 사람들에게 보물로 사랑받게 되오. 내가 나 자신을 금으로 비유하면, 당신은 고명한 장인인 것이오. 그대가 비록 질병이 있을지라도 아직 쇠약해지거나 늙지 않았소. 어찌 이처럼 중도에서 물러난다고 하시오?”

위징은 그리하여 사퇴하고 싶다는 말을 하지 못했다.

후에 또 간곡히 사직하기를 원했다. 이에 시중의 직무를 해임하고, 특진特進으로 임명해 계속 문하성門下省의 일을 주관하게 했다.

정관 12년, 태종은 황손皇孫이 태어났기 때문에 조서를 내려 공경들을 연회에 초청했다. 태종은 매우 기뻐하며 곁에 있는 신하들에

19) 이 구절은 《한비자》 〈세난〉에 보인다. “무릇 용이란 동물은 유순해 길들이면 탈 수 있다. 그러나 턱밑에 한 자 정도 되는 거꾸로 난 비늘이 있는데, 설사 용을 길들인 사람이라도 그 비늘을 건드리면 반드시 죽임을 당한다. 군주에게도 역린이 있다. 설득하려는 자는 군주의 역린을 건드리지 않을 수 있어야만 성공을 기대할 수 있다.”

게 말했다.

“정관 이전에 나를 따라 천하를 평정하고, 험난하고 위험한 곳을 달린 방현령의 공은 그 누구와도 비교할 수 없을 정도로 크오. 정관 이후 나에게 충심을 다하고 정직한 의견을 바쳐 나라를 안정시키고 백성을 이롭게 해 내가 오늘의 업적을 이루도록 하고 천하 사람들의 칭찬을 듣게 한 것은 유독 위징뿐이오. 고대의 유명한 신하 가운데 그 누구도 위징을 뛰어넘는 자는 없소.”

태종은 직접 차고 있던 칼을 풀어 두 사람에게 주었다.

서인으로 폄하된 태종의 장남 이승건李承乾은 동궁에 있으면서 인덕과 학문을 닦지 않았다. 태종의 위왕魏王 태泰[20]에 대한 총애는 나날이 더해만 갔고, 궁궐 안팎의 수많은 관원은 이에 관해 의견이 분분했다. 태종은 이후 이 일에 관한 이야기를 듣고 매우 싫어하며 곁에 있는 신하에게 이런 말을 했다.

“지금 조정의 대신 가운데 충성스럽고 정직함에 있어 위징과 비교될 자는 없다. 나는 그를 보내 태자를 보좌해 지도하도록 하고, 천하 사람들의 망령된 생각을 없앨 것이다.”

정관 17년, 위징을 태자태사太子太師로 임명하고 이전처럼 문하성의 일을 담당하도록 했다. 위징이 질병이 있어 사임하려고 하자 태종이 이렇게 말했다.

“태자는 종묘사직의 근본이니, 반드시 스승이 가르쳐 이끌어주어야만 하오. 그런 까닭에 충성스럽고 정직한 사람을 선발해 태사로

20) 태종의 네 번째 아들로 정관 10년에 위왕魏王으로 봉해졌다.

삼아 태자를 보필하도록 하는 것이오. 나는 그대가 질병이 있음을 알고 있으니, 한쪽에 누워 휴식을 취하며 태자를 가르칠 수 있도록 하겠소."

그리하여 위징은 태사의 직책에 임명되었다.

위징은 또 오래지 않아 병에 걸렸다. 위징의 집 안에는 원래 정당正堂이 없었다. 태종은 마침 작은 어전御殿을 지으려고 했는데, 그 어전의 목재로 위징에게 정당을 만들어주도록 명해 닷새 만에 완성했다.

이어서 또 환관을 보내 포布와 흰색 이불과 요를 내려 그의 청아하고 고상하며 소박한 성품을 만족시켰다. 오래지 않아 위징은 죽었다. 태종은 직접 영당靈堂 앞으로 가서 소리 내어 울었으며, 그를 사공으로 추증하고 시호를 문정文貞이라고 했다. 태종은 위징을 위해 직접 비문을 만들어 돌에 새겼다. 특별히 그의 집에 식읍 9백 호를 내렸다.

태종은 일찍이 가까이 모시는 신하들과 이런 말을 했다.

"구리로 거울을 만들면 의관을 단정하게 할 수 있고, 고대 역사를 거울삼으면 천하의 흥망과 왕조 교체의 원인을 알 수 있으며, 사람을 거울로 삼으면 자기의 득실을 분명하게 할 수 있다. 나는 일찍이 이 세 종류의 거울을 구비해 나 자신이 어떤 허물을 범하게 되는 것을 방지했다. 지금 위징이 질병으로 세상을 떠났으니, 거울 하나를 잃은 것이다!"

이 때문에 그는 오랫동안 울었다. 그러고 나서 조서를 내려 다음과 같이 말했다.

"과거 위징만이 항상 나의 허물을 지적했소. 그가 죽은 이후로 나에게 잘못이 있어도 그것을 명확하게 지적하는 사람이 없소. 내가 어찌 과거에만 잘못을 저지르고, 오늘날에는 전부 옳은 행동만 하겠소? 그 원인은 많은 관원이 순종만 하고 감히 용의 비늘을 거스르기를 꺼리기 때문이오. 그리하여 나는 허심탄회하게 의견을 구해 나 자신의 의혹스러운 점을 풀고 진심으로 반성하려는 것이오. 만일 여러 사람이 진언을 했는데 받아들이지 않는다면, 나는 그 책임을 달게 받겠소. 그러나 만일 내가 의견을 받아들이려 하는데도 여러 사람이 의견을 제시하지 않는다면, 그것은 누구의 책임이겠소? 이 이후로 모든 사람은 각자 충성을 다하시오. 만일 나에게 옳고 그름이 있으면, 직언하고 은폐하지 마시오."

인물평에 뛰어난 왕규

왕규王珪는 산서성山西省 기현祁縣 사람이다. 당고조 무덕 연간에 그는 은태자의 중윤中允[21]이 되어 건성의 극진한 예우를 받았다. 이후 건성의 음모 사건에 연루되어 휴주巂州로 유배되었다. 건성이 살해된 후 태종은 왕규를 불러 간의대부諫議大夫로 임명했다. 그는 언제

21) 한나라 때 태자의 속관에 있던 중순中盾이 당나라 때 중윤으로 바뀌었다. 중윤은 예의를 관장하거나 상소문을 감리하는 등의 일을 했다.

나 성의와 충성을 다했으며, 태종도 충언을 받아들이는 경우가 많았다. 왕규는 일찍이 밀봉한 상소문을 올려 간절하게 간언을 했다. 태종은 그에게 이렇게 말했다.

"그대가 나에 관해 논의한 것은 모두 나의 잘못을 정확히 지적한 것이었소. 옛날부터 군주이면서 사직을 영원히 편안하게 하지 않으려는 자는 없었소. 그렇지만 이 소망을 실현시킬 수 없었던 것은, 다른 사람이 자기 잘못을 지적하는 것을 듣지 않거나 들어도 마음을 바르게 고칠 수 없었기 때문이오. 지금 나에게 허물이 있다면 그대는 거리낌 없이 직언할 수 있소. 게다가 내가 듣고 고칠 줄 안다면, 사직을 영원히 안정되게 다스리는 것에 대해 또 무슨 걱정을 하겠소?"

태종은 또 일찍이 왕규에게 이런 말을 했다.

"그대가 만일 오랜 기간 간의대부로 있는다면, 내가 영원히 큰 허물을 범하는 일은 없을 것이오."

그리하여 왕규를 더욱 우대했다.

정관 원년 왕규는 승진해 황문시랑黃門侍郎이 되었고, 정사에 참여했으며 태자우서자太子右庶子를 겸임했다. 정관 2년에 또 승진해 시중이 되었다. 당시 방현령, 위징, 이정李靖, 온언박溫彦博,[22] 대주戴胄[23]는 왕규와 함께 조정을 관리했다. 일찍이 이들은 함께 주연에 초대되었는데, 태종이 왕규에게 말했다.

"그대는 인물의 그릇을 분별하는 능력이 뛰어나고 변론에도 탁

22) 병주幷州 기현祁縣 사람이다. 총명하고 구변이 뛰어났으며 역사서를 두루 섭렵했다.

23) 자는 현윤玄胤이고 상주相州 사람이다.

월하오. 방현령 등의 사람됨이 어떠한지 모두 품평할 수 있을 것이오. 또 자신이 그들에 비해 어느 점이 어진지 헤아릴 수 있소?"

왕규는 대답했다.

"부지런히 국사를 처리하고 알고 있는 것을 모두 실행함에 있어서는 제가 방현령만 못합니다. 끊임없이 천자에게 간언하는 일을 마음에 두고, 우리 군주가 요순에 미치지 못함을 자신의 부끄러움으로 생각하는 점에서는 제가 위징에 미치지 못합니다. 문무文武의 재능을 겸비해 밖으로 출정 나가서는 장수가 되고 조정으로 들어와서는 재상 노릇을 할 수 있다는 점에서는 제가 이정에 미치지 못합니다. 정사를 펼쳐 상소하는 것이 상세하고 밝으며, 군주의 명령을 아래로 전달하고 신하의 말을 군주에게 받아들이도록 하는 일에 성실한 점에서는 제가 온언박에 미치지 못합니다. 매우 복잡하고 긴급한 문제를 처리하고, 각종 사무를 반드시 처리함에 있어서는 저는 대주만 못합니다. 그러나 세상의 혼탁함을 제거하고 청렴함을 드날리며, 사악한 것을 증오하고 선량한 것을 좋아하는 점에서는 제가 위에 든 대신들과 비교해서 약간 뛰어납니다."

태종은 왕규의 말이 정확하다고 생각했다. 대신들도 모두 왕규가 각각 마음속으로 생각하고 있던 것을 말했다고 여겼으며, 그의 평론이 상당히 정확하다고 말했다.

북방에서 맹위를 떨친 명장 이정

이정李靖[24]은 섬서성의 경조京兆 삼원三原 사람이다. 수隋나라 양제煬帝의 연호 대업大業 말년에 마읍군馬邑郡의 승丞이 되었다. 당시 고조는 태원유수太原留守로 있었다. 이정은 고조 이연李淵의 사람됨을 관찰해 천하를 소유하려는 뜻이 있음을 알았다. 그리하여 지키고 있던 읍을 봉쇄하고, 이연이 장차 병사를 일으킬 것이라는 소식을 조정에 보고한 후, 강도江都로 가서 수양제隋煬帝를 만나려고 했다. 그는 장안에 도착했지만 길이 막혀 갈 수 없었으므로 중도에 포기했다. 고조는 수도 장안을 공략했을 때 이정을 체포해 참수하려고 했다. 그때 이정은 목소리를 높여 이렇게 외쳤다.

"당신이 의병을 일으킨 것은 포학함과 혼란을 제거하기 위함이었소. 그런데 대사를 성취하려는 생각은 않고 개인의 원한 때문에 영웅을 죽이려고 하오?"

태종 또한 이정의 죄를 용서해줄 것을 청했다. 고조는 이정을 석방했다.

무덕 연간에 소선蕭銑,[25] 보공석輔公祏[26]을 평정한 공적이 있고, 여러 차례 승진해 양주대도독부揚州大都督府[27]의 장사長史가 되었다. 태

---

24) 본래 이름은 약사藥師이고 당나라 초기 대신이다. 역사서에 정통하고 병법에 뛰어나《이위공문대》라는 병서를 펴냈다. 돌궐과 고구려 정벌에 참여한 명장이다.

25) 후량後梁 선제宣帝의 증손이다. 수나라 말 파릉巴陵에서 병사를 일으켜 자칭 양왕이라 했다. 그다음 해에 제帝라고 칭하고 도읍을 강릉江陵으로 옮겼으며, 장강 중하류에서 할거하다가 싸움에서 패하고, 장안에서 피살되었다.

26) 무덕 초년에 단양丹陽에서 모반해 국호를 송宋이라고 불렀다. 효공孝恭과 이정李靖에게 체포되어 참수형을 당했다.

27) 대도독은 당나라 때 10주를 관리하는 군정軍政의 우두머리이다.

종이 천자의 자리를 계승하자 그를 불러서 형부상서刑部尙書[28]로 임명했다. 정관 2년에는 본관에서 중서령을 검교했다. 정관 3년에는 병부상서로 옮겼으며, 대주도代州道의 행군총관行軍總管이 되었고, 나아가 돌궐突厥의 정양성定襄城을 격파했다. 그 때문에 돌궐의 여러 부락은 모두 사막의 북쪽으로 달아났다. 체류하고 있던 수제왕隋齊王의 아들 양도정楊道政과 수양제의 소후蕭后를 장안으로 보냈다. 돌리가한突利可汗[29]은 당왕조로 투항했고, 힐리가한頡利可汗[30]은 전쟁에서 패한 후 겨우 혼자 달아났다. 태종이 이정에게 말했다.

"과거 전한시대에 이릉李陵[31]은 병사 5천 명을 이끌고 흉노에게 패해 투항했고, 또 자기 이름과 이 치욕스러운 일을 역사책에 남겼소. 그대는 3천 명의 날랜 기병으로 흉노가 점령하고 있는 곳으로 깊숙이 들어가 정양을 공격해 되찾고 북방의 오랑캐들에게 위엄을 떨쳤으니, 실제로 고금에 다시없는 공적이오. 과거 위수渭水의 일[32]을 복수하기에 충분하오."

이러한 공로에 근거해 이정을 대국공代國公으로 봉했다. 이후 힐

28) 수나라 때 처음으로 설치했으며, 형부의 최고 장관이다. 당나라 때는 추사형태상백秋司刑太常伯 혹은 추관상서秋官尙書, 헌부상서憲部尙書 등으로 고쳤다.

29) 당대 돌궐의 우두머리로 이름은 십발필什鉢苾이고, 시필가한始畢可汗의 아들이다. 무덕 연간에 태종과 강화를 맺었으며, 정관 연간에 우위대장군右衛大將軍에 임명하고, 북평군왕北平郡王으로 봉했다.

30) 당대 돌궐의 우두머리로 성은 아사나씨阿史那氏이고 이름은 돌필咄苾이다. 고조 때에는 병사가 강하고 정예였으므로 해마다 침략해 들어왔다. 태종은 정관 연간에 이정에게 명해 그를 토벌하도록 했으며, 그 후 투항하자 우위대장군에 임명했다.

31) 전한 농서隴西 성기成紀 사람으로 자는 소경少卿이며 명장 이광李廣의 손자이다. 그는 기마와 활쏘기에 뛰어났으며, 한무제 때는 기도위騎都尉로 임명되었다. 그는 보병과 기병 5천 명을 인솔해 흉노를 공격했으나 중과부적으로 인해 포로가 되었다. 선우單于는 그를 우교왕右校王으로 임명했으나 지조를 지키다 후에 패호貝湖 근처에서 병사했다.

리가한은 두려운 나머지 정관 4년에 후퇴해 철산鐵山을 지켰으며, 아울러 장안으로 사신을 파견해 당왕조에게 지난날의 잘못을 사죄하고 전국을 당왕조에 귀속시키기를 청했다. 이정을 정양도행군총관定襄道行軍總管으로 임명해 힐리를 영접하도록 했다. 힐리는 비록 겉으로는 항복을 원했지만 속으로는 의심하며 머뭇거렸다. 그리하여 태종은 조서를 내려 홍려경鴻臚卿[33] 당검唐儉[34]과 호부상서[35]를 대리하고 있는 장군 안수인安修仁을 파견해 힐리를 위로하도록 했다. 이정은 부장 장공근張公謹[36]에게 말했다.

"조정에서 돌궐에게 사신을 파견했으니, 힐리가한은 반드시 안심하고 경계를 늦출 것이오. 그대는 정예 기병을 선발하고 이틀분의 식량을 준비해 병사들을 이끌고 내몽골의 백도白道에서 공격하도록 하시오."

공근이 말했다.

32) 당나라 초기 돌궐족의 힐리가한頡利可汗의 병력이 막강해 자주 중원을 소란스럽게 했다. 고조는 천하를 막 평정해 대적할 힘이 없었으므로, 회유책을 취해 금과 비단을 주고 강화를 맺었다. 그러나 무덕 9년 8월 힐리가 경주涇州, 무공武功을 지나 장안 부근의 위수渭水까지 공격해 들어왔다. 태종은 직접 성 북쪽의 현무문玄武門을 나서 기병 여섯을 데리고 위수가로 가서 힐리와 대화를 했다. 그 후 또 장안 서북쪽에 이르러 힐리와 맹약을 맺음으로써 돌궐의 군대를 물러나게 했다. 바로 이 일을 말하는 것이다.

33) 구경九卿의 하나로 홍려시경鴻臚寺卿이라고도 한다. 조정의 제사나 예절 등을 관장하는 관직이다.

34) 진양晉陽 사람으로 자는 무계茂系이다. 젊었을 때 태종과 교유했으며, 수나라 정치가 혼란스러운 것을 보고 큰 계획을 세워 태종을 도와 천하를 평정했다. 천책장사天策長史에 봉해졌다.

35) 호부戶部는 당대 육부六部의 하나로 토지, 인구, 화폐, 식량 등의 정책을 관장했다. 이 호부의 장관을 호부상서戶部尙書라고 했다.

36) 위주魏州 사람으로 자는 홍신弘愼이다. 정관 초기에 대주도독代州都督이 되었으며, 후에 힐리를 물리친 공이 있어 추국공鄒國公으로 봉해졌다.

"조정에서는 이미 돌궐의 항복을 받아들여 사신을 파견하기로 했습니다. 그럼에도 불구하고 그들을 공격하는 것은 사리에 맞지 않습니다."

이정이 말했다.

"지금이 병사를 쓸 가장 좋은 기회요. 이 시기를 놓칠 수 없소."

그리하여 군대를 독려해서 신속히 돌진시켰다. 음산陰山 일대까지 이르러 돌궐의 정찰 병사 1천여 기병을 만나 모두 포로로 붙잡고 군대가 뒤따르도록 했다. 힐리가한은 사신이 도착한 것을 보고 매우 기뻐하며 이정 등의 관병이 올 것을 예측하지 못했다. 이정의 선봉부대는 안개를 타고 나아갔다. 이들이 힐리의 본영으로부터 7리 떨어진 곳까지 접근했을 때, 힐리는 비로소 알 수 있었다. 그는 황망히 병사들을 진열시키려고 했으나 미처 그러하기 전에 이정의 병사와 말이 도착했다. 그는 홀로 말을 타고 달아났으며 그의 부하들도 뿔뿔이 흩어져 달아났다. 힐리가한의 부하 1만여 명을 죽이고, 그의 아내 수의성공주隋義成公主를 죽였으며, 남녀 10만여 명을 포로로 잡았다. 변방 경계를 확장시키니 음산 북쪽으로부터 큰 사막 이북까지 이르렀으며, 마침내 돌궐을 멸망시켰다. 오래지 않아 또 다른 부락에서 힐리가한을 체포했다. 그의 남은 부하들은 당나라 군대에 투항했다.

태종은 이것을 매우 기뻐했으며 가까이서 모시는 신하에게 이렇게 말했다.

"나는 '군주가 근심을 하면 신하는 그것을 자신의 치욕으로 생각하고, 군주가 치욕을 당하면 신하는 죽음으로써 그것을 씻는다.'[37]는 말을 들었소. 지난날 우리나라가 막 창업할 당시 돌궐은 매우 강성했소. 태상황太上皇 고조께서는 백성 때문에 힐리가한에게 자신을 신하라고까지 칭했소. 나는 일찍이 이 때문에 마음과 머리가 아프지 않은 적이 없었소. 그래서 흉노를 멸망시키려는 뜻을 품고 좌불안석하며 음식을 먹어도 그 맛을 느낄 수 없었소. 그런데 지금 이정은 적은 수의 군대를 동원해 가는 데마다 승리하여 선우單于가 머리를 조아리며 항복했소. 이것은 과거 신하라고 칭했던 치욕을 깨끗이 씻어준 것이오!"

신하들은 모두 만세를 외쳤다. 그리고 이정을 광록대부光祿大夫와 상서좌복야로 임명하고, 5백 호의 식읍을 내렸다. 또 이정을 서해도 행군대총관으로 임명해 토욕혼吐谷渾[38]을 정벌하고 그 나라를 크게 격파시켰다. 그리하여 위국공衛國公으로 바꾸어 봉했다. 이정이 죽었을 때,[39] 조서를 내려 그의 묘지 제도를 한나라의 위청衛青[40]이나 곽거병霍去病[41]의 일에 의거해 묘지 앞에 두는 큰 건축물의 형상을 돌궐의 철산과 토욕혼의 적석산積石山과 같은 모습으로 만들도

37) 이 구절은 《사기》 〈범저채택열전〉에 나온다.

38) 선비족鮮卑族의 한 분파로 청해清海 지방에 있었다. 태종 때 이정의 토벌을 받은 후 점점 세력이 쇠약해졌다.

39) 간본刊本에는 이정의 처가 죽은 것으로 되어 있다.

40) 전한의 명장으로 자는 중경仲卿이고 하동 평양河東平陽 사람이다. 한무제 때 장평후長平侯로 봉해졌으며 관직은 대장군大將軍에 이르렀다. 무제 원삭元朔 2년에 흉노를 대파했고, 원수元狩 4년에는 곽거병과 함께 흉노의 주력 부대를 공격했다. 그는 7년간 일곱 차례 흉노 토벌에 나섰으며, 이로부터 한왕조에 대한 흉노의 위협이 사라졌다.

록 허락했다. 이로써 이정의 큰 공적을 기린 것이다.

당대의 명신, 문인 우세남

우세남虞世南[42]은 회계군會稽郡 여요현余姚縣 사람이다. 정관 초년 태종의 상객上客이 되어 문학관文學館을 개설했다. 문학관에서는 전국의 인재를 불러들였고, 우세남을 문학의 종宗으로 삼았다. 태종은 그를 서기書記로 임명해 방현령과 함께 공문서를 관리하도록 했다.

태종은 일찍이 그에게 《열녀전列女傳》[43]을 써서 병풍을 꾸미도록 했다. 당시에는 《열녀전》 책이 없었지만, 우세남은 조용히 써 내려가 누락되거나 틀린 부분이 조금도 없었다.

정관 7년, 여러 차례 승진해 비서감이 되었다. 태종은 항상 정무를 처리한 이후의 여가 시간에는 그를 불러 담론하고, 함께 경서와 사서를 읽었다. 우세남은 옷의 무게조차 감당할 수 없을 만큼 외양이 허약해 보였지만, 의지와 성격만은 매우 곧고 강렬했다. 태종과 고대 제왕이 정치적으로 어떤 득실과 성패가 있었는지에 관해 논의할 때는 심사숙고해 간언했는데, 이 점은 태종이 나라를 다스리

---

41) 하동 평양 사람으로 관군후冠軍侯로 봉해졌으며, 관직은 표기장군驃騎將軍에까지 이르렀다. 대단한 명장이다.

42) 자는 백시伯施이다. 관직은 비서감에 이르렀고 영흥현자永興縣子에 봉해졌으며, 사람들은 우영흥虞永興으로 칭하기도 했다. 문사文詞와 서법書法에 뛰어나 구양순歐陽詢, 저수량褚遂良, 설직薛稷 등과 함께 당초 4대 서법가로 불린다.

43) 《고열녀전古列女傳》이라고도 한다. 전한의 유향劉向이 편찬했고, 7편 7권으로 구성되었다. 총105명에 이르는 부녀자의 사적을 기술해 유교 윤리와 부녀자의 도덕을 기렸다.

는 데 많은 도움이 되었다.

이후 고조가 죽자 태종은 예禮의 규정에 넘치는 상례를 치렀고, 지나친 비애로 쇠약해지고 초췌해져 오랜 기간 정사를 돌보지 못했다. 문무백관은 태종의 지시를 받지 못하자 무엇을 어떻게 하는 것이 최상의 방책인지 알지 못했다. 그러나 우세남만은 항상 궁궐로 들어가 간언을 했고, 태종은 그의 충심을 매우 아끼며 그가 제시하는 의견을 받아들였다. 그리하여 그를 더욱 신임하고 중히 여겼다.

태종은 일찍이 곁에서 모시는 신하들에게 이렇게 말했다.

"나는 한가할 때마다 항상 우세남과 고금의 정치를 평했소. 내가 한마디라도 옳게 말하면, 우세남은 기뻐하지 않은 적이 없었소. 그러나 내가 한마디라도 옳지 않게 말하면, 그는 유감스럽게 생각하지 않은 적이 없었소. 그의 절절한 충성심은 이 지경에 이르렀소. 나는 이 때문에 항상 그를 칭찬하는 것이오. 만일 문무백관이 모두 우세남과 같다면 어찌 천하가 크게 다스려질 수 없음을 걱정할 필요가 있겠소?"

태종은 우세남을 칭찬하며 그에게는 다른 사람이 능가하기 어려운 우수한 점이 다섯 가지 있다고 했다. 첫째는 덕행德行이고, 둘째는 충직忠直함이며, 셋째는 박학博學함이고, 넷째는 문장의 준수함이며, 다섯째는 서법書法의 청준淸俊함이다.

우세남이 죽자 태종은 편전에서 제사를 모시고 애도하며 상심해 울었다. 우세남의 장례는 전부 국비로 부담했으며, 또 황실의 동원

東園에서 제작한 장례 기구를 내렸다. 또한 그를 예부상서禮部尙書로 추증하고, 시호를 문의文懿라 했다. 태종은 직접 위왕 태泰에게 조서를 써서 말했다.

"우세남은 나에게 있어서는 한 몸과 같소. 그는 내가 빠뜨린 일을 챙겨주고 잃어버린 것을 보충해주었으며, 하루 한시도 자기 직무를 망각한 적이 없소. 실로 당대의 명신이고, 인륜의 표준이 되오. 내가 작은 장점이라도 보이면 반드시 그것을 좇아서 이루어주고, 내게 작은 허물이라도 있으면 반드시 낯빛을 바꾸고 직간했소. 지금 그가 죽었으니 석거石渠, 동관東觀[44]의 비상秘箱(도서를 넣어두는 문학관)에서는 다시는 찾지 못하게 되었소. 비통한 마음을 어찌 말로 표현할 수 있겠소!"

시간이 조금 흐른 후 태종은 시 한 수를 적어 과거의 다스려짐과 혼란의 이치를 생각했다. 시를 읊은 뒤 이렇게 탄식했다.

"종자기鍾子期가 죽은 후
백아伯牙는 지음知音을 잃어
거문고를 부수었네.[45]

---

44) 석거는 전한 시기 수도 장안에 있던 누각 이름으로, 도서를 수장하고 있었으며 선제宣帝가 이곳에서 경서 토론을 했다. 동관은 한대 궁궐 안에 있던 도서실의 이름이다.

45) 옛날 백아라는 음악가는 거문고를 잘 탔는데, 그에게는 음악 감상에 뛰어난 종자기라는 친구가 있었다. 하루는 백아가 높은 산에 올라가는 동작을 상상하면서 거문고를 타자, 그 소리를 듣던 종자기는 "하늘 높이 솟아 있는 태산 꼭대기에서 천하를 바라보는 기분이다."라고 했고, 또 흘러가는 물의 움직임을 상상하면서 거문고를 탔을 때는 "호탕하게 흘러가는 양자강과 황하의 물소리와 같다."라고 감탄했다. 이처럼 백아와 종자기는 음악을 서로 잘 이해하는 지음知音이 되었다. 그러나 종자기가 죽자 백아는 지음을 잃은 슬픔 때문에 거문고 줄을 끊고 다시는 타지 않았다고 한다. 유명한 백아절현伯牙絶鉉의 고사가 여기서 비롯된다.

나는 이 시를 적지만
장차 누가 지음이 되어 읽으랴."

그리고 기거랑起居郎[46] 저수량褚遂良[47]으로 하여금 태종의 시를 우세남의 영장靈帳 앞에서 읽은 후 태워버리도록 했다. 태종이 우세남에 대해 비통해하고 슬퍼하는 마음은 이처럼 깊었다. 또 우세남의 형상을 방현령, 장손무기, 두여회, 이정 등 24명의 형상과 함께 장안의 능연각凌烟閣에 그려 그들의 불후한 공적을 드높였다.

순박하고 충직한 전략가 이적

이적李勣[48]은 조주曹州 이호현離狐縣 사람이다. 본래 성은 서徐였다. 처음에는 이밀李密[49] 휘하의 관리가 되어 좌무후대장군左武候大將軍

46) 당나라 문하성에는 기거랑起居郎을 두었고, 중서성中書省에는 기거사인起居舍人을 두어 천자의 행동과 정론 등을 기록해 역사에 남겼다. 기거랑 등의 기록에 근거해 편찬한 역사를 《기거주起居注》라고 한다.

47) 전당錢唐 사람으로 자는 등선登善이며 문학과 역사를 두루 섭렵했고 서법에 뛰어났다. 위징이 그를 추천해 태종의 중임을 받았다. 일찍이 기거랑·간의대부·중서령 등의 직책을 역임했다.

48) 자는 무공懋功이고 조주 이호曹州離狐 사람이다. 그는 본래 성이 서徐이고 이름은 세적世勣이었는데 당나라로 귀순한 후 이씨李氏 성을 받았으며, 태종 세민의 휘를 피해 적勣을 이름으로 삼았다.

49) 자는 현수玄邃이고 경조京兆 장안長安 사람이다. 상주국上柱國, 포산공蒲山公 이관李寬의 아들이다. 대업 9년(613) 양현감楊玄感의 군대에 참여해 수나라에 모반을 했으나, 패배해 체포되었다가 도망쳤다. 대업 12년 적양翟讓을 도와 신임을 받았으며 위공魏公으로 칭해졌다. 그는 수나라의 항복한 장수를 많이 기용해 적양을 죽였다. 후에 왕세충王世忠에게 패하고 당나라로 투항해 광록경光祿卿에 임명되었으나 다시 모반해 살해되었다.

이 되었다. 이밀은 후에 왕세충王世充[50]에게 패해 부하들을 인솔해 당나라로 귀의했다. 그때 이적은 이밀의 옛 영토 10군의 넓은 토지를 점거하고 있었다. 무덕 2년, 그는 장사長史 곽효각郭孝恪[51]에게 말했다.

"위공魏公 이밀은 이미 당왕조에 귀의했습니다. 지금 이곳의 많은 토지는 위공 소유입니다. 만일 고조에게 표를 올려 이 토지를 바친다면, 주인의 실패를 이용해 자기의 공명과 부귀를 도모하는 것이 될 것입니다. 이것은 내가 치욕스럽게 생각하는 것입니다. 지금 모든 현의 군인과 인구를 전부 기록해 위공에게 보고하고, 위공 자신이 헌상하도록 기다려야 합니다. 이와 같이 하면 위공의 공로가 되는 것이니, 또한 옳지 않겠습니까?"

그리하여 사람을 보내 이 소식을 이밀에게 보고했다. 사신이 도착하자 고조는 상주문이 없고, 단지 이밀에게 준 편지 한 통만 있어 매우 기괴하게 생각했다. 사신이 이적의 생각을 고조에게 보고하자 고조는 크게 웃으면서 말했다.

"서적은 이밀의 덕에 감화되어 그의 공을 주인인 이밀에게 양보했소. 그는 확실히 순박하고 충직한 신하요."

---

50) 수나라 신풍新豐 사람으로 자는 행만行滿이다. 본래 성은 지支로 서역 사람인데, 그의 아버지가 왕찬王粲의 양자였으므로 성을 왕王으로 고쳤다. 수양제 때 강도군승江都郡丞으로 임명되어 주섭朱燮, 관숭管崇, 맹양孟讓 등의 군대를 진압해 강도통수江都通守로 승진했다. 또 우문화급宇文化及이 양제를 죽이자, 왕세충은 월왕越王 동侗을 세우고 이밀과 싸워 격파하고는 스스로 정왕鄭王으로 칭했다. 후에 싸움에서 패해 당나라에 항복했으나 장안에 이르러 원수들에게 살해되었다.

51) 허주許州 사람으로 처음에는 이밀에 기대 장사長史로 있었다. 진왕秦王 이세민에게 계책을 바쳐 두건덕竇建德을 붙잡아 상주국上柱國으로 임명되었다. 구자국龜玆國을 공격했을 때 날아오는 화살에 맞아 죽었다.

그러고는 서적을 여주총독黎州總督으로 임명하고 이씨李氏 성을 내려주었으며, 종정宗正[52]에 예속되도록 해 황실의 예우를 받게 했다.

그의 아버지 이개李蓋를 제음왕濟陰王으로 봉했으며, 이적은 왕의 작위를 끝까지 사양했으므로 서국공舒國公으로 봉하고 산기상시散騎常侍[53]의 직책을 주었다. 오래지 않아 또 이적에게 무후대장군武候大將軍의 관직을 더해주었다.

이밀이 당왕조를 모반해 피살되었을 때, 이적은 이밀을 위해 상복을 입고 군신君臣의 예를 모두 거행했다. 또 표表를 올려 이밀의 시신을 거두어 장례 치르기를 원하자, 고조는 그의 시신을 돌려주었다.

그리하여 이적은 성대한 규모로 장례 의식을 준비했다. 전군이 흰색 상복을 입었고, 이밀을 여양산黎陽山에 안장했다. 장례를 끝마친 후 모두 상복을 벗고 해산했다. 조정과 외부 사람들은 이것은 의로운 행위라고 말했다.

그 후 이적은 두건덕竇建德[54]의 공격을 받아 포로가 되었다. 그러

52) 황족 사무 기관의 장관과 제후왕의 적서嫡庶 순서 및 여러 종실의 원근遠近을 기록한다. 대부분 황족 가운데서 이 일을 맡는다.

53) 한대 산기散騎와 중상시中常侍를 결합한 명칭으로 황제 곁에서 간언하고 자문하는 임무를 맡는다. 당대에는 문하성과 중서성으로 구분되어 예속되었다. 문하성의 산기상시를 좌산기상시라고 하고, 중서성에 있는 산기상시를 우산기상시라고 한다. 이들은 비록 실질적인 권력은 없지만 존경을 받았다. 대부분 장상將相의 대신이 겸임했다.

54) 수나라 말기에 농민봉기를 선도한 사람이다. 그는 농민 출신으로 일찍이 이장里長이 되었고, 대업 7년(611)에는 병사를 일으켜 고사달高士達에게 투항해 사병司兵으로 임명되었다. 대업 12년에 군사마軍司馬가 되었다. 고사달이 죽은 후 스스로 장군으로 칭하고 10만여 명의 병사를 거느리게 되었다. 대업 13년에 악수樂壽에서 장락왕長樂王이라 칭했으며, 그다음 해에는 하왕夏王으로 칭했다. 수도를 악수에 세워 연호를 오봉五鳳으로 바꾸고 국호를 하夏라고 했다. 후에 장안에서 피살되었다.

나 후에 탈출해 수도 장안으로 달아났다. 태종을 따라 왕세충, 두건덕을 정벌해 평정했다.

정관 원년에 병주도독幷州都督으로 임명되었다. 이적이 이 임무를 이행하면서 명령을 내리면 시행되었고, 금지하면 제지되었다. 그러니 모두들 그의 재능이 그 직책에 맞는다고 말했다. 돌궐은 그를 매우 두려워했다. 태종은 곁에서 모시는 신하들과 이런 말을 했다.

"수양제는 덕과 재능을 겸비한 인물을 가려 뽑아 변방을 진무振武하고 먼 곳에서 살고 있는 백성을 위로할 줄 몰랐소. 단지 변방에 장성을 쌓고 많은 병사를 주둔시켜 돌궐을 방비했을 뿐이오. 이처럼 여러 상황에서 그가 처리한 것은 애매했소. 지금 이적에게 병주를 맡기자 그 결과 돌궐은 그의 위력을 두려워해 멀리 달아났으며, 변방의 영토가 안정될 수 있었소. 이것이 어찌 수양제가 천 리에 이르는 장성을 쌓은 것보다 강하지 않겠소?"

이후 병주에 대도독부大都督府를 바꾸어 두고, 또 이정을 장사長史[55]로 임명했다. 이후 승진하여 영국공英國公으로 봉해졌다. 이적은 병주에서 총 16년간 근무했다. 이후 또 병부상서로 임명되었고, 겸하여 정사를 관리했다.

이적은 이 기간에 중병에 걸렸다. 의사의 처방에 의하면 구레나룻으로 만든 재로 질병을 치료할 수 있다고 했다. 태종은 직접 자기 구레나룻을 잘라 재를 만들어서 이적을 위해 약을 조제했다.

이적은 이에 감동해 머리를 땅에 부딪쳐 이마에서 피가 났으며,

55) 그 직권은 조대에 따라 차이가 있다. 양한 시기에는 소수민족과 국경을 접하고 있는 각 군의 태수의 속관에 장사를 두어 태수를 보좌하며 한 군의 병마를 관리했다. 당·송대의 주군에도 장사를 두었는데 그 직책은 매우 중시되었다. 대도독부의 장사는 왕왕 절도사로 충당되기도 했다.

울먹이며 태종에게 사의를 표했다. 태종이 말했다.

"나는 나라를 위해 했을 뿐이오. 나에게 이처럼 깊이 사의를 표할 필요는 없소."

정관 17년 이치李治[56]가 태자로 세워져 동궁으로 들어갔고, 이적은 태자첨사太子詹事[57]로 임명되었으며, 특진의 관직을 더해 여전히 조정 일을 관장했다. 태종은 일찍이 주연을 열어 연회석상에서 이적을 보고 이렇게 말했다.

"나는 태자를 그대에게 부탁하려 하오. 아무리 생각해도 당신보다 더 적합한 사람은 없소. 그대는 과거 이밀을 버리지 않았는데, 설마 오늘 나를 저버리겠소?"

이적은 이 말에 감동되어 눈물을 닦으며 감사의 말을 했고, 손가락을 물자 피가 흘렀다. 잠시 깊이 취해 깨어나지 않자 태종은 옷을 벗어 이적을 덮어주었다. 그가 태종의 신임을 받은 것이 이 정도였다. 이적은 군사행동을 하고 병력을 배치할 때마다 총체적인 작전을 세웠으며, 싸움에 임해서는 상황에 따라 임기응변식으로 대처했고, 행동은 실제 상황에 부합했다. 태종 정관 이래 돌궐 힐리頡利와 설연타薛延陀, 고구려 등을 토벌해 큰 승리를 거두었다. 태종은 일찍이 이런 말을 했다.

"이정과 이적 두 사람은 마치 고대의 한신韓信[58]과 백기白起[59] 같소. 위청과 곽거병이 어찌 이들을 뛰어넘을 수 있겠는가!"

56) 649년에서 683년까지 재위했다. 태종의 아홉 번째 아들로 처음에는 진왕晉王으로 봉해졌다. 정관 17년, 태자 승건承乾이 죄를 지어 폐위되었으므로 이치李治가 태자로 책봉되었다. 그가 바로 당고종唐高宗이다.

57) 첨사는 황후나 태자의 집안일을 관장하는 직책이다.

기민한 두뇌를 갖춘 변론가 마주

마주馬周[60]는 박주博州 치평현茌平縣 사람이다. 정관 5년, 장안에 도착해 중랑장 상하常何의 집에서 살았다. 그때 태종은 백관들에게 조서를 내려 정치상의 이해에 관하여 말하도록 했다. 마주는 상하를 위해 훌륭한 정책 20여 가지를 서술해 그것을 아뢰도록 했다. 상하가 제시한 일은 모두 태종의 생각에 부합하는 것이었다. 태종은 상하에게 이러한 재능이 있음을 이상하게 여겨 물으니, 그는 이렇게 말했다.

"이것은 제가 생각해낸 의견이 아니라 저의 집 식객으로 있는 마주의 것입니다."

태종은 그날 마주를 불렀다. 태종이 기다려도 도착하지 않자 네 번이나 사신을 보내 재촉했다. 마주가 알현을 하자 태종은 그와 매우 기쁘게 얘기를 나누었다. 태종은 그를 문하성에 배치하도록 명

58) 전한 초기의 제후다. 회음淮陰 사람으로 처음에는 항우項羽 아래에 있었으나, 유방劉邦에게로 들어가 대장으로 임명되었다. 초나라와 한나라가 싸울 때 유방을 도와 중원을 점령하고, 조나라를 격파하고 제나라를 취해 황하 하류 지역을 차지했다. 그 공으로 유방에 의해 제왕齊王으로 봉해졌다. 한왕조가 건립된 후에는 초왕楚王으로 봉해졌다. 후에 장안에서 진희陳豨와 모반을 꾀했다고 보고되어 여후呂后에게 살해되었다.

59) 전국시대 진秦나라의 명장으로 공손기公孫起라고도 한다. 진소왕秦昭王 때 관직이 대량조大良造까지 이르렀다. 여러 차례 전쟁에서 승리해 한·조·위·초 등의 영토를 빼앗았다. 진소왕 29년(기원전 278)에는 초나라 수도 영郢을 공격해 승리했으므로 그 공으로 무안군武安君으로 봉해졌다. 후에 상국相國 범저范雎의 시기를 받아 죽었다.

60) 당나라 초기 대신으로 자는 빈왕賓王이며 박주 치평 사람이다. 어려서 고아가 되어 가난했지만 후에 장안에 이르러서는 중랑장 상하의 빈객이 되었다. 정관 5년(631), 상하를 대신해 상소를 올려 20여 가지 일을 논했는데, 태종이 불러서 극찬하며 감찰어사監察御史의 직을 주었고 이후에 승진해 중서령에 이르렀다. 그는 태종에게 수나라가 멸망한 것을 거울삼아 부역을 조금만 부과하도록 간언하고 봉토가 세습되는 것을 반대했다.

령하고 감찰어사監察御史[61]의 직책을 주었으며, 후에 중서사인中書舍人[62]의 관직을 더했다. 마주는 두뇌가 기민하고 변론의 재능이 있으며, 의견을 서술하는 데 뛰어났고, 사물의 근본을 깊이 이해했다. 그리하여 그의 말과 행동은 적절하지 않은 것이 없었다. 태종은 일찍이 이렇게 말했다.

"나는 마주를 잠시라도 보지 않으면 그를 생각하게 된다."

정관 18년, 마주는 중서령 겸 태자좌서자로 발탁되었다. 마주는 중서성과 태자부 양궁兩宮의 관직을 겸임하고, 문제를 처리함에 있어 공평했으므로 사람들로부터 좋은 평판을 들었다. 후에 또 이부상서를 겸했다. 태종은 일찍이 곁에서 모시는 신하들에게 이런 말을 했다.

"마주는 문제를 이해하는 것이 기민하고 신속하며, 성격은 매우 곧고 주도면밀하며, 인물의 우열을 평론할 때에는 도의를 지켜 직언할 수 있소. 나는 근래에 그가 추천한 사람을 임용했는데 대부분 나를 만족시켰소. 마주는 충성을 다하고 몸소 나를 받드니, 실제로 이 사람에 기대어 함께 이 시대의 정치를 안녕되게 할 수 있소."

61) 백관들의 위법 여부를 관찰하고, 군현 관청의 행실을 순찰하고, 형벌과 감옥에 관한 일을 바로잡고, 조정의 논의를 정숙하게 하는 일을 관장하는 직책이다. 감찰어사의 품계는 낮지만 그 권한만큼은 매우 컸다.

62) 수나라 때 처음 설치했으며, 조서를 작성하는 일을 맡았다. 대부분 문학에 조예가 깊은 사람을 임명했다.

제4편

구간(求諫: 간언을 장려하라)

【해제】

간언諫言이란 군주나 웃어른에게 충고하는 것을 말한다. 이 편에서는 군주가 신하에게 간언을 간절히 구하는 이유와 필연성, 그리고 신하들이 침묵하는 이유 등을 밝히고 있다. 태종은 거울이 없으면 자신의 생김새를 볼 수 없듯이 신하들의 간언이 없으면 정치적 득실에 관해 정확히 알 방법이 없다고 지적한다. 먹줄이 있으면 굽은 나무가 바르게 되고, 기술이 정교한 장인이 있으면 보옥을 얻을 수 있듯이 시세를 꿰뚫어 보는 혜안을 가진 신하의 충언은 군주를 바로 서게 할 뿐 아니라 천하를 태평성대로 만들 수 있다.

이렇게 간언이 중요한데도 신하들이 침묵하는 이유는 충성스러운 간언을 할 분위기가 조성되지 않았기 때문이다. 일반적으로 군주는 신임하지 않는 자가 간언하면 비방한다고 생각하고, 신임하는 사람이 간언하지 않으면 봉록만 훔치는 자라고 생각하는 경향이 있다.

이 때문에 성격이 유약한 이는 속마음은 충직해도 말을 하지 못하고, 관계가 소원한 이는 신임받지 못할 것을 두려워해 감히 말하지 못하는 것이다. 〈구간〉 편에서는 관중이 제환공의 허리띠를 화살로 쏘아 맞추었어도 의심받지 않은 것처럼 군주가 먼저 신하를 믿고 간언을 구할 준비가 되어야만 한다는 점을 강조하고 있다.

신하란 군주의 허물을 비추는 거울

태종은 위엄이 있고 용모가 엄숙하므로 문무백관 가운데 나아가 알현하는 사람들은 모두 행동거지에 있어 당당함을 잃었다. 태종은 아랫사람들의 이런 심리 상태를 알게 된 후로 어떤 일에 대해 보고하는 관리를 접견할 때마다 안색을 꾸몄으며, 신하들의 직언과 간언을 듣고 정치 교화의 이해득실에 대해서 알기를 희망했다.

정관 초년에 공경들에게 이런 말을 했다.

"사람이 자기 얼굴을 보려면 반드시 맑은 거울이 있어야 하고, 군주가 자기의 허물을 알려고 하면 반드시 충직한 신하에 의지해야 하오. 군주가 만일 스스로 현인이나 성인이라 여기고 신하도 정확한 의견을 제시해 바로잡지 않는다면, 이런 상황에서 위험과 실패를 면하는 것이 어찌 가능하겠소? 군주가 국토와 사직을 버리면 신하 또한 자신의 집안을 보존할 수 없소. 수양제는 잔인하고 포학했지만 신하가 입을 다문 채 아무 말도 하지 않았으므로 자기에게 어떤 허물이 있는지 듣지 못했소. 결국 나라는 멸망했소. 우세기虞世基 등의 대신 또한 오래지 않아 피살되었소. 이것은 오래전의 일이 아니오. 대신들은 내가 백성에게 불리한 일을 하는 것을 보면 반드시 거리낌 없이 직언해 비판해야 하오."

정관 원년, 태종이 곁에 있는 신하들에게 말했다.

"정직한 군주가 간사한 신하를 임용하면 나라를 오랫동안 안전하게 다스릴 수 없고, 정직한 신하가 사악한 군주를 섬겨도 나라를 오랫동안 안전하게 다스릴 수 없소. 오로지 현명한 군주가 현명한 재상을 만나는 것만이 물고기가 물을 만나는 것과 같아 천하가 안정될 수 있소. 나는 비록 현명한 군주라고는 할 수 없으나, 다행히 여러 대신이 끊임없이 나를 보좌해 잘못을 바로잡아 주고 있소. 여러분의 정직한 간언과 바른 논의에 의지해 천하를 태평성대로 만들기를 바라오."

간의대부 왕규가 대답했다.

"저는 '굽은 나무도 먹줄을 따라 자르면 바르게 되고, 군주가 신하의 간언을 받아들이면 사리에 밝아질 수 있다.'라고 들었습니다. 그런 까닭에 고대의 성군에게는 반드시 직언하고 간언하는 일곱 명의 신하가 있었습니다. 만일 의견을 제시했는데 받아들여지지 않으면 죽음으로써 서로 이어가며 간언했습니다. 폐하께서는 성인처럼 생각이 트였으니 아래의 비루한 사람들의 의견을 받아들일 수 있고, 어리석은 신하는 이처럼 관대하고 거리낌 없이 직언할 수 있는 조대에 살고 있으니 어리석은 의견이나마 온 힘을 다하기를 원합니다."

태종은 왕규의 말을 칭찬했다. 조서를 내려 재상이 궁궐로 들어와 나라의 대사를 처리할 때는 반드시 간의대부로 하여금 함께 들어오도록 해 나라의 대사에 참여하도록 했다. 만일 의견을 제시하면 반드시 허심탄회하게 받아들였다.

간언하는 신하가 있어야 멸망하지 않는다

정관 2년, 태종이 곁에서 모시는 신하들에게 말했다.

"현명한 군주는 항상 자기에게 단점이 있음을 생각해 나날이 좋아지지만, 어리석은 군주는 자기의 단점을 옹호해 영원히 어리석어지오. 수양제는 자기의 재능을 과시하고 단점은 감싸 신하들의 간언을 물리쳤소. 신하가 군주의 마음을 거스르면서 간언하는 일은 어렵소. 우세기가 감히 직언하지 않은 것은 아마도 크나큰 죄로 생각하지 않았기 때문일 것이오. 옛날 은殷나라의 기자箕子[1]는 미친 사람 행세를 해 자기 생명을 보존했소. 이에 대해서 공자는 기자를 인仁하다고 칭찬했소. 후에 수양제가 피살되었을 때 우세기도 함께 피살되지 않았소?"

두여회가 말했다.

"《효경》에서는 '군주에게 간언하고 논쟁하는 신하가 있으면 비록 그가 무도할지라도 사직을 잃지 않을 것이다.'라고 했고, 공자는 '강직하구나 사어史魚[2]여. 그는 나라에 도가 있어도 곧은 화살처럼

---

1) 은나라 주왕의 아저씨로 이상적인 현인이라고 한다. 이름은 서여敍余 또는 수유須臾이다. 기국箕國에 봉왕封王되어 기자로 불렸다. 기자는 나라가 망한 후 조선에 와서 예의禮儀·전잠田蠶·직작織作·팔조지교八條之敎를 가르치고, 기자조선의 시조가 되었다는 기록이 있지만 이는 현재 학계에서는 부정되고 있다. 은나라 주왕이 무도하자 기자는 힘껏 간언을 했다. 그러나 주왕은 받아들이지 않고 오히려 그를 붙들어 노예로 삼았다. 주무왕이 은나라를 멸망시킨 이후에 기자는 자유를 얻었다. 공자는 일찍이 '은나라에는 세 명의 어진 이가 있다.'라고 했는데, 이는 기자·미자微子·비간比干을 지칭하는 말이다.

2) 춘추시대 위衛나라 대부로 이름은 추鰌이다. 사어는 죽음에 임해 현인 거백옥蘧伯玉을 발탁하고 아첨하는 신하 미자하彌子瑕를 내쫓을 것을 군주에게 권했다. 이 두 가지 일이 실현되지 않으면 정식 장례 의식을 중단하도록 유언했다.

정직했고, 나라에 도가 없어도 화살처럼 정직했구나.'[3]라고 했습니다. 우세기는 어찌 수양제가 무도하여 신하들의 간언을 받아들이지 않는다는 이유로 입을 다문 채 아무 말도 하지 않았습니까? 그는 진실로 재상의 지위에서 일시적인 안락을 구하느라 사직하고 물러나지 못한 것입니다. 이것은 기자가 은나라 주왕紂王이 간언을 받아들이지 않자 미치광이 행세를 하고 떠난 것과는 이치상 같지 않습니다.

과거 진혜제晉惠帝[4]와 가후賈后[5]가 민회태자愍懷太子[6]를 폐위시켰을 때, 삼공三公[7]의 높은 지위에 있던 장화張華[8]는 전력을 다해 간언하지 못하고 이들의 뜻에 굴복해 재앙을 면했습니다. 조왕趙王 윤倫[9]이 병사를 일으켜 하후를 폐위시켰을 때 사람을 보내 장화를 체포했습니다. 이때 장화는 '태자를 폐위시켰을 때, 저는 결코 침묵을

3) 이에 관한 내용은《공자가어》에 나온다.

4) 무제의 둘째 아들 사마충司馬衷이다. 290년에서 306년까지 재위했다. 매우 어리석고 유약한 왕이었다.

5) 진혜제의 황후로 평양平陽 양릉襄陵 사람이다. 영평永平 원년(291)에 초나라 왕 위瑋를 이끌고 수도로 들어와 중신 양준楊駿을 살해하고 10년 동안 전권을 휘둘러 '팔왕의 난(八王之亂)'을 일으켰다. 후에 조왕趙王 윤倫에게 피살되었다.

6) 이름은 휼遹이고, 혜제의 장남으로 황태자가 되었다. 가후에게 살해되었고 죽은 후에 민회라는 시호가 주어졌다.

7) 시대마다 가리키는 것이 달랐다. 후한 이후에는 태위·사도·사공을 합쳐 삼공이라고 했으며, 삼사三司라고도 했다. 이들은 군사와 정치의 최고 책임자이다. 장화는 관직이 사공에 이르렀기 때문에 삼공이라 칭한 것이다.

8) 자는 무선茂先이며 서진西晉 시기의 대신으로 문학가이기도 하다. 진晉나라 초기에 중서령, 산기상시로 임명되었고, 무제에게 오나라를 무찌를 계책을 권했다. 혜제 때는 시중, 중서감, 사공을 역임했다. 후에 조왕 윤에게 피살되었다. 박학다식한 인물로 저서《박물지》를 남겼다.

9) 진晉나라 선제의 아홉 번째 아들이다. 가후를 폐해 서인이 되게 하고, 장화를 살해했으며, 혜제를 유폐시키고 제위에 올랐지만 제나라 왕 경冏에게 토벌되어 죽었다.

지킨 것이 아니라 그 당시 간언한 것이 받아들여지지 않은 것입니다.'라고 했습니다. 그 사신은 '당신이 삼공의 높은 지위에 있을 때 아무런 죄도 저지르지 않은 태자가 폐위되었고, 당신이 간언을 했으나 받아들여지지 않았다면 무엇 때문에 관직을 버리고 물러나지 않았소?'라고 했습니다. 장화는 이에 대답을 하지 못했고, 사신은 그를 죽이고 그 집안의 삼족을 멸했습니다.

옛사람은 '나라가 위급할 때 붙잡지 않고, 넘어지려고 할 때 부축하지 않는다면 어찌 이런 사람으로 보좌하도록 하겠는가?'라고 했습니다. 《논어》에서는 '군자는 나라가 큰일을 당했을 때 변절하지 않는다.'라고 했습니다. 장화는 강직하게 의지를 굽히지는 않았지만 절개를 온전하게 할 수 없었으며, 책임을 회피하는 말은 생명을 보존할 수 없었고, 신하의 절개는 본래 이미 상실되었던 것입니다. 우세기는 재상이었으므로 충분히 간언할 만한 위치에 있었지만, 수양제에게 직언이나 간언을 한마디도 하지 못했으니 피살된 것은 당연한 일입니다."

태종이 말했다.

"그대의 말은 옳소. 군주에게는 반드시 충직하고 어진 신하가 있어 보좌해야 하오. 이렇게 하면 나라와 백성을 편안하게 할 수 있소. 수양제는 아래에 충신이 없었기 때문이 아니라 자신의 허물을 지적해주는 말을 듣지 않아 죄악이 나날이 쌓이고 재앙이 나날이 가득 차 나라가 멸망하고 자신도 죽는 재앙이 이른 것이오. 만일 군주의 행동이 정당하지 못한데 신하가 바로잡아주거나 간언을 하지 않고, 구차하게 아첨하며 순종해 편안함만을 도모하면서 하는 일마다 모두 칭찬만 한다면, 군주는 어리석어지고 신하는 아첨하니 나라가 위급해져 멸망하는 것은 멀리 있지 않을 것이오. 나는 지금 군주와 신하, 윗사람과 아랫사람이 협력하고, 각자 지극히 공평하게 전력을 다하며, 함께 노력해 천하를 다스릴 방법을 연구하는 데에 뜻을 두고 있소. 여러분은 각기 임무에 힘쓰고 전심전력으로 직언과 간언을 해 나의 결점과 허물을 지적해주시오. 나는 끝까지 직언과 간언을 나의 뜻을 거스르는 것으로 간주해 여러분을 꾸짖거나 화를 내는 일이 없을 것이오."

게으름은 최고의 적

정관 3년, 태종이 사공 배적裴寂[10]에게 말했다.

"요즘 들어 신하들의 상소문이 너무 많아 나는 그것들을 방 벽면에 붙여놓고 드나들며 보고 생각하고 있소. 내가 이처럼 근면하고 게으르지 않은 이유는 신하들의 생각을 헤아리려는 까닭에서요. 항상 나라를 다스리는 이치를 생각하고 있소. 어떤 때는 삼경三更이

---

10) 자는 현진玄眞이다. 수나라 말기에 진양궁晉陽宮 부감副監으로 임명되었는데, 진양궁에 쌓아놓은 식량, 병기, 비단 등을 이연의 병사에게 지원했다. 장안으로 공격해 들어온 후에는 이연에게 제帝로 칭할 것을 권했다. 무덕 연간 상서좌복야로 임명되었으며, 일찍이 '당률唐律' 5백 가지를 제정하는 데 참여하기도 했다. 후에 사공으로 임명되었다. 정관 3년, 태종에 의해 면직되자 고향으로 돌아갔다. 태종은 후에 배적에게 공이 있다고 생각해 다시 조정으로 불러들이려고 했지만, 배적이 이미 죽은 뒤였다.

되어서야 잠을 자오. 나는 여러분도 게으름을 모르고 노력해 나의 이러한 생각에 부합하기를 바라오."

감정이 화를 부른다

정관 5년, 태종이 방현령 등에게 말했다.

"예로부터 제왕은 대개 자신의 감정에 따라 기뻐하고 화를 냈는데, 기쁠 때는 공이 없는 사람에게까지 마음대로 상을 내리고, 화가 나면 죄가 없는 사람까지 제멋대로 죽였소. 그러므로 천하가 망하거나 혼란스러워지는 까닭은 이로부터 말미암지 않은 적이 없소. 나는 지금 아침저녁으로 이 문제를 마음속에 담아두지 않은 적이 없으며, 항상 여러분이 진정으로 적극적으로 간언해주기를 바라고 있소. 여러분 또한 다른 사람의 의견을 받아들이는 데 주의를 기울여야 할 것이오. 어찌 다른 사람의 의견이 자기 뜻과 같지 않다고 해 자신의 단점을 감싸며 받아들이지 않겠소? 만일 간언을 받아들일 수 없다면, 어찌 다른 사람에게 간언할 수 있겠소?"

관용봉과 비간이 되어라

정관 6년, 어사대부御史大夫[11] 위정韋挺, 중서시랑中書侍郎 두정륜杜正倫,[12] 비서소감秘書少監[13] 우세남, 저작랑著作郎[14] 요사렴姚思廉 등이 올린 상소는 모두 태종의 생각과 일치했다. 태종은 그들을 불러 이렇게 말했다.

"나는 예로부터 신하가 충성으로 일했던 것을 확실히 살펴보았소. 만일 현명한 군주를 만난다면 마땅히 충심으로 간언해야 하오. 관용봉關龍逢이나 비간比干[15] 같은 충신의 경우 죽음을 면하지 못했을 뿐만 아니라 그 처자식에게까지 재앙이 이르렀소. 이로써 보면 현명한 군주가 되는 것은 쉽지 않으며, 충직한 신하가 되는 것 또한 매우 어려운 일이오. 나는 또 용은 어루만져 훈련시킬 순 있지만 용의 목 아래에는 역린逆鱗이 있다고 들었소. 여러분은 군주가 화를 내는 것을 피하지 말고 각기 상소를 올리도록 하시오. 항상 이와 같

11) 진한 시기 승상丞相 다음가는 중앙의 최고 장관이다. 주로 감찰이나 법률 집행 등을 담당했으며, 아울러 중요한 공문도서를 관리하기도 했다. 전한 시기에는 승상의 자리가 비면 어사대부가 이를 대신했다. 진晉나라 이후에는 대부분 이 관직을 두지 않았다. 수·당 이후에는 비록 어사대부를 두긴 했지만, 한나라 제도와는 차이가 있어 감찰과 법률 집행만을 담당했다.

12) 당나라 상주相州 사람이다. 정관 초기에 위징의 추천으로 병부원외랑兵部員外郎이 되었다. 후에는 춘궁春宮으로 들어가 태자우서자太子右庶子가 되었다. 태자가 폐위되자 이 일에 연루되어 환주驩州로 추방되었다. 당고종 현경顯慶 초년에 또 중서령으로 임명되었고, 후에 횡주자사橫州刺史로 관직 생활을 마감했다.

13) 비서성에 속하며 저서 집필 등의 일을 관장하는 직책이다.

14) 중서성에 속하는 관직으로 국사 편찬을 담당했다.

15) 은나라 마지막 왕인 주왕의 숙부로 비比의 제후로 봉해졌기 때문에 비간이라 불렸다. 그는 무도한 주왕의 음란한 행위가 그치지 않자 간언하다가 오히려 성인의 심장에는 일곱 개의 구멍이 있다는 말을 들었다는 주왕에 의해 살해되어 심장이 꺼내졌다.

이 한다면 내가 어찌 나라의 멸망을 걱정하겠소! 항상 여러분이 충직하게 간언하는 마음을 생각하니, 나는 잠시라도 잊을 수 없어 여러분을 불러 주연을 열고 함께 즐기려 하오."

주연이 끝난 후에 차등을 두어 그들에게 명주를 내려주었다.

적이라도 심복으로 받아들여라

태상경太常卿[16] 위정은 일찍이 상소를 올려 국가를 다스리는 득실에 관해 진술한 적이 있다. 태종이 그에게 편지를 써 이렇게 말했다.

"그대가 쓴 상소를 받아 보았는데, 위쪽에는 모두 정직한 의견을 서술했고 문장과 이치 또한 모두 훌륭하오. 이것을 본 후 나는 큰 위안을 얻었소. 가령 춘추시대 제齊나라에 내란이 발생했을 때, 관중은 제환공의 허리띠를 맞춘 죄가 있었고, 진晉나라 포성蒲城에서 내란이 발생했을 때, 발제勃鞮는 칼로 진문공晉文公의 옷을 찢어 원수가 되었소.[17] 그러나 제환공은 관중의 화살 하나 때문에 그를 의심하지 않았고, 진문공은 발제의 칼을 마음에 두지 않고 친구처럼 지냈소. 이것이 '걸의 개가 요를 보고 짖으며 자기 주인이다.'라고 생각하고, 군주를 섬기면서 두 마음으로 모시지 않는 것이 아니겠소? 그대의 깊이 있고 믿음직함은 상소문의 간언을 통해 분명하게

---

16) 당나라 태상시太常寺 장관으로 예악, 종묘, 사직 등의 일을 관장했다.

17) 기원전 655년 진晉나라에 내란이 발생했는데, 중이重耳는 그 당시 포성에 있었다. 진헌공은 발제를 파견해 병사를 이끌고 포성을 공격하도록 했다. 포성 사람들이 저항하려고 하자 중이는 '군주와 아버지의 명령에는 대항할 수 없다.'라고 하며 담을 넘어 달아났는데, 이때 발제는 중이의 옷자락을 칼로 찢었다.

볼 수 있었소. 만일 이런 절개를 보존한다면 후세까지 아름다운 명성을 지킬 수 있을 것이오. 그러나 만일 중도에 버린다면, 매우 안타까울 것이오. 처음부터 끝까지 자신을 독려해 후세에 모범을 남기도록 하시오. 마땅히 후세 사람들이 오늘날의 사람들을 볼 수 있도록 해야 하오. 이것은 마치 오늘날의 사람들이 옛사람을 보는 것과 같으니, 매우 좋지 않겠소! 나는 근래 다른 사람들이 나의 허물에 대해 논의하는 것을 듣지 못해 나 자신의 결점을 보지 못했소. 그대가 여러 차례에 걸쳐 충성스럽고도 간절하게 좋은 말을 하여 나의 마음을 윤택하게 하는 것에만 의지하고 있을 뿐이오. 그대의 이런 충심을 내가 어찌 한순간에 모두 말할 수 있겠소!"

간언하는 분위기를 만들어라

정관 8년, 태종이 곁에서 모시는 신하들에게 말했다.

"나는 한가로이 조용히 앉아 있을 때마다 마음속으로 나 자신을 반성하고, 항상 나의 행실이 위로는 하늘의 뜻에 부합하지 못하고, 아래로는 백성의 원망을 사게 될까 두려워했소. 오직 충직하고 정직한 사람이 간언을 해 나의 눈과 귀를 열어주어서 아래로 백성에게 어떠한 원한이나 응어리가 없기를 희망했소. 게다가 요즘 들어 나는 어떤 사람이 상소를 올리면 언제나 두려운 마음이 들고, 말하는 것도 순서를 잃게 되오. 대체로 상소를 보면 마음이 이러하오. 하물며 간언과 논쟁을 하려면 반드시 군주가 화를 낼 것에 대한 두려움이 생기오. 그러므로 항상 간언하는 자의 말이 나의 생각과 일치하지 않아도 그가 나를 범했다고는 생각하지 않겠소. 만일 그 즉시 질책한다면, 의견을 말하는 사람은 전전긍긍하며 내심 두려워할 것이오. 그러면 어떤 사람이 감히 다시 말을 할 수 있겠소."

신하들이 침묵하는 이유

정관 15년, 태종이 위징에게 말했다.

"요즘 조정의 대신들은 한결같이 나라의 대사에 관해서는 논의하지 않고 있는데, 이것은 무엇 때문이오?"

위징이 대답했다.

"폐하께서 마음을 비우고 신하들의 의견을 받아들인다면, 마땅히 말하는 자가 있을 것입니다. 옛사람은 '신임하지 않는 사람이 간언하면 자기를 비방한다고 생각하고, 신임하는 사람이 간언하지 않으면 봉록만 훔치는 자라고 한다.'라고 했습니다. 그러나 사람들의 재능은 각기 다릅니다. 성격이 유약한 사람은 속마음이 충직해도 말하지 못하고, 관계가 소원한 사람은 신임받지 못할 것을 두려워해 감히 말하지 못하며, 마음속으로 개인의 득실을 생각하는 사람은 자기에게 이익이 있는지 없는지 의심하므로 감히 말하지 못합니다. 그러므로 서로 침묵을 지키고 남의 말에 고개만 끄덕이며 시간을 보내는 것입니다."

태종이 말했다.

"진실로 그대가 말한 것과 같소. 나는 항상 이 일을 생각할 것이오. 신하들이 비록 간언하려고 해도 군주의 노여움을 사서 죽게 될까 두려워하는 것이오. 그것은 간언하다가 솥에 던져져 삶아 죽이는 일을 당하거나 적의 시퍼런 칼날에 내던져지는 것과 또한 무엇이 다르겠소! 그러므로 충직한 신하가 군주에게 충성을 다해 간언하려 하지 않는 것이 아니라 그것을 매우 어려워하는 것이오. 그러니 우임금이 이치에 맞는 말을 들으면 경의를 표해 감사한 것은 이 때문이 아니겠소! 나는 지금 가슴을 크게 열고 신하의 원대한 생각과 간언을 받아들일 것이오. 여러분은 지나치게 긴장하거나 두려워해 자기의 말을 진실되게 펼치지 못하는 일이 없도록 하시오."

거울 앞에서 모습을 비추어보라

정관 16년, 태종이 방현령에게 말했다.

"자신을 알 수 있는 이는 총명한 사람이지만, 그것은 매우 어려운 일이오. 문장을 짓는 사람이나 공예품을 만드는 이는 모두 자신은 우수하고 다른 사람들은 그에 미치지 못한다고 생각하오. 그러나 저명한 장인과 문인이 서로 비교해 질책하고 헐뜯으면, 난삽한 문장과 저급한 기예는 바로 드러나게 되오. 이런 점에서 말하면, 군주는 반드시 제업을 바로잡고 과실을 간언하는 충신을 얻어 항상 군주의 잘못된 점을 지적하도록 해야 하오. 군주가 하루에 정무를 무수히 처리하면서 혼자서 의견을 듣고 시비를 판단하니, 비록 다시 근심하고 몸을 수고롭게 한들 어찌 문제를 훌륭히 처리할 수 있겠소? 나는 항상 위징이 수시로 정확한 의견을 제시해 나의 허물을 적절히 지적한 것은 밝은 거울 앞에 서서 모습을 비추어보는 것처럼 나의 좋은 면과 나쁜 면을 분명하게 드러내는 것이라고 생각했소."

그런 다음 태종은 술잔을 들어 방현령 등에게 술을 내리고 다독거렸다.

문제의 싹은 미리 자른다

정관 17년, 태종은 일찍이 간의대부 저수량에게 물었다.

"옛날 순임금은 칠기를 만들었고, 우임금은 제기인 조俎에 조각을 하였소. 당시 이 두 가지 일 때문에 순과 우에게 간언하는 자가 십여 명 있었소. 식기에 장식을 하는 하찮은 일까지 고달프게 간언할 필요가 있소?"

저수량이 대답했다.

"그릇에 조각을 해 세공하는 것은 농사를 방해하는 것이고, 아름다운 허리띠를 만드는 것은 부녀자들의 생산활동을 망치는 것으로서 먼저 사치스러운 기풍을 제창한 것이니, 이것은 나라가 위급해지고 멸망하게 되는 시작인 것입니다. 칠기에 만족하지 못하면 반드시 금으로 만들게 되고, 금으로 만든 그릇에 만족하지 못하면 반드시 옥으로 만들게 됩니다. 그러므로 강직한 신하는 문제가 발생하기 시작했을 때 그것을 막도록 권하는 것입니다. 문제가 정점까지 이르게 되면 다시 간언할 필요조차 없습니다."

태종이 말했다.

"그대의 말이 매우 옳소. 내가 하는 일에 있어 어떤 잘못이 있으면, 일이 시작될 때거나 일이 이미 끝날 무렵일지라도 모두 간언을 해야 하오. 나는 근자에 이전 시대의 역사서를 읽었는데, 어떤 신하가 군주에게 간언하자 군주는 '이미 처리했소.' 혹은 '이미 허락했소.'라고 답하면서 잘못을 제지해 바로잡지 않았소. 이와 같이 하면 나라가 위험해지거나 멸망하게 되는 재앙이란 정녕 손바닥 뒤집듯이 쉽게 닥쳐올 수 있소!"

제5편

납간(納諫: 간언을 수용하라)

【해제】

앞에서 간언을 구하는 것에 치중했다면, 이 편에서는 신하들에게 구한 간언을 수용하는 측면에 중점을 두고 있다. 군주가 신하의 간언을 구하는 경우는 적지 않으나, 그것을 받아들여 국정에 반영하는 것은 말처럼 쉽지 않다. 신하들의 간언이 대부분 군주의 생각과 반대편에 서 있기 때문이다.

신하들은 태종이 반역자의 여자를 빼앗고, 건원전을 중수하고, 애마를 죽인 사육사를 죽이려 하자 강력히 비판하고 나서며 그렇게 할 수 없다고 주장했다. 그러자 태종은 신하들의 간언이 모두 옳다고 생각하고 받아들여 잘못을 저지르지 않을 수 있었다. 이것은 태종이 신하들의 솔직하고도 거침없는 비판을 수용하려고 애썼으며, 이 때문에 나라를 잘 다스릴 수 있었음을 의미한다.

〈납간〉 편은 제대로 된 간언을 받아들여 통치의 지팡이로 삼는 것이 성군의 중요한 덕목이라는 점을 강조하고 있다.

군주라도 다른 사람의 아내를 빼앗으면 되겠는가

정관 초년, 태종은 황문시랑 왕규와 연회석상에서 담소를 나누었는데, 그때 한 미인美人[1]이 태종 곁에서 모시고 있었다. 그녀는 본래 여강왕廬江王 이원李瑗[2]의 애첩이었다. 이원은 반란을 일으켰다가 실패하여 집안의 재산과 애첩 모두를 나라에 몰수당했다. 태종은 그 미인을 가리키며 왕규에게 말했다.

"여강왕 이원은 황음무도荒淫無道한 사람이었소. 그래서 그녀의 남편을 죽이고 이 여인을 차지했소. 이원의 포악함은 극에 이르렀으니 어찌 멸망하지 않겠소!"

왕규는 자리에서 일어나 대답했다.

"폐하께서는 여강왕이 다른 사람의 아내를 빼앗은 것을 옳다고 생각하십니까, 아니면 잘못된 것으로 생각하십니까?"

태종이 말했다.

"어찌 사람을 죽이고 그 사람의 아내를 빼앗는 일이 있을 수 있겠소! 그대가 나에게 이와 같은 일의 옳고 그름을 묻는 까닭은 무엇이오?"

왕규가 대답했다.

"저는 이런 말을 들었습니다. 《관자》의 기록을 보면, 제환공은 멸망한 곽郭나라로 가서 그곳의 백성에게 이런 질문을 했습니다.

1) 비빈妃嬪의 칭호이다. 당나라 제도를 보면 후궁에는 아홉 명의 미인이 있었으며, 정4품에 해당되었다.

2) 당고조의 당질로 무덕 말년에 유주도독幽州都督이 되었다. 정관 초기에 왕군곽王君廓이 이원을 꾀어 모반하였다가 살해되었다.

'곽나라는 무엇 때문에 제나라에게 멸망했소?'

그러자 그 백성은 이렇게 대답했습니다.

'국왕이 선량한 사람을 좋아하고 사악한 사람을 싫어했기 때문입니다.'

또 제환공은 물었습니다.

'만일 당신 말이 맞는다면 그는 현명한 군주인데, 어떻게 멸망할 수 있겠소?'

백성은 대답했습니다.

'그렇지 않습니다! 군주가 선량한 사람을 좋아하지만 그들을 등용하지 못하고, 사악한 사람을 싫어하지만 그들을 제거하지 못했기 때문에 나라가 멸망한 것입니다.'

지금 이 미인이 폐하 곁에 있으니, 저는 속으로 폐하께서 여강왕의 이런 행동을 찬성한 것으로 생각했습니다. 만일 폐하께서 그의 이러한 행동이 잘못된 것이라고 여긴다면, 사악함을 알면서 제거하지 못한 것이라고 할 수 있습니다."

태종은 이 말을 듣고 매우 기뻐하며 왕규의 말이 옳다고 칭찬하고 미인을 그녀의 친족이 있는 곳으로 돌려보냈다.

큰 궁궐은 백성을 떠나게 한다

정관 4년, 태종이 조서를 내려 병사들을 파견하여 낙양 궁궐 안의 건원전乾元殿을 수리함으로써 지방 순행 시의 행궁行宮으로 준비하도록 했다. 급사중給事中[3] 장현소張玄素[4]가 상소를 올려 다음과 같이 간언했다.

"폐하께서는 지혜가 충분하여 많은 일을 도모해도 미치지 못하는 곳이 없고 끌어안지 못하는 바가 없습니다. 조서로 명령한 것을 어느 곳인들 받아들이지 않겠습니까? 마음속으로 하려는 일이 어떤 일이든 간에 그것을 따르지 않겠습니까?

저는 속으로 진시황秦始皇[5]이 군주가 된 것은 주왕실의 남은 위엄에 의지하고 여섯 나라[6]의 강성한 국력에 기댔기 때문이라고 생각했습니다. 그는 천하를 통일하여 제위를 자손만대까지 전하려고 했지만, 그의 아들 대에 이르러 나라는 멸망했습니다. 이것은 아마

3) 당나라 때 문하성의 요직이다. 지위는 시중과 문하시랑의 아래이며, 정치적 명령의 득실에 관해 살폈다.

4) 포주蒲州 사람으로 수나라 때는 경성현景城縣 호조戶曹로 임명되었고, 후에 당나라로 귀순했다. 정관 초기 태자소첨사太子小詹事와 우서자 등의 직책을 맡았다. 태자 승건이 죄를 지어 서인이 된 후 이에 연루되어 관직을 박탈당하고 평민이 되었다. 오래지 않아 또 불려 나가 자사가 되었다.

5) 진秦나라 장양왕莊襄王의 아들로 기원전 230년에서 기원전 221년까지 육국을 병합하고 북으로는 흉노를 축출했으며, 남으로는 민閩과 월越을 겸병하여 중국 역사상 최초의 통일국가를 건립하였다. 군현제를 실시하여 전국을 30군으로 구분하고, 각 군 아래에는 현을 두었다. 또한 법률, 도량형, 화폐, 문자 등을 통일했다. 그는 자신의 공이 삼황三皇을 덮고, 덕은 오제五帝보다 높다고 주장하며 자칭 시황제始皇帝라고 했다. 그러나 그는 분서갱유를 단행하고, 형벌을 가혹하게 시행했으며, 부역을 과중하게 하여 백성을 고달프게 했다. 그가 죽은 후 진이세秦二世 호해가 제위를 계승했으나, 오래지 않아 농민봉기가 일어나 나라는 멸망하게 되었다.

6) 전국 시기의 제齊·초楚·연燕·한韓·조趙·위魏 여섯 나라를 가리킨다.

도 그가 게으르고 탐욕스러워 하늘의 뜻을 어기고 백성을 괴롭게 한 데서 말미암았을 것입니다.

이로부터 천하는 단순히 무력에만 의지해서는 정복하지 못하며, 신神도 가까이할 수 없음을 볼 수 있습니다. 오직 근면하고 절약하여 세금을 줄여주고 처음부터 끝까지 삼가고 선량하면 나라를 영원히 굳건히 할 수 있습니다.

지금 폐하께서는 수많은 제왕의 끝을 이어받아 쇠약한 후세가 되었습니다. 반드시 예의 제도를 이용하여 천하를 절도 있게 제어하려면 폐하께서 스스로 모범을 보여야 한다고 생각합니다. 동도 낙양을 순행할 시간은 아직 정해지지 않았는데, 폐하께서는 조서를 내려 병사를 징집하여 수리하고 장식하도록 했습니다. 제후들은 아직 주둔지에 도착하여 임무를 보지 못하고 있으며, 관청도 만들어야 합니다. 공사를 위해 징집된 사람이 이미 많습니다. 이것이 어찌 피로한 민중이 갈망하는 것이겠습니까? 이것이 건원전을 중수할 수 없는 이유 중 하나입니다.

폐하께서는 처음 동쪽의 수도 낙양을 평정하셨을 때, 층층이 쌓은 누각과 광대한 궁전을 모두 철거하도록 명령하셨습니다. 이로써 전국은 힘을 응집하여 더욱더 강해졌으며, 윗사람과 아랫사람 모두 기뻐하며 폐하를 존경했습니다. 처음에는 사치스러운 기풍을 싫어하더니, 어떻게 지금은 또 대들보를 조각하고 기둥에 그림을 그리는 기풍을 답습하십니까? 이것이 건원전을 중수할 수 없는 두 번째 이유입니다.

아랫사람들은 항상 폐하의 성스러운 가르침을 받으면 곧바로 나아가 시찰하지 않은 적이 없습니다. 아래에서는 이 일이 급히 우선해야 할 것도 아닌데, 헛되이 힘만 낭비하는 일이라고 생각했습니다. 나라에는 2년 동안 지탱할 식량조차 비축하고 있지 못한데, 어찌 동서의 두 수도를 이처럼 크게 치장할 필요가 있습니까? 노역이 나라와 백성의 능력을 넘어서면 조정에 대한 원한은 기름처럼 타오를 것입니다. 이것이 건원전을 중수할 수 없는 세 번째 이유입니다.

백성은 전란으로 인하여 정처 없이 떠돌아다닌 터라 재력은 고갈될 대로 고갈되었습니다. 폐하께서 직접 은혜를 베풀고 보듬어 기르시니, 모자라나마 비로소 자립할 수 있었습니다. 그러나 백성은 배고픔과 추위의 고통으로부터 벗어나려 함이 아직도 절실하고, 생계 또한 아직 안정되지 못했습니다. 서너 해의 시간으로는 아마도 회복하기 어려울 것입니다. 그런데 어떻게 아직 순행하지도 않는 성을 꾸미기 위해 피곤한 백성의 노력을 또다시 빼앗을 수 있습니까? 이것이 건원전을 중수할 수 없는 네 번째 이유입니다.

과거 한고조漢高祖 유방劉邦은 낙양에 수도를 세우려 했으나, 누경婁敬[7]이 의견을 하나 제시하자 곧 서쪽 장안으로 갔습니다. 설마 그가 낙양이 전국의 중심이며 사방으로부터 부세를 들여오는 곳인 줄 몰라서 그렇게 했겠습니까? 지리 형세상 장안 관내關內의 요새

---

7) 바로 유경劉敬을 가리킨다. 한나라 초기 제나라 사람이다. 고조 5년 누경은 병졸 신분으로 유방을 알현하여 수도를 낙양이 아닌 관중關中으로 정하도록 권하면서, 진秦나라 땅은 기름지고 산과 물로 에워싸여 사방이 견고하다고 했다. 유방은 그의 의견을 받아들여 관중을 수도로 정하고 유씨劉氏 성을 주었으며, 후에 관내후關內侯로 봉했다.

만 못했기 때문입니다. 굽어 살펴보건대 폐하께서는 쇠약한 백성을 교화하시고 어지러운 풍속을 혁신하셨지만, 그 시행한 시간이 아직은 짧아 완전히 순화되지 못했습니다. 다시 한 번 사안의 타당성을 진지하게 생각해보시면, 어찌 동도로 순행하는 것이 옳겠습니까? 이것이 건원전을 중수할 수 없는 다섯 번째 이유입니다.

저는 또 일찍이 수왕조 초기에 이 궁전을 짓는 것을 보았는데, 궁전의 지주와 대들보는 모두 매우 컸습니다. 이처럼 큰 목재는 가까운 곳에서는 생산되지 않으니, 대부분은 남쪽 예장豫章에서 벌채하여 실어 나른 것입니다. 2천 명이 큰 나무 하나를 끌고, 나무 아래는 수레에 올리고, 수레바퀴는 모두 철로 만들어졌습니다. 만일 중간에 나무 수레를 사용한다면 돌아가는 마찰로 인해 불이 날 것입니다. 나무 하나를 운반하는 비용은 10만 전에 이르고, 그 밖의 비용은 그 배가 넘습니다.

저는 아방궁阿房宮을 짓고 진秦나라 사람들이 흩어졌으며, 장화대章華臺[8]를 짓고 초楚나라 사람들이 흩어졌다고 들었습니다. 또한 건원전을 완공한 뒤 수나라 백성들이 흩어졌습니다. 게다가 폐하의 이번 노력을 수나라 시대에 비교하면 어떻습니까? 전란으로 쇠약해지고 파괴된 시대를 이어받았으며 고통에 신음하는 백성을 부리고 억만금의 재산을 낭비하면서 과거 백대 제왕의 폐단을 이어받고 있습니다.

이런 점에서 말하면, 그 병폐는 수양제를 훨씬 뛰어넘을 것입니

8) 초영왕楚靈王은 즉위한 후 대대적인 토목공사를 단행해 백성이 그 고통을 견디지 못했다. 초영왕 7년에 장화대를 축조했다. 12년 봄, 공자 비比가 기회를 틈타 반란을 일으켜 태자 녹祿을 살해하고 스스로 왕이 되었다. 초나라 백성은 영왕을 등지고 비에게로 향했다. 결국 영왕은 깊은 산에 유배되어 굶어 죽었다.

다. 저는 폐하께서 이 문제를 깊이 고려하여 유여由余[9]의 웃음거리가 되지 않기를 바랍니다. 이렇게 되면 천하 사람들의 큰 행운인 것입니다."

말 한마디로 천하를 이롭게 한다

태종이 장현소에게 말했다.

"그대는 내가 수양제만 못하다고 생각하였는데, 그러면 걸왕桀王이나 주왕과 비교하면 어떻소?"

장현소가 대답했다.

"만일 건원전 공사를 일으킨다면, 그 결과는 《상서》에서 말한 것처럼 걸왕과 주왕의 '혼란으로 돌아갈 것'입니다."

태종은 이 말을 듣고 감탄을 금치 못하고 이렇게 말했다.

"나는 그 일을 했을 경우의 이익과 병폐에 관해 진지하게 생각해보지 않았기에 이와 같은 잘못을 저지른 것이오."

그러고는 고개를 돌려 방현령에게 말했다.

"지금 현소가 상소를 올려 건원전 중수에 관한 의견을 제시했소.

9) 본래는 진晉나라 사람인데 서융西戎으로 도망갔다. 융왕戎王은 그를 진秦나라로 파견하여 그곳의 허실虛實을 살피도록 하였다. 진목공은 국력을 과시하기 위해 유여로 하여금 진秦나라의 화려한 궁실과 축적해놓은 물자를 보여주었다. 유여는 돌아본 후 이렇게 말하며 비웃었다. "만일 이것이 귀신이 만든 것이라면 귀신을 수고롭게 한 것이고, 인력을 사용하여 만든 것이라면 백성을 해롭게 했을 것입니다." 아울러 이것이 중원 국가의 재앙의 근원임을 지적했다. 진목공은 그가 재능이 있음을 알아보고 머물도록 했으며, 융왕에게는 여자와 가무단을 보내 유여와의 관계를 끊도록 했다. 유여는 서융으로 돌아온 후 여러 차례 간언을 하였지만 융왕은 받아들이지 않았다. 이에 유여는 진秦나라로 투항하여 목공을 도와서 서융을 정벌했다.

나는 낙양에 궁궐을 짓는 것은 옳은 일이 아님을 알게 되었소. 훗날 일이 있어 순행을 해야 한다면, 노숙을 한들 무슨 고통이 있겠소. 지금 즉시 이쪽의 공사와 부역하는 일을 중지시키도록 하시오. 그런데 지위가 낮은 사람이 지위가 높은 사람의 일에 간여하는 것은 예로부터 쉬운 일이 아니었소. 만일 충직한 선비가 아니라면 어찌 이처럼 할 수 있겠소? 많은 사람이 그저 옳다고 생각하는 것은 한 명의 충직한 선비의 직간에 미치지 못하오. 현소에게 명주 2백 필匹을 내리시오."

위징이 감탄하며 말했다.

"장공은 하늘을 움직이는 힘이 있다. 이것은 《춘추좌전》에서 '어진 사람의 말은 천하의 백성과 조정에 커다란 이익을 준다.'라고 한 말과 같다."

말이 죽었다고 사육사를 죽여서는 안 된다

태종에게는 준마 한 필이 있었는데, 특별히 그 말을 아껴 항상 궁궐 안에서 길렀다. 그런데 어떤 질병도 앓지 않던 말이 갑자기 죽었다. 태종이 진노하여 말을 사육하는 관리를 죽이려고 하자 황후皇后[10]가 이렇게 간언했다.

"과거 제경공齊景公[11]이 말 때문에 사람을 죽이려고 하자 안영晏

---

10) 장손황후長孫皇后를 가리킨다. 어려서부터 책 읽기를 좋아하고 예절을 중시했으며 검소했다. 간언을 하여 태종의 잘못을 바로잡아주는 등 태종을 위해 현명한 내조를 했다.

嬰[12]은 말을 기르는 사람의 죄를 열거하기를 청해 이렇게 말했습니다.

'말을 기르다가 말을 죽였으니, 이것이 저의 첫 번째 죄입니다. 말이 죽은 후, 이 때문에 경공이 저를 죽이도록 한다면 백성들이 이 일을 들은 후에는 반드시 군주에게 원한을 품을 것이니, 이것이 저의 두 번째 죄입니다. 각 지방의 제후들이 제나라 군주가 말이 죽자 사람을 죽였다는 소식을 들으면 반드시 우리나라를 하찮게 볼 것이니, 이것이 저의 세 번째 죄입니다.'

제경공은 이 말을 듣고 말 부리는 사람의 죄를 용서했습니다. 폐하께서는 일찍이 책에서 이런 일을 보셨을 텐데, 설마 정말로 잊으셨습니까?"

태종은 바로 말 때문에 사람을 죽이려는 생각을 버렸다. 그러고는 방현령에게 말했다.

"황후는 평소 수많은 문제에서 나를 도와 잘못을 바로잡고 있소. 이것이 큰 장점이오."

백성의 욕망과 군주가 지닌 욕망의 차이

정관 7년, 태종이 구성궁을 순행하려 하자, 산기상시 요사렴이 간

---

11) 춘추시대 제나라 군주로 이름은 저구杵臼이다. 그는 재위 기간 동안 형벌을 엄하게 내려 수많은 사람이 발뒤꿈치를 베이는 형벌을 받았다.

12) 춘추시대 제나라 정경正卿으로 자는 평중平仲이다. 영공靈公·장공莊公·경공景公 때 대신을 지내 50여 년 동안 집정했는데, 검소하게 생활하고 공손했으며 임기응변에 뛰어났다.

언했다.

"폐하께서는 높은 제위에 있으면서 천하를 안정시키고 백성을 구제해야 하므로, 마땅히 폐하의 욕망이 백성에게 복종하도록 해야지 백성이 폐하의 욕망에 복종하도록 할 수는 없습니다. 궁궐을 떠나 밖으로 순행하는 것은 진시황이나 한무제가 한 일이지 요·순·우·탕이 한 일이 아닙니다."

그 말은 매우 간절했다. 태종은 그에게 말했다.

"나는 질병이 있는데, 날씨가 더워지니 곧 더 심해질 것이오. 그러니 내가 내심 순행을 좋아하는 것은 아니오. 나는 그대의 성의를 항상 칭찬하고 있소."

태종은 비단 50단段을 요사렴에게 내렸다.

원칙을 지키는 데에는 위아래가 따로 없다

정관 3년 이대량李大亮[13]이 양주도독凉州都督으로 임명되었을 때, 중앙 관청에서 파견되어 내려온 사신이 양주에 도착하였다. 그는 매우 훌륭한 매를 보자 이대량에게 그것을 태종께 바치도록 넌지시 알려주었다. 이대량은 은밀히 상소문을 올려 말했다.

"폐하께서는 오랫동안 사냥을 하지 않으셨는데, 오히려 파견 나온 사신이 매를 잡으려고 합니다. 만일 폐하의 뜻이라면 사냥을 하

13) 당나라 옹주雍州 경양涇陽 사람으로 문무를 겸비했다.

지 않으려는 과거의 뜻을 크게 어기는 것이고, 이곳에 온 사신이 제멋대로 주장하는 것이라면 그는 사신으로서 적당하지 않습니다."

태종은 한 통의 편지를 써서 이대량에게 보냈다.

"그대는 문무의 재능을 겸비하고 있으며 바르고 굳은 뜻을 지니고 있기에 국경의 장관으로 임명하고 이와 같은 중임을 맡긴 것이오. 근래 그대는 양주의 장관으로서 평판이 훌륭하고 업적이 멀리 수도에까지 분명하게 알려지고 있소. 나는 그대가 이처럼 충성스럽고 근면하다는 것을 자나 깨나 잊을 수 없소. 조정에서 파견된 사신이 그대로 하여금 매를 사냥하여 바치도록 하자 그대는 자신의 소신을 굽히지 않았소. 그리고 옛일을 인용하여 현재의 문제를 논하고, 먼 곳에서 직언을 올려 그대의 진심을 보여준 것은 매우 성의 있는 태도요. 나는 그대의 상소문을 읽고 칭찬과 감탄의 정을 오랫동안 억누를 수 없었소. 그대와 같은 신하가 있다면 나 또한 어떤 근심이 있겠소! 당연히 이러한 충성심이 변치 않도록 하시오. 《시경》〈소아〉'소명小明'에서 말하기를 '그대의 자리를 신중히 하고 정직을 숭상하면, 신령은 그대의 행동을 알아 그대에게 가장 큰 복을 내리리.'라고 했소. 옛사람들은 또 '말 한마디의 무게는 천금과 같다.'라고 했소. 그대의 이 말은 매우 존중할 가치가 있소. 그리하여 지금 그대에게 금 주전자와 금 접시를 하나씩 주겠소. 비록 1천 일鎰의 황금처럼 귀중하진 않으나 이것은 내가 직접 사용하던 물건이오.

그대는 뜻을 세운 충직한 사람이고, 신하로서의 절개와 의로움을 다하고 공평하며, 관직을 담당하면서 항상 그 임무를 다하고 있소. 앞으로 크게 임용하여 무거운 임무를 줄 생각이오. 공무를 끝마친 후의 시간에는 고대 서적을 읽도록 하시오. 아울러 그대에게 순열荀悅[14]이 지은《한기漢紀》한 권을 내려주겠소. 이 책은 서술이 조밀하고 문자가 간략하며, 논의 수준이 깊고 넓으며, 나라를 다스리는 근본과 군신의 대의에 관해 모두 서술하고 있소. 지금 이 책을 그대에게 주니 열심히 읽고 연구하도록 하시오."

격하고 절박한 간언은 비방하는 것처럼 들린다

정관 8년, 섬현의 승丞 황보덕참皇甫德參이 상소를 올려 태종의 노여움을 샀다. 태종은 그가 조정을 비방한다고 생각했다. 시중 위징이 진언하여 말했다.

"과거 한문제漢文帝[15] 때 가의賈誼[16]는 상소를 올려 말하기를 '군왕을 위해 통곡할 수 있는 것으로는 하나가 있고, 군왕을 위해 길게 탄식할 수 있는 것에는 여섯 가지가 있다.'라고 했습니다. 예로부터 상소의 말은 대부분 격하고 절박합니다. 만일 격하고 절박하지 않

14) 자는 중예仲豫이다. 후한 말기의 정치가이며 사학자이다. 한헌제 때 황문시랑과 비서감 등의 직책에 임명되었다.

15) 이름은 항恒이고 전한의 5대 황제로 기원전 180년에서 기원전 157년까지 재위하였다. 고조는 대代 땅을 평정하고 그를 대왕代王으로 삼았다. 후에 주발周勃 등이 제려諸呂를 멸하고 그를 황제로 맞이했다. 재위 기간 동안 한나라 초기의 백성을 쉬게 하고 부역을 가볍게 해주던 정책을 계속 시행했고, 수리 사업을 일으켜 농업생산력을 급속히 발전시켰으며, 제후왕의 세력을 약화시키고 중앙집권을 강화했다. 한왕조는 이때부터 점점 안정되고 부흥했다. 역사에서는 이를 '문경지치文景之治'라고 부른다.

으면 군왕의 마음을 움직일 수 없습니다. 격하고 절박한 말은 비방하는 것처럼 보입니다. 폐하께서 말의 옳고 그름을 자세히 살펴보시기 바랍니다."

태종이 말했다.

"그대가 아니었다면 이런 말을 할 수 없었을 것이오."

태종은 덕참에게 비단 20단을 주도록 명했다.

나 홀로 천리마를 타고 어디로 간단 말인가

정관 15년, 태종은 사신을 서역으로 보내 섭호가한葉護可汗을 봉하도록 했는데, 사신이 돌아오지 않았다. 또 사람을 보내 많은 양의 돈과 비단을 가지고 서역의 각국으로 가서 말을 사도록 했다. 이때 위징이 이렇게 간언하였다.

"지금 사신을 서역으로 파견하여 가한을 봉하도록 하였으나, 가한이 아직 세워지지 않은 상황에서 서역의 각국으로 가서 말을 사도록 했습니다. 상대방은 반드시 서역으로 사신을 파견한 주요 목적은 말을 사는 데 있지 가한을 세우기 위함이 아니라고 생각할 것입니다. 가한이 봉해질지라도 속으로는 은덕을 입었다고 생각하지

---

16) 전한 시기 문학가이며 정론가이다. 어려서부터 문명을 떨쳤으며, 20세 때 한무제의 부름을 받아 박사博士가 되었다. 후에 대중대부大中大夫로 승진했다. 그는 여러 차례 상소를 올려 제후왕의 세력을 약화시키고 농업을 근본으로 세워 떠도는 백성을 논밭으로 돌아가도록 하고 흉노의 침략을 막자고 건의하였다. 〈과진론過秦論〉, 〈치안책治安策〉, 〈조굴원부弔屈原賦〉 등을 지었다. 양회왕의 태부가 되었는데 그가 낙마하여 죽자 비통해하다가 33세에 죽었다.

않을 것이고, 또 그를 봉하지 못한다면 깊은 원한을 낳을 것입니다. 서역의 여러 나라가 이런 상황을 들으면 앞으로 중원을 존중하지 않을 것입니다. 돌궐을 안정시킬 수만 있다면, 서역 여러 나라의 말을 일부러 구하지 않아도 스스로 올 것입니다.

과거 한문제 때 천리마를 바쳤는데, 문제는 이렇게 말했습니다.

'나는 순행하고 제사 지낼 때는 매일 30리를 달렸고, 행군하며 싸울 때는 매일 50리를 달렸으며, 천자의 수레인 난여鑾輿가 앞에 있으면 따르는 자는 뒤에 있었소. 나 홀로 천리마를 타고 장차 어느 곳에 갈까?'

그리하여 말을 바친 사람에게 여비를 상으로 주고 돌아가도록 했습니다. 또 한광무제漢光武帝[17] 때 어떤 사람은 천리마와 보검을 바쳤는데, 한광무제는 천리마는 북을 싣는 수레를 끌도록 하고, 칼은 기사에게 주었습니다.

지금 폐하께서 베푸시는 일은 모두 멀리 우·탕·문·무 왕을 넘는 것인데, 어떻게 지금 스스로 한문제나 광무제 아래에 있으려고 하십니까? 또 위문제魏文帝[18]가 서역의 큰 진주를 구하여 구매하려고 하자 소칙蘇則[19]이 이렇게 말했습니다.

17) 유수劉秀이다. 한고조의 9세손으로 자는 문숙남文叔南이다. 왕망王莽이 농민반란을 일으켰을 때, 병사를 일으켜 그를 무찌르는 공을 세웠다. 건무建武 원년에 정식으로 제帝로 칭하고 낙양에 도읍을 정하여 후한 정권을 세웠다. 재위 기간 동안 문무를 연마하고 유가 학술을 숭상하였으며, 사후에 광무光武라는 시호를 받았다.

18) 조조曹操의 장남 조비曹丕로 자는 자환子桓이다. 삼국시대 위魏나라를 건립하였다. 건안 16년(211) 오관중랑장五官中郎將, 부승상副丞相으로 임명되었고, 조조가 죽은 후 이어서 승상과 위왕이 되었다. 오래지 않아 황제가 되어 국호를 위라고 하였으며 낙양에 도읍을 정했다. 재위 기간에 구품중정제九品中正制를 실행하여 사족들의 정치상의 특권을 확립했다. 그는 문학을 좋아하여 문단의 영수가 되기도 했다. 《전론典論》 및 시부詩賦 1백여 편을 지었다.

'만일 폐하의 은혜가 온 천하에 미친다면, 그것을 일부러 구하지 않아도 보옥은 스스로 이르게 될 것입니다. 만일 일부러 구해서 얻는다면, 그것은 귀하다고 하기에는 부족합니다!'

폐하께서는 설령 한문제의 숭고한 덕행을 사모할 수는 없을지라도, 소칙의 정직한 언론을 두려워하지 않을 수 있습니까?"

그리하여 태종은 이 일을 그만두도록 명령했다.

달콤한 말로 가득 찬 상소문을 경계하라

정관 17년, 태자우서자 고계보高季輔[20]가 상소문을 올려 정치의 득실에 관한 의견을 서술하였다. 태종은 특별히 [위를 튼튼하게 하는 약인] 종유일제鍾乳一劑를 내리고 이렇게 말했다.

"그대의 상소문은 모두 시대의 병폐에 일침을 가하는 훌륭한 말이오. 그러하기에 나는 지금 약으로써 보답하는 것이오."

정관 18년, 태종은 장손무기 등에게 말했다.

"무릇 신하가 황제를 모시는 것에 대해 말하면, 대부분 황제의 생각에 순종하고 반대하지 않으며 달콤한 말로 황제를 기쁘게 하오. 내가 오늘 그대들에게 문제를 제기하면 여러분은 숨김없이 진실되

---

19) 위魏나라 무공武功 사람으로 자는 문사文師이다. 어려서부터 학문을 닦아 이름이 알려졌고, 효렴孝廉 무재茂才로 천거되었다. 계속해서 주천酒泉, 금성태수金城太守로 임명되었고 정치적 업적이 현저하여 시중으로 발탁되었다. 그러나 문제는 그의 강직함을 꺼려 동평상東平相으로 폄하시켰다.

20) 이름은 풍馮이고 당나라 초기 대신이다. 정관 초기에 감찰어사에서 중서사인이 되었고 시중까지 올라갔다.

게 대답해야 하며, 순서대로 나의 허물을 말해야 하오."

장손무기, 당검唐儉 등은 모두 이렇게 대답했다.

"폐하께서는 지혜가 밝고 교화를 잘하여 천하를 태평하게 만들었습니다. 저희가 보기에는 어떠한 잘못도 없습니다."

황문시랑 유계劉洎[21]가 대답했다.

"황제께서는 혼란스러운 상황을 제거하고 창업하셨으니, 실제로 그 공은 매우 높아 진실로 장손무기 등이 말한 것과 같습니다. 그러나 최근 어떤 이가 상소를 올렸는데, 말이나 이치에 있어 칭찬할 부분이 없자 그를 끝까지 추궁하셨습니다. 이런 상소를 올린 사람 가운데 부끄러워하며 물러나지 않은 사람이 없습니다. 이러한 행동은 아마 의견을 제시하도록 장려하는 것이 아닐 것입니다."

태종이 말했다.

"이 말은 정확하오. 나는 반드시 그대의 의견을 받아들여 내 생각을 바꾸겠소."

세 살 버릇 여든까지 간다

태종이 일찍이 원서감苑西監 목유穆裕에게 화가 나서 조정에 명하여 그를 참수하도록 했다. 당시 고종高宗 이치李治가 황태자였는데, 그 즉시 태종의 노여움을 무릅쓰고 나아가 간언하였다. 그리하여 태종

21) 자는 사도思道이고 정관 15년에 치서시어사治書侍御史가 되었고 후에 상서우승·시중 등의 직책에 임명되었다. 태종이 요동을 정벌했을 때 태자감국太子監國을 보좌했는데, 나중에 저수량과 결탁하여 죽임을 당했다.

은 화가 풀렸다. 사도司徒 장손무기가 말했다.

"예로부터 태자는 항상 한가한 시간을 이용하여 조용히 간언하였습니다. 오늘 폐하는 천자의 위엄을 드러내며 화를 내셨는데, 태자는 오히려 천자의 낯빛을 거스르며 의견을 제시하였습니다. 이것은 확실히 고금을 통틀어 없던 일입니다."

태종이 말했다.

"사람이 오랫동안 한곳에 있으면 자연히 피차 상대방의 습성에 물들게 마련이오. 내가 제위에 올라 천하를 통치한 이래, 마음을 비우고 정직한 의견을 받아들인 까닭에 위징이 아침저녁으로 간언을 하였소. 위징이 죽은 이후 유계·잠문본岑文本[22]·마주·저수량 등은 위징의 뒤를 이어 끊임없이 간언하고 있소. 황태자는 어린 시절부터 나의 무릎 앞에서 생활했고, 항상 내가 마음으로부터 간언하는 자를 좋아하는 것을 보아왔소. 그런 까닭에 간언하는 습성이 생겨 오늘에 이르게 된 것이오."

약혼한 여자는 군주도 탐하지 말라

정관 2년, 통사사인通事舍人[23] 정인기鄭仁基의 딸은 그해 16~17세가

---

22) 당나라 초기의 대신이며 자는 경인景仁으로 문장이 뛰어났다. 수나라 말기 소선蕭銑이 강릉에서 정권을 세웠을 때 중서시랑이 되어 문서를 전담했다. 당나라의 대군이 압박해 오자 소선을 재촉하여 당나라에 항복했다. 정관 초기에 중서시랑으로 임명되었다. 정관 19년, 태종이 고구려를 침략할 때 따라갔다가 유주에서 피로가 쌓여 사망했다.

23) 삼국 시기 위魏나라에서는 중서성에 중서통사사인中書通事舍人을 두었다. 남조시대 양나라에서는 중서사인中書舍人이라고 불렀으며, 수·당과 송대에도 이를 따랐다. 당나라의 중서성에는 별도로 통사사인이 있어 조견인납朝見引納을 관장했다.

되었으며, 용모가 절세가인으로 당대에 그녀와 견줄 만한 자는 아무도 없었다. 문덕황후文德皇后가 그녀를 찾아 후궁으로 나와 비빈妃嬪이 될 것을 청하였고, 태종은 이 여자를 아내로 맞이하여 충화充華의 지위에 봉하려고 했다.

조서는 이미 내려졌고 책사策使[24)]가 아직 출발하지 않았을 때, 위징은 그녀가 이미 육가陸家와 약혼했다는 사실을 알고 황급히 궁궐로 들어가 태종을 알현하고 이렇게 말했다.

"폐하께서는 백성의 부모로 백성을 어루만지고 사랑해주는 분이니, 백성의 근심을 걱정하고 백성의 기쁨을 함께 즐거워해야 합니다. 예로부터 도덕을 아는 군주는 백성의 소원을 자기 소원으로 여겼습니다. 그래서 군주는 누대나 정자에 있을 때는 백성이 집에서 편안하게 지내는지를 생각했으며, 산해진미를 먹을 때는 백성에게 굶주림과 추위의 근심이 없는지를 생각했고, 비빈을 돌아볼 때는 백성도 아내를 얻어 가정을 이루는 기쁨이 있는지 생각하였습니다. 이것은 군주 된 자의 보편적인 도리입니다.

지금 정씨의 딸은 이미 오래전에 다른 사람에게 시집갈 것이 허락되었는데, 폐하께서는 그녀를 맞이하면서 의심도 없었고 물어보지도 않았습니다. 이 일이 전국 각지로 퍼지면 어찌 백성의 부모인 군주가 마땅히 갖추어야 할 도의에 부합하겠습니까?

제가 들은 것이 비록 정확하지 않을 순 있지만, 성상의 미덕을 해치는 것을 두려워하여 감히 숨기지 않은 것입니다. 군왕의 일거수

24) 고대 제왕은 신하나 후비에게 작위를 주면 그것을 간책簡冊에 기록했는데, 이것을 '책봉冊封'이라 한다. 이때 책봉 사실을 전하며 읽어주는 임무를 안고 파견되는 사신을 책사라고 한다.

일투족은 모두 기록되어야 합니다. 제가 바라는 것은 폐하께서 이 일에 대해 특별히 다시 한 번 생각하는 것입니다."

태종은 위징의 말을 듣고 매우 놀랐다. 그는 직접 조서를 써서 위징에게 답변하고, 깊이 자책했다. 그리고 즉시 책사를 그만두게 하고, 정씨의 딸은 그녀의 약혼자에게로 돌아가도록 명령했다. 좌복야 방현령, 중서령 온언박, 예부상서 왕규, 어사대부 위정 등이 말했다.

"정씨의 딸이 육씨 집안으로 시집간다는 확실한 증거가 없다면, 장중한 예의가 이미 거행되었으니 중도에서 그만둘 수 없습니다."

이외에 육씨도 상소를 올려 말했다.

"저의 부친 육강陸康이 살아 계실 때 정씨 집안과 왕래를 하며, 어떤 때는 서로 재물을 주기도 했습니다. 처음부터 혼인 약속을 하여 인척이 되기로 한 것이 아닙니다."

이어서 말했다.

"외부 사람들은 실제 상황을 알지 못하면서 마음대로 그처럼 말한 것입니다."

대신들은 태종에게 정씨의 딸을 아내로 맞이하도록 다시 권하였다. 태종은 이 상황에서 잠시 시일을 늦추도록 하고 위징에게 물었다.

"대신 가운데 많은 이가 내 뜻을 따르고 있소. 육씨는 무엇 때문에 지나치게 변명하는 것이오?"

위징이 말했다.

"저는 육씨의 본뜻을 추측할 수 있습니다. 그는 폐하를 태상황太上皇과 같다고 본 것입니다."

태종이 말했다.

"무엇 때문이오?"

위징이 말했다.

"태상황은 수도를 막 평정하였을 때 신처검辛處儉의 아내를 얻어 약간 총애했습니다. 신처검은 당시 태자사인의 직책을 맡고 있었습니다. 태상황은 이 일을 듣고 싫어하여 신처검을 동궁에서 내쫓아 만년현萬年縣의 현령으로 임명하도록 명령했습니다. 신처검은 항상 전전긍긍하며 자신의 머리를 보존할 수 없게 될까 두려워했습니다. 육상陸爽은 폐하께서 지금은 관용을 베풀고 있지만, 이후에 은밀히 문책하여 파면시킬 것을 두려워했기 때문에 재삼 자신의 입장을 표명한 것입니다. 본뜻은 여기에 있는데 무엇이 이상합니까?"

태종은 웃으면서 말했다.

"밖에 있는 사람들의 생각은 아마 이와 같을 것이오. 그러나 내 말을 다른 사람들이 믿도록 할 수 없소."

그러고는 조서를 내려 말했다.

"지금 정씨의 딸은 과거 다른 사람의 빙례聘禮를 받았다고 들었소. 이전에 조서를 내렸을 때는 이 일에 대하여 자세히 살펴보지 않았소. 이것은 나의 잘못이 아니라 담당 관리의 잘못이오. 정씨의 딸을 충화로 봉하려는 일은 당연히 멈추어야 하오."

태종의 이 일을 칭찬하고 감탄하지 않은 이가 없었다.

연못 물을 말려 물고기를 잡으려는가

정관 3년, 태종이 조서를 내렸다.

"관중關中은 2년간 조세를 면제하고, 관동關東은 1년간 부세와 부역을 면제한다."

오래지 않아 또 문서에 이런 규정을 두었다.

"이미 징집된 장정은 부역을 보내고, 이미 납부한 조세는 전부 헌납하며, 내년에 다시 합쳐 환산 근거로 삼는다."

급사중 위징이 상소를 올려 말했다.

"저는 8월 9일의 조서를 보았는데, 전 국민의 부세와 부역을 1년간 면제시켰습니다. 전국의 노인들과 젊은 사람들은 서로 기뻐하며 노래를 부르고 춤을 추었습니다. 지금 또 공문을 하달하여 성인 남자로 이미 부역에 배치되었으면 복역 기간이 찬 후에 조세를 내도록 하고, 나머지 물자 또한 전부 완납하도록 하여 내년에 합쳐서 환산 근거로 삼는다는 규정이 있다고 들었습니다. 백성 가운데 이 점에 대해 실망하는 이들이 있습니다. 이러한 일은 사실상 백성을 똑같이 자기 아들처럼 간주하는 것입니다. 그러나 어리석은 사람과 함께 일을 상의하기란 매우 어렵습니다. 그들은 매일 사용하는 양이 충분하지 못하여, 모두 나라가 이전에 한 말을 후회하고 일관성 없이 바꾼다고 생각합니다. 저는 하늘이 보좌하는 자는 인자한 사람이고, 백성이 돕는 자는 [신의를] 지키는 사람이라는 말을 들었습니다.

지금 폐하께서는 막 제위를 계승하였고, 억만의 백성은 모두 폐하의 덕행을 바라보고 있습니다. 그런데 성지聖旨를 발표하자마자 이어서 그 성지와 위배되는 말을 하였습니다. 이와 같이 하면 윗사람과 아랫사람 모두 의심할 것이며, 폐하가 봄, 여름, 가을, 겨울이 질서를 잃는 것처럼 신의를 지키지 못한다고 생각할 것입니다. 설사 나라에 존망을 가르는 위급한 상황이 생겼다 해도 이와 같이 할 수는 없습니다. 하물며 오늘날의 형세는 태산처럼 안정되었건만 무엇 때문에 이 같은 일을 쉽게 바꾸십니까!

폐하를 위해 이 주장을 제시한 사람은 재정수입 면에서는 얼마간의 이익이 있겠지만, 폐하의 도덕과 신의 면에서는 오히려 크나큰 손실이 따릅니다. 저는 확실히 지식이 짧고 얕으며 재능이 부족하지만, 폐하를 위해 안타까움을 느낍니다. 저는 폐하께서 저의 상소문을 약간이나마 살펴보고 유익한 점이 있으면 그 일을 선택하여 실행하시기를 간절히 원합니다. 상소를 어지럽힌 죄, 저는 달게 받겠습니다."

간점사簡点使, 우복야右僕射 봉덕이封德彝 등은 중남中男[25] 가운데

25) 당나라 초기에는 남자 나이 16세를 중中이라 하고, 21세를 정丁이라 했다. 16세에서 20세까지의 남자를 중남이라고 한다.

18세 이상인 자를 모두 입대시키려고 생각했다. 이러한 문서는 서너 차례 하달되었고, 위징은 자신의 견해를 견지하며 상소를 올려 이러한 일은 불가능하다고 주장했다. 봉덕이가 재차 상소를 올려 말했다.

"지금 간점사의 말을 듣기로는 '[입대할 대상은] 차남으로 성인이 되지 않은 자 가운데 신체가 크고 강건한 사람'이라고 들었습니다."

태종은 크게 화를 내고 조서로 명령했다.

"중남 이상으로 비록 18세가 안 되었어도 신체가 건장하고 크면 입대할 수 있다."

위징은 또 복종하지 않고 문서를 보내지 않았다. 태종은 위징과 왕규를 불러 불쾌한 안색과 목소리로 그들에게 말했다.

"중남 가운데 정말로 왜소하고 허약한 사람이라면 입대시키지 않을 것이오. 그러나 만일 확실히 신체가 강건하고 장대하면 입대시킬 것이오. 이것이 그들에게 어떤 장애가 된다는 말이오? 이처럼 고집이 지나치면 나는 그대의 뜻을 받아들일 수 없소!"

위징은 엄숙하게 대답했다.

"저는 연못 속의 물을 말린 다음에 물고기를 잡으면 결코 잡지 못하는 일이 없지만 그 이듬해에 다시는 물고기가 없을 것이고, 숲을 불태워 사냥을 하면 짐승을 못 잡는 일은 없지만 그다음 해에는 또다시 짐승을 보지 못할 것이라고 들었습니다. 만일 차남 이상이 전부 군대를 가면, 세금과 각종 부역은 누구에게서 취하겠습니까?

하물며 근년 들어 나라를 방위하는 병사들은 공격하여 싸울 일이 없어졌는데, 설마 인원수가 적기 때문이겠습니까? 병사들에게 마땅히 있어야 할 대우가 사라졌기 때문에 싸울 마음이 없어진 것입니다. 만일 사람들을 자주 징집하면 여전히 잡일에 충당하게 되고, 인원수는 비록 많아도 결국에는 쓸 곳이 없어집니다. 만일 마음을 단련하고 신체 건장한 성년 남자를 선발하여 예우한다면, 사람들은 모두 백배로 용감해질 수 있는데, 또 어찌 많은 수의 사람이 필요하겠습니까? 폐하께서는 항상 나는 군주로서 사람들을 대함에 있어 진실되고 간절하며, 관리와 백성 모두 교만하거나 거짓된 마음이 없기를 바란다고 말씀하셨습니다. 폐하께서는 즉위한 이래 큰일을 세 건이나 처리하셨지만, 모두 신의를 도모한 것은 아닙니다. 또 무엇으로 백성의 신임을 받겠습니까?"

태종은 놀라 말했다.

"그대가 신의를 지키지 않았다고 하는 것은 어떤 일인가?"

위징이 말했다.

"폐하께서 막 황제의 지위에 올라 조서를 내리면서 '밀린 전조田租, 오랫동안 쌓인 업무나 부족한 관가의 물자는 전부 면제한다.'며 담당 부서에 명령하여 처리할 문제의 항목을 나열하도록 했습니다. 진왕부는 나라의 관서官署이면서도 갖고 있는 것을 관청 물건이 아니라고 하고, 폐하께서는 진왕에서 천자가 되어 나라 관서가 관청의 물건이라 할 수 없으니, 그 나머지 물건 또한 관청의 물건이라고 할 수 있겠습니까? 또 관중 땅이 2년간 세금을 면제받고, 관중 밖의 지역이 1년간 세금과 부역을 면제받는다면, 백성 가운데 은혜에 기뻐하지 않는 자가 없을 것입니다.

그 결과 또 이런 문서를 내렸습니다. '금년에 임시로 징집한 장정 대부분이 이미 부역이 만기가 되었는데, 만일 지금부터 부역과 세금을 면제하기 시작하면 모두 나라의 은혜를 헛되이 받는 것이다. 만일 이미 세금을 환산하거나 전부 납부했다면 마땅히 면제된 세금과 부역은 다음 해부터 시작해야 한다.' 장정들이 고향으로 돌아온 후에 세금을 징수하는 방법을 바꾸면 백성의 마음에는 원망이 없을 수 없습니다. 이미 물자를 징수하고 또 즉시 입대하도록 하고, 그다음 해를 세금과 병역을 면제하는 시작으로 삼으면 무엇으로 백성의 신임을 받겠습니까? 또 공동으로 나라를 다스리며 자사나 현령 등 지방 관리에게 의지하고, 항상 세금을 징수할 때는 모든 것을 그들에게 의지하면서 장정을 선발할 때는 그들이 거짓 행위를 할까 의심하고 있습니다. 이와 같으면서 아랫사람들이 진실로 신의를 지키기를 희망하는 것은 또한 매우 어려운 일 아닙니까?"

태종이 말했다.

"나는 그대가 이 문제에 대한 견해를 끝까지 고집하는 것을 보고 이 일을 이해하지 못하는 줄로 의심했소. 지금 나라가 신의를 지키지 못하는 것은 민간의 상황을 이해하지 못하는 것이라고 말하였는데, 내가 진지하게 사고하지 못해 잘못이 매우 컸던 듯하오. 일을 하면서 왕왕 이처럼 잘못하여 실책을 저지르면 어떻게 나라를 잘 다스릴 수 있겠소?"

그런 까닭에 중남의 입대를 그만두게 했다. 그러고는 위징에게 금 항아리를, 왕규에게 명주 50필을 내렸다.

소인들은 모함과 비방만 일삼는다

정관 5년, 치서시어사治書侍御史[26] 권만기權萬紀,[27] 시어사 이인발李仁發은 다른 사람을 밀고하고 비방하며 모함함으로써 여러 차례 태종에게 불려 가게 했다. 또 임의로 다른 사람을 질책하고 거리낌 없이 기만하여 태종을 화나게 하였으므로 조정의 신하들은 편안할 수 없었다. 조정 안팎의 사람들은 옳지 않다는 것을 분명히 알고 있으면서도 누구 하나 태종에게 항의하지 못했다. 급사중 위징이 태종에게 상소를 올려 엄숙히 말했다.

"권만기와 이인발은 모두 소인들로서 큰 줄기를 돌아보지 않고 다른 사람을 모함하여 상하게 하는 것을 정확하다고 생각하고, 다른 사람을 고발하고 공격하는 것을 정직하다고 여기고 있습니다. 그들의 질책을 받은 사람은 모두 죄가 없습니다. 폐하께서는 이 두 사람의 단점을 가리고 그 사악한 마음을 받아들였습니다. 그들은

26) 당나라 때 관리의 탄핵을 관장하던 관직이다.

27) 당나라 만년萬年 사람으로 관직은 치서시어사까지 이르렀고, 후에 오왕吳王 장사長史가 되었으며, 오래지 않아 또 제왕齊王의 장사가 되었으나 직언으로 왕의 뜻을 거슬렀기 때문에 살해되었다.

간사한 계책을 멋대로 시행하고 군주를 옆에 끼고 신하들을 억누르며, 대부분의 일을 예법에 어긋나게 함으로써 강하고 정직하다는 미명을 도적질했습니다. 그들은 방현령을 모함하고, 장량張亮[28]을 배척하여 물러나게 했으니, 정숙하게 노력하는 모습은 없고 폐하의 이름을 날날이 손상시키고 있습니다. 길을 가는 사람들 모두 질책하고 있습니다.

제가 폐하의 마음을 헤아려보면, 폐하께서는 이 두 사람이 생각이 깊고 원대하여 중요한 임무를 맡을 만한 자라고 여기시는 것이 아니라 그들의 거리낌 없는 행위를 이용하여 신하들을 경계시키려는 것뿐입니다. 설사 폐하께서 사악하고 바르지 못한 사람을 신임할지라도 소인으로서 대신만이 할 수 있는 일을 도모할 순 없습니다. 신하들은 종래 교만하거나 거짓된 행위를 하지 않았습니다. 이와 같이 하는 것은 예전에 부리던 신하들의 마음을 떠나게 하는 것입니다. 방현령·장량 같은 대신도 오히려 자기 잘잘못을 판별하여 밝힐 수 없는데, 그 나머지 재능과 학문이 얕고 지위가 낮은 신하 중 누가 또 그들의 속임과 무고를 면할 수 있겠습니까?

폐하께서는 이런 상황에 유념하여 재삼 생각하시기를 바랍니다. 폐하가 이 두 사람을 임용한 이래로 그들은 나라에 많은 이익을 주었습니다. 저는 기쁜 마음으로 죽어 불충한 죄를 받기 원합니다. 폐하께서 설령 좋은 사람을 선발하여 성덕을 드날릴 순 없을지라도 어찌 간사한 이를 임용하여 스스로를 해치겠습니까?"

28) 당나라 초기 방현령의 추천으로 진왕부의 거기장군車騎將軍이 되었으나 후에 죄를 지어 주살당했다.

태종은 위징의 의견을 흔쾌히 받아들이고 명주 5백 필을 주었다.

권만기는 간사한 모습을 점점 드러냈고, 이인발도 관직에서 쫓겨났다. 권만기가 연주사마連州司馬[29]로 좌천되자 조정 신하들은 위징에게 서로 축하했다.

현신과 충신은 어떻게 다른가

정관 6년 어떤 사람이 상서우승尙書右丞 위징에 관해 말하며, 그가 친척들에게는 편협하다고 했다. 태종이 어사대부 온언박을 보내 이 일을 조사하도록 하니, 고발한 사람이 공정하지 못했다. 온언박은 상소를 올려 위징은 이미 다른 사람의 질책을 받았으니 비록 사사로이 편협한 행위가 없었을지라도 책임이 없는 것은 아니라고 했다. 그리하여 태종은 온언박을 시켜 위징에게 이렇게 말하도록 했다.

"그대는 나의 수백 가지에 달하는 일을 살펴 간언함으로써 바로잡았소. 어찌 하찮은 일 때문에 그대의 과거 수많은 우수한 점을 손상시키겠소. 오늘 이후 자신의 행동거지를 살피지 않을 수 없을 것이오."

며칠이 지나 태종이 위징에게 물었다.

"요즘 그대는 밖에서 어떤 잘못된 일을 들었소?"

29) 사마라는 직책은 서주 시기에 처음 설치되어 군사 업무를 담당했는데, 당대에는 주군州郡의 보좌관이었다.

위징이 말했다.

“전날 온언박이 명을 받들어 폐하가 저에게 ‘무엇 때문에 행동거지를 살피지 않는가?’라는 말을 했다고 했습니다. 이 말은 옳지 않습니다. 저는 군주와 신하가 의기투합하면 도의적으로 한 몸이 된다는 것은 들었지만, 공적인 이치가 없으면서 오직 행동거지에만 주의하라는 말은 듣지 못했습니다. 만일 군주와 신하, 윗사람과 아랫사람이 모두 이러한 길을 따라간다면 나라의 흥망성쇠는 알 수 없을 것입니다.”

태종은 이 말을 듣고 매우 놀라 안색을 바꾸어 말했다.

“이전에 그 말을 한 이후로 잠시도 후회하지 않은 적이 없었소. 사실 그 말은 옳지 않았소. 그대 또한 이 때문에 마음속에 숨긴 채 피할 수는 없었을 것이오.”

위징은 절을 하고 말했다.

“저는 나라에 몸을 바쳐 바른길을 따라 일했으며, 어떤 거짓된 행위도 하지 않았습니다. 그러나 폐하께서 저를 어진 신하가 되도록 하려면, 저를 충신이 되지 않도록 하기를 바랍니다.”

태종이 말했다.

“어진 신하와 충신의 차이점이 무엇이오?”

위징이 대답했다.

“어진 신하는 스스로는 좋은 이름을 얻을 수 있고, 군왕께는 숭고한 칭호를 누리게 할 수 있어 자자손손 대대로 전해지며, 영화와 부귀가 끝이 없습니다. 충신은 스스로는 멸망되게 하고 군왕은 아주 큰 악명에 빠지게 합니다. 집과 나라 모두 손실되지만, 그만 홀로 충신의 이름을 갖게 됩니다. 이로부터 말하면, 어진 신하와 충신 간에는 서로 큰 차이가 있습니다."

태종이 말했다.

"그대가 이런 말을 어기지 않기만을 바라오. 나는 반드시 나라의 근본이 되는 일을 잊지 않겠소."

그러고는 위징에게 명주 2백 필을 내렸다.

하늘 제사도 백성의 뜻대로

정관 6년, 흉노를 평정하고 먼 곳에 위치한 이민족이 끊임없이 조공을 바쳤으며, 좋은 징조가 매일 나타났고, 오곡을 해마다 풍성하게 거두었다. 주부州府의 관리가 태종에게 봉선封禪[30]할 것을 여러 차례 청하고, 신하들 또한 태종의 역사적인 공덕을 칭송하며 이렇게 주장했다.

"시기는 틀릴 수 없고, 하늘의 뜻을 어길 수 없으니 지금 봉선 대전을 실행하십시오. 저희는 이미 너무 늦었다고 생각했습니다."

그러나 오직 위징만이 안 된다고 주장했다. 태종이 말했다.

"나는 그대가 지금 진실된 의견을 말하고 숨기는 것이 없기를 바

30) 태산에 올라 제단을 마련하여 하늘에 제사 지내는 것을 봉封이라 하고, 태산 남쪽의 양보산梁父山에서 땅에 제사 지내는 것을 선禪이라고 한다. 이를 합쳐서 지칭한 것으로 중국의 봉건 황제들이 하늘과 땅에 제사 지내는 의식이다.

라오. 나의 공적이 높지 않소?"

위징이 말했다.

"공적은 높습니다."

태종이 물었다.

"덕행이 두텁지 못하오?"

위징이 말했다.

"덕행은 두텁습니다."

태종이 물었다.

"아직 잘 다스려지지 않았소?"

위징이 말했다.

"잘 다스려졌습니다."

태종이 물었다.

"매년 오곡을 풍성하게 수확하지 못하고 있소?"

위징이 말했다.

"수확은 풍성합니다."

태종이 물었다.

"그러면 무엇 때문에 봉선할 수 없다는 것이오?"

위징이 대답했다.

"폐하의 공적은 비록 높지만 백성의 마음속에는 아직 폐하의 은혜가 기억되지 못했고, 폐하의 덕행은 비록 두텁지만 아직은 은택이 사람들에게 두루 퍼지지 못했습니다. 화하華夏 중원은 비록 안정되었지만, 아직은 하늘과 땅에 제사 지내는 봉선 대전의 비용을 부담하기에는 부족합니다. 먼 곳에 있는 외족들은 비록 폐하를 우러러 사모하지만, 아직은 더욱 많은 물건으로 그들의 요구를 만족시키지 못하고 있습니다. 길한 징조가 나타났지만, 크고 작은 형벌이 아직도 천하에 가득합니다. 몇 년간 연속하여 풍성한 수확을 했지만, 식량 창고는 텅 비었습니다. 이것이 제가 생각하는 봉선을 거행할 수 없는 이유입니다. 저는 먼 곳의 일을 들어 비유하지 못하니 잠시 가까이 있는 사람으로 비유하겠습니다.

한 사람이 있는데, 10년이라는 긴 세월 동안 질병을 앓아 몸을 지탱하여 일을 할 수 없었습니다. 그런데 치료를 통해 쾌유되어 겨우 뼈에 피부가 붙었습니다. 그런데 이 사람이 쌀 한 섬을 지고 하루에 백 리 길을 가려고 한다면 반드시 이를 수 없을 것입니다.

수왕조의 재앙은 10년간 그치지 않았습니다. 폐하께서 상처투성이의 혼란스러운 나라를 치료하는 훌륭한 의사가 되어 그 병폐를 제거함으로써 태평스럽게 다스려지도록 했지만 아직은 충실하지 못한데, 천지에 성공을 고한다니 저는 내심 의문이 생깁니다. 하물며 폐하께서는 동쪽의 태산으로 가서 봉선을 거행하려고 하니, 각국의 사신들이 모두 그곳으로 모여 성전에 참가할 것이고, 멀리 변방 사람들은 재빨리 오지 않을 수 없을 것입니다.

지금 이수伊水와 낙수洛水로부터 동쪽을 향해 직접 동해와 태산까지 곧장 가면 초목이 무성한 큰 소택이 나옵니다. 천 리까지 사람이 매우 적고 연기가 끊겨 있으며, 닭 울고 개 짖는 소리가 들리지 않으며, 길은 황량하여 앞으로 나아가기도 뒤로 물러나기도 매우 어렵습니다. 어떻게 그러한 곳의 외족을 불러오게 할 수 있고, 허약함을 그들에게 보이겠습니까? 재력을 고갈시켜가며 상을 주어도 먼 곳에서 오는 사람들의 욕망을 만족시킬 수는 없습니다. 부세와 부역을 많이 면제해주어도 백성의 고통을 보상할 수는 없습니다. 만일 수재와 한재, 천시의 변화를 만난다면, 평범한 사람은 사악한 생각을 할 텐데 그때는 후회해도 미치지 못합니다. 어찌 오직 신 혼자만 성심으로 간구할 뿐이겠습니까? 아마 백성의 생각도 이와 같을 것입니다."

태종은 이 말이 옳다며 칭찬하고 봉선을 그만두었다.

사당 아래의 쥐를 없애지 못하는 이유

정관 7년, 촉왕蜀王[31]의 비妃의 부친 양예楊譽가 황궁 금지禁地에서 시녀를 쫓아가자, 도관낭중都官郎中[32] 설인방薛仁方이 그를 붙잡아 심문하였다. 아직 어떠한 조처도 취하지 않았을 때, 양예의 아들이 천우千牛[33]에 임명되어 궁정에서 상소를 올려 말했다.

---

31) 태종의 여섯 번째 아들 이음李愔이다. 처음에는 양왕梁王으로 봉해졌지만, 후에 촉왕으로 고쳐 봉해졌다가 죄를 지어 괵주자사虢州刺史로 강등되었다. 성격이 포학하고 유희와 사냥에 있어 절도가 없었으며 백성을 괴롭혔다.

32) 수나라 때는 도관都官을 형부사사刑部四司의 하나로 삼았다. 이 관직의 담당자를 도관시랑都官侍郎이라 하고, 부역에 관한 기록, 관사官私 노비나 포로 등에 관한 일을 담당했다. 당나라 무덕 연간에 도관낭중으로 고쳤다.

"5품 이상의 관원은 반란의 죄가 아니면 구류하지 못합니다. 저의 아버지는 황실의 친척이기 때문에 마디 밖으로 자라난 가지로 자를 수 없거늘 수개월 동안이나 구류되었습니다."

태종이 이 말을 듣고 노여워하며 말했다.

"그들은 나의 친척임을 알면서 고의로 이처럼 고통받게 했구나."

즉시 명령을 내려 설인방에게 곤장 백 대를 때리고 그가 맡고 있는 관직을 박탈하도록 했다. 위징이 앞으로 나가 진술했다.

"성 담장 아래의 여우와 신사神社 아래의 쥐는 모두 미미한 동물입니다. 그러나 그들이 의지하는 바가 있기 때문에 그들을 제거하는 일 또한 쉽지 않은 것입니다. 하물며 환관의 집안과 황실이 친척이 되면 예로부터 다스리기 어렵다고 하였고, 후한과 서진 이래의 당고지화黨錮之禍와 팔왕八王의 난은 제어할 수 없을 정도로 발호했습니다. 무덕 연간부터 이미 교만하고 방종한 현상이 있었는데, 폐하께서 즉위한 후에야 비로소 줄어들기 시작했습니다.

설인방은 자신의 직책을 수행하면서 나라를 위해 법을 집행했던 것인데, 어떻게 임의로 그를 벌줌으로써 외척의 사욕을 조장할 수 있습니까? 이것이 선례가 되면 각종 사달이 분분히 일어날 것이고, 이후에 후회막급이어도 그것은 어떻게 할 방법이 없을 것입니다.

옛날부터 외척의 교만함과 방자함을 금하게 할 수 있는 이는 오직 폐하 한 사람뿐이었습니다. 준비를 잘하면 의외의 일을 방지할 수 있습니다. 이것은 나라를 다스리는 보편적인 이치인 것입니다.

---

33) 북위에서 처음 설치했다. 군주의 좌우에서 호위하는 것과 외출 시의 의장 등을 책임졌다.

물이 범람하여 재앙을 만들지 않았을 때, 스스로 제방을 훼손하려는 생각을 할 수 있습니까? 제가 깊이 생각해보니 이런 방법이 실행 가능한 경우는 보지 못했습니다."

태종이 말했다.

"그대가 말한 것을 이전에는 생각하지 못했소. 그러나 인방은 망령되게 직접 사람을 구금하고 보고를 하지 않았으니 자못 권력을 전횡한 면이 있소. 비록 이것이 중대한 죄로 다스릴 일은 아닐지라도 약간의 징벌을 가하여 경계를 보여야 하오."

그러고 나서 태종은 [설인방에게] 곤장 20대를 때리고 사면하도록 명령했다.

군주의 잘못은 신하가 간언하라

정관 8년, 좌복야 방현령, 우복야 고사렴高士廉[34)]이 길에서 우연히 소부감少府監[35)] 두덕소竇德素를 만나 요즘 궁성에서는 또 무엇을 짓고 있는지 물었다. 두덕소는 방현령과 고사렴 두 사람에게 지금의

---

34) 이름은 검儉이다. 제나라 청하왕淸河王 고악高岳의 손자이며 문덕황후文德皇后의 외숙이다. 그는 평소 재능과 명망이 있어 태종의 존경을 받아 옹주치중雍州治中으로 임명되었다. 이세민이 동궁에 있을 때는 우서자가 되었고, 일찍이 익주 대도독부 장사·이부상서·상서우복야 등의 관직을 역임했다.

35) 전국시대에 처음 설치되었다. 진한秦漢시대에는 구경의 하나로 산, 바다, 연못의 세금 징수와 황실 수공업을 관장했으며, 황제의 개인 창고, 즉 사부私府였다. 전한 시기에는 제후왕들도 사부를 설치했고, 군수는 소부少府를 두었다. 후한 시기에는 궁궐의 복식과 물건, 보물, 화폐 등을 관리했다. 수나라 때는 소부감少府監을 두었다. 당대에는 장인과 요리사를 관리했다.

상황을 말했다. 태종은 이 일을 알게 된 후 방현령에게 말했다.

"그대는 남아南衙의 일만 관장하면 되오. 내가 이 북쪽에 건물을 하나 지으려는데 그대는 무슨 일로 끼어드는 것이오?"

방현령 등은 태종에게 사죄했다. 그러나 위징은 앞으로 나아가 이렇게 말했다.

"신은 폐하의 질책을 이해하지 못하겠습니다. 또 방현령과 고사렴의 사과도 이해하지 못합니다. 현령은 조정의 대신으로 폐하의 손과 발, 눈과 귀가 되고 있는데, 무엇인가를 지으면서 어찌 그가 모르게 할 수 있습니까? 이들이 그와 관련된 일을 물었다고 하여 꾸짖는 것은 저로서는 이해할 수 없습니다. 또한 건물을 세우는 것이 이로운지 해로운지, 동원 인력이 많은지 적은지를 따져보고, 폐하의 결정이 옳으면 폐하를 도와 그것을 완성시켜야 합니다. 그러나 하시는 일이 옳지 않다면, 이미 공사를 시작했을지라도 폐하께 상소하여 멈추도록 청해야 합니다. 이것이 군주가 신하를 부리고, 신하가 군주를 받드는 원칙인 것입니다. 현령 등이 질문한 것은 죄가 없는데 폐하께서는 그들을 질책했고, 현령 등은 자신들이 관장해야 할 일을 모르고 오직 사죄할 줄만 안 것입니다. 신은 또한 이것을 이해할 수 없습니다."

이 말을 듣고 태종은 매우 부끄러워했다.

집안의 진주를 파는 것이 죄가 되는가

정관 8년, 이전에 계주도독桂州都督 이홍절李弘節에게는 청렴하고 신중하다는 명성이 있었는데, 그가 죽은 후 그의 집안사람들이 진주를 팔았다. 태종은 이 일을 알게 된 후 조정에서 이렇게 선포했다.

"재상들은 한결같이 이홍절의 평소 행위가 청렴하다고 말했소. 그런데 오늘 그의 집안사람들은 진주를 팔고 있으니, 그를 추천한 이가 어찌 죄가 없겠소? 반드시 엄하게 처리해야지 그냥 놔둘 수 없소."

시중 위징이 기회를 엿보아 태종에게 말했다.

"폐하께서는 평소 그 사람이 관리로서 청렴하지 못했다고 하면서도 그가 뇌물을 받은 일은 발견하지 못했습니다. 오늘 그의 집에서 진주를 판다는 말을 듣고 추천한 사람을 징벌하려고 하는데, 신은 이것이 어떤 이유에서인지 모르겠습니다.

현 왕조가 시작된 이래 나라를 위해 충성을 다하고 청렴하고 신중했으며, 시종 바뀌지 않은 사람은 굴돌통屈突通,[36] 장도원張道源[37]이 있을 뿐입니다. 굴돌통의 세 아들은 관리로 선발되어야 하지만 마른 말 한 필만을 갖고 있을 뿐이고, 장도원의 아들은 자립하여 생존할 수 없는데, 폐하께서 그들에 대해 한마디라도 언급하는 것을 듣

36) 당나라 장안 사람으로 무예와 지략이 뛰어났으며, 말 타기와 활쏘기에 능했고 성품이 강직했다. 일찍이 수나라 우무후右武侯의 거기장군으로 임명되었다. 후에 당나라로 돌아와 병부상서·공부상서 등의 관직을 맡았다. 정관 2년, 72세의 나이로 세상을 떠났는데 태종은 그의 형상을 능연각凌煙閣의 벽에 그려 애통함을 표했다.

37) 병주幷州 사람으로 평주를 지키며 적을 평정하는 데 공을 세워 대리경大理卿이 되었다. 청렴하기로 이름나 있었는데 집에는 재산이 없었다. 그가 죽었을 때 남겨진 것은 겨우 좁쌀 2두斗뿐이었다고 한다.

지 못했습니다.

지금 이홍절은 나라를 위해 공을 세웠고, 앞뒤로 폐하의 상을 받았으며, 관리 생활을 하다가 죽은 뒤에도 그를 탐욕스럽다고 말하는 자가 없었습니다. 그의 가족들이 진주를 내다 파는 것은 죄라고 할 수 없습니다. 분명하게 알 수 있는 것은 그가 청렴한 관리라는 점인데, 어떤 위로의 말도 없이 그가 탐욕스럽다고 의심하고, 또 추천한 사람까지 연루시켜 처벌하려 하십니까? 나쁜 사람을 미워한다고 말하면서 [떠도는 말을] 의심하지 않는 것은 사실상 좋은 사람이 실재하지 않음을 좋아하는 것입니다. 저의 사사로운 생각으로는 이런 방법이 옳다고 여겨지지 않습니다. 식견 있는 사람들이 이 일을 들으면 반드시 어지럽게 논의할 것입니다. 이것이 두렵기만 합니다."

태종은 손뼉을 치며 말했다.

"황급히 좋은 생각을 하지 못하였는데, 그대의 말을 듣고 말하는 것이 쉽지 않음을 알게 되었소. 모두 이 일을 추궁하지 마시오. 또한 굴돌통과 장도원의 아들에게 각각 관직 하나씩을 주겠소."

사사로운 애정보다는 나라의 법이 우선이다

정관 10년, 월왕越王[38]은 장손황후長孫皇后의 소생으로 태자 승건承乾

---

38) 태종의 넷째 아들 이태李泰이다. 정관 2년에 월왕으로 봉해졌고, 10년에는 위왕으로 봉해졌다. 글을 좋아하여 일찍이 《괄지지括地志》의 수찬修撰 작업을 지휘했다.

의 동생이었는데 아주 총명하여 태종의 각별한 총애를 받았다. 어떤 사람이 태종에게 3품 이상의 대신들은 모두 월왕을 경멸하고, 시중 위징 등을 모함하려는 생각을 하고 있다고 하였다. 이 때문에 태종이 격노하였다. 태종은 수레를 타고 제정전齊政殿으로 가서 3품 이상의 대신들을 불러 자리를 정하도록 하고는 하늘을 찌를 듯한 기세로 말했다.

"나는 여러분에게 한마디로 말하겠소. 이전의 천자만 천자이고 오늘날의 천자는 천자가 아닌가? 왕년의 천자의 아들은 천자의 아들이고, 오늘날의 천자의 아들은 천자의 아들이 아닌가? 나는 수왕조의 각 제후왕, 혁혁한 대관 이하의 사람들이 모두 곤란을 당하는 것을 보았소. 나의 아들은 당연히 그들이 교만하고 방자하게 구는 것을 허락하지 않았지만, 여러분은 쉽게 지나갔으면서 어찌 함께 그들을 경멸할 수 있소. 내가 설령 그들을 용납할지라도 어찌 곤욕을 치르지 않을 수 있겠소."

방현령 등은 벌벌 떨면서 모두 사죄했다. 위징은 낯빛을 바르게 하고 간언하여 말했다.

"현재 조정의 각 대신은 결코 월왕을 경멸하지 않았습니다. 그러나 예의에 있어서 신하는 아들과 동등합니다. 경전에서는 군왕 곁에 있는 사람은 비록 신분이 미천할지라도 제후 위에 배치해야 한다고 말했습니다. 제후는 그들을 임용하여 공公으로 삼으면 공이 되고, 그들을 임용하여 경卿으로 삼으면 경이 되는 것입니다. 만일 그들이 공이나 경이 아니면 아래에서 제후를 모십니다. 현재 3품 이상은 지위가 공경과 같은 서열이니 모두 천자의 대신이고, 폐하께서 존경하고 우대하는 자들입니다. 설사 그들에게 조금의 그릇됨이 있어도 월왕이 어떻게 마음대로 굴복시킬 수 있겠습니까? 만일 나라의 법제와 강령이 파괴되었다면, 이것은 제가 알 수 있는 바가 아닙니다. 오늘날의 성명한 시대에 월왕이 어찌 그와 같이 할 수 있습니까? 하물며 수문제隋文帝는 예의를 몰라 교만하며 방자한 여러 왕을 총애하였고, 그의 아들들로 하여금 무례한 일을 하도록 했다가 오래지 않아 죄를 범하여 폐출되었습니다. 이것을 모범으로 삼을 수 없다면, 또 무슨 말을 할 가치가 있겠습니까?"

태종은 위징의 말을 다 들은 후 희색이 돌아 신하들에게 말했다.

"대개 사람들이 말하는 이치는 주도면밀하여 복종하지 않을 수 없소. 내가 한 말은 사사로운 애정에서 나온 것이지만, 위징이 말한 것은 나라의 근본이 되는 법이오. 나는 방금 노발대발하며 스스로 이유가 충분하다고 생각하고 의심 없이 굳게 믿었소. 그러나 위징의 말을 듣고 이치에 합당하지 않음을 느끼게 되었소. 군주 된 자가 말을 하는 것은 정말로 쉽지 않소!"

그러고는 방현령 등을 불러 한차례 따끔하게 꾸짖고 위징에게는 1천 필의 명주를 내렸다.

장점을 보고 등용하라

정관 11년, 관청에서는 태종에게 능경凌敬이 가난하여 걸식하는 상황을 보고하였다. 태종은 시중 위징 등 그를 추천한 사람을 꾸짖었다. 위징이 말했다.

"신 등이 매번 폐하의 질문을 받으면 능경의 우수한 점과 결점을 모두 설명드렸습니다. 학식이 있고 감히 간언을 하여 논쟁하는 것은 그의 우수한 점이지만, 지나치게 생계를 걱정하고 경영을 좋아하는 것은 그의 단점입니다. 현재 능경은 사람들을 위해 비문을 써주고, 《한서漢書》를 가르쳐서 생활을 꾸려나가며 이익을 구하고 있는데, 이것은 저희가 말하는 것과는 다릅니다. 폐하께서는 그의 장점을 사용하지 않고 단지 단점만을 보고 신 등이 폐하를 기만한다고 여기시는데, 이것은 사실상 복종할 수 없는 것입니다."

태종은 이 의견을 받아들였다.

일관된 치도를 행하라

정관 12년, 태종이 위징에게 물었다.

"요즘 내가 하는 일의 득실과 정치 교화를 이전과 비교하면 어떻소?"

위징이 말했다.

"만일 폐하의 은택과 위엄이 도달할 수 있는 정도로부터 말하면, 먼 곳의 외족이 천 리를 멀다 않고 와서 조공을 바치겠지만 정관 초기의 상황과 비교하면 서로 나란히 논할 수 없습니다. 덕정과 도의적인 측면에서는 백성들과 암암리에 상통하지만, 민심의 기쁨과 복종하는 것으로부터 말하면 정관 초기와 비교할 때 또 상당한 차이가 있습니다."

태종이 말했다.

"먼 곳의 이족이 귀순하는 것은 당연히 덕정과 도의를 펼친 데서 기인하는 것인데, 과거의 공업이 무엇 때문에 도리어 더욱 크다는 것이오?"

위징이 말했다.

"과거에는 아직 천하가 안정되지 않았기에 항상 덕정과 인의를 마음속에 두고 있어 오랜 기간 천하는 안정되어 일이 없었습니다. 그러나 점점 교만함과 사치, 음란과 자만의 정서가 널리 퍼졌기 때문에 정치적 업적은 과거에 비해 강할지라도 덕정과 인의에 있어서는 정관 초기와는 비교가 되지 않습니다."

태종이 또 물었다.

"그러면 지금의 행동은 과거와 비교하여 어떤 점이 다르오?"

위징이 말했다.

"정관 초기에는 다른 사람이 의견을 제시하지 않는 것을 두려워하여 각종 방법을 동원하여 신하들의 의견을 이끌어냈습니다. 3년이 지난 뒤에도 사람들이 의견을 제시하면 기쁘게 받아들였습니다. 그러나 최근 1, 2년 사이에는 다른 사람들이 의견을 제시하면 기뻐하지 않았고, 어떤 때는 비록 의견을 받아들이려 노력하기도 하나 속으로는 따르지 않으니, 실행하기에는 어려움이 있었습니다."

태종이 재차 물었다.

"어떠한 문제에 있어 그렇소?"

위징이 대답했다.

"즉위 초, 원율사元律師를 사형에 처하려고 하자 손복가孫伏伽[39]가 간언하기를 '법률에 따르면 사형에 처해질 죄가 아니니, 무절제한 혹독한 형벌은 허용할 수 없습니다.'라고 했습니다. 폐하께서는 난릉공주蘭陵公主 원園을 그에게 상으로 주었는데 1만 전의 가치나 됩니다. 어떤 사람이 말하기를 '손복가가 한 말은 평범한 진리인데 상이 너무 후하다.'라고 하자, 폐하께서는 '내가 즉위한 이래 앞으로 나와 간언하는 사람이 없었기 때문에 그에게 상을 준 것이다.'라고 했습니다. 이것은 사람들의 간언을 이끌어내려는 조치였습니다.

서주사호徐州司戶[40] 유웅柳雄이 수왕조에 남아 있는 사람들에게 망령되이 봉록과 등급을 주자, 어떤 사람이 그를 고발했습니다. 폐하께서는 유웅이 스스로 자백하든 그렇지 않든 간에 그에게 벌을 주도록 명령했습니다. 유웅은 시종 사실에 따라 일을 처리했다는 말

39) 당나라 패주貝州 무성武城 사람이다. 무덕 연간에 여러 차례 상소를 올려 시정時政의 득실에 관해 진술하였고, 고조의 중시를 받아 치서시어사로 임명되었다. 태종이 즉위하여 악안현남樂安縣男이라는 작위를 받았다. 어사·대리경으로 승진했다.

40) 사호는 지방의 토지와 호적 등을 관리하는 직책이다.

만 할 뿐 자백하지 않았습니다. 대리시大理寺[41]는 유웅의 거짓말을 알고 사형에 처하려 했고, 소경少卿 대주戴冑는 상소에서 법률에 따라 사형에 처해야 한다고 했습니다. 폐하께서는 '나는 이미 유웅에 대한 판결을 끝냈으니 당연히 사형에 처하라.'라고 했습니다. 대주가 말하기를 '폐하께서는 이미 저의 말이 옳다고 생각하지 않으니 즉시 저를 사법부로 넘겨주시기를 청합니다. 마땅히 죽을죄는 아니지만 잔혹한 형벌을 어지럽게 사용할 수는 없습니다.'라고 했습니다. 폐하께서는 매우 화를 내며 사람을 보내 유웅을 죽이도록 했습니다. 대주는 네댓 차례 체포를 반복한 후에야 유웅을 사면시켰습니다. 그러고는 사법부 사람들에게 말하기를 '내가 이처럼 법을 지킬 수 있다면 어찌 형벌을 남용하여 이족을 죽이는 일을 두려워하겠소.'라고 했습니다. 이것은 기쁜 마음으로 간언을 받아들인 것입니다.

왕년에 섬현의 승丞 황보덕참皇甫德參은 성상의 뜻에 저촉되는 상소를 올렸는데, 폐하께서는 이를 비방하는 것으로 여겼습니다. 저는 상소를 올려, 상소문이 격하거나 절박하지 않으면 군주의 마음을 움직일 수 없고, 격하고 절박하면 비방하는 것처럼 들린다고 말했습니다. 당시 비록 저의 말을 듣고 20종의 물품을 상으로 주셨지만, 마음만은 오히려 편치 않았습니다. 이것이 간언을 받기 어려운 점입니다."

태종이 말했다.

41) 중국 고대의 중앙 사법심판 기관이다.

"진실로 그대가 말한 것과 같소. 그대가 아니면 이런 종류의 말을 할 수 없소. 사람들은 모두 스스로 병폐를 살필 수 없음을 고통스러워하오. 그대가 과거 이 의견을 말하지 않았을 때는 스스로 하는 일에 변함이 없다고 생각해왔소. 그대가 논의하는 말을 들은 후에는 나의 과실이 사람들을 매우 놀라게 할 정도라는 것을 깨닫게 되었소. 그대가 계속 이러한 충심을 지닌다면 나는 끝까지 그대의 말을 어기지 않을 것이오."

권卷 3

제6편

군신감계(君臣鑒戒: 군주와 신하가 거울삼아 경계함)

【해제】

사람은 몸통과 사지의 결합으로 이루어져 있듯이, 군주는 반드시 신하의 보좌를 받아야만 나라를 잘 다스릴 수 있다. 군주와 신하는 한 배를 타고 선을 행하고 덕을 쌓는 일에 함께해야만 장기간 나라를 지속시킬 수 있다.

군주는 천하가 안정된 후에도 창업 초기처럼 성실해야 하고, 자신에 대한 수양 또한 게을리하지 말아야 하며, 백성과 신하들의 의견을 모두 적극적으로 수렴하여 기초를 공고히 해야 한다. 나랏일을 처리할 때는 신하들 각자의 능력에 따라 중대한 임무는 대신들에게 맡기고, 작은 일은 소신들이 처리하도록 해야 한다. 이것은 적재적소에 관리를 배치하는 방법이다. 또한 곁에서 보좌하는 신하는 군주의 뜻에 영합하여 아첨하는 것을 피하고 충언을 해야 한다.

〈군신감계〉 편은 수왕조의 무고한 주살誅殺을 교훈 삼아 신하 된 자들에게 중요한 것이 무엇인지 말하고 있다.

다스림은 군주와 신하 공동의 책임

정관 3년, 태종이 곁에서 모시는 신하들에게 말했다.

"군주와 신하는 본래 혼란한 세상을 함께 다스리고 안위安危를 공유해야 하오. 만일 군주가 충성스럽고 선량한 간언을 받아들인다면, 신하는 정직한 의견을 제시할 수 있소. 이것은 군주와 신하가 의기투합하기 때문이며, 옛날부터 중시되었던 것이오. 만일 군주가 스스로 옳다고 생각하고, 신하 또한 군주의 잘못을 바로잡으려 하지 않으면서 나라가 위급하여 멸망하지 않을 것을 바란다면 이는 불가능한 일이오. 군주가 그 국가를 잃으면, 신하 또한 홀로 자기 가정을 지킬 수 없소. 수양제隋煬帝의 포학하고 무도함에 이르러서는 신하들 모두 입을 다물고 말을 하지 않았소. 결국 그로 하여금 자기의 잘못을 알 수 없도록 하여 멸망으로 치닫게 했으며, 그의 대신 우세남 등도 오래지 않아 피살되었소. 이전 왕조의 일은 먼 과거의 것이 아니오. 내 어찌 여러 대신과 일을 신중히 처리하지 않을 수 있겠소? 후세 사람들의 비웃음은 면해야 하오."

감옥을 비우라

정관 4년, 태종이 수왕조 때의 상황을 토론하였다. 위징魏徵이 태종에게 말했다.

“신은 과거 수왕조 때, 일찍이 문서 도난 사건이 발생하자 수양제가 오사징於士澄[1]에게 명하여 죄인을 체포하도록 한 것을 들었습니다. 오사징은 한 가지라도 의문점이 있으면 엄하게 추궁하여 억울하게 자신이 도적이라고 시인한 사람이 2천여 명이나 되었습니다. 수양제는 이 2천여 명을 같은 날에 모두 참수하도록 명령했습니다. 대리승大理丞[2] 장원제張元濟가 기괴한 일이라 여겨 이 사안의 정황을 심문하니, 예닐곱 명은 문서 도난 사건이 발생하던 날, 다른 감옥에 감금되었다가 막 석방되어 출옥하였는데 또 추궁을 받자 가혹한 형벌의 고통을 참지 못하여 도적이라고 스스로 시인했음을 알게 되었습니다. 장원제는 이 때문에 더욱 진지하게 심문했는데, 그 결과 2천여 명 가운데 오직 아홉 명만이 문서가 분실되던 그날의 행적이 분명치 않았습니다. 관부에서는 그들을 알고 있었고, 아홉 명 중 네 명은 도적이 아님을 알았습니다. 형벌 시행의 책임을 지고 있는 관서는 수양제가 이미 판결을 처리하도록 명령했다며 다시 사실대로 보고하지 않고 그들을 모두 죽였습니다.”

태종이 말했다.

“수양제는 무도할 뿐만 아니라 그의 신하 또한 마음을 다해 일을 처리하지 않았소. 반드시 간언을 하여 바로잡으려면 주살당하는 것을 두려워해서는 안 되오. 어떻게 아첨하여 윗사람의 뜻을 따르고 군주의 환심과 칭찬만을 얻으려고 할 수 있소. 군주와 신하가 전부

---

1) 원래는 수나라 장수였는데 후에 당나라로 귀화했다.

2) 중국 고대의 중앙 사법심판 기관인 대리시大理寺의 장관을 경卿이라 하고, 부장관을 소경少卿이라 하며, 그 아래에 있는 자를 승丞·정正·감監이라고 했다.

이와 같으면 어찌 실패하지 않을 수 있겠소? 나는 여러분 모두의 보좌에 의지하여 감옥을 텅 비게 하였소. 여러분이 언제나 한결같이 잘하여 항상 오늘 같기를 바라오."

선한 자와 악한 자의 귀결점

정관 6년, 태종이 곁에서 모시는 신하들에게 말했다.

"내가 듣기로는, 주왕조와 진왕조가 처음 일어나 천하를 얻었다는 사실에는 다른 점이 없소. 그러나 주왕조는 건국 후에 선을 행하는 데 노력하여 업적과 인덕을 쌓았기 때문에 8백 년이란 오랜 기간 동안 왕조를 지속시킬 수 있었소. 반면에 진왕조는 나라를 세운 후 방종과 사치와 음란을 일삼았으며, 형벌을 좋아하여 불과 2대를 전하고는 곧바로 멸망하였소. 이것은 바로 선한 일을 하는 자의 행복이 영원하고 악한 일을 하는 자의 수명이 짧다는 뜻 아니겠소? 나는 또 걸왕桀王과 주왕紂王이 제왕이었지만, 보통 사람을 그들과 비교하면 보통 사람들이 모두 치욕을 느꼈고, 안회顔回[3]와 민손閔損[4]은 보통 사람이었지만 제왕을 그들과 비교하면 제왕 또한 영광

3) 공자의 수제자로 자는 자연子淵이고 노魯나라 사람이다. 그는 공자보다 30년 아래로 가난하고 불우하였으나 학문과 인격을 수양하여 공자 다음가는 성인으로 존경받았다. 안회는 29세의 나이에 백발이 되었으며 불행히도 요절했다. 공자는 안회에 대해 이렇게 말했다. "어질구나, 안회여! 대로 만든 한 그릇의 밥과 표주박 한 그릇의 마실 것으로 누추한 마을에 산다면, 다른 사람들은 그것을 견뎌내지 못할 텐데, 안회는 아랑곳없이 자기가 즐거워하는 바를 바꾸지 않는다."

4) 자는 자건子騫이고 춘추시대 말기 노나라 사람이다. 그는 높은 관직과 많은 봉록을 구하지 않고 부모에게 효도하였으며 형제간에 화목하여 그 이름이 전해졌다.

으로 느꼈다고 들었소. 이것은 제왕이 매우 부끄럽게 생각할 일이오. 나는 항상 이런 일을 거울삼고 있으며, 안회나 민손과 같은 현인에 미치지 못하여 사람들의 비웃음거리가 되는 것을 두려워하고 있소."

위징이 말했다.

"신은 이런 말을 들었습니다. 노애공魯哀公[5]이 공자에게 '건망증이 심한 사람이 있었는데 집을 옮기고 나서 자기 아내를 잊었습니다.'라고 하자, 공자는 '그 사람보다 건망증이 심한 자가 있는데, 저는 걸왕과 주왕 같은 군주는 결국 자기 자신을 잊은 것이라 생각합니다.'라고 했습니다. 폐하께서는 항상 이런 일을 생각하여 후세인들의 비웃음을 면하시기를 바랍니다."

미천했을 때의 마음가짐을 끝까지 갖고 간다

정관 14년, 태종이 [서역의 나라] 고창국高昌國을 평정하고 곁에서 모시는 신하들을 양의전兩儀殿으로 불러 연회를 베풀었다. 태종이 방현령房玄齡에게 말했다.

"만일 고창국 군주가 신하의 예절을 잃지 않았다면 어떻게 멸망했겠소? 나는 이러한 나라를 평정한 후에 내심 더욱 두려움을 느끼고 있소. 이제 왕조를 오래도록 위대하게 지켜나가려면 오직 교만

---

5) 춘추시대의 노나라 군주로 노정공魯定公의 아들이며, 성은 희姬이고 이름은 장蔣이다.

과 사치와 음란함을 힘껏 경계함으로써 자기방어를 하고, 충직한 말을 받아들여 자신을 바로잡을 뿐이오. 간사하고 아첨하는 자를 쫓아내고, 어질고 능력 있는 사람을 선발하여 등용하며, 소인의 말로 군자를 논의하지 않을 것이오. 이러한 방법으로 삼가 지키면 또한 나라는 오래도록 안녕을 얻을 수 있을 것이오."

위징이 나아가 말했다.

"신이 옛날 제왕의 사적을 관찰하니 그들은 혼란을 제거하고 창업할 때는 반드시 매우 성실하고 신중했으며, 수시로 자기를 경계하고, 평범한 백성의 의견을 받아들이고, 충성스럽고 정직한 건의를 따랐습니다. 그런데 천하가 이미 안정되자 그들은 제멋대로 방종하고 욕망대로 행동했으며, 자기의 뜻을 따르는 감언이설을 좋아하고, 강직하고 바른 간언을 싫어했습니다. 장자방張子房[6]은 한고조漢高祖 유방劉邦[7]의 지모 있는 신하입니다. 유방이 황제가 되었을

6) 이름은 양良이다. 그는 한고조를 보좌하여 항우를 멸망시킨 공로로 유후留侯로 봉해졌다. 고조가 태자 영盈을 폐위하고 조왕趙王 여의如意를 세우려고 하였다. 여후呂后는 유후가 계책을 잘 내니 그를 믿고 쓸 만하다고 여겨 "그대는 지모를 바쳐야 하는 신하요. 지금 군주께서는 태자를 바꾸고자 하는데, 어찌하여 높은 베개를 베고 태평스럽게 누워 있소?"라고 했다. 그러자 장량은 "처음 군주께서 곤란에 처했을 때는 다행히도 신의 계책을 사용하여 천하가 이미 평정되었습니다. 그런데 지금 개인적인 애정 때문에 태자를 바꾸려고 하니, 신 같은 사람이 백 명이라도 무슨 도움이 있겠습니까?"라고 대답했다. 여후는 강요하듯 "나를 위해 계획을 짜내시오."라고 하니, 장량은 "이것은 설전으로 다투기 어렵습니다."라고 하였다. 그러고는 유영으로 하여금 상산商山의 사호四皓를 영입하여 보좌하게 했다. 유방은 유영에게 사호의 보좌가 있음을 보고는 적자를 폐하고 서자를 태자로 삼으려는 생각을 말끔히 씻어버렸다. 유방이 죽은 후 유영이 즉위하였는데, 바로 혜제惠帝이다.

7) 자는 계季이고 패현沛縣 사람이다. 진秦나라 말기 군웅이 일제히 일어났을 때 병사를 일으켜 진왕조를 뒤집었다. 오래지 않아 초나라 항우와 5년간의 오랜 전쟁을 하였다. 소하蕭何, 장량張良, 한신韓信 등의 보좌로 항우를 무찌르고 기원전 202년 제帝로 칭하고 한왕조를 건립하였다.

때 장남 유영劉盈을 폐위시키고 서자 유여의劉如意를 태자로 삼으려고 하자, 자방은 '오늘의 일은 혀에 기대 논쟁할 것이 아닙니다.'라고 말했습니다. 끝내 감히 다시 나아가 말하지 않고 한고조를 깨우쳐 인도했습니다. 하물며 폐하의 사업과 인덕은 성대하니, 한고조와 비교하면 그가 미치지 못합니다. 폐하께서는 즉위하여 오늘까지 15년이 되었으며, 성스러운 은덕은 빛나는 햇살이 사해를 비추는 것과 같습니다. 지금 고창국을 소멸시켰는데도 또 여러 차례 나라의 안위를 마음속에 기억하고 있으며, 바야흐로 충직하고 어질며 선량한 사람을 기용하고, 직언과 간언의 길을 열어준다고 했습니다. 이것은 천하의 가장 큰 행운입니다.

과거 제환공齊桓公은 일찍이 그의 신하 관중管仲, 포숙아鮑叔牙,[8] 영척甯戚[9]과 함께 술을 마셨는데, 제환공이 포숙아에게 말하기를 '무엇 때문에 나에게 건강과 장수를 축원하지 않소?'라고 하자, 포숙아는 술잔을 들고 일어나 말하기를 '군주께서 올해 거莒나라로 도망갔을 때의 일을 잊지 말며, 관중은 전쟁에서 패하여 노나라에 체포되어 곤욕을 당했던 일을 잊지 말며, 영척은 가난하여 수레 아래에서 소에게 먹을 것을 주던 때를 잊지 말기 바랍니다.'라고 했습니다. 제환공은 포숙아의 말을 듣고 자리에서 일어나 포숙아에게 감사하며 말하기를 '과인과 두 대부는 모두 그대의 말을 잊을 수 없

8) 젊었을 때 관중과 친구였다. 이들은 함께 장사를 했는데, 포숙아는 관중이 어질지만 가난함을 알고 더 많은 양의 재물을 주었다. 후에 포숙아는 제환공齊桓公을 섬겼는데 적의 신하인 관중을 추천하여 제환공의 승상이 되도록 하였고, 환공을 보좌하여 패업을 성취했다.

9) 춘추시대 위衛나라 사람이다. 그는 불우하여 제나라 동문 밖에서 은둔 생활을 하고 있었다. 환공의 초빙으로 대전大田으로 임명되어 농업 생산을 주관하였다. 후에 상경上卿으로 승진하고 상국相國으로 임명되었다.

소. 그렇게 하면 나라에 어떤 위험도 있을 수 없소.'라고 했습니다."

태종이 위징에게 말했다.

"나는 반드시 신분이 낮았을 때의 일을 잊지 않을 것이다. 그대 또한 포숙아의 사람됨을 잊어서는 안 된다."

신하는 군주 하기 나름이다

정관 14년, 특진特進 위징이 태종에게 상소문을 올려 이렇게 말했다.

"신은 군주란 사람의 두뇌이고, 신하는 사람의 사지四肢라고 들었습니다. 양자는 협조하여 한마음으로 완벽한 신체를 형성합니다. 하나의 총체를 만들었는데, 만일 어떤 기관이 갖추어지지 않았다면 완벽한 사람이 될 수 없습니다. 그러므로 머리는 비록 존귀하고 중요한 지위에 있어도 반드시 사지의 도움을 받아야만 총체가 될 수 있으며, 군주가 비록 명철하더라도 반드시 신하의 보좌를 받아야만 나라를 잘 다스리는 것에 이를 수 있습니다.《예기》에서는 '백성이 군주를 자기의 심장으로 생각하고, 군주가 백성을 자기의 신체로 생각하며, 내심으로 신체를 단정히 하면 편안하고, 겉으로 얼굴을 엄숙하게 하면 공경한다.'라고 했습니다.《상서》에서는 '군주가 영명하고 신하가 어지니 만사가 편안하구나!', '군주가 하는 일이 대강이 없이 조잡하고 신하가 게으르니, 모든 일이 어그러지는구나.'

라고 했습니다. 저는 사지를 버리고 오직 가슴만을 사용하여 나라를 온전히 다스렸다는 이야기를 듣지 못했습니다.

군주와 신하가 의기투합하는 것은 예부터 어려운 일이었습니다. 돌이 물에 순종하도록 하는 것은 천년에 한 번 나타날 만한 일이지만, 물이 돌에 순종하도록 하는 것은 항상 있는 일입니다. 그들은 가장 공정한 이치를 펼쳐나갈 수 있고, 천하의 유용한 인재들은 모두 임용될 수 있습니다. 안으로는 가슴과 척추의 힘을 다할 수 있고, 밖으로는 사지의 능력을 다할 수 있습니다. 이처럼 군주와 신하가 협조하면 마치 국 속의 소금과 매실같이 되고,[10] 단결하면 금석金石처럼 견고한 조대朝代를 얻게 되는 것은 신하에게 높은 관직과 두터운 봉록을 주는 것에 기대지 않고 예의로써 서로 대했기 때문입니다. 과거 주문왕周文王[11]은 봉황鳳凰 옛터를 돌아볼 때, 허리띠가 풀어졌지만 주위를 둘러보아도 부를 만한 사람이 없자 직접 허리띠를 매었습니다. 설마 주문왕 때의 사람들은 전부 재능과 덕망이 있고, 성명聖明한 왕조인 현재는 어진 사람이 부족하기 때문입니까? 오직 이해하는 것과 이해하지 못하는 것, 예우하는 것과 예우하지 않는 차이만이 있을 뿐입니다.

이윤伊尹[12]은 유신씨有莘氏의 잉신(媵臣, 시집가는 여인에게 딸려 보내는 신하)이었고, 한신韓信은 항우項羽[13]에게서 도망친 신하였습니다.[14] 탕임금은 예의를 다하여 이윤을 상대하여 남소南巢에서 제왕의 업

---

10) 소금은 짠맛이 있고 매실은 신맛이 있기 때문에 고대에는 국의 간을 맞추는 필수품으로 사용되었다. 여기서는 군주와 신하가 잘 어울려 각기 쓰임이 있음을 비유한다.

11) 주나라 제후로 인덕이 뛰어났다. 은나라 주왕 때 서백西伯이었으므로 백창伯昌이라고도 한다. 그의 재위 기간에는 국력이 강성해져 천하의 인심이 주나라로 기울었다.

을 이루었고, 한고조 유방은 한신을 대장大將으로 임명하여 해하垓下에서 항우를 격파하고 제업을 성취하였습니다. 만일 하夏나라 걸왕이 이윤을 버리지 않고, 항우가 한신에게 은혜를 베풀었다면, 어찌 이미 이룩한 나라가 멸망하여 노예가 될 수 있었겠습니까? 또 미자微子[15]는 하나라 걸왕의 서형庶兄인데 송나라에서 주무왕周武王의 봉토를 받았고, 기자箕子는 걸왕의 어진 신하인데 주무왕에게 〈홍범洪範〉[16]을 말해주었습니다. 공자는 그들이 어진 사람이라고 칭찬하였고, 어떤 사람도 그들이 옳지 않다고 말하는 이가 없었습니다.

---

12) 탕임금의 신하로 윤尹은 관직명이다. 은나라의 유명한 재상으로 탕임금을 도와 어진 정치를 하였으며 하나라의 걸왕을 멸망시켰다. 탕임금의 손자인 태갑이 포악한 정치를 하자 이를 말리다가 귀양 갔으나 다시 돌아와 어진 정치를 베풀었다. 이윤은 본래 요리사 출신으로 솥을 지고 가서 음식을 만들어 탕임금에게 바치고는 그의 신임을 받기를 희망했다는 이야기도 전해진다.

13) 이름은 적籍이고 자는 우羽이며 하상下相 사람이다. 초나라 귀족 출신으로 진秦나라 말기 농민을 주축으로 하는 군대의 우두머리가 되어 그 세력에 있어 비할 자가 없었다. 진이세 원년(기원전 209)에 진승陳勝과 오광吳廣이 병사를 일으키자 그는 숙부 항량項梁을 따라 지금의 소주蘇州에서 병사를 일으켰다. 항량이 전사하자 진나라 장수 장감章邯은 조나라를 포위했고, 초나라에서는 송의宋義를 상장군上將軍으로 임명하고 그를 부장으로 임명하여 병사를 이끌고 조나라를 구조하도록 했다. 송의가 안양安陽에 이르러 앞으로 나아가지 못하자, 그는 송의가 이끄는 병사들을 죽이고 장수漳水를 건너 조나라를 구하였고, 거록巨鹿 싸움에서 진나라의 주력 부대를 전멸시켰다. 진나라는 멸망하고 스스로 서초西楚 패왕으로 일어섰다. 오래지 않아 유방과 장기간 전쟁을 치렀는데 결국 패하여 자살했다.

14) 한신은 본래 항우의 신하였으나 그에게 중용되지 못하자 유방에게로 달아났기 때문에 이렇게 말한 것이다.

15) 이름은 계啓이고 은나라 주왕의 형이다. 미微는 국명國名이고 자子는 작위이다. 주왕에게 여러 차례 간언을 했으나 받아들여지지 않자 그 나라를 떠났다. 뒤에 주공周公이 주왕의 아들 무경武庚을 토벌했을 때, 미자는 송국宋國에 봉하고 은나라의 여민餘民을 다스리도록 하였다.

16) 고대에 기자가 저술한 것이라고 전하지만 근래에는 전국 시기의 작품으로 보고 있다. 주로 제왕의 치국 원칙에 관해 서술하였으며, 금金·목木·수水·화火·토土 오행五行으로 자연현상을 해석하였다.

《예기禮記》[17]에서는 '노목공魯穆公[18]이 자사子思[19]에게 '쫓겨난 신하가 돌아와 원래의 군주를 위해 복상服喪하는 것은 옛날부터 있었습니까?'라고 묻자, 자사는 '고대의 덕망 있는 군주는 사람을 임용하면서 예절에 따라 하고, 사람을 내칠 때도 예절에 따라 했기 때문에, 쫓겨난 신하가 돌아와 옛 군주를 위해 복상의 예의를 갖추는 것입니다. 지금의 군주가 사람을 임용할 때는 그를 무릎 위로 끌어안 듯이 하다가, 사람을 내쫓을 때는 또 깊은 연못 속으로 떨어뜨리는 것과 같이 합니다. 그렇게 내쫓긴 사람이 원래의 군주를 공격하지 않는 것 또한 옳다고 할 수 있으나, 또 어떻게 고개를 돌려 원래의 군주를 위해 복상하겠습니까?'라고 했습니다.

제경공齊景公이 안자晏子에게 '충신은 어떻게 군주를 모시는가?'라고 묻자, 안자는 '군주가 재난이 있을 때 그를 위해 죽지 않고, 군주가 자기 나라에서 도망칠 때 그를 위해 따라가지 않습니다.'라고 대답했습니다. 제경공이 말하기를 '토지를 나눠서 그를 봉해주고, 관직과 작위를 내어 그에게 주었는데도 군주가 재난이 있을 때 군주를 위해 죽지 않고, 군주가 도망칠 때 따라가지 않는 것은 무슨 이유입니까?'라고 하자 안자는 '신하가 의견을 제시하여 그것이 받아들여져 쓰이면 몸이 다하도록 재난이 있을 리 없는데, 신하 된 자가 무엇 때문에 군주를 위해 죽겠습니까? 신하의 간언이 군주에 의해

---

17) 《소대례小戴禮》나 《소대례기小戴禮記》라고도 하며, 유가 경전의 하나로 공자의 제자 등이 기록하였으며 총 49편으로 구성되었다.

18) 노원공魯元公의 아들로 전국시대 초기 노나라의 군주이다. 성은 희姬이고 이름은 현顯이다.

19) 전국시대 철학자로 공자의 손자이며 증삼曾參의 제자이다. 후세 유가에서 '술성述聖'으로 존중하고 있다.

받아들여지면 죽을 때까지 도망칠 필요가 없는데, 신하가 또 무엇 때문에 따라 도망가겠습니까? 만일 신하가 의견을 제시했지만 받아들여 사용되지 않았는데도 군주가 곤란을 당했다고 하여 쫓아가서 그를 위해 죽는다면, 그것은 잘못된 죽음입니다. 군주에게 간언을 했으나 받아들여지지 않았는데, 군주가 달아나는 것을 따라가는 일은 거짓 충성입니다.'라고 대답했습니다.

《춘추좌전春秋左傳》[20] 양공 25년조에서는 '최저崔杼[21]가 제장공齊莊公[22]을 죽일 때 안자는 최저의 문밖에서 서 있었는데 최저의 문인들이 안자에게 '당신은 군주를 위해 죽을 것입니까?'라고 묻자 안자는 '제장공은 단지 한 사람의 군주일 뿐이오. 그런데도 내가 죽어야 하겠소?'라고 했습니다. 문인들이 '그러면 달아날 겁니까?'라고 묻자 안자는 '군주의 죽음이 나의 죄인가? 내가 달아나야 하는가? 그러므로 군주가 만일 나라를 위해 죽으면 나는 곧 그를 위해 죽을 것이지만, 군주가 나라를 위해 달아나면 나는 그와 함께 달아날 것이오. 만일 그가 자기를 위해 죽고 자기를 위해 도망친다면, 그는 가장 가까운 사람이 아닌데, 누가 감히 이러한 일을 맡겠는가?'라고 했습니다. 최저의 대문이 열린 후에 안자는 달려 들어가 제장공의 시신 허벅지에 엎드려 대성통곡을 한 연후에 일어나 세 번 뛰어

20) 《좌전左傳》 혹은 《좌씨춘추左氏春秋》라고도 하는 유가 경전의 하나이다. 춘추시대 노나라 사관 좌구명左丘明이 편찬했다고 전한다. 이 책에는 고대 역사적 자료가 대량으로 보존되어 있다. 기록이 상세하고도 사실적이며 문체가 아름다운 중국 사학의 명저이다.

21) 춘추시대 제나라 대신이다. 제장공 6년에 장공을 살해하고 장공의 이복동생 저구杵臼를 경공景公으로 세웠다. 자신은 경공의 우상右相이 되었다.

22) 성은 강姜이고 이름은 광光이며, 제영공齊靈公의 아들이다. 최저의 아내와 사통하다가 결국 최저에게 죽임을 당했다.

달렸다.'라고 하였습니다.

맹자孟子[23)]가 '군주가 신하를 대함에 있어 손발처럼 친하게 하면, 신하는 군주를 자기의 심장으로 간주할 것이다. 그러나 만일 군주가 신하를 대함에 있어 개나 말처럼 한다면, 신하는 군주를 보통 사람으로 간주할 것이다. 만일 군주가 신하를 똥처럼 본다면, 신하는 군주를 적으로 간주할 것이다.'라고 했습니다. 비록 신하가 군주를 받드는 데에 있어 다른 마음은 없을지라도 군주를 떠나거나 남아 있는 원칙은 마땅히 군주에게 받는 은혜의 많고 적음에 따라 결정됩니다. 그러한데 백성의 주인인 군주가 어떻게 아래의 신하와 백성에게 무례할 수 있겠습니까!"

물고기는 물을 떠나면 죽지만, 물은 여전히 물이다

"신이 조정의 대신들을 살펴보니, 나라의 중요한 임무를 맡아 관리하는 사람 가운데 어떤 이는 명을 받들어 변방에서 주둔하고 있고, 어떤 이는 조정에서 나라의 대사를 처리하는 일에 참여하고 있습니다. 이들 모두는 나라를 위해 업적을 세웠고, 모두 일시에 선발된 어질고 재능 있는 인재들로 중요한 지위에 있으며 맡은 임무는 아주 큽니다. 그들에게 맡긴 직무는 매우 무겁지만, 그들에 대한 신임은 오히려 깊지 않으니 사람들이 때때로 회의를 품게 되는 것입니

---

23) 이름은 가軻이고 자는 자여子輿이며, 추鄒 사람이다. 전국 시기 사상가이며 정치가로서 선왕先王을 본받아 어진 정치를 실행할 것을 주장하고, 군경민귀君輕民貴 사상을 제시했다. 성선설을 주장하는가 하면 인간의 주관적인 정신 작용을 강조했다. 후세에는 그를 아성亞聖이라고 존칭했다.

다. 사람들이 마음속으로 회의하게 되면, 생각도 갈수록 소극적이 됩니다. 사고가 갈수록 소극적으로 변하면, 신하 된 자의 행위규범이 세워질 수 없습니다.

신하 된 자가 마땅히 갖고 있어야 할 행위규범을 확립할 수 없다면, 명분과 예교는 흥기할 수 없습니다. 명분과 예교가 흥기할 수 없으면서 그들과 함께 태평성대를 만들어 기초를 단단히 하고 7백 년간 왕위를 지키는 것은 있을 수 없습니다. 또 나라가 공신들을 매우 존경하고 아끼며 과거의 죄를 추궁하지 않는 점에서는 이전의 성군과 비교할 때 조금의 차이도 없다고 들었습니다. 그러나 큰일에 대해서는 너그럽게 용서하고 작은 죄에 대해서는 엄격하며, 마음에 꺼리는 일을 만나면 질책하고 화를 내며, 편애와 증오의 마음을 버리지 않는 것은 나라를 다스리는 방법으로 사용할 수 없는 것입니다. 군주가 법령을 엄하게 시행해도 아래의 신하와 백성은 때때로 그것을 어길 수 있는데, 하물며 위에서 법을 어길 만한 실마리를 열면 아래에서는 반드시 더욱 심해질 것입니다. 냇물을 막았으나 제방이 붕괴되면 다치는 사람은 반드시 많을 것인데, 천하의 백성이 어느 곳에서 편히 있을 수 있겠습니까! 이것은 군주가 위에서 구멍 하나를 내니 아래의 백성이 갖가지 예측하기 어려운 병폐를 일으키는 것입니다. 이와 같으면서 나라가 혼란스럽지 않은 경우는 없었습니다.

《예기》에서는 '자기가 좋아하는 사람은 그의 단점을 알아야만 하고, 자기가 미워하는 사람 또한 그의 장점을 알아야 한다.'라고 했습니다. 만일 자신이 증오하는 사람의 좋은 면을 알지 못한다면 좋은 일을 하려는 사람은 반드시 두려움을 느낄 것이고, 자기가 좋아하는 사람의 단점을 모른다면 나쁜 일을 하려는 사람이 점점 더 많아질 것입니다.

《시경》에서는 '군자를 참언하는 간사한 소인에 대해 호되게 꾸짖고 노여워하면, 근본을 혼란스럽게 하는 일은 즉시 막을 수 있다.'라고 했습니다. 그러나 옛사람의 노여움은 사악한 사람을 징벌하는 데 사용되었지만, 오늘날의 엄한 징벌은 오히려 간사함을 부추기는 데 쓰이고 있습니다. 이것은 요임금이나 순임금의 본심이 아니며, 또 우임금이나 탕임금이 하려던 것이 아닙니다.

《상서》에서는 '나를 어루만져주면 나의 군주이고, 나를 학대하면 나의 적이다.'라고 했습니다. 순자는 '군주는 배이고, 백성은 물이다. 물은 배를 띄울 수도 있고 뒤집을 수도 있다.'라고 했습니다. 그래서 공자는 '물고기는 물을 떠나면 죽지만, 물은 물고기가 떠나도 여전히 물이다.'라고 했습니다. 그런 까닭에 고대의 선왕 요임금과 순임금은 언제나 전전긍긍하며 두려워했고, 매일매일 삼가고 신중했습니다. 저희가 오늘 어떻게 이러한 이치를 깊이 생각하지 않을 수 있겠습니까? 어떻게 이런 이치를 반복하여 생각하지 않을 수 있겠습니까?

중대한 임무는 대신에게 맡기고, 작은 일은 소신에게 맡기는 것이 국사를 처리하는 일반적인 규칙이며 나라를 다스리는 방법입니다. 현재 그들에게 관직을 위임한다면 대신을 중시하고 소신을 경시해야 합니다. 문제가 발생하면, 또 소신의 보고는 쉽게 믿지만 대신은 의심합니다. 이는 자기가 경시하는 자는 믿고, 중시하는 자는 의심하는 것입니다. 혹 나라를 크게 다스리려 한다면 어떻게 이룰 수 있겠습니까! 또 나라를 다스릴 때는 정책의 안정을 귀하게 여기고 많은 변화를 구하지 말아야 합니다.

지금 어떤 때는 대신들에게 큰일을 맡기고, 어떤 때는 대신들에게 작은 일을 처리하도록 합니다. 소신이 차지해서는 안 되는 위치에 앉아 있고, 대신이 마땅히 갖고 있어야 할 직분을 잃으니, 대신은 때때로 작은 잘못을 저질러 죄를 짓고, 소신은 때때로 큰일로 인해 처벌을 받습니다. 관직과 지위가 서로 부합하지 못하고, 징벌을 받는 것 또한 그들의 지위에 맞지 않습니다. 그들이 사심과 잡념 없이 각기 자기 역량을 전부 펼치기를 희망하는 것은 매우 어려운 일 아니겠습니까? 소신은 중임을 맡아서는 안 되고, 대신은 그들의 작은 과실을 추궁해서는 안 됩니다. 대관을 임용하고는 그들의 작은 과실을 추궁하고, 칼로 죽간을 가르고 붓으로 글을 적는 문관이라는 자는 위쪽의 뜻에 순종하여 바람이 부는 방향을 엿보면서 붓을 마음대로 휘두르고 법률을 농락하며 사실을 왜곡하여 대신의 죄명을 구성합니다.

대신이 결백을 변호하면 군주는 속으로 죄를 시인하지 않는다고 생각하게 될 것이고, 또 말을 하지 않으면 군주는 죄를 지은 것이 모두 사실이라고 생각할 것입니다. 결백을 변호해도 시행되지 않고, 결백을 변호하지 않아도 좋지 않습니다. 앞으로 나아가도 뒤로 물러서도 나갈 길이 없어 자기의 억울함을 밝힐 수 없다면, 진실로 재앙을 모면할 방법을 구할 것입니다. 대신이 이와 같이 하여 다행히 재앙을 면하면 간사한 일이 싹트게 될 것입니다. 간사한 일이 싹트면 거짓 기풍을 형성하게 되고, 거짓 기풍이 형성되면 나라는 제대로 다스려질 수 없습니다.

또 대신에게 위임하여 그들로 하여금 나라를 위해 역량을 다하도록 하려 했지만, 관직에 임용되었을 때 기피하고 말하지 않는 것이 있다면 이것은 마음을 다하지 않는 것입니다. 만일 추천한 사람이 적절하다면 무엇 때문에 옛 친구의 혐의를 피하겠습니까? 만일 추천한 사람이 직책을 빛내지 못한다면 무엇 때문에 소원한 사람을 귀하게 여기십니까? 대신을 대함에 있어 진심으로 성의를 다하지 않으면서 무엇을 가지고 그들에게 충성하기를 요구합니까?

신하는 때때로 잘못하는 점이 있고, 군주 또한 모두 옳은 것은 아닙니다. 군주는 신하를 신뢰하지 않으면서, 신하 가운데 신뢰할 수 없는 자가 있다고 생각합니다. 만일 신하 가운데 신뢰할 수 없는 자가 있다는 생각이 들면 그 군주 또한 의심할 만합니다. 《예기》 〈치의緇衣〉에서는 '군주가 의심이 많으면 백성은 혼란스럽다. 신하를 이해하지 못하면 군주는 걱정스럽다.'라고 했습니다. 군주와 신하가 서로 의심하면 나라를 크게 다스리는 일에 대해 말하지 않습니다. 지금 신하 가운데 어떤 이는 멀리 한구석에 있으면서 유언비어를 세 차례 전했습니다만 증삼曾參의 어머니처럼 베를 짜던 북을 버리고 담을 넘어 달아나는 사람이 아니며,[24] 제가 사사로이 헤아려 보아도 이러한 사람을 보지 못했습니다. 천하는 이처럼 광활하고, 사인士人과 백성은 이처럼 많은데, 신뢰할 수 있는 사람이 한두 명도 없겠습니까? 신하를 신뢰하면 무엇이든 신뢰할 수 있으며, 신하를 의심하면 무엇이든 신뢰할 수 없는데, 어찌 오직 신하의 과실뿐이겠습니까?

한 평범한 사람이 다른 이와 좋은 친구를 맺으면 생명을 서로 허락하고 죽음에 이르러서까지 변하지 않을 수 있는데, 하물며 군주와 신하가 의기투합하여 서로 의지하면 마치 물고기와 물과 같을 것입니다. 만일 군주가 요와 순처럼 될 수 있고, 신하가 직稷과 설契[25]이 될 수 있으면, 어찌 작은 일을 만났다고 하여 뜻을 바꾸고, 작은 이익을 보고 마음을 바꾸겠습니까! 이것은 신하에게 확실한 충심이 있지만 아직 분명하게 표현하지 못하고, 또 군주는 마음속으로 아직 신하를 신뢰하지 않기 때문에 그들에 대한 대우가 각박한 것입니다. 어찌 이것이 군주가 예로써 신하를 부리고, 신하가 충

---

24) 《전국책》〈진책秦策〉에 보인다. 증자가 노나라의 비費라는 읍에 있을 때의 일이다. 그곳에 증자와 이름과 성이 같은 자가 있었는데 그가 사람을 죽였다. 그곳 사람들은 증자 어머니에게 아들이 사람을 죽였다고 말했다. 그러자 증자 어머니는 우리 아들은 사람을 죽이지 않았다고 대답하고 태연히 베를 짰다. 그러나 계속하여 이러한 말을 듣게 되자 어머니는 증자가 사람을 죽였다고 생각하고, 두려워하며 북을 던지고 담을 넘어 달아났다고 한다.

25) 직과 설은 전설 속의 인물이다. 후직의 이름은 기棄이고 주나라의 시조이며 농사에 뛰어났다. 요와 순임금 때 농관農官으로 임명되어 백성에게 농사짓는 법을 가르쳤다. 설은 은나라의 시조라고 전한다. 일찍이 우禹를 도와 물을 다스린 공로가 있어 사도司徒로 임명되었다.

성으로써 군주를 섬기는 것이겠습니까? 폐하의 성명함에 기대고, 지금의 공업에 의지하여 세상의 걸출한 인물을 널리 구하여 윗사람과 아랫사람이 일심동체가 되면, 삼황三皇[26]이 사황四皇이 되도록 좇아갈 수 있으며, 오제五帝에 육제六帝를 더할 수 있습니다. 그러면 하·은·주·한을 어떻게 나란히 논할 수 있겠습니까?"

태종은 위징의 견해를 매우 칭찬하며 받아들였다.

군주가 행할 네 가지

정관 16년, 태종이 특진 위징에게 질문했다.

"나는 내 자신의 욕망을 억제하며 나라를 다스리고, 역사의 뛰어났던 군주를 앙모하며 그들을 좇기를 희망하오. 덕행, 어진 정치, 공적, 이익의 도모 이 네 가지 일을 항상 가장 중요한 일로 생각해 왔소. 나는 모두가 자기 자신을 독려하기를 바라오. 그런데 사람들은 스스로 잘못을 발견할 수 없음을 고통스러워하고, 내가 시행하는 것을 모르고 있소. 이 네 가지의 우열은 어떠하오?"

위징이 대답했다.

"덕행, 어진 정치, 공적, 이익의 도모는 폐하께서 모두 돌아보고 실행한 것입니다. 안으로는 재앙과 혼란을 평정하고, 나라 바깥으로는 오랑캐를 정복한 것이 폐하의 공업이고, 도탄에 빠진 백성을

26) 삼황에 대한 견해는 두 가지인데, 어떤 이는 천황天皇·지황地皇·인황人皇이라 하고, 어떤 이는 복희伏羲·여와女媧·신농神農이라고 한다.

어루만져 저마다 생업을 갖게 한 것이 폐하께서 도모한 이익입니다. 이로부터 말하면, 공을 세우고 이익을 도모하는 일은 많았습니다. 덕행과 어진 정치를 실행하는 것은 폐하께서 멈추지 않고 분발하면 반드시 이룰 수 있습니다."

정치적 혼란과 책임의 소재

정관 17년, 태종이 곁에서 모시는 신하에게 물었다.

"예로부터 나라를 창업한 군주가 그의 자손에게 나라를 전하면 혼란이 일어나는 일이 많은데, 이것은 무슨 이유 때문인가?"

사공司空 방현령이 말했다.

"이것은 어린 군주가 깊숙한 궁궐 안에서 성장하여 어려서부터 부귀영화를 누리고 인간 세상의 진실과 거짓을 알지 못하고, 또 나라의 통치와 혼란을 모르기 때문에 정치상에 있어 항상 혼란이 발생하는 것입니다."

태종이 말했다.

"여러 대신은 수많은 정치적 혼란을 군주의 허물로 미루고 있지만, 나는 그 죄를 신하에게 돌려야 한다고 생각하오. 공을 세운 신하의 자제 가운데 대부분은 재능도 덕행도 없으면서 조부와 부친이 쌓은 음덕에 기대 높은 자리를 차지하고 있으며, 덕행과 예의를 닦지 않으면서 사치와 방종을 좋아하오. 나이 어린 군주는 유약하고 신하 또한 그릇이 못 되니, 나라가 기울어 위급해져도 붙잡을 수 없소. 그러니 어찌 혼란스럽지 않겠소?

수양제隋煬帝는 우문술宇文述[27]이 변방에서 세운 공훈을 칭찬하고, 그의 아들 우문화급宇文化及[28]을 높은 지위로 발탁했소. 그러나 그는 군주에게 어떻게 보답할 것인지를 생각하기는커녕 오히려 군주를 시해했소. 이것이 어찌 신하의 잘못이 아니겠소? 내가 이런 말을 하는 것은 여러분이 자식들을 경계시켜 면려함으로써 가르침을 등지고 잘못을 범하지 못하도록 하려는 생각에서요. 이것은 가정과 나라를 위한 일이오."

태종이 다시 물었다.

"우문화급과 양현감楊玄感[29]은 모두 수왕조의 대신으로 크나큰 은

27) 자는 백통伯通이고 대군代郡 무천武川 사람이다. 북주 무제 때 아버지가 군사적인 공을 세워 개부開府로 임명되었다. 수문제 개황開皇 초년에는 안주총독으로 임명되었다. 그는 양광楊廣을 도와 태자 양용楊勇을 해치고, 문제로 하여금 태자를 폐위시키고 양광을 세우도록 했다. 양광은 즉위한 후 그를 좌위대장군左衛大將軍으로 임명하고, 허국공許國公으로 봉하였다. 그의 세력은 조정을 기울게 할 정도였다.

28) 우문술의 맏아들이다. 양제煬帝 때 우둔위장군右屯衛將軍으로 임명되었다. 대업大業 14년에 강도江都에서 병사를 일으켜 양제를 죽이고 진왕秦王 양호楊浩를 세우고 스스로 대승상大丞相이 되었다. 그는 군대를 이끌고 북상하였으나 동산童山에서 이밀李密에게 격파되었다. 남은 병사들을 인솔하여 위현魏縣으로 달려가 양호를 독살하고 스스로 제위에 올라 국호를 허許라 하고 연호를 천수天壽라고 했다. 그다음 해 두건덕과의 싸움에서 패하여 피살되었다.

29) 양소楊素의 아들로 작위를 세습받아 초국공楚國公이 되었으며 영주자사·예부상서를 역임했다. 대업 9년 양제가 고구려를 정벌할 때, 여양黎陽에 주둔하여 식량 운반을 감독하라는 명령을 받았다. 그는 "천하를 위해 현이 기우는 위험을 제거하고 여원黎元의 운명을 구한다."라는 구호 아래 병사를 일으켜 수나라에 모반을 하고, 10만여 명을 이끌고 낙양을 포위하여 공격했으나 한 달이 지나도록 이기지 못했다. 서쪽으로 가서 관중을 취하려고 했으나 수나라 병사들의 추격을 받고 싸움에서 패배해 자살했다.

총을 받은 자들이지만, 자손들이 모두 수왕조를 배반하였소. 이것은 무슨 까닭에서요?"

잠문본岑文本이 대답했다.

"군자는 은덕을 가슴에 품고 간직하는데, 양현감과 우문화급 같은 이들은 모두 소인입니다. 옛사람이 군자를 존중하고 소인을 경시했던 까닭입니다."

태종이 말했다.

"그렇소."

제7편

택관(擇官:관리 선발)

【해제】

한 나라의 관리는 군주와 백성을 연결하는 매개체 역할을 한다. 군주에게 관리는 천하를 두루 살펴볼 수 있는 눈이나 귀와 같은 존재이며, 백성에게 관리는 자신들의 권리와 의견을 대변해주는 사람이다. 그러므로 관리 선발은 나라를 통치하는 자에게 무엇보다도 중요한 문제가 아닐 수 없다.

〈택관〉 편에서는 무능한 관리 수만 명은 유능한 관리 한 명만도 못하다고 주장하고, 이것은 마치 1천 장의 양가죽이 여우 겨드랑이 털 하나만큼의 가치도 없는 것과 같은 이치라고 말한다. 태종은 오늘날 주변에 능력과 덕망을 갖춘 인재가 없는 것은 애써 찾지 않았기 때문이라며, 주나 군의 관원들에게 쓸 만한 인재를 추천하도록 하여 선발하는 한나라의 관리 선발 방식을 받아들였다.

천 장의 양가죽이 여우 겨드랑이 털 하나만 못하다

정관 원년, 태종이 방현령 등의 대신에게 말했다.

"[나라를] 다스리는 근본은 오로지 재능을 잘 헤아려 관직을 주고 관원의 수를 줄이는 일에 힘쓰는 데 있소. 그런 까닭에 《상서》〈함유일덕咸有一德〉에서는 '관원을 임명하는 일은 오직 현명함과 능력으로만 한다.'라고 하고, 또 〈주관周官〉에서는 '관직은 반드시 다 갖출 필요가 없고, 중요한 것은 사람을 알맞게 등용하는 것이다.'라고 했소. 현명하고 능력 있는 사람을 선발하여 등용하면 비록 관원의 수가 많지 않아도 충분하오. 그러나 선발하여 등용한 사람이 좋지 않다면, 설사 관원이 많아도 무엇에 쓰겠소!

옛사람들은 또 재능 있는 관원을 얻을 수 없는 것을 땅 위에 그린 떡을 먹을 수 없다는 데 비유하였소. 《시경》〈소아〉 '소민小旻'에서는 '정사를 도모하는 일에 참가하는 사람이 아무리 많아도 어질거나 능력이 없기 때문에 일을 성공시키지 못한다.'라고 했소. 공자는 또 '관중의 집에는 한 사람이 한 직책만을 맡고 겸임하지 않았는데, 어떻게 절약했다고 말하겠소?'[1]라고 하고, '천 장의 양가죽은 여우 겨드랑이 털 하나만큼의 가치도 없다.'[2]라고 했소. 이것은 모두 경전에 기록되어 있는 내용으로 일일이 상세하게 말할 수는 없소. 마땅히 관원을 가려 뽑아 줄이고, 그들이 각기 그 직책을 담당

1) 이 구절은 《논어》〈팔일〉에 나온다.

2) 《사기》〈상군열전商君列傳〉에 나온다. 상군이 조량趙良에게 "그대는 내가 진秦나라를 다스리는 것을 볼 때 오고대부五羖大夫의 현명함과 비교하여 누가 낫다고 생각하오?"라고 묻자 조량은 "천 마리의 양가죽은 한 마리 여우의 겨드랑이 가죽만 못합니다. 천 명의 아부하는 말은 한 사람이 정색으로 직언하는 것만 못합니다."라고 대답했다.

하도록 하시오. 이와 같이 하면, 아무 일을 하지 않아도 다스려질 수 있소. 그대는 이 이치를 자세히 생각해보고 관원의 직책 수의 많고 적음을 헤아려 결정하시오."

방현령 등은 그리하여 문무 관원 총 640명을 두기로 결정했다. 태종은 이 결정에 동의하였고, 이어 방현령에게 말했다.

"이 이후로 어떤 악공이나 기타 잡무에 종사하는 사람이 그 기술이 매우 뛰어나면 특별히 돈이나 비단 등을 내려 그들의 재능을 장려할 수 있소. 그들의 관직과 작위를 뛰어넘을 수는 없지만, 조정의 어질고 훌륭한 군자와 어깨를 나란히 하고 같은 자리에서 음식을 먹게 하여 조정에 있는 관원들로 하여금 부끄러움을 느끼게 할 것이오."

널리 보고 멀리 듣는 요령

정관 2년, 태종이 방현령과 두여회杜如晦에게 말했다.

"여러분은 복야의 신분이니 마땅히 나를 도와 국사를 처리하고 나를 위해 근심을 분담하며, 이목을 넓혀 총명하고 지혜로운 어진 선비를 구해야 하오. 최근 나는 여러분이 하루 수백 건에 이르는 소송을 받았다고 들었소. 이처럼 산더미같이 쌓인 공문을 열람하려면 눈코 뜰 새 없이 바쁠 텐데 어떻게 나를 도와 현명한 선비를 찾겠소?"

그런 이유로 상서성에 조서를 내려 하찮은 사무는 모두 좌우승左右丞[3]에게 위임하여 처리하도록 하고, 원한이나 의문이 있는 것만 상소하여 복야에게 주도록 했다.

정관 2년, 태종은 곁에서 모시는 신하들에게 말했다.

"나는 매일 밤 백성이 당면하고 있는 문제를 생각하고 있어서 어떤 때는 밤새 생각하느라 잠을 이루지 못하오. 도독이나 자사가 백성을 위로하는 중임을 감당할 수 없을까 두렵소. 그래서 그들의 성명을 내 방의 병풍에 적어놓고 앉아서나 누워서나 항상 보고 있는 것이오. 그들이 지방 관리로서 좋은 일을 하면 그것을 그 이름 아래에 기록하오. 나는 깊숙한 황궁 안에 있어 널리 보지 못하고 먼 곳의 일을 듣지 못하니, 오직 도독과 자사에 의지할 뿐이오. 이런 사람들이 사실 나라의 안위를 결정짓소. 그런 까닭에 특히 적당한 인물을 기용해야 하오."

사람을 임용하는 것은 그릇을 쓰는 것과 같다

정관 2년, 태종이 우복야右僕射 봉덕이封德彝에게 말했다.

"나라를 안정되게 다스리는 근본은 오직 사람들을 적절히 임용하는 데 있소. 근래 나는 그대에게 어질고 재능 있는 자를 추천하

3) 좌승左丞과 우승右丞을 함께 칭한 것이다. 당나라 제도에서 상서성에는 좌우승 각 한 명씩을 두어 상서성 장관의 사무 처리를 돕도록 했다. 이로써 어사의 탄핵이 부당하면 반박할 수 있게 했다. 좌승은 일반적으로 이吏·호戶·예禮 삼부의 일을 관리했고, 우승은 병兵·형刑·공工 삼부의 일을 관리했다.

도록 했는데, 그대는 아직까지 아무도 추천하지 않았소. 천하를 다스리는 임무는 매우 중하니, 그대는 나의 근심을 덜어주시오. 그대가 사람을 추천하시 않으면 내가 이 일을 누구에게 부탁할 수 있겠소?"

봉덕이가 대답했다.

"신이 비록 우매하지만 어찌 감히 마음과 역량을 다하지 않겠습니까! 그러나 현재까지 어떤 특수한 재능이 있는 자를 발견하지 못했습니다."

태종이 말했다.

"과거 영명한 군주는 사람을 임용하면서 그릇을 쓰듯이 그 장점을 쓰고, 모두 그 시대에서 인재를 선발하고 다른 조대에서 인재를 빌리지 않았소? 설마 은殷나라 고종이 꿈에서 부열傅說[4]을 보고, 주문왕이 여상呂尙[5]을 만난 것과 같은 기적을 기다린 연후에 나라를 다스릴 수 있겠소? 하물며 어느 조대인들 현명하고 능력 있는 인재가 없겠소? 단지 그들을 잊고 그들을 이해하지 못하는 것이 두렵소!"

봉덕이는 태종의 이 말을 듣고 부끄러워 얼굴을 붉히며 물러났다.

---

4) 은나라의 어진 재상이다. 무정武丁이 이름이 열說인 성인을 얻는 꿈을 꾸고 사방에서 찾았다고 전한다. 그는 본래 노예였으나 재상이 되어 국정을 잘 다스렸다.

5) 강자아姜子牙이다. 은나라 말에서 주나라 초기 사람으로 본래 성은 강姜인데, 그의 선친이 여몸에 봉해졌기 때문에 후에는 여몸를 성으로 삼았으며, 또 강상姜尙이라고도 불렸다. 호는 태공망太公望이다. 문왕이 위수渭水가에서 곧은 낚시로 고기를 낚고 있는 그를 만나 스승으로 삼았으며, 뒤에 태공망은 무왕을 도와 은나라의 주왕을 쳐서 멸망시켜 주나라를 세우고, 그 공으로 제나라의 제후가 되었다. 그가 낚시를 매우 즐긴 까닭에 오늘날 낚시를 즐기는 사람을 흔히 강태공이라 한다.

중후한 외모와 화려한 언어를 경계하라

정관 3년, 태종은 이부상서 두여회에게 말했다.

"요즘 내가 이부吏部에서 선발한 인재를 보니 단지 그들의 언사가 적당한지 그렇지 않은지, 문장이 엄한지 그렇지 않은지만을 보고 취했을 뿐, 그들의 품행이 고상한지 그렇지 못한지에 대해서는 알지 못했소. 몇 년이 지난 후 사악한 행적이 드디어 드러나기 시작할 때, 그들을 징벌하고 심지어 참수까지 할지라도 백성은 이미 그 해악을 입은 뒤일 것이오. 이를 어찌 덕과 재능을 겸비한 우수한 인재라고 할 수 있겠소?"

두여회가 대답했다.

"한나라 때의 인재 선발 과정은 모두 마을에서 덕행이 뛰어난 사람으로 주나 군의 관원으로부터 추천을 받은 연후에 선발하여 임용했기 때문에 당시 인재들이 훌륭하다고 일컬어진 것입니다. 현재 해마다 선발하는 인재가 수천 명이나 되며, 이들의 겉모습이 중후하고 언어가 화려하여 그들을 완전히 알 순 없습니다. 인재를 선발하는 관청에서는 단지 그들에게 일정한 지위와 등급을 나눠줄 뿐입니다. 인재를 평가하여 선발하는 이치가 사실상 정밀하지 않은 까닭에 인재를 얻을 수 없는 것입니다."

태종은 한대 관리 선발 방식에 따라 각 주나 군에서 불러 추천하도록 하고, 공신 등은 대대로 봉토와 작위를 세습하도록 명령했다.

그렇게 하여 이 일은 매듭지어졌다.

태평성대에는 덕망과 재능을 겸비한 자가 필요하다

정관 6년, 태종이 위징에게 말했다.

"옛사람이 말하기를 '군주 된 자는 반드시 인재를 택하여 관직을 맡기는데, 경솔하게 사람을 쓸 수 없다.'라고 했소. 나는 지금 한 가지 일을 할 때마다 천하 사람들이 보도록 하고, 말 한마디를 할 때마다 천하 사람들이 듣도록 하고 있소. 정직하고 좋은 사람을 기용한다면 좋은 일을 하는 사람들을 위해 모두 선을 권하지만, 나쁜 사람을 잘못 기용하면 선하지 못한 사람들이 다투어 나오게 되오. 상이 그 공로에 합당하면 공로가 없는 사람은 자연스럽게 물러날 것이고, 형벌이 그 죄에 맞는다면 사악한 사람은 경계하고 두려워할 것이오. 그런 까닭에 나는 포상과 징벌을 가볍게 시행할 수 없게 하고, 사람을 임용하는 일에 있어 신중히 선택할 것이오."

위징이 대답했다.

"인물의 사악함과 바름을 확실하게 아는 일은 예로부터 매우 어려웠습니다. 그런 까닭에 관원의 실적을 살펴보고 그들의 강등과 승진을 결정했으며, 그들의 실제 언행이 좋은지 나쁜지를 보고 결정하려고 했습니다. 현재 인재를 선발하려면 반드시 그들의 품행을 엄격히 살펴야 합니다. 만일 살펴본 결과 그들의 품행이 매우 훌륭하다면 기용해야 합니다. 설령 이 사람이 어떤 일을 처리할 수 없다고 하더라도, 능력이 미치지 못하는 것일 뿐 큰 잘못은 없습니다. 그러나 잘못하여 나쁜 사람을 기용한다면, 설사 이 사람의 능력이 뛰어나고 재간이 있다 해도 이런 사람의 폐해는 아주 크다고 할 수 있습니다. 천하가 혼란할 때는 오직 그들이 지니고 있는 재능만을 요구할 뿐 그들의 덕행 여부는 돌아보지 않습니다. 그렇지만 태평성대한 시대에는 재능과 덕행을 모두 갖춘 사람만이 기용될 수 있습니다."

지방관의 선발도 소홀히 할 수 없다

정관 11년, 시어사侍御史 마주馬周가 상소를 올려 말했다.

"천하를 다스리는 문제는 사람을 근본으로 해야 합니다. 만일 백성을 안락하게 하려면, 그 관건은 좋은 자사와 현령을 선발하여 기용하는 데 있습니다. 현령은 그 수가 많지만, 모두 어질고 재능 있다고는 할 수 없습니다. 만일 모든 주에서 어질고 훌륭한 자사를 기용한다면, 모든 주 안의 백성은 편히 살면서 경제를 소생시킬 수 있습니다. 천하의 자사가 전부 폐하의 생각에 부합하면, 폐하께서는 편안히 자세를 바로잡고 조정 위에 앉아 백성이 안락하지 못할까 걱정하지 않아도 됩니다. 옛날부터 군수와 현령은 모두 어질고 덕망 있는 사람을 정선하여 담당하도록 했습니다. 그들을 선발하여 장군이나 재상이 되게 하려면, 먼저 지방관의 위치에서 백성을 다스리게 하여 민정을 살피도록 해야 합니다. 어떤 경우는 봉록 2천 석石[6]의 군수 중에서 승상, 사도司徒, 태위太尉로 선발되는 사람이 있습니다. 조정에서는 단지 조정 안에서 일하는 신하만을 중시하여 자사나 현령과 같은 지방관의 선발을 소홀히 할 수는 없습니다. 그러므로 백성이 안락할 수 없다면 그 원인은 대체로 여기에 있는 것입니다."

태종은 이 때문에 곁에서 모시는 신하들에게 이렇게 말했다.

"자사는 마땅히 내가 직접 선발할 것이다. 현령은 중앙 관리로 5품 이상인 자에게 명하여 각자 한 사람씩 추천하도록 하라."

상서성의 관리를 엄선해야 나라의 기강이 선다

정관 11년, 치서시어사治書侍御史 유계劉洎는 상서성 좌우승은 특히 정선해야 한다고 여겨 상소를 올려 이렇게 말했다.

"신은 상서성에서 담당하는 정무가 사실상 국사를 처리하는 관건이라고 들었습니다. 상서성의 적임자를 선발하여 적절한 관직을 주는 일은 확실히 어렵습니다. 그러므로 사람들은 좌우복야·6부

6) 한대 군수郡守의 별칭이다. 한나라 군수는 봉록을 2천 석을 받았기 때문이다.

장관을 하늘의 문창궁文昌宮의 별에 빗대고, 좌우승을 상서관의 중추에 비하고 있습니다. 상서성의 주요 장관에서 각 조랑曹郎에 이르기까지 모두가 하늘의 별에 상응합니다. 만일 상서의 관직이 그 직책에 적합하지 않다면, 높은 자리만 꿰차고 앉아 사람들의 비난을 불러일으킬 것입니다. 근래 저는 상서성의 조칙詔敕이 제때에 처리되지 않고, 문서가 책상 위에 쌓여 있는 것을 보았습니다. 저는 참으로 평범하고 열등한 사람이지만, 이러한 상황이 발생한 근원을 말하도록 허락해주십시오.

정관 초년, 나라에는 상서령尙書令이나 좌우복야와 같은 관직이 없었습니다. 그때 상서성의 사무는 매우 바쁘고 복잡하여 지금에 비해 배나 많았습니다. 그러나 당시 좌승 대주戴胄, 우승 위징은 모두 정부의 공무에 밝은 사람이었으며, 성품이 공평하고 정직했으므로 탄핵할 일이 있으면 피하지 않았습니다. 폐하 또한 어진 정치를 펼쳤습니다. 그리하여 자연스럽게 백관들을 장중하고도 엄숙하게 만들었습니다. 이처럼 모든 관청이 게으르지 않았는데, 이것은 또 사람을 적당하게 기용했기 때문입니다. 두정륜杜正倫이 위징을 이어 우승으로 임명되어서도 하급 부서들을 독려할 수 있었습니다.

요즘 나라의 중요한 기강은 세워지지 않고, 공로가 있는 자와 천자의 친족이 높은 지위를 차지하고 있어 그 재능이 그 임무에 걸맞지 못하며, 또 공적과 권세에 기대 서로 어긋나고 있습니다. 관직을 맡고 있는 관리는 나라의 법률 준칙을 준수하지 않고, 어떤 경우는 비록 발분하여 노력하려 하지만 그에 앞서 참언이나 비방을 두려워합니다. 때문에 일이 있으면 낭중郎中[7]으로부터 빼앗아 주고, 문제가 발생하면 오직 상급 기관에 보일 뿐입니다. 상서는 또 거짓에 의지해서는 과감하게 결정하지 못합니다. 어떤 경우는 탄핵하는 상소문을 살펴보며 고의로 미루어 판결하지 않으며, 사건의 진상은 이미 분명해졌을지라도 여전히 하급 기관에 신문을 넘깁니다. 아래로 내려가면 기한이 없고 돌아와도 그들의 지연을 꾸짖지 않습니다. 공문 하나가 일단 손안에 들어오면 몇 년이 걸립니다. 어떤 일은 천자의 뜻에 영합하기 위해 실제 상황에 따라 처리하지 않고, 어떤 일은 의심을 회피하기 위해 정당한 이유를 억누릅니다. 사건을 처리하는 관리는 단지 서류상으로만 완벽하게 하여, 일을 끝내고 나면 옳고 그름을 추궁하지 않습니다.

상서는 아첨 잘하는 것을 자기의 바른 일로 간주하고 이치에 맞는지 그른지는 말하지 않습니다. 서로 원칙 없이 관용을 베풀면서 미봉책만 쓸 뿐입니다. 게다가 많은 사람 중에서 인재를 선발하여 관직을 주니, 재능이 없는 사람은 근본적으로 추천받아 임용될 수 없습니다.

이런 사람이 하늘의 뜻을 대신해서 백성을 다스리는데 어찌 재능 없는 사람에게 마음대로 줄 수 있겠습니까? 황실의 종친이나 외척과 공신은 예의상 우대해야 마땅합니다. 어떤 사람은 아주 연로하고, 어떤 사람은 장기간 질병에 걸려 정신이 맑지 못하니, 정치를

---

7) 상서성의 상서尙書와 시랑侍郎이다. 승丞 아래의 고급 관원으로 각 조曹의 사무를 나누어 관리한다.

시행함에 있어서는 좋은 점이 없으므로 그들을 쉬도록 하여 봉양해야 합니다. 장기적인 측면에서 그들은 재능 있는 사람을 기용하는 데 장애가 되니, 결코 적합하지 않습니다.

이러한 병폐를 제거하고자 한다면 마음을 다해 상서성의 좌승과 우승, 좌낭중과 우낭중을 선발해야 합니다. 만일 이러한 중요한 직무를 모두 적당한 사람을 얻어 담당하도록 한다면, 자연히 나라의 중요한 기강은 완벽하게 실시될 수 있을 것이고, 당연히 소인들이 서로 경쟁하는 기풍도 바로잡을 수 있을 것입니다. 어찌 조칙의 시행이 지연되는 현상만을 멈출 뿐이겠습니까!"

상소문이 올려진 후 오래지 않아 유계를 상서성 좌승으로 임명하였다.

자천은 위험하다

정관 13년, 태종이 곁에서 모시는 신하들에게 말했다.

"나는 나라가 태평해진 뒤에는 반드시 대란이 나타나고, 대란이 있은 뒤에는 반드시 크게 다스려진다는 말을 들었소. 지금은 대란의 뒤를 이었으므로 크게 다스려지는 때요. 천하를 안정시킬 만한 인물을 구하는 관건은 재능 있는 사람을 기용하는 데 있소. 여러분은 현명하고 재능 있는 자가 어느 곳에 있는지 분명히 알지 못하고,

나 또한 천하 사람을 두루 알 수는 없소. 이처럼 하루하루가 가면 어질고 재능 있는 사람을 얻을 방법이 없소. 나는 지금 사람들로 하여금 자천自薦하도록 하려고 하오. 이렇게 현인을 추천하게 하는 것이 어떻겠소?"

위징이 말했다.

"다른 사람을 이해할 수 있는 사람은 지혜로운 사람이고, 스스로를 알 수 있는 사람은 총명한 사람입니다. 다른 사람을 아는 것은 매우 어려운 일이며, 스스로 아는 것 또한 정말로 쉽지 않습니다. 더욱이 어리석은 사람은 모두 자기의 재능과 선행을 자만하여 자랑합니다. 이와 같으니 명리를 추구하는 얄팍한 기풍이 조장될까 두렵습니다. 자천은 불가합니다."

대의로써 신하를 인도하라

정관 14년, 특진 위징이 상소를 올려 말했다.

"신은 신하를 아는 데는 군주가 제일이고, 자식을 아는 데는 부모가 제일이라는 말을 들었습니다. 아버지가 그 아들을 이해할 수 없다면 한 가정을 화목하게 할 수 없고, 군주가 그 신하를 알 수 없다면 천하로 하여금 협력하여 일치단결하게 할 수 없습니다. 천하가 태평하고 군주가 선량하면 반드시 충성스럽고 어진 사람에게 기대 보좌하도록 해야 합니다. 어질고 능력 있는 사람이 조정에서 관리가 되면 각종 업적은 모두 성공적으로 이루어질 수 있고, 군주가 억지로 노력하지 않아도 저절로 교화될 것입니다. 그런 이유로 요·순·문·무 왕은 이전 시대에 칭송받았습니다. 이들은 모두 신하를 잘 알았기 때문에 영명한 군주가 되었고, 많은 수의 어진 선비가 조정에 가득 차게 되었습니다. 팔원八元[8]·팔개八愷[9]는 순을 보좌하여 위대한 공적을 이루었고, 주공과 소공의 공업은 아름답게 광채를 발합니다. 그러면 사악四岳[10]·구관九官[11]·오신五臣[12]·십란十亂[13]과 같은 어진 신하는 과거 시대에만 살았고 유독 오늘에만 없습니까? 이러한 원인은 군주가 그러한 이들을 구하고 구하지 않는 것, 좋아하고 좋아하지 않음에 있을 뿐입니다! 무엇 때문에 이처럼 말하겠습니까?

아름다운 옥, 밝은 구슬, 공작, 비취, 무소뿔, 상아, 대원大宛의 좋은 말, 서이국西夷國의 맹견, 어떤 것은 다리가 없고, 어떤 것은 감정이 없으며, 그것들은 모두 팔방의 황량한 곳에서 생산되며 만 리 밖 먼 곳에서 걸어 다닙니다. 이국 사람들은 여러 번 통역을 거쳐야만

8) 고대 전설 속에서 고신씨高辛氏의 자손으로 재능과 덕망이 뛰어난 여덟 명을 말한다.

9) 고양씨高陽氏의 자손으로 재덕을 갖춘 여덟 명을 말한다.

10) 사악은 사방 부락의 우두머리로, 순을 추천하여 요의 계승자가 되게 했으며, 순이 제위를 계승한 후에는 또 우禹를 추천하여 순을 돕도록 하였다.

11) 순임금 때의 아홉 명의 대관으로, 사공司空·후직后稷·사도司徒·사士·공공共工·우虞·질종秩宗·전악典樂·납언納言이다.

12) 다섯 명의 어진 신하로, 역사서에서는 기록에 따라 가리키는 사람에 차이가 있다.《논어》〈태백〉에서는 우禹·직稷·설契·고요皐陶·백익伯益을 지칭했다.

13) 나라를 다스린 능력 있는 신하 열 명으로 주공단周公旦·소공석召公奭·태공망太公望·필공畢公·영공榮公·대전大顚·굉요閎夭·산의생散宜生·남궁적南宮適·읍강邑姜을 말한다.

조공을 바칠 수 있습니다. 그처럼 길마저 끊긴 머나먼 만 리 길에서 옥을 바치는 사람이 줄을 잇는데, 이것은 무엇 때문입니까? 이것은 중원이 이러한 물건을 좋아하기 때문입니다. 게다가 벼슬길에 오른 관리들은 마음속으로 군주가 내려주는 영화를 받으려 하고, 군주가 주는 봉록을 먹으려고 생각합니다. 대의로써 그들을 인도하면 그들이 어느 곳인들 이를 수 없겠습니까?

제 생각으로는 그들을 효로써 가르치면 증삼[14]이나 민자건閔子騫[15]과 같은 효자로 만들 수 있고, 그들을 충성으로써 가르치면 관용봉關龍逢이나 비간比干처럼 충신이 되게 할 수 있으며, 그들을 신뢰로써 가르치면 미생尾生[16]이나 전금展禽[17]처럼 신의를 지키고 흔들리지 않는 사람이 되도록 할 수 있고, 그들을 청렴함으로써 가르치면 백이伯夷나 숙제叔齊[18]처럼 청렴한 선비가 되게 할 수 있습니다."

14) 남무성南武城 사람으로 자는 자여子輿이다. 공자는 그가 효심이 매우 깊다고 여겨 가르침을 베풀었다. 후세 봉건 통치자들에 의해서 종성宗聖으로 존중되었다.

15) 이름은 손損이고 춘추시대 노나라의 유학자로 공자의 제자이다. 공자의 문하생 가운데 안회顔回와 더불어 덕행德行으로 이름이 나 있다.

16) 《장자》〈도척〉에 나오는 이야기이다. 그는 신용을 지킨 사람으로 유명하다. 그는 사랑하는 여자와 다리 아래에서 서로 만날 약속을 하고, 그날이 되자 그곳에서 기다렸다. 그런데 여자는 약속 시간에 나타나지 않았다. 마침 홍수가 일어났으나 그는 피하지 않고 다리 기둥에 의지하다가 결국 익사했다. 후세 사람들은 미생을 미련하게 신의를 지킨 대표적인 인물로 자주 거론한다.

17) 유하혜柳下惠이다. 전획展獲이라고도 부르며 이름은 금禽이다. 춘추시대 노나라 대부로 식읍이 유하에 있었으며, 어질고 능력 있는 자로 불렸다. 노희공魯僖公 26년 제나라가 노나라를 공격했을 때, 제나라 병사가 물러가도록 설득하여 노나라를 전란으로부터 피할 수 있도록 했다.

신하의 행위에는 여섯 가지 장단점이 있다

"그러나 현재 신하 가운데 품덕品德, 청렴, 재능이 출중한 사람이 매우 적은 이유는 대부분 그들에게 엄하지 않은 것을 요구하고, 심혈을 기울여 연마시키지 않았기 때문입니다. 만일 충직함과 공정함으로 나라를 위해 그들을 장려하고, 원대한 이상으로 그들을 독려하며, 각기 직책을 주면 자기주장을 행할 수 있습니다. 권문귀족들은 그들이 추천한 사람을 관찰하고, 부유한 사람은 그들이 쌓아놓은 물건을 관찰하며, 평민은 그들이 좋아하는 일을 관찰하고, 학습하는 자는 그들이 한 말을 관찰하고, 빈곤한 사람은 그가 받는 물건을 관찰하고, 비천한 자는 그가 하지 않는 일을 관찰해야 합니다. 그런 연후에 그들의 장점에 따라 뽑아서 쓰고, 그들의 재능을 심사하여 임용하며, 그들의 장점으로 그들의 단점을 가립니다. 또 육정六正으로 그들을 장려하고, 육사六邪로 그들을 경계하면 엄격하게 감독하지 않아도 스스로 떨칠 수 있으며, 장려하지 않아도 매일 스스로 할 수 있습니다.

---

18) 은나라 말기 고죽군孤竹君의 자식들로 고죽군은 죽기 전에 둘째 아들 숙제叔齊를 후계자로 지목했으나, 고죽군이 죽은 후 숙제는 그 자리를 형 백이에게 양보했고, 백이는 받아들이지 않았다. 이 두 사람은 후에 결국 모두 주나라로 투항하였다. 이들은 주무왕이 은나라의 주왕을 토벌하는 것을 반대했는데, 그 이유는 아버지의 장례를 치르지 않고 전쟁을 일으키는 것은 효孝가 아니고, 신하가 군주를 시해하려는 것은 인仁이 아니기 때문이라고 했다. 그러나 무왕은 결국 은나라를 멸망시켰다. 그러자 백이와 숙제는 주나라의 백성이 되는 것을 치욕으로 여기고, 지조를 지켜 주나라의 양식을 먹지 않고 수양산首陽山으로 들어가 은둔 생활을 하며 고비를 꺾어 그것으로 배를 채웠다. 그들은 굶주려서 곧 죽으려고 하였을 때 노래를 지었는데 그 가사는 이러하다. "저 서산西山에 올라 산중의 고비나 꺾자꾸나 / 포악한 것으로 포악한 것을 바꾸었으니 / 그 잘못을 알지 못하는구나 / 신농神農·우虞·하夏의 시대는 홀연히 지나가버렸으니 / 우리는 장차 어디로 돌아간단 말인가? / 아! 이제는 죽음뿐이로다 / 쇠잔한 우리의 운명이여!"

그런 까닭에 《설원說苑》[19]에서는 '신하의 행위에는 육정과 육사의 구별이 있다. 육정에 따라 하면 영광스러울 것이고, 육사를 범하면 치욕스러울 것이다. 무엇이 육정인가? 첫째, 일의 맹아가 아직 움직이지 않고 형체가 드러나기 전에 독자적으로 나라의 존망과 득실의 요령을 미리 정확히 보고, 재앙이 일어나기 전에 그것을 소멸시켜 군주로 하여금 영광된 지위에 있도록 하는 것이다. 이와 같은 신하는 성신聖臣이다. 둘째는 전심전력으로 국사를 처리하고 매일같이 군주에게 좋은 의견을 바치며, 예의로써 군주를 염려하고, 훌륭한 계책은 군주에게 아뢰고, 군주에게 좋은 생각이 있으면 따르고, 군주에게 허물이 있을 때는 바로잡는다. 이와 같은 신하는 양신良臣이다. 셋째, 일찍 일어나고 늦게 자며, 현명하고 재능 있는 자를 추천하는 일에 게으르지 않고, 항상 고대 현인의 행실을 칭찬하며, 그것으로 군주의 의지를 격려한다. 이와 같은 신하는 충신忠臣이다. 넷째, 일의 성패를 분명하게 볼 줄 알고, 일찍 대비하고 법을 세워 보충하며, 새는 부분을 막고 재앙의 뿌리를 끊으며, 재앙을 복으로 만들어 군주로 하여금 시종 근심이 없게 한다. 이러한 신하가 지신智臣이다. 다섯째, 법도를 준수하며, 인재를 추천해 직무를 잘 처리하고, 뇌물을 받지 않으며 봉록을 탐하지 않고, 상을 다른 사람에게 사양하고, 음식을 절약하며 검소하게 산다. 이러한 신하는 정신貞臣이다. 여섯째, 군주가 어리석어 나라에 혼란이 발생할 때, 아첨하며

19) 전한 시기 유향劉向이 편찬한 것으로, 원래는 20권으로 구성되었으나 후에 소실돼 5권만 전한다. 북송의 증공曾鞏이 더 수집하여 다시 20권으로 만들었다. 〈군도君道〉, 〈신술臣術〉, 〈건본建本〉, 〈입절立節〉 등 20문門으로 구분하였고, 선진 시기부터 한대까지의 역사적 사실과 유명인의 일화를 분류하여 편집했으며, 유가의 정치와 윤리 사상을 분명하게 밝히고 있다.

윗사람의 행위를 따르지 않고, 과감하게 군주의 성난 안색을 범하고, 군주의 허물을 면전에서 논의한다. 이러한 신하는 직신直臣이다. 이상 여섯 가지를 육정이라 한다.

무엇을 육사라고 하는가? 첫째, 관직에 안주하고 봉록을 탐하며 공사에 힘쓰지 않고, 세태의 흐름에 따라 부침하며, 일이 발생하면 관망할 뿐 자신의 주관적인 견해는 조금도 없다. 이러한 신하는 숫자만을 채운 구신具臣이다. 둘째, 군주가 어떤 말을 하든 모두 좋다고 하고, 군주가 어떤 일을 하든 모두 옳다고 하며, 은밀히 군주가 좋아하는 것을 찾아 바치고, 그것으로 군주의 눈과 귀를 즐겁게 하고, 군주의 수법에 영합하여 자신의 관직을 보존하며, 군주와 함께 즐기면서 이후의 폐해에 대해서는 돌아보지 않는다. 이러한 신하는 윗사람에게 아첨하는 유신諛臣이다. 셋째, 마음속은 간사하고 사악한 생각으로 가득 차 있으면서 겉으로는 근신하고 교묘한 말과 온화한 낯빛으로 다른 사람의 환심을 사지만 속으로는 어진 사람을 질투한다. 그가 누군가를 추천할 때는 그 사람의 우수한 점을 과장되게 칭찬하고 단점은 가리며, 누군가를 비방할 때는 그 사람의 허물을 과장되게 나타내고 우수한 점은 가려 군주가 포상과 징벌을 모두 적절하게 시행하지 못하게 하고, 명령을 집행할 수 없게 한다. 이러한 신하는 간신奸臣이다. 넷째, 교묘하게 잘못을 가리고 궤변으로 유세遊說를 하며, 속으로는 골육지친의 관계를 이간하고, 밖으로는 조정에서 반란을 조성한다. 이러한 신하는 참신讒臣이다. 다섯째,

대권을 쥐고 전횡하며 사사건건 시비를 걸고, 사사로이 패거리를 지어 자기 집만 부유하게 하고 임의로 성지聖旨를 위조하여 스스로 존귀해지게 한다. 이러한 신하는 적신賊臣이다. 여섯째, 화려하고 교묘한 말로 군주를 속여 군주가 불의에 빠지게 하고, 사사로이 당파를 결성하여 군주의 눈을 가리고 군주로 하여금 흑백을 구분하지 못하게 하며, 시비가 불분명하여 군주의 악명이 전국에 전해지고 사방의 이웃 나라에까지 퍼지도록 한다. 이러한 신하는 나라를 멸망시키는 망국지신亡國之臣이다. 이상 여섯 종류를 육사라고 한다.

어진 신하는 육정의 원칙에 서서 육사의 권모술수를 실행하지 않기 때문에 군주는 편안해하고, 백성은 다스려진다. 이러한 사람이 살아 있을 때 백성은 좋아하고, 죽은 후에는 백성이 그리워한다. 이것이 신하 되는 방법이다.'라고 했습니다. 《예기》 〈경해經解〉에서는 '저울을 그곳에 걸면 무게로써 그것을 속일 수 없다. 장인이 직선을 긋는 도구를 그곳에 두면 곡직曲直으로 그것을 속일 수 없다. 컴퍼스와 직각자가 그곳에 설치되면 원방圓方으로 그것을 속일 수 없다. 군자가 예의에 밝으면 간사함으로 그를 속일 수 없다.'라고 했습니다. 이와 같으면 신하의 진실과 거짓을 알기 어렵지 않습니다. 또 예의 규범으로 그들을 대하고, 법을 집행하는 수단으로 그들을 제어하며, 좋은 일을 하면 상을 받고 나쁜 일을 하면 징벌을 받는다면 어찌 감히 그곳에 이르려고 하지 않겠습니까? 어찌 감히 나라를 위해 힘쓰지 않겠습니까?"

포상과 징벌에는 공정하라

"국가에서 충성스럽고 어진 사람은 발탁하고 재능 없는 사람은 파면하려고 한 지 이미 10여 년이 지났습니다. 그러나 단지 이러한 말만 들었을 뿐 이러한 사람을 보지는 못했습니다. 무엇 때문입니까? 이것은 말은 옳지만 하는 일이 잘못됐기 때문입니다. 옳은 말은 공정한 도리에서 나오고, 잘못된 일은 사악한 길로 달려갑니다. 옳고 그름이 서로 뒤섞여 있고, 좋음과 나쁨이 서로를 질책합니다. 군주가 좋아하는 사람은 비록 죄가 있어도 벌을 내릴 수 없으며, 군주가 싫어하는 사람은 잘못이 없어도 징벌을 면하지 못합니다. 이것은 아끼는 사람은 살기를 바라고 증오하는 사람은 죽기를 바란다는 말입니다. 어떤 이의 경우는 아주 작은 허물 때문에 그의 큰 선행을 버리고, 작은 허물 때문에 그의 큰 공적을 잊기도 합니다. 이것은 군주의 상은 공이 없으면 취할 수 없고, 군주의 징벌은 죄가 있으면 면할 수 없음을 말합니다. 상이 사람들의 선행을 권하지 못하고, 징벌이 악한 사람을 징벌하지 못하면서 나쁜 사람과 좋은 사람이 뒤섞이지 않기를 바라는 것이 가능하겠습니까?

만일 상을 내림에 있어 소원한 사람을 빠뜨리지 않고, 처벌을 함에 있어 종친이나 귀중한 신하를 편애하지 않으며, 공평함을 시비를 재는 표준으로 삼고, 인의를 선악을 구분하는 줄로 삼으며, 관리의 시비와 공과 허물을 잘 살펴서 그들이 맡은 직책의 명분을 정하고, 담당하고 있는 임무에 따라 관리의 우열을 이해하면, 간사함과 정직함이 모두 가려지고, 좋음과 나쁨이 자연스럽게 분명해집니다. 그런 연후에 질박함을 취하고 화려하고 알맹이 없는 것을 중시하지 않으며, 중후한 것을 안배하고 천박한 것을 남기지 않는다면, 말하지 않아도 천하가 교화되어 1년 내에 결과를 알 수 있을 것입니다. 만일 단지 표면적인 아름다움만 있고 내적 재능이 없는 사람을 좋아하여 백성을 위해 훌륭한 관리를 선발하지 않으며, 공정한 말만 있고 공정한 행동은 없어 아끼는 사람에 대해서는 그의 악행을 모른 척하고, 싫어하는 사람에 대해서는 그의 우수한 점을 잊고, 오직 개인적인 은혜와 원망으로부터 출발하여 간사하고 아첨하는 소인을 가까이하며, 공정한 원칙을 등지고 충직하고 어진 사람을 멀리한다면 새벽부터 밤늦게까지 게으르지 않고 몸과 마음을 수고롭게 하면서 나라를 다스려도 성공할 수 없습니다."

상소문이 올려지자 태종은 매우 칭찬하고 이러한 의견을 받아들였다.

때로는 말이 필요 없다

정관 21년, 태종은 취미궁翠微宮[20]에서 사농경司農卿[21] 이위李緯를 호

20) 처음에는 태화궁太和宮이라고 했다.

21) 사농시司農寺 장관이다. 사농시는 북제 때 처음으로 설치되어 수·당까지 이어졌으며, 식량 비축, 정원의 과실 등을 관리했다. 송나라 신종神宗 때는 신법新法을 시행하는 중요 기구로서 농사, 수리, 부역 등을 담당했다.

부상서戶部尙書로 임명했다. 방현령은 그 당시 수도 장안에서 유수留守로 있었다. 마침 수도에서 오는 사람이 있었으므로 태종이 그에게 물었다.

"방현령은 내가 이위를 호부상서로 임명했다는 소식을 들은 후 어떤 의견이 없었소?"

수도에서 온 사람이 대답했다.

"방현령은 단지 '이위의 수염이 아름답게 자랐구나.'라고만 하고 다른 말은 하지 않았습니다."

태종은 이에 이위를 낙주자사洛州刺史로 고쳐서 제수했다.

제8편

봉건(封建 : 봉건제)

【해제】

봉건제란 분봉제分封制라고도 하는데 군주가 자신의 혈족이나 공신들의 멀고 가까움에 따라 자신의 영토를 나누어주고 다스리게 하는 제도이다. 그런데 혈연관계가 강조된다는 점에서 계약제 성격이 강한 서양 봉건제와는 분명히 다르다.

태종은 봉건제가 자손 대대로 왕권을 강화할 수 있는 길이라 여기고 이를 시행하려 했다. 그러나 신하들은 친척을 모두 왕으로 봉하면 그들에게 노동할 사람을 주어야 하고, 이것은 백성의 고통을 가중시키는 일이라면서 결국 이는 황제의 친척을 살리는 것일 뿐이라고 지적했다. 또 제후들의 자제는 대부분 시간이 흐를수록 부친이나 선배가 이룬 창업의 어려움을 잊어 음란하고 포악한 행위를 일삼게 되고, 또한 사치와 교만이 더해지기 때문에 이러한 현상이 지속되면 나라의 기강을 뒤흔들게 되므로 봉건제는 폐지되어야 한다고 주장했다. 아울러 관직과 작위의 세습제도를 폐지하면 어질고 능력 있는 사람을 많이 등용할 수 있고, 설령 봉건제를 실행하더라도 재능과 덕행에 근거하여 관직과 작위를 주면 나라의 기강이 바로 설 것이라고 간언했다. 태종은 신하들의 의견을 수렴하였다.

공신을 예우하는 법

정관 원년, 중서령中書令 방현령을 한국공邗國公으로 봉하고, 병부상서 두여회를 채국공蔡國公으로 삼았으며, 이부상서 장손무기長孫無忌를 제국공齊國公으로 봉했다. 또 이들 모두를 일등 공신에 속하도록 하고, 식읍 1300호를 주었다. 태종의 숙부 회안왕淮安王 이신통李神通[1]은 다음과 같은 의견을 제시했다.

"고조가 당초 의병을 일으켰을 때 저는 병사들을 이끌고 먼저 장안으로 갔습니다. 현재 방현령 등은 모두 붓을 놀리는 사람으로 공훈이 일등에 나열되었는데, 저는 마음속으로 굴복하지 못하겠습니다."

태종이 말했다.

"나라에서 가장 큰일은 포상과 징벌입니다. 포상은 그 공로에 상당하는 것이므로 공로가 없는 사람은 자연스럽게 물러나게 됩니다. 징벌은 그 죄에 상당하는 것으로 악행을 저지른 사람들이 모두 두려워할 것입니다. 이로부터 포상과 징벌이 가볍게 시행할 수 없는 것임을 알 수 있습니다. 지금은 공훈의 크고 작음에 따라 상을 시행했습니다. 방현령 등은 전쟁터에서 세운 공은 없지만, 전쟁이 있을 때에는 대장의 본영에서 책략을 세우고, 혼란을 평정한 후에는 나라의 경영 방책을 확립하여 큰 공적을 세웠습니다. 그리하여 한나라의 소하蕭何는 비록 전쟁터에서 공을 세우지는 않았지만, 전시에는 후방에서 지령을 내리고, 전후에는 한고조를 천자로 추대했기

1) 이연李淵의 사촌형제이다.

때문에 그 공이 첫 번째가 될 수 있었던 것입니다. 숙부는 당왕조의 친척이므로 포상하는 것을 아끼지는 않겠지만, 사사로운 정 때문에 공이 있는 신하들과 상을 똑같이 줄 수는 없습니다."

그리하여 공신들이 서로 이렇게 말했다.

"폐하께서는 가장 공정한 태도로 우리를 대했으며, 상을 내림에 있어서 황실의 친척들을 편애하지 않았다. 우리가 또 무엇 때문에 허튼소리를 할 수 있으랴."

당초 고조는 황족의 친척 명부를 만들어 형제나 조카·2, 3대 자손·어린아이 이상으로 왕에 봉한 자가 수십 명이나 되었다. 이 일에 이르러 태종은 신하들에게 말했다.

"양한兩漢 이후로는 아들과 형제만을 왕으로 봉했소. 먼 친척으로 큰 공이 없으면 한조의 유가劉賈[2]나 유택劉澤[3]처럼 모두 봉해질 수 없었소. 만일 친척을 모두 왕으로 봉하면 그들에게 노동에 종사할 사람을 주어야 하는데, 이것은 백성의 고통을 가중시키면서 자기 친척을 살리는 것이오."

그리하여 종실 가운데 과거에 군왕으로 봉해졌어도 공로가 없는 사람은 모두 현공縣公으로 강등시켰다.

2) 한고조의 사촌형이다. 고조가 천하를 평정한 후 형왕荊王으로 봉해졌다. 후에 경포黥布가 모반하였을 때 피살되었다.

3) 여후가 정치를 맡았을 때 낭야왕琅琊王으로 봉해졌다. 여후가 죽자 제왕齊王과 도모하여 여러 여씨를 살해하고, 장안에 이르러 대왕代王을 황제로 옹립하고 연왕燕王으로 봉해졌다.

나라의 흥망성쇠는 사람의 다스림에 달려 있다

정관 11년, 태종은 주왕조가 종실의 자제를 제후로 봉하여 왕위를 8백여 년간 계승하였고, 진왕조는 제후 분봉제도를 폐지하여 겨우 진시황秦始皇 다음 대인 진이세秦二世 때 멸망했다고 보았다. 한나라 고조의 황후인 여후呂后[4]가 유씨劉氏 천하를 위태롭게 만들려고 하자, 최후에는 왕실의 역량에 의지해서 안정을 얻었으니, 이렇게 보면 황실의 친척과 어진 신하를 제후로 봉하는 것이 자손으로 하여금 영원히 이어가게 하는 방법이다. 그리하여 제도를 규정하여 형주도독 형왕荊王 이원경李元景, 안주도독 오왕吳王 이각李恪 등 스물한 명, 또 공신 사공 조주자사 장손무기, 상서좌복야尙書左僕射 송주자사 방현령 등 열네 명을 모두 세습 자사世襲刺史로 삼았다.

예부시랑禮部侍郎 이백약李百藥[5]은 상소문을 올려 작위를 세습하는 일을 비판했다.

"신은 나라를 다스리고 백성을 보호하는 것은 군주가 항상 해야 하는 일이고, 군주를 존중하여 지배층을 안정되게 하는 것은 백성이 마땅히 알아야 하는 큰 이치라고 들었습니다. 나라를 안정되게 다스리는 법칙을 밝히고 왕조를 길이 이어가는 대업을 크게 일으

4) 이름은 치雉이고 유방劉邦의 아내이다. 유방이 천자가 된 뒤에 여후는 고조를 도와 한신, 팽월彭越 등 다른 성씨를 가진 제후왕을 죽였다. 고조가 죽은 후 그의 아들 유영劉盈이 즉위하였는데, 바로 혜제惠帝이다. 여후는 실권을 장악하고 고조의 애첩 척부인戚夫人과 그의 아들 조왕趙王 유여의劉如意를 죽였다. 혜제가 죽자 여후는 조정으로 나가 여러 여씨를 왕으로 봉하고 남북의 군대를 통솔했다. 그가 정권을 잡은 지 16년 뒤에 죽자 여러 여씨는 모반을 하였는데, 태위 주발周勃 등에 의해 평정되었다.

5) 자는 중규重規이고 정관 초년에 중서사인으로, 후에는 예부시랑·태자우서자 등에 임명되었다.

키는 것은 영구불변한 것이고, 모든 사람이 함께하는 이치입니다. 그러나 각 조대가 나라를 유지하는 기간에는 길고 짧음의 차이가 있고, 나라 또한 태평스러움과 혼란스러움의 차이가 있습니다. 멀리 고대 전적의 기록을 보면, 이 일을 상세히 논술할 수 있습니다.

모두들 주왕조는 그 왕조가 누려야 할 나라의 수명을 넘어섰지만, 진왕조는 예상했던 기한을 채우지 못했다고 말합니다. 두 조대의 보존과 멸망의 원인은 제후국의 수립 여부에 달려 있었습니다.

주왕조는 하왕조나 은왕조가 나라를 오랫동안 유지한 경험을 거울삼고, 고대 성군의 치국 방침을 준수하여 제후국과 성읍을 연결하여 반석처럼 견고하게 함으로써 근본이 깊고 공고했습니다. 비록 나라의 중요한 법 기강이 느슨해지거나 폐기될지라도 제후국과 주왕은 오히려 수목의 가지와 줄기처럼 서로 의지했습니다. 그리하여 배반하는 일이 일어나지 않았고, 종묘 제사가 단절되지 않은 것입니다.

그렇지만 진왕조는 과거로부터 배운 교훈을 어기고, 고대 성군의 치국 방법을 버렸으며, 화산華山을 끊어 성을 쌓아 그것의 험난함에 기댔습니다. 또 제후를 없애고 군수를 새로 임명하여, 종실 자제들은 한 척의 봉토도 식읍으로 삼지 못했고, 억만 백성 가운데 나라의 우환을 함께 다스리려는 자는 매우 적었습니다. 그러므로 한 평범한 사람이 손을 휘두르며 큰 소리를 지르면서 모반을 일으키자 진왕조의 일곱 종묘가 허물어져버렸던 것입니다.

제 생각으로는 예로부터 제왕이 천하에 군림하는 것은 하늘의 명을 받고, 그 이름을 천제天帝의 미래기未來記 속에 기록했습니다. 나라를 세울 때 흥성할 만한 시운을 만나면 단지 신성한 사업을 펼칠 시기만을 심사숙고했습니다. 비록 위무제魏武帝[6]는 양자의 신분이었고 한고조는 비천한 사람이었으나, 제위를 탈취하려는 마음이 없었을 뿐만 아니라 사양하려고 했지만 그렇게 할 수 없었습니다. 만일 천하 백성들이 귀의하지 않고 덕이 이미 고갈되었다면, 비록 요임금의 정치적 업적이 사해에 빛나고 순임금의 아름다운 정치가 해·달·별들과 견줄 수 있었어도, 마음속으로 자리를 사양하려는 생각을 그치지 않았다면 그들의 자손이 선대의 기업基業을 지키게 하는 것은 불가능했을 것입니다. 요임금과 순임금의 훌륭한 덕행에 의지해도 그들의 후대를 번성하게 할 수는 없습니다. 이로부터 제업을 누리는 햇수의 길고 짧음은 반드시 하늘의 뜻에 의해 결정되고, 나라의 흥망성쇠는 사람의 다스림과 관계가 있음을 알게 되었습니다.

제업이 흥성한 주왕조는 점괘를 얻은 결과 30세대를 전하여 7백년간 나라가 이어지고, 비록 끝에 쇠약해졌을지라도 문왕文王과 무왕武王이 남긴 문물 제도는 의연히 존재합니다. 거북과 솥이 상징하는 제업은 이미 하늘에서 결정됩니다. 주소왕周召王은 남방을 순시하러 갔다가 뜻밖에 죽어 돌아오지 못했고,[7] 주평왕周平王은 이민족

---

6) 조조曹操를 가리킨다. 그는 삼국시대의 정치가, 군사가, 문학가로 자는 맹덕孟德이다. 후한 말년에 황건적을 진압하고, 건안 원년에 한헌제漢獻帝를 맞이하여 허창許昌에 도읍을 정했다. 후에 또 승진하여 승상이 되었으며 위왕魏王으로 봉해졌다. 위·촉·오의 삼국정립이 이루어졌다. 그가 죽자 아들 조비曹丕가 황제가 되었는데, 조조를 추존하여 무제武帝라고 불렀다.

의 침입을 피해 낙양으로 동천하였는데[8] 선조를 제사 지내는 예의에 소홀함이 있어서 수도 근교의 땅조차 지킬 수 없었습니다. 이것은 쇠미함의 서단이며, 봉건제와 관련된 것입니다. 포학한 진秦나라는 비록 국운이 위태로워 윤달처럼 비정상적이었고 주왕조의 운수는 이미 양수陽數의 극점에 달했습니다. 진왕조의 명을 받은 군주는 덕행이 우임금·탕임금과 같지 않았으며, 자리를 계승한 군자는 하계夏啓[9]와 성왕成王[10]에 미칠 수 없었습니다. 설사 이사李斯[11]와 왕관王綰[12] 같은 사람들이 모두 토지를 나눠주어 제후국을 세우고, 장려將閭[13]와 자영子嬰[14]이 모두 천승의 전차를 갖고 있었다 해도 어찌

7) 주소왕은 덕망 있는 정치를 펴지 못하여 백성으로부터 미움을 받았다. 그가 남쪽 지방을 순찰하기 위해 한수漢水를 건너려 하자 백성들은 아교로 결합한 배에 그를 태웠다. 배가 강물 중앙으로 가자 배를 이루고 있던 나무들이 조각조각 떨어져 나갔고, 주소왕은 결국 물에 빠져 죽었다.

8) 서주 말 대국代國의 군주 주유왕周幽王이 견융犬戎에게 피살되자, 그의 아들 의구宜臼가 왕위를 계승하여 평왕平王이 되었다. 그는 견융의 위협을 피해 수도 호경鎬京을 낙양으로 옮겼다. 역사에서는 이것을 두고 '평왕동천平王東遷'이라고 한다. 동주東周는 이로부터 일어난 것이다.

9) 하나라 우임금의 아들이다.

10) 주무왕의 아들이다.

11) 초나라 상채上蔡 사람으로 순자를 섬기며 제왕의 통치술을 배웠다. 그는 공부를 마친 후 초나라의 왕은 섬길 만한 인물이 못 되고, 여섯 나라는 모두 약소하여 공을 세울 만한 나라가 아니라고 판단해 서쪽 진秦나라로 갔다. 진시황을 도와 육국을 병합하고 천하 통일을 완성했으며, 군현제도를 실시하여 중앙집권제를 확립하였다. 시황제에게 사상을 통일시키기 위하여 전적을 태우도록 건의하여 이를 시행하였고, 학자 410명을 생매장하도록 건의했다. 주나라 때부터 쓰인 글씨체 대전大篆을 간략화한 소전小篆을 창안하여 서도가로서도 이름을 떨쳤다. 이후 조고趙高의 모함으로 살해되었다.

12) 진시황 때 승상으로 임명되었는데, 일찍이 진시황에게 제후들을 봉할 것을 건의하였으나 이사李斯의 반대로 시행되지 않았다.

13) 진이세 호해는 즉위한 후 대신들의 여러 공자公子를 학살했는데, 장려 형제 세 명도 그때 살해되었다.

한고조 유방의 흥기를 되돌릴 수 있으며, 유방이 제업을 창업하는 사명을 막을 수 있었겠습니까!"

옛 법만을 고집하지 말라

"그러나 정치상의 득실과 성패에는 저마다 그 원인이 있습니다. 저술가는 대부분 옛 법을 고집하고 변통할 줄 모릅니다. 마음으로는 오늘과 고대의 구별을 잊으며, 경박함과 순박함을 분명하게 구분하지 못하고, 백대의 끝인 오늘날에도 하·은·주 삼대 때 실행한 법령 제도를 시행하려 하고, 천하 오복五服[15]의 영토를 모두 각 제후에게 나누어 봉해주고, 제왕이 거주하는 천 리의 기내畿內 땅을 전부 경대부의 식읍으로 삼으려고 합니다. 이것은 새끼줄을 엮어 수를 세던 시대의 오래된 법을 순임금과 우임금의 시대에 시행하였고, 요순시대의 법을 한나라나 위나라 때에 실시하니, 법령과 제도는 느슨해지고 혼란스럽게 되었음을 확실히 알 수 있는 것입니다. 이는 물에 빠진 칼 위치를 배에 새겨두고 찾는 것처럼[刻舟求劍] 훌륭한 점을 인지하지 못하는 것이고, 거문고 발을 아교로 붙여놓고 음을 고르는[粘柱調弦] 식으로 악장을 연구하여 사람들의 의혹을 증

14) 진시황의 손자이다. 진이세 3년, 조고가 진이세를 살해하고 자영을 왕으로 세웠다. 자영은 후에 조고를 죽이고 그의 삼족을 멸하였다. 유방이 함양咸陽으로 들어오자 자영은 항복했다. 그는 46일간 재위에 있었고 후에 항우에게 살해되었다.

15) 왕기王畿를 중심으로 하여 주위를 순서대로 나눈 다섯 구역이다. 상고 시기에는 전복甸服·후복侯服·수복綏服·요복要服·황복荒服이고, 주대에는 후복侯服·전복甸服·남복南服·채복采服·위복衛服인데, 한 복服은 각각 5백 리이다.

폭시키는 것입니다. 단지 초장왕楚莊王이 정鼎[16]의 무게를 물은 것은 진문공晉文公이 패왕이 병사를 일으키려는 것을 두려워하는 심리가 있음을 안 것이고,[17] 자영이 소거백마素車白馬를 타고 한고조에게 항복하여 다시는 제후와 서로 원조하는 일이 없었음을 알 뿐입니다. 진이세가 무엇 때문에 망이궁望夷宮에서 피살되었는지 알지 못하고, 후예后羿[18]가 무엇 때문에 도오桃梧 들에서 한착寒浞에게 피살되었는지 이해하지 못합니다. 위魏나라의 고귀향공高貴鄉公[19]이 사마소司馬昭에게 피살된 재앙은 어찌 신후申侯가 증후繒侯, 견융犬戎과 연합하여 주유왕周幽王을 죽인 것[20]과 차이가 있겠습니까?

이것은 군주에게 밝은 덕이 있으면 안정되지만 어리석어 혼란을 일으키면 위급해지므로, 왕조의 안위는 군주 자신의 덕에 따라 변하는 것입니다. 본래 군수, 현령, 제후에 의해 흥폐가 결정되는 것이 아닙니다. 게다가 몇 대 이후 왕실이 쇠퇴하면 제후국의 종친부터 원수로 바뀌기 시작합니다. 한 가정 안에서도 습속에 차이가 있고, 한 나라 안에서도 각자 정치를 하며, 강대한 자가 약소한 자를

---

16) 삼대三代 때는 구정九鼎을 국보로 전하였다. 정의 무게를 물었다는 것은 정권 찬탈의 뜻이 있음을 비유한 것이다.

17) 진문공晉文公이 주양왕周襄王에게 왕법王法의 예로써 자기를 안장하는 것을 윤허해주기를 청한 것을 가리킨다. 진문공은 제후였으므로 왕법의 예로써 장례를 치르는 것은 예절을 뛰어넘는 행위인 것이다. 이것은 진문공 또한 주왕실을 취할 의도가 있음을 보여준다.

18) 하나라 군주 태강太康이 황음무도하여 정사에 힘쓰지 않자 예는 태강을 대신하여 제위에 올랐다. 그는 백성의 일을 살피지 않았고, 어진 신하를 멀리하며 사냥에만 빠져 있었다. 그의 신하 한착은 도오에서 그를 죽이고 예의 자리를 차지했다.

19) 조비의 손자 조모曹髦다. 정시正始 5년에 고귀향공으로 봉해졌다. 가평嘉平 원년 사마사司馬師는 제왕齊王 조방曹芳을 폐하였다. 공경들은 조모를 맞아 황제로 삼았다.

20) 주유왕은 포사褒似를 총애하여 신후申侯를 폐하였고, 포사의 아들 백복伯服을 세우고 태자 의구宜臼를 폐하였다. 신후는 매우 노여워하여 증후, 견융과 연합하여 주나라를 공격하였으며, 주유왕을 여산驪山 아래에서 죽였다.

침범하고, 세력이 많은 자가 적은 자를 상하게 하며, 변방에서 서로 공격하며 침입합니다. 예전에 호태狐駘 지방의 전쟁은 패배한 노나라 부녀자들로 하여금 선부 상복을 입고 애도하게 했고, 효릉崤陵의 싸움은 진秦나라의 수레가 한 대도 돌아오지 못하게 하였습니다. 이러한 것은 단지 대략적인 것만을 열거했을 뿐 그 밖에도 수를 헤아릴 수 없을 정도로 많습니다.

육사형陸士衡[21]은 놀라서 '주나라의 사왕嗣王, 즉 혜왕惠王·양왕襄王, 도왕悼王은 대대로 전해오는 나라의 보물인 구정九鼎을 탈취하였고, 흉악하고 잔인한 사람이 수도를 차지하고 있지만, 천하는 오히려 태평무사하여 안정으로써 위태로움을 기다린다.'라고 했습니다. 이 말은 얼마나 황당합니까! 관원을 설치하여 각기 그 직책을 맡기며, 어질고 능력 있는 사람을 임용하고, 정치적 업적이 뛰어난 사람에게 지방 관직을 내려 함께 나라를 다스리는 중임을 맡겨야 합니다. 어진 신하와 훌륭한 장수가 어느 조대인들 없겠습니까? 땅은 길한 징조를 크게 드러내고, 하늘은 진귀한 보물을 아끼지 않고 내려주는 데 이르면 백성은 어진 군주의 은혜가 부모와 같다고 칭찬하고, 나라가 다스려지는 것은 신명神明이 서로 돕는 것과 같을 것입니다. 위나라 사람인 조원수曹元首는 기쁨을 그치지 못하고 이렇게 말했습니다. '사람들과 기쁨을 함께하는 자가 있다면, 사람들은 반드시 그의 근심을 나누어 가질 것이다. 백성과 안위를 함께하는 이는 백성이 반드시 그를 위험에서 구제한다.'라고 했습니다. 봉건

21) 서진의 문학가인 육기陸機이다. 그는 오나라가 멸망하자 문을 닫아걸고 부지런히 책을 읽었다. 태강太康 말년 동생 육운陸雲과 낙양을 유람하였는데 문학적 재능이 뛰어나 이름을 떨쳤다. 그리하여 당시 이들 형제를 '이육二陸'이라고 불렀다.

제후가 안위를 함께하려는 생각으로 그를 주군의 지방 장관으로 임명하는데 어찌 근심과 즐거움을 다르게 할 수 있겠습니까? 이 말은 얼마나 황당합니까!"

세습제를 없애라

"봉건제후국을 나누어 받고 선대의 문벌과 명성에 기댑니다. 이와 같이 하면 그들 선조가 겪은 창업의 어려움을 잊고, 세습해온 부귀함을 경시하며, 세대가 흐를수록 황음과 포악함은 더하고, 사치와 교만이 늘어만 갑니다. 이궁離宮이나 별관別館은 하늘을 찌를 듯하고, 어떤 사람은 백성을 혹사시키고 재물을 전부 탕진하며, 어떤 사람은 제후를 불러 궁전의 낙성식을 함께 즐깁니다. 진영공晉靈公은 군주와 신하가 모두 음란하고 예의를 등져 공녕孔寧, 의행보儀行父와 함께 징서徵舒를 모욕하였다가 징서의 노여움을 사서 죽게 되었고, 위선공衛宣公 부자는 한 명의 아내를 같이 취하여 결국에는 수壽와 삭朔을 죽였습니다. 그들은 또 자신들은 나라를 제대로 다스리려 했다고 말했으니 어찌 이와 같이 되리라고 생각했겠습니까.

위아래와 안팎의 많은 관원은 모두 조정에서 선발한 사람들이며, 사인과 백성을 선발하여 관직을 맡기며, 물처럼 맑은 거울로 그들의 업적을 본받고, 해마다 그들 가운데 업적이 우수한 자는 그 지위와 등급을 높이고, 공적을 조사하여 관직을 강등하거나 승진시키는 일을 분명히 합니다. 이러한 사람들이 승진하려는 마음이 강해지면 진지하게 일을 처리하고 서로 연마하며 격려하는 마음이 깊어집니다. 후한의 양병楊秉은 예주자사가 되어 청렴하고 검소하여 봉록을 집으로 들여오지 않았고, 전한의 하병何幷은 영천태수로 임명된 후에는 청렴결백하여 처자식을 관사에서 생활하지 못하도록 했으며, 양梁나라의 유필庾蓽은 군승郡丞이 되어서도 청렴과 절개를 지켜 불을 사용하여 만든 음식은 먹지 않았고, 군수라는 지위에 있으면서도 의복은 조잡한 갈옷을 입었으며, 후한의 양속羊續은 남양군南陽郡 태수가 되어 찢어진 베로 만든 옷을 입었고, 후한의 범단范丹은 내무현萊蕪縣의 현령이 되었으나 가난하여 밥을 못 끓였으므로 시루에 먼지가 쌓였습니다. 그들은 오로지 나라를 위해서만 이익을 도모하고 재물을 늘리려는 생각을 했으니, 사람들의 마음을 얼마나 시원하게 하였습니까!

결론적으로 말하면, 관직과 작위는 세습제도를 채용하지 않으면 어질고 능력 있는 사람을 임용하는 길이 넓어질 수 있고, 백성에게 제후와 같은 정해진 주인이 없으면 관리들에게 기대는 감정 또한 단단하지 않을 것입니다. 이러한 상황은 어리석은 자이든 총명한 자이든 간에 모두 분별할 것이니, 또 무슨 의문이 있을 수 있겠습니까?

나라가 멸망하고 왕위를 찬탈하며, 군주를 시해하고 윤리 강령을 어지럽히며, 기강을 뒤흔든 춘추시대 2백 년 동안 안정된 해는 단 한 해도 없었습니다. 차저次睢에서의 제사에는 작은 나라의 군주, 즉 제후를 죽여 희생물로 사용하고, 노장공魯莊公의 부인 문강文姜은 평탄한 노나라 길을 통하여 제양공齊襄公과 밀회를 하였습니다. 설사 전한의 애제哀帝[22]와 평제平帝[23] 때, 후한의 환제桓帝[24]와 영제靈帝[25] 때 아래 관리들이 음란하고 포학했을지라도 틀림없이 이 지경까지는 이르지 않았을 것입니다. 나라를 다스리는 이치는 한마디로 말할 수 있습니다."

분열을 자초하는 제도들

"폐하께서는 기강을 잡아 천하를 통치하며, 천명을 받아 제업을 열고, 백성을 깊은 물과 뜨거운 물속에서 구제하며, 우주 사이의 요사스럽고 사악한 기풍을 제거했습니다. 제업을 세워 대대로 전하며, 덕망 있는 정치로 천지와 균형을 이루었습니다. 호령을 발표하고 명령을 시행한 것은 멀리 만물에 통한 이후에 비로소 말씀하신 것입니다. 폐하께서는 홀로 하늘의 뜻을 밝히고, 이전의 현인과 성인을 가슴에 길이 새기고 있습니다. 다섯 등급의 작위를 회복하여 고대의

22) 이름은 흔欣이고 정도공왕定陶恭王의 아들이다.

23) 이름은 간衎이고 선제의 증손이다. 후에 왕망王莽에 의해 독살되었다.

24) 이름은 지志이며 21년간 재위하였다. 당시 환관 단초單超 등이 정권을 잡아 조정이 부패했다.

25) 이름은 굉宏이고 22년간 재위하였다. 그사이 환관 조절曹節 등이 간언을 하는 진번陳蕃, 두무竇武, 이응李膺 등을 죽였다.

제도를 시행하려고 제후국을 세워 제후들을 가까이했습니다.

저는 위아래 제후를 사사로이 봉하는 병폐는 오늘날까지 영향을 미쳐 제거되지 않았으며, 요순이 떠나간 후에는 대공무사한 도덕 기풍이 이미 바뀌었다고 생각합니다. 하물며 진晉왕조가 제후를 봉하여 통제력을 잃은 것은 결국 제후끼리 서로 침략하여 국토의 분열을 야기했기 때문이 아니겠습니까?[26] 기회를 타서 세워진 후위後魏에는 한민족과 소수민족이 뒤섞여 거주했습니다.[27] 게다가 남북조가 분립되고, 오吳나라와 초楚나라가 멀리 떨어졌으며, 천하가 분열되었습니다. 학문하는 사람은 종횡가의 유세 기술만을 배웠고, 무예를 익히는 사람은 무력으로 전쟁할 마음만을 품고 있었으며, 결국에는 음험한 야심을 실현하기 위해 더욱더 경박한 기풍이 조장되었습니다.

수문제隋文帝는 제업을 건립하는 데 있어 외척의 신분에 기댔을 뿐입니다. 그는 천하의 영재들을 부리고 임용했지만 문무 대신들에 대해서는 의심하고 불신하는 방법을 사용했습니다. 그는 북주北周의 국운을 가볍게 바꾼 것이지 결코 강력한 적을 무찌른 후에 나라를 세우는 업적을 이룬 것이 아닙니다. 그는 2기紀[28] 넘게 재위했지만, 백성은 그의 덕정을 보지 못했습니다. 양제가 즉위하자 사회의 도덕 기풍은 문란해졌고, 당시의 인력과 물자가 모두 탕진되었습니다. 설사 하늘이 신비한 무력을 내려주어 적을 무찌르고 혼란을 평

---

26) 진晉나라 말기의 팔왕八王의 난을 가리킨다.

27) 서진 후기 국력이 쇠약해지자 북위는 이 틈을 타고 중원을 차지했다. 진왕조는 남쪽으로 쫓겨났고, 북방은 후위의 통치로 인해 한족과 소수민족이 뒤섞여 살게 되었다.

28) 고대에는 12년을 1기紀라고 했다.

정하여도 전쟁의 위협은 끊이지 않을 것이고, 노심초사하는 마음 또한 떨칠 수 없을 것입니다."

성인의 덕치를 본받아라

"폐하는 진심으로 태상황의 뜻에 순종하여 황제의 보위에 오른 후, 한마음으로 나라를 다스렸으며 깊고 돈독한 마음으로 정사에 온 힘을 기울였고, 군주가 나라를 다스리는 득실에 관해 종합적으로 관찰했습니다. 비록 지극히 훌륭하고 아름다운 이론을 분명하게 말할 수는 없지만, 기록해놓은 대강을 보면 하나의 윤곽을 대략적으로 진술할 수 있는데, 이것은 실제로 저의 소망이기도 합니다. 어른을 존경하고 아끼며, 품덕은 부드럽고, 부지런히 일하면서 게으르지 않은 것은 위대한 순임금의 효孝입니다. 궁궐의 작은 관리에게 군주의 건강 상태를 묻고, 직접 군주를 위해 음식을 맛보는 것은 주 문왕의 미덕입니다. 매일 법률을 심의하는 헌사憲司에서 죄인을 심리하는 것을 살펴보고, 상소에서 밝힌 소송 상황을 존중하며, 사건의 크고 작음에 구애받지 않고 반드시 살피며, 법을 위반한 사람으로 하여금 벌을 받게 하며, 억울한 일을 심리하고, 발뒤꿈치를 자르는 형벌로 사형을 대신하고, 인자한 마음과 불쌍히 여기는 감정이 마음속 깊은 곳과 외면에서 모두 일치하는 것은 위대한 우임금의 통곡입니다. 표정이 엄숙하고, 하는 말마다 정직하며, 마음을 비우고 다른 사람의 간언을 듣고 받아들이며, 비천한 사람과 훌륭한 말을 하지 못하는 사람에 대해서 오만하지 않고, 산과 들녘에서 일하는 사람들의 의견을 흘려버리지 않는 것은 요임금이 간언을 구한 상황입니다. 예교를 대대적으로 제창하고, 학문을 구하는 사람을 격려하며, 경서에 밝은 사람들을 높은 지위와 관직에 임용하고, 또 학식이 넓은 사람을 승진시켜 경상으로 임명하는 것은 성인 공자가 훌륭한 사람을 학문으로 이끈 방법입니다.

수많은 신하가 궁궐 안의 덥고 습한 곳에 있으면서 침식이 편안하지 않으니, 폐하께서 지세 높고 햇살 밝은 장소로 옮겨 작은 누각을 만들어줄 것을 청합니다. 그러나 폐하께서는 그 경비가 백성 열 가구의 생산량에 해당되는 것이라며 아까워하여 결국 신하들의 건의를 물리치고 음양의 부조화로 인한 건강의 해악을 걱정하지 않고, 궁궐의 덥고 습한 곳에서도 편안히 거주하고 있습니다.

요즘 몇 년간은 흉작으로 천하에 기근이 심하고 죽거나 어지러운 재앙이 나타나기 시작했으며, 식량 창고도 텅 비었습니다. 폐하께서는 속으로 백성을 불쌍히 여기고 끊임없이 구제하고 어루만져 결국 집을 버리고 길에서 유랑하는 자가 한 명도 없게 되었습니다. 그러나 폐하께서는 단지 거친 음식을 먹고, 악기를 거두어버려 궁정 안에는 즐거운 가락이 사라졌고, 말씀하는 소리와 모양이 슬프게 격동하며, 얼굴은 매우 초췌해졌습니다. 과거 주공단周公旦은 멀고 먼 외국에서 통역을 여러 번 거쳐 오면서 보물을 바치는 것을 좋아하였고, 우임금은 홍수를 다스리고 구토九土를 평정하여 서융西戎으로 하여금 질서를 지키게 만든 일을 자만하였습니다.

폐하께서는 변방 먼 곳의 외족이 진심으로 귀의하고 천하 백성들의 마음이 어진 것을 보고, 이런 상황에서도 반복하여 생각하고 반성하며 정신을 집중하여 깊이 사고하였고, 마음대로 중원 백성의 부담을 가중시켜 먼 곳을 경영하지나 않을까, 만고의 미명에 기대지 않고 일시에 수많은 보물을 취하게 될까 두려워했습니다. 마음속 깊이 백성의 수고를 걱정하여 지방 여행이나 순시를 멈출 결심을 하고, 매일 새벽 조정에서 국사를 처리하며, 신하들의 의견을 듣는 일에 조금도 게으르지 않았습니다. 지혜는 모든 사물을 두루 관찰하고 도의는 천하의 중생을 널리 구제할 정도였습니다. 조정에서 물러난 후 몇몇 유명한 신하를 내실로 들여 정치상의 시비와 득실에 관해 함께 연구하고, 나라를 다스리는 큰일에 모든 정력을 사용하며 다른 것에 관한 말은 하지 않았습니다. 석양이 서쪽으로 기우는 시간이 되면 반드시 재능과 학문이 깊고 넓은 사람들을 궁궐로 들여 때때로 고상한 토론으로 깊은 밤이 되도록 피곤한 줄 모르고, 한밤중까지 잠을 자지 않습니다. 이 네 가지 방면에서 유독 폐하께서만 이전의 군주를 뛰어넘습니다. 이것은 실제로 인류가 있은 이래로 오직 폐하 한 분뿐입니다. 이러한 교화를 널리 알리고 천하에 명백히 말하면 1년 안에 천지 사이에 퍼질 수 있다고 믿습니다.

그러나 순박하고 돈후한 미덕이 장애를 받고 경박하고 괴이한 기풍이 바뀌지 않는다면, 이것은 오랜 기간 만들어진 것인데 어찌 짧은 시간 내에 바꿀 수 있겠습니까? 화려하게 조각한 옥을 소박한 그릇으로 만들고, 순박하고 돈후한 미덕으로 화려하고 경박한 기풍을 대신하고, 형벌을 사용하지 않는 교육이 일단 시행되고, 태산에 올라 천지에 제사 지내는 전례典禮를 거행한 후에 다시 변방을 다스리는 방법을 결정하고, 토지로 상을 주고 제후를 봉하는 일을 토론하는 것 또한 늦지 않습니다. 《주역》〈풍豊〉 '단彖'에서는 '천지 사이의 만물은 모두 가득 찬 것과 빈 것이 교차할 수 있으며 시간의 추이에 따라 성장했다가 멈추는데, 하물며 인간 세상의 흥망성쇠야 어떠하겠는가?'라고 했습니다. 이 말은 정말 옳습니다!"

재능과 덕행에 따라 관직을 주라

중서사인中書舍人 마주가 또 상소를 올려 말했다.

"폐하의 조서를 보니, 황족이나 공훈이 있는 신하들에게 분봉된 나라를 지키도록 하고 그들의 자자손손까지 전해주어 그곳의 정권을 대대로 계승하도록 하고, 중대한 잘못을 범하지 않는 한 파면할 수 없다고 명령했습니다. 저의 사견으로는 폐하께서는 이러한 사람들을 높여주고, 매우 아껴 그들의 후대로 하여금 관직을 계승하여 사직과 함께 영원하기를 바라고 있습니다. 무엇 때문에 이렇게 하려는 것입니까?

요임금과 순임금 같은 아버지에게도 단주丹朱[29]나 상균商均[30] 같은 어리석은 아들이 있었습니다. 하물며 이들과 차이가 있는 사람으로, 부친의 품덕과 재능에 따라 그 아들을 채용하려는 것은 매우 잘못된 일입니다. 만일 어린아이였을 때 아버지의 직위를 계승한다면, 만에 하나 장성한 이후에는 사치스럽고 음탕할 수 있습니다. 그렇게 되면 수많은 백성이 그의 재앙을 받게 되고, 나라 또한 그의 패망을 받을 것입니다.

정치적으로 이러한 상황을 근절하려면 조趙나라의 영윤令尹 자문子文[31]이 죽은 후 그의 손자로 하여금 관직을 되돌려주도록 한 예가 있고, 정치적으로 이러한 상황을 유지하려 한다면 또 진晉나라 난염欒黶[32]의 악행이 이미 그러한 일이 어떤 문제를 보여주는지 드러냈습니다. 이러한 사람들로 하여금 현재 살고 있는 백성들을 해롭게 하느니 차라리 이미 죽은 공신들에 대한 은혜를 자르는 게 낫습니다. 이것은 매우 분명한 이치입니다. 이미 이와 같다면, 과거 아낌을 받던 사람들은 바로 자신들을 상하게 하는 자들인 것입니다. 저는 분봉을 알맞게 하고 식읍이 대대로 같으려면 반드시 재능과 덕행이 있어야 한다고 생각합니다. 재능과 덕행에 근거하여 관직과

29) 요임금의 아들로 오만방자했다. 이에 요는 제위를 순에게 물려주었다.

30) 순임금의 아들인데 어질지 못했으므로 우禹를 후계자로 지목했다.

31) 초나라 영윤이다. 그의 손자가 제나라 사신으로 나갔다가 잘못을 범하자 사구司寇에게 용서를 구하였다. 초나라 왕은 자문이 나라를 다스린 공로가 있음을 생각하여 그 손자의 관직을 회복시켜주었다.

32) 춘추시대 진晉나라 대부 무자武子의 아들로 교만하고 포학했다.

작위를 줄 수 있다면 그 세력은 강해지지 않으며, 또 이 때문에 과오에 연루되는 것을 면할 수 있습니다. 과거 한광제는 공이 있는 신하를 지방관으로 임명하지 않았기 때문에 그 사람들을 [과오에 연루되는 것으로부터] 보존시켰는데, 확실히 그는 나라를 다스리는 방법을 이해한 것입니다. 폐하께서 이 일을 어떻게 처리하는 것이 좋을지 깊이 생각하시기 바랍니다. 여러 사람이 폐하의 큰 은혜를 입어 자자손손 끝까지 복록을 누릴 수 있도록 해주십시오."

태종은 이백약과 마주의 의견을 칭찬하고 받아들였다. 이에 종실의 자제와 공신들이 자사를 세습하도록 하는 조서를 취소했다.

권卷 4

제9편

태자제왕정분

(太子諸王定分: 태자와 왕자들의 서열 정하기)

【해제】

군주는 한 나라의 책임자인 동시에 한 가정의 가장이다. '수신제가 치국평천하'라는 말도 있듯이, 한 나라가 번창하려면 가정부터 체계가 확립되어야 한다. 〈태자제왕정분〉 편에서는 군주의 아들 가운데 적자인 태자와 서자인 여러 왕의 신분상의 차이에 관해 논의하고 있다.

고대 성인들이 제정한 예법을 보면, 적자를 존중하고 서자를 중시하지 않았다. 군주의 적자는 사람들의 존경을 받았으며, 사용하는 물건에 제한을 두지 않았고, 군주와 같은 화폐나 물품을 사용했다. 그러나 서자는 출신이 미천하여 적자와 동등한 대우를 받을 수 없었다. 이 때문에 서자에게는 시기심과 의심이 쉽게 생겨나고, 이것이 심하면 나라를 위태롭게 할 수 있었다. 그러므로 적자와 서자의 명분을 분명히 밝혀야만 하며, 이를 위해 어질고 덕망 있는 사람을 찾아 아들을 보좌하도록 해야 함을 말하고 있다.

집안일과 나랏일을 구분하라

정관 7년, 오왕吳王 이각李恪[1]을 제주도독齊州都督으로 임명했다. 태종은 곁에 있던 신하들에게 이렇게 말했다.

"부자지간의 정으로 말하면 어찌 항상 보려고 하지 않겠소! 그러나 집안일과 나랏일은 별개요. [그는] 반드시 지방관으로 부임하여 조정의 병풍 역할을 할 것이오. 또한 그에게 일찍부터 명분 있는 일을 하도록 하여 태자가 되어 제위를 계승하려는 것과 같은 신분을 뛰어넘는 생각을 하지 않도록 하고, 내가 죽은 후 그들 형제끼리 생명을 위협하는 재앙이 없도록 할 것이오."

자식 사랑도 절제가 필요하다

정관 11년, 시어사侍御史 마주馬周가 상소를 올려 말했다.

"한진漢晉 이래 역대로 땅을 나누어 제후로 봉해진 왕들은 모두 그 직책과 작위에 어울리지 않았으며, 일정한 명분을 미리 확립하지 못해 멸망을 초래했습니다. 군주께서는 이러한 일을 익히 알고 있지만, 종실 자제를 지나치게 편애하고 있습니다. 때문에 앞의 수레가 뒤집혔는데도 뒤의 수레는 길을 바꾸지 않고 여전히 전철을 밟고 교훈을 취하지 않습니다. 지금 여러 왕이 받는 총애는 때때로

---

1) 태종의 셋째 아들이다. 정관貞觀 2년에는 촉왕蜀王으로 봉해졌고, 정관 10년에 오왕으로 봉해졌으며, 12년에 안주도독安州都督으로 임명되었다.

지나치리만큼 두터운 까닭에 신들은 걱정하고 있습니다. 또한 그들이 황상의 총애에 기대어 교만하고 자만하게 될까 두렵습니다.

일찍이 위무제魏武帝는 진사왕陳思王 조식曹植[2]을 총애했습니다. 위문제는 즉위하자 진사왕을 엄히 통제하여 마치 감옥에 구금시킨 것과 같았습니다. 이전 황제께서 그를 지나치게 총애했기 때문에 제위를 계승한 군주 또한 그를 두려워한 것입니다. 이것은 위무제가 진사왕을 총애했기 때문에 오히려 진사왕을 고달프게 만든 것입니다. 하물며 제왕의 자제는 어찌 부귀하지 않음을 걱정할 필요가 있겠습니까? 그들은 큰 도읍의 봉록을 받고 영내의 호구수도 적지 않은데, 아름다운 의복이나 맛난 음식이 또 무엇 때문에 필요하겠습니까? 그러나 매년 특별히 후한 상을 받고 있는데, 과거 이것은 어떠한 규정의 제한도 없었습니다.

속담에 이런 말이 있습니다. '가난한 사람은 절약을 배우지 않아도 자연스럽게 절약하고, 부귀한 사람은 사치를 배우지 않아도 자연스럽게 사치한다.' 이것은 저절로 그렇게 되는 것을 말하는 것입니다. 오늘날 폐하께서는 위대한 치적으로 제업을 열었습니다. 어찌 지금의 자제들을 안치하는 것으로 일을 끝내겠습니까? 마땅히 원대한 제도를 제정하여 자제들로 하여금 후대까지 준수하도록 해야 합니다."

상소문을 올리자 태종은 매우 칭찬하고, 마주에게 비단 1백 단을 내렸다.

2) 위무제 조조의 세 번째 아들로 문재가 뛰어나고 총명하여 총애를 받았다.

적자와 서자의 예우법

정관 13년, 간의대부諫議大夫 저수량褚遂良은 매월 태종의 넷째 아들인 위왕魏王 이태李泰의 궁궐에 특별히 공급되는 각종 물품이 태자에게 지급되는 것보다 훨씬 많자, 상소를 올려 이렇게 간언했다.

"고대 성인이 제정한 예법에는 적자를 존중하고 서자를 중시하지 않았습니다. 적자를 칭하여 저군儲君이라 했고, 덕행은 군왕 다음이므로 많은 사람의 존경을 받았으며, 사용하는 물건에는 제한을 두지 않았고, 화폐나 물품은 군왕과 함께 사용했습니다. 서자는 출신이 미천하여 적자와 비교할 수 없고, 이와 같은 것으로써 시기심과 의심이 느는 것을 막고 혼란의 근원을 제거했습니다. 선왕께서는 반드시 인간의 감정과 사물의 이치에 근본을 둔 연후에 법령을 제정하고, 나라와 가문에는 반드시 적자와 서자의 구별이 있음을 알았습니다. 그러나 서자가 비록 사랑을 받아도 적자를 넘을 수는 없고, 태자는 나라의 정체正體이므로 특별히 존경해야 합니다. 만일 일정한 명분을 확실히 세우지 못하면 가까이해야 할 사람을 멀리하고, 존경해야 할 사람을 천시하게 됩니다. 이와 같이 하면 아첨하는 사람은 기회를 타서 활동하고, 개인의 이해利害로써 나라의 공적인 이익을 해치고, 심지心志를 미혹시키며 나라를 어지럽히게 됩니다.

폐하의 업적은 만고를 뛰어넘었고 덕행은 모든 왕의 위에 있으며, 몸은 높은 지위에 있으면서 호령하고, 천하를 위해 법규를 제정했습니다. 매일 많은 양의 정무를 처리하는데 어떤 경우는 그다지 타당하다고 할 수 없습니다. 신은 간언하는 직책을 담당하고 있으니 이에 대해 침묵을 지킬 수 없습니다.

태자에게 제공되는 물품을 보니 오히려 위왕보다 적고, 조정 대신과 민간의 백성은 이 사실을 알고 모두 합당하지 않다고 여겼습니다. 《춘추좌전》 은공 3년조에서는 '자녀를 총애할 때는 정의로운 방법에 부합하는 것을 사용하여 교육시켜라.'라고 하였습니다. 저는 충·효·우애·공경·절약 이러한 것들이 이른바 정의로운 방법임을 압니다.

과거 한대의 두태후竇太后와 한경제漢景帝는 '아들을 사랑함에 있어 정의로운 방법으로 한다.'는 이치를 이해하지 못하고 양효왕梁孝王만을 사랑하여 그에게 양梁나라 40여 성의 광대한 영토를 주고, 궁원宮苑은 사방 3백 리로 하고, 커다란 궁전을 만들어 왕래하는 길을 도처에서 볼 수 있도록 하였고, 억만금의 재물을 쌓아놓고, 천자와 똑같은 의식으로 드나들도록 했습니다. 그러나 후에 뜻대로 되지 않자 병들어 죽었습니다. 한선제漢宣帝 또한 회양왕淮陽王만을 사랑하여 [회양왕이] 교만해져서 [나라가] 패망하는 지경까지 갔다가 겸손한 풍모를 지닌 대신의 보좌에 의지함으로써 간신히 멸망의 재앙을 면하였습니다.

위왕은 최근에 궁궐을 나가 제후로 봉해졌으니 항상 예의로써 그를 가르치고, 스승을 잘 선택하여 정치상의 성공과 실패에 대한 이치를 보여주며, 절약의 미덕으로 단련하고, 문장과 학문으로 면려하게 하시기 바랍니다. 그에게 충성과 효성을 다하고, 인의와 도덕으로 자신을 이끌고 완벽하게 만들도록 해야 비로소 유용한 인재로 성장할 수 있습니다. 이것이 이른바 성인이 시행한 교화이며, 태도를 엄숙하게 하지 않고도 성숙하게 하는 것입니다."

태종은 그의 의견을 전부 받아들였다.

태자와 제후의 명분론

정관 16년, 태종이 곁에서 모시는 신하들에게 말했다.

"지금 나라에서 어떤 일이 가장 긴급하오? 여러분은 각자 나에게 말해보도록 하시오."

상서우복야尙書右僕射 고사렴高士廉이 말했다.

"백성을 쉬게 하는 것이 가장 긴급합니다."

황문시랑黃門侍郎 유계劉洎가 말했다.

"변방의 소수민족을 위로하는 일이 가장 급합니다."

중서시랑中書侍郎 잠문본岑文本이 말했다.

"《논어》〈위정〉에서 '덕행으로 인도하고 예의로 구제한다.'라고 했습니다. 이로부터 보면 예의가 가장 시급합니다."

간의대부 저수량이 말했다.

"지금 사방에서는 성상의 크나큰 은덕을 우러러보며 감히 나쁜 행동을 하지 못하지만, 태자와 여러 왕에게는 반드시 일정한 명분이 있어야만 합니다. 폐하께서 만대토록 실행할 만한 법규를 훌륭하게 제정하여 자손에게 남겨주는 것, 이것이 지금 가장 중요한 일입니다."

태종이 말했다.

"이 말이 옳소. 내 나이 오십에 가까우니 이미 쇠약하고 게을러졌다고 느끼오. 맏아들을 동궁태자로 삼았고, 여러 형제와 서자가 마흔 명은 족히 되오. 나는 마음속으로 항상 이 일을 걱정해왔소. 그러나 예로부터 적자와 서자가 서로 돕지 않으면 나라가 기울고 멸망하지 않은 적이 없소. 여러분은 나를 위해 어질고 덕망 있는 사람을 찾아 태자를 보좌하고, 여러 왕에게도 모두 정직한 인사를 찾아주어야 하오. 또한 관리가 왕들을 섬김에 있어 그 기간이 너무 긴 것은 좋지 않소. 기간이 너무 길면 감정이 깊고 두터워지며, 항상 이로부터 명분에 어긋나는 생각이 싹트는 것이오. 왕부王府의 관리들은 그들의 임기가 4년을 넘기지 않도록 하시오."

제10편

존경사부(尊敬師傅 : 스승을 존경하라)

【해제】

현재의 주역은 군주이지만, 미래의 주역은 태자이다. 태자의 능력과 인품 여하에 따라 그 나라의 운명이 결정된다. 이런 점에서 태자를 태자답게 만드는 스승의 역할은 자못 크다고 할 수 있다. 〈존경사부〉 편에서는 바로 태자를 가르치는 스승의 존재와 가르침의 중요성을 강조하고 있다.

스승이 어질고 덕망 있는 자라면 태자 또한 어진 정치를 펼쳐 백성의 삶을 윤택하게 만들지만, 반대로 스승이 형법만을 가르친다면 태자는 그로 말미암아 멸망할 것이라고 보았다. 따라서 태자의 스승은 학문과 인격을 도야한 사람이어야 한다. 태종은 이러한 스승을 섬김에 있어 태자가 예절을 갖추어야 한다고 강조하며, 태자는 스승이 오면 궁전 문 앞까지 나가 영접하여 인사하고, 문을 드나들 때도 스승이 먼저 가도록 하는 등의 지침을 마련하였다.

스승 섬김의 예법

정관 3년, 태자소사太子少師 이강李綱[1]은 다리에 병이 생겨 신을 신고 다닐 수 없었다. 태종이 그에게 수레를 내리고 궁궐을 호위하는 자들에게 명령하여 그를 태우고 동궁으로 가도록 했다. 그리고 태자에게 조서를 내려 그를 부축하여 전殿으로 올라가 직접 배알하게 함으로써 존중하는 마음이 큼을 나타냈다. 이강은 태자를 위해 군주와 신하, 아버지와 자식의 도리, 그리고 아버지에게 문안을 올리고 음식을 살피는 예절에 대해 말하였는데, 이치에 맞으면서도 말투가 간절하여 듣는 사람이 피로를 잊게 했다. 태자는 고대의 군주와 신하가 반드시 준수해야 할 원칙과 충절을 다하는 일에 관한 토론을 한 적이 있는데, 이강은 다음과 같이 엄정하게 말했다.

"어린 군주를 보좌하여 국정을 다스리는 일을 옛사람들은 곤란하다고 여겼지만, 저는 오히려 쉽다고 생각합니다."

그는 의견을 발표할 때마다 말투와 표정이 강개하고 격앙되었으므로 의지를 바꾸게 할 수 없었다. 태자는 삼가며 예절과 존경을 나타내지 않은 적이 없었다.

1) 자는 문기文紀이고, 관주觀州 사람이다. 고조 때 벼슬길에 올라 예부상서가 되었고, 정관 초기에 태자소사가 되었다. 정관 5년에 죽었다.

훌륭한 스승과 훌륭한 군주

정관 6년, 태종이 조서를 내려 말했다.

"나는 요즘 경전과 역사를 연구했는데 성명한 제왕에게는 일찍이 모두 스승과 보좌하는 사람이 있었소. 이전에 올린 법령에서 삼사三師[2] 직위 설립에 관한 의견을 보지 못했는데, 마음속으로는 옳지 않은 일이라 생각했소. 무엇 때문에 이처럼 말한 것이오?

황제黃帝는 태전太顚에게 배웠고, 전욱顓頊은 녹도錄圖에게 공부했으며, 요임금은 윤수尹壽에게 공부했고, 순임금은 무성소務成昭에게 배웠으며, 우임금은 서왕국西王國에게 배웠고, 탕임금은 위자백威子伯에게 배웠고, 문왕文王은 자기子期에게 배웠으며, 무왕武王은 괵숙虢叔에게 배웠소. 이전 시대의 성왕들이 이러한 스승을 만나지 못했다면 그들의 공업은 천하에 빛날 수 없었을 것이고, 명예는 역사책에 기록될 수 없었을 것이오.

더군다나 나는 역대 군왕의 뒤를 계승하였지만 지혜가 성왕만 못한데, 만일 스승이 없다면 어찌 수많은 백성을 관리할 수 있겠소? 《시경》 〈대아〉 '가락'에서 '과오를 범하지 마라, 잊지 마라, 옛날 예악 제도를 따르라.'라고 말하지 않았소? 배우지 않으면 고대에 나라를 다스리던 방법을 이해하지 못하여 태평스럽게 다스려지는 나라를 만들려고 해도 불가능할 것이오. 마땅히 법령을 제정하여 삼사의 직위를 세워야 하오."

2) 태자를 보좌하는 태사太師·태부太傅·태보太保를 말한다.

훌륭한 사부가 성군을 만든다

정관 8년, 태종이 자신을 모시는 신하들에게 말했다.

"최고의 지혜를 가진 성인은 자연히 어떠한 악습에도 물들지 않을 수 있지만, 중간쯤의 지혜를 가진 일반 사람들은 일정한 중심이 없어 교육에 따라 변화하오. 더구나 태자의 사부는 예로부터 선택하기가 매우 어려웠소. 성왕成王의 유년 시절에는 주공을 태부太傅로 삼고 소공을 태보太保로 삼았으며, 주위에 있는 자들이 모두 어진 사람이었던 까닭에 매일 좋은 가르침을 들어 인의와 도덕을 신장시킬 수 있어 성군이 되었던 것이오.

진이세秦二世 호해胡亥는 조고趙高를 태사로 삼았는데, 조고는 그에게 형법으로 판결하는 것을 가르쳤기에, 그가 제위를 계승하자 공신들을 주살하고 종족을 살해하는 등 잔악하고 포악함이 극에 달하여 망국으로 이어졌소. 그러니 인간의 선과 악은 확실히 신임하는 측근의 영향을 받소. 나는 지금 태자와 왕들을 위해 온 마음으로 사부를 선발하여, 그들이 어려서부터 예의 제도를 따르도록 함으로써 훗날 나라를 잘 다스리는 데 이익이 되게 할 것이오. 여러분은 정직하고 충성스러우며 신의가 있는 사람을 찾아 각기 두세 사람씩 추천하도록 하시오."

사부를 황제 대하듯 하라

정관 11년, 예부상서禮部尙書 왕규王珪에게 위왕 이태의 스승을 겸임하도록 했다. 태종은 상서좌복야尙書左僕射 방현령房玄齡에게 말했다.

"예로부터 제왕의 아들은 깊은 궁궐 안에서 성장하여 성인이 되어서는 교만하고 사치스러우며 음탕한 까닭에 하나하나 멸망하였으며, 스스로 구제할 수 있는 자는 매우 적었소. 나는 지금 자식들을 엄격하게 교육시켜 그들 모두가 안전하기를 바라오. 왕규는 내가 임용한 지 오래되었소. 나는 그가 강인하고 정직하며 충성과 효심이 있는 사람임을 잘 알고 있기에 그를 선발하여 아들의 사부로 삼은 것이오. 그대는 이태에게 '매일 왕규를 대함에 있어 나를 보는 것과 같이 하여 존경을 표현하는 일에 게으르지 말라.'라고 말해야 하오."

왕규 또한 스승의 준칙에 따라 자신을 닦았고, 당시 사람들은 모두 그를 칭찬하였다.

스승을 받들어야 하는 이유

정관 17년, 태종이 사도司徒 장손무기長孫無忌와 사공司空 방현령에게 말했다.

"삼사는 덕행으로 태자를 가르치는 사람이오. 만일 사부의 신분이 낮으면 태자는 그를 모범으로 삼지 않을 것이오."

그리하여 태자가 삼사를 대하는 예절을 제정하였다. 즉, 삼사가 오면 태자는 궁전 문을 나가 영접해야 하며, 먼저 가서 삼사에게 인사를 하고, 삼사가 예를 행할 때 태자는 예로써 답례하고, 항상 문을 드나들 때는 삼사로 하여금 앞서도록 한다. 삼사가 앉은 후에 태자가 앉고, 태자가 삼사에게 편지를 쓸 때는 앞에 경의를 표하는 말인 '황공惶恐'을 붙이고, 뒤에는 '황공재배惶恐再拜'라고 한다.

태자는 나라의 운명이다

정관 18년, 고종이 막 황태자로 임명되어 아직 현인을 존경하거나 덕행을 중시하는 일이 없었다. 태종은 또 일찍이 태자를 자신의 어전 곁에 기거하도록 하여 동궁으로 가는 것을 금하였다. 산기상시散騎常侍 유계가 상소를 올려 말했다.

"신이 듣기로는, 사방의 제후가 내조하는 교외에서 그들을 영접하는 일로써 태자의 덕행을 배양할 수 있고, 나이의 많고 적음에 따라 서로 양보하는 것으로써 태자가 정종(正宗, 개조의 정통을 이어받은 종파)이 된다고 합니다. 이것은 모두 군주가 존엄한 몸을 굽혀 아랫사람들과 인의로써 왕래하고 있음을 밝히는 것입니다. 그리하여 백성의 의견을 모두 들을 수 있고, 사방의 일을 들을 수 있습니다. 밖으로 나가지 않고 궁궐 안에 앉아서도 천하의 일을 알 수 있습니다. 이 방법을 따라가면 영원히 제왕의 대업을 공고히 할 수 있습니다.

만일 깊은 궁궐 안에서 태어나 부녀자의 손에서 성장했다면 일찍이 걱정이나 두려움을 알지 못하고, 세속의 풍속을 이해하지 못했을 것입니다. 설사 예측할 수 없을 만큼 사려가 깊고 천부적인 지혜가 있을지라도, 만물의 이치를 훤히 내다보고 순리대로 일을 이루는 것은 결국 신하들의 도움에 의지해야 합니다. 만일 예악과 교화를 숭상하지 않고 시가의 풍유만을 듣고 취하면, 어떻게 수많은 사물을 분별하고 윤리 강령을 평가할 수 있겠습니까?

대개 성인과 현인의 행동을 살펴보면 모두 태자를 가르칠 수 있는 것들입니다. 때문에 주나라 태자는 재덕을 겸비한 성인을 숭상하여 태공망太公望과 소공석召公奭[3]을 각각 태사와 태보로 삼아 덕행을 제고했고, 한나라 태자는 인의를 받아들여 동원공東園公, 기리계綺里季 등의 현인을 예로써 맞이하여 품덕을 빛냈습니다.

태자의 신분을 살펴보면, 나라의 운명과 관련이 있습니다. 나라의 흥망은 태자가 선과 악 가운데 어떤 것을 실행하는지에 달려 있습니다. 태자가 만일 시작할 때 노력하지 않는다면, 최후에는 후회할 것입니다. 그런 까닭에 조착晁錯[4]은 태자가 나라를 다스리는 방법을 깨우칠 것을 요구하는 상소를 올렸고, 가의賈誼는 계책을 바쳐 태자가 반드시 먼저 예교를 이해하는 일에 힘쓰도록 할 것을 요구

3) 주문왕의 서자庶子이다. 그는 주무왕을 도와 천하를 얻었기 때문에 소공으로 칭해졌다.

했던 것입니다.

지금 태자의 재능은 걸출하고 그의 아름다운 명성은 일찍부터 전해졌습니다. 밝은 지혜, 공정함, 돈독함, 성실과 신의의 미덕, 효도와 공경, 우애, 인의 등의 풍모는 모두 선천적인 것으로 힘들이지 않아도 드러나게 됩니다. 본래 천하의 백성은 그의 덕행을 앙모하고 날아가는 새와 헤엄치는 물고기조차도 그의 풍모로 향했습니다.

어전의 문에서 폐하의 안부를 묻고 식사하는 모양을 살펴보는 일을 하루에 세 번 하고 있으니, 예궁藝宮[5]에서 나라를 다스리는 방법을 연구하며, 또 시詩·서書·예禮·악樂 네 가지 학문에 두루 통하도록 해야 합니다. 비록 태자의 나이는 젊고 몸을 수양함에 있어 진보하는 점이 있지만, 시간이 흐르면서 학업을 게을리하여 원망하는 말이 일어나고 있습니다. 안일함을 탐하는 것을 꾸짖는 것은 바로 여기서부터 시작됩니다.

신은 우매하고 천박한데도 불구하고 다행히 시종직에 참여하게 되었습니다. 태자가 밝은 지혜를 넓히고, 의견을 취할 수 있기를 바랍니다. 감히 옛일을 빙빙 돌려 진술하지 않고 성상의 덕행으로 이러한 문제를 설명하기를 간구합니다."

4) 전한 시기의 대신이다. 문제 때 태상장고太常掌故로 임명되었고, 후에 태자가령太子家令이 되었으며, 태자(경제景帝)의 신임을 받아 '지혜 주머니〔智囊〕'라고 불렸다. 경제가 즉위한 후 어사대부로 임명되었다. 그는 '근본을 중시하고 끝을 억누르는〔重本抑末〕' 정책을 견지하고 흉노에 적극적으로 대항했다. 또한 백성들을 변방으로 이주시키고, 제후의 봉지를 점차적으로 빼앗아 중앙집권제도를 공고히 할 것을 제시하여 경제에게 받아들여졌다. 오래지 않아 오나라, 초나라 등 일곱 나라가 군주의 측근을 맑게 한다는 명목으로 무장반란을 일으켰다. 경제는 원앙袁盎의 참언을 듣고 장안 저잣거리에서 조착의 목을 베었다.

5) 태자가 학습하는 곳이다.

태자가 힘써 배우고 현인을 만나게 하라

"엎드려 생각하옵건대, 폐하는 천부적으로 총명하여 천명을 받았으며 제위에 올라 경험을 쌓았습니다. 다재다능하며 덕행은 그 시대의 병폐를 구제하는 일에서 빛났고, 문치文治와 무공이 모두 훌륭하며, 업적의 성취는 이전 사람들을 계승하는 데 이르렀습니다. 각지에서 귀순해 오고 천하는 안정되어 조용합니다. 이처럼 공적이 높고 덕이 현저하면서도 사치스럽거나 음란하지 않았으며 하루하루 근신을 더해갔습니다. 고대에 실효성이 있었던 치국의 법을 찾아 당대의 정무에 적용할 것을 심사숙고하셨습니다. 한밤중까지 독서하는 것은 후한의 광무제처럼 열심이었고, 말 위에서 책을 보는 것은 위무제 조조를 뛰어넘었습니다. 폐하께서는 이처럼 스스로를 독려하십니다. 그러나 태자에게는 한가로이 시간을 보내며 전적을 배우도록 하지 않으시니, 이것은 신이 이해하지 못하는 첫 번째입니다.

폐하께서는 잠시 정무에서 물러나면 마음속의 생각을 사장詞章이나 서법書法으로 옮깁니다. 폐하의 시문의 교묘함은 성문聖文에 기울어 은하수가 광채를 잃게 하고, 화려한 어구는 성지聖旨 위에 펴져 있어 마치 흐르는 노을빛이 채운彩雲을 만드는 것과 같습니다. 실제로 폐하의 문장은 역대 군주 가운데 최고에 위치하여 그들을 보잘것없게 만들고, 사장詞章에서는 굴원屈原이나 송옥宋玉조차도 입문할 수 없고, 서법에서는 종요鍾繇나 장지張芝가 어찌 정통하다고 할 수 있겠습니까? 폐하께서는 이처럼 자존자애하시지만, 태자는 유유히 한가롭게 있으면서 문장과 서법을 배우게 하지 않는 것, 이것이 신이 이해할 수 없는 두 번째입니다.

폐하께서는 만물의 정화精華를 완벽하게 갖추고 독자적으로 천하의 제일이 되었으면서도 여전히 훌륭한 뜻을 감추고 보통의 학식을 갖춘 사람들에게 물어보는 것을 부끄러워하지 않습니다. 조정의 정무를 집필하는 틈틈이 관리들을 불러 그들에게 기쁜 안색으로 고대와 오늘날의 치국 방법에 관해 묻습니다. 그런 까닭에 조정 정치의 선악이나 민간의 호오好惡를 파악할 수 있습니다. 폐하는 크고 작은 일을 불문하고 반드시 관심을 기울여 묻습니다. 폐하 자신의 행위는 이처럼 겸손하고 근면하지만, 오늘날 태자는 오랫동안 동궁 안에서 보좌를 받으면서 현명하고 덕망 있는 사람을 접촉하지 못했습니다. 이것이 신이 이해할 수 없는 세 번째입니다.

폐하의 행동에 만일 좋은 점이 없다면 어찌 이러한 일을 위해 정신을 수고롭게 하겠습니까? 만일 좋은 점이 있다면 자손 후대까지 분명히 밝혀 남김으로써 모범으로 삼아야만 합니다. 이 일을 경시하고 서두르지 않으면 그것이 옳다고 여길 수 없습니다. 폐하께서 성상의 모범을 확대시켜 태자를 가르치고 좋은 책을 주어 어질고 덕망 있는 사람과 왕래하도록 하시기를 바랍니다. 아침에는 경전과 역사책을 열람하여 이전 시대의 성패成敗를 살펴보고, 저녁에는 빈객을 접대하여 당대의 정치적 득실에 관해 묻도록 하십시오. 한가할 때는 편지를 쓰고 글을 지으며, 매일 과거에 듣지 못했던 일을 듣고, 매일 보지 못했던 것을 보도록 하십시오. 이렇게 하면 태자의 덕행은 더욱 빛날 것입니다. 이것이 천하 백성의 복입니다."

신하들이 태자를 만날 기회를 열어주어라

"저의 사사로운 생각으로는 태자의 비빈은 전국에서 구해서 선택해야 합니다. 성상의 뜻을 고려해보면, 비빈을 선택하는 것은 태자궁 안의 일을 관리할 사람을 취하기 위함입니다. 가깝게는 여색에 빠지는 것을 방지하고, 멀리는 현인을 구하는 일을 신중히 생각하기를 바랍니다.

이것은 신하들이 아는 바입니다. 인재를 구하여 선발하는 것은 비빈을 선발하는 것과는 차이가 있습니다. 태자가 국정을 감독한 지 2년이 되었지만 현인을 접견하는 것을 한 번도 보지 못했습니다. 저는 비빈 선발을 중시하듯이, 인재 선발 또한 이와 같이 중시해야 한다고 봅니다. 그렇지 않으면 세상 사람들의 비웃음거리가 될 것입니다. 폐하께서 궁궐 안의 사무는 중시하지만 나라의 정사는 경시한다는 말을 듣게 될까 두렵습니다.

옛날 태자가 아침저녁으로 폐하께 안부를 묻고 물러나는 것은 폐하를 매우 존경하고 사랑하기 때문이었고, 군주의 또 다른 궁궐에서 거주하는 것은 따로 떨어져 있으면 의심스러운 일을 피할 수 있기 때문이었습니다. 그런데 현재 태자는 한 차례 침전으로 나아가 모시고는 열흘 혹은 한 달 만에 이 일을 하고 있으니 태사나 태부 이외의 아랫사람들은 태자를 접견할 방법이 없습니다. 태자가 천자에게 봉사하다 틈이 생겨 잠시 동궁으로 돌아와도 신하들이 배알할 기회는 매우 드물고, 일은 신속하게 변화하니 간언할 틈이 없습니다. 폐하께서는 태자를 직접 가르칠 수 없으며, 조정 관료들 또한 말씀드릴 기회가 없습니다. 이와 같으면 설사 각 계층의 관리들이 모두 갖추어져 있다 한들, 무슨 도움이 되겠습니까? 엎드려 원하옵건대 이전 시대의 좋은 전례를 따라 사소한 부자의 애정을 누르고 원대한 법을 넓혀 스승이나 친구와의 우의를 넓혀주소서. 이와 같이 하면 태자의 미덕은 왕성해질 수 있고, 제업은 확대될 수 있으며, 품고 있는 백성 가운데 그 누가 신뢰하지 않겠습니까? 태자가 온화하고 선량하며 공경하고 절약하며 총명한 것은 천하 사람들이 잘 알고 있는 일인데, 신이 어찌 모르겠습니까? 신은 식견이 얕지만 여전히 부지런히 간언을 올려 항상 충성스러운 마음을 바치며, 푸른 대해에 물방울 하나를 더하고, 해와 달에 한 점의 광채를 더하기를 희망합니다."

태종은 이에 유계와 잠문본과 마주에게 매일 동궁을 왕래하며 태자와 담소하고 토론하도록 명했다.

제11편

교계태자제왕

(敎戒太子諸王 : 태자와 왕자들을 교육하고 훈계함)

【해제】

〈교계태자제왕〉 편에서는 우선 과거 시대의 태자와 여러 왕이 군주가 된 이후에 자신의 안전을 지키지 못한 이유는 그들이 부귀한 환경 속에서 성장하여 사치와 여색을 좋아하고 백성의 어려움을 알지 못하며, 군자를 가까이하고 소인을 멀리하는 이유를 이해하지 못했기 때문이라고 지적한다. 또한 이들뿐 아니라 사람들의 입신처세에 있어 귀중한 것은 덕행이지 부귀가 아니라고 가르친다. 왕자들을 각 지역에 왕으로 봉하되, 그 나이가 너무 어리면 훌륭히 다스릴 수 없으므로 수도에 머물며 학업을 닦도록 한다. 그렇게 하여 실생활에서 백성의 손길이 미치지 않는 곳이 없으며, 그들이 있기에 태자와 여러 왕이 있음을 알게 한다.

귀에 거슬리는 직언이 큰 인물을 만든다

정관 7년, 태종은 태자좌서자太子左庶子 우지녕于志寧[1)]과 두정륜杜正倫에게 이렇게 말했다.

"그대들은 태자를 보좌하면서 항상 태자에게 민간의 굶주리는 고통에 대해 말해주어야만 하오. 나는 열여덟 살 때 백성 틈에서 생활했으므로 그들의 고통을 익히 잘 알고 있소. 제위에 올라 어떤 문제를 상의하고 결정할 때 실수로 소홀히 하는 부분이 있기도 했는데, 반드시 다른 사람의 직언과 간언을 들어야 깨우칠 수 있었소. 만일 충직하게 간언하는 이가 없다면 어떻게 좋은 일을 할 수 있었겠소. 더구나 태자는 깊은 궁궐 안에서 성장하여 백성의 어려움에 대해서는 전혀 듣지도 보지도 못하지 않았겠소? 더욱이 군주는 나라와 백성의 안위를 결정짓는 관건을 쥔 사람이니 세력에 기대 교만하거나 방종할 수는 없소. '간언하는 사람이 있으면 죽일 것'이라는 조서만을 내린다면 틀림없이 천하의 지식인과 백성은 진실을 말하지 않게 될 것이오. 때문에 자기의 욕심을 억제하고 발분하여 직언과 간언을 허용해야 하오. 여러분은 이 이치를 명심하고 항상 태자와 이야기하도록 하시오. 언제라도 잘못된 부분을 발견하면 적극적으로 간언하여 태자가 도움을 받도록 하시오."

---

1) 자는 중밀仲謐이다. 정관 3년에 중서시랑·태자좌서자로 임명되었다. 일찍이 태자 승건에게 여러 차례 간언을 하였다. 영휘永徽 2년 상서좌복야로 승진했다. 각종 율령, 예전禮典 편찬에 참여하였다.

사소한 일상에서 근본적인 이치를 꿰뚫어라

정관 18년, 태종이 곁에서 모시는 신하들에게 말했다.

"고대에는 세자에게 태교를 행했다는 전설이 있지만,[2] 나는 이와 같이 할 시간이 없었소. 그러나 근래 태자를 세운 이후로는 일이 있을 때마다 반드시 그가 이해할 수 있도록 가르치고 있소. 태자가 밥을 먹으려고 하는 것을 보고 그에게 이렇게 물었소.

'너는 밥이 뭔지 아느냐?'

태자가 대답했소.

'모릅니다.'

나는 이렇게 말했소.

'경작하고 수확하는 농업의 고통은 모두 농민의 노력에서 나오는 것이다. [농사철에] 시기를 빼앗지 않으면[3] 언제라도 이런 밥이 나올 수 있다.'

태자가 말을 타는 것을 보고는 또 물었소.

'너는 말 타는 이치를 아느냐?'

그러자 태자가 대답했소.

'모릅니다.'

나는 이렇게 설명했소.

'말은 인간의 노동을 대신할 수 있다. 때에 따라 말을 쉬도록 하

---

2) 주문왕의 어머니 태임太任은 문왕을 잉태했을 때 나쁜 색은 보지 않았고, 음란한 소리는 듣지 않았으며, 미친 말은 하지 않아 문왕이 성명하게 태어나도록 했다고 전한다. 《열녀전》〈주실삼모전〉에 실려 있다.

3) 《맹자》〈양혜왕 상〉을 보면 "백 무畝의 밭이 그 농사지을 시기를 빼앗지 않으면 몇 식구가 있는 집에서는 굶주리는 일이 없을 것이다."라는 말이 있다.

여 그 체력을 전부 소모시키지 않으면 항상 말을 탈 수 있다.'

또 태자가 배를 타려고 하는 것을 보고는 물었소.

'너는 배 타는 방법을 아느냐?'

태자는 대답했소.

'모릅니다.'

나는 이렇게 설명했소.

'배는 군주에 비유되고, 물은 백성에 비유된다. 물은 배를 띄울 수 있지만, 또 뒤집을 수도 있다.[4] 너는 막 태자가 되었으니 두려워하지 않을 수 있겠느냐?'

또 태자가 굽은 나무 아래에 기대는 것을 보았을 때도 질문했소.

'너는 굽은 나무의 이치를 아느냐?'

태자가 대답했소.

'모릅니다.'

나는 이렇게 설명했소.

'이 나무는 비록 굽었지만 먹줄을 통해 곧은 나무로 가공할 수 있다. 군주 된 자는 설사 덕행이 없을지라도 간언을 받아들일 수만 있다면 성군이 될 수 있다.[5] 이것은 부열傅說[6]이 말한 것이다. 네 자신의 거울로 삼을 만한 말이다.'

이렇게 말했소."

---

4) 《순자》〈왕제〉를 보면 "군주는 배이고 백성은 물과 같다. 물은 한편으로는 배를 띄우고 한편으로는 배를 뒤집는다."라고 하였다. 이 말은 《정관정요》 가운데 〈정체〉·〈예악〉·〈재이〉 등에서도 볼 수 있다.

5) 이 말은 《상서》〈열명說命〉에 나온다. "부열이 말하기를 '나무는 먹줄을 따르면 바르게 되고, 군주는 간언을 따르면 성인이 된다.'라고 했다."

6) 은나라 왕 무정武丁을 보좌하던 신하이다.

과거의 일을 거울삼아 몸가짐을 바로잡는다

정관 7년, 태종이 시중侍中 위징魏徵에게 말했다.

"예로부터 군주 스스로 자신의 안전을 지키는 자는 매우 적었소. 이것은 모두 그들이 부귀한 환경 속에서 성장하여 사치스럽고 음탕한 것을 좋아하고, 대부분 군자를 가까이하고 소인을 멀리하는 이유를 알지 못했기 때문이오. 나는 자식들이 이전 사람들의 언행을 알게 하여, 이것을 자신들의 행동 규범으로 삼기를 바라오."

이에 위징에게 명령하여 옛날 제왕 자제들의 성공과 실패 사례를 기록하도록 하여, 《자고제후왕선악록自古諸侯王善惡錄》이라 이름하고, 그것을 여러 왕에게 나누어주었다.

그 책의 서문에서 이렇게 말했다.

"그 시운時運에 따라 천명을 받아 천하를 다스리는 제왕을 살펴보니, 모두 가까운 사람을 제후로 봉하여 왕실을 지켰습니다. 그 일은 전적에 기록되어 있으니 토론할 수 있습니다. 황제黃帝가 스물다섯 명의 아들에게 땅을 나누어주어 제후로 봉하고, 순이 열여섯 개 부족의 우두머리를 임명한 것으로부터[7] 주나라와 한나라를 거쳐 진晉나라와 수隋나라까지 토지를 나누어 제후를 봉하여 세운 자는 많았습니다. 제후 가운데 어떤 이는 왕실을 안정시키며 시대 흐름에 따라 부침하였지만, 어떤 이는 봉국을 잃고 갑자기 멸망하여 선조에게 제사조차 지낼 수 없는 처지에 놓였습니다.

7) 팔원팔개八元八愷를 말한다. 팔원은 고행씨高幸氏의 자손으로 백분伯奮·중감仲堪·숙헌叔獻·계중季仲·백호伯虎·중웅仲熊·숙표叔豹·계리季貍 여덟 명이고, 팔개는 고양씨高陽氏의 자손으로 창서蒼舒·퇴애隤敳·도인檮戭·대림大臨·방항尨降·정견庭堅·중용仲容·숙달叔達 여덟 명이다.

그러나 그들이 겪은 흥망성쇠의 역사를 살펴보면, 공적을 이루어 이름을 세운 것은 모두 최초에 영토를 나누어 봉한 군주에 의지하고 있고, 나라를 멸망시키고 자신까지 망친 것은 대부분 봉토를 계승한 자손입니다. 이것은 무슨 이유에서이겠습니까? 처음 봉해진 군주는 나라가 아직 안정되지 않은 초창기에 제왕의 사업이 어렵고 험난함을 보고 아버지와 형의 근심과 근면함을 알았습니다. 그러므로 높은 자리에 있으면서도 교만하거나 사치를 부리지 않고 아침저녁으로 게으름을 몰랐던 것입니다.

초楚나라 원왕元王은 술을 좋아하지 않는 현인을 위해 특별히 감주를 만들었고,[8] 주공단周公旦은 식사 중에 어진 선비가 찾아오면 입안의 음식물을 토해내고 뛰어나가 영접하였습니다.[9] 그리하여 귀를 거스르는 충언[10]도 진심으로 기쁘게 받아들여 백성의 환심을 얻은 것입니다. 생전에 가장 높은 정치적 덕망을 세워 죽어서까지 두터운 은혜와 사랑하는 마음을 전했습니다.

후대의 자손들은 봉토와 작위를 세습받아 대부분 태평성세를 만나 깊은 궁궐 안에서 태어나 부녀자의 손에서 성장하였기 때문에 지위가 높으면 위험과 근심이 있음을 몰랐으니, 또 어찌 농민들이

8) 《한서》〈초원왕전〉에 "원왕은 목생穆生, 백생白生, 신생申生을 중대부中大夫로 임명했다. 목생은 술을 좋아하지 않았다. 원왕은 주연을 개최할 때마다 목생을 위해 감주를 준비했다."는 내용이 있다.

9) 《사기》〈노주공세가魯周公世家〉에서 주공은 백금伯禽을 훈계하여 이렇게 말했다. "나는 문왕의 아들이고 무왕의 동생이며 성왕成王의 숙부이니, 천하에서 또한 신분이 낮지 않을 것이다. 그러나 나는 한 번 목욕하는 데 머리카락을 세 번 움켜쥐었고, 한 번 식사하는 데 세 번 뱉어내면서 나아가 선비를 맞이했으면서도 오히려 천하의 선비를 잃을까 걱정했다. 너는 노 땅으로 가거든 삼가 나라를 가졌다고 다른 사람들에게 교만하지 말라."

10) 《사기》〈유후세가留侯世家〉에서 "충성스러운 말은 귀에 거슬리지만 행실에 이롭고, 독한 약은 입에 쓰지만 병에 이롭다."라고 했다.

경작하고 수확하는 어려움을 분명히 알 수 있었겠습니까?[11] 소인을 가까이하고 군자를 멀리하며, 아름다운 여자를 총애하고 아름다운 덕행을 경시하며, 예의를 어기고 주색에 탐닉하여 무절제하며, 법령 제도를 준수하지 않았으며, 본분을 지키지 못하고 등급을 뛰어넘는 행동을 했습니다. 군주의 일시적인 총애에 기대서 적자와 대적하려는 야심을 품고, 어떤 한 가지 일의 작은 공로를 과장하여 만족할 줄 모르는 개인의 바람을 낳기도 했습니다. 충실하고 올곧은 길을 멀리하고 범법 행위를 하여 혼란을 일으키는 길로 빠져들었습니다. 마음대로 간언을 듣지 않고 점을 치며,[12] 잘못된 행위를 고수하며 바르게 고치려고 하지 않았습니다.

설사 양효왕,[13] 제왕齊王 경冏의 공적이 있고,[14] 회남왕淮南王,[15] 진사왕의 재주가 있을지라도 하늘로 날아오를 수 있는 날개를 꺾이고,[16] 물 마른 수레바퀴 자국 속의 붕어가 되며,[17] 제환공齊桓公과 진

11) 《상서》〈무일無逸〉에서 "소인을 보니 그 부모가 경작과 수확하는 일에 노력하지 않는데, 그 자식이 어찌 경작과 수확의 어려움을 알리오."라고 했다.

12) 《춘추좌전》 희공 15년조에 보인다. "간언을 듣지 않고 점을 치니, 진실로 패망하기를 구하는 것이다."

13) 이름은 무武이고, 한문제의 둘째 아들로 양梁에 봉해졌다. 광대한 동산을 만들어 사방의 호걸들을 초대했다. 오초칠국吳楚七國이 반란을 일으켰을 때 오초를 토벌한 공이 있다.

14) 진제왕晉齊王 유攸의 아들로 성은 사마司馬이고 이름이 경冏이며 제왕을 계승했다. 조왕趙王 윤倫이 혜제惠帝를 유폐하고 제위에 올랐을 때, 병사를 일으켜 윤을 주살한 공이 있다.

15) 유안劉安을 말한다. 유장劉長의 아들로 책 읽기를 좋아했고 현악기를 잘 탔으며 사부辭賦에도 뛰어났다. 문제 8년 부릉후阜陵侯로 봉해졌고, 16년에는 아버지의 작위를 이어 회남왕으로 봉해졌다. 무제 때는 문재가 출중하여 총애를 받았다. 학자들을 모아 《회남자》를 펴냈다. 뒤에 역모에 연루되어 자살하였다.

16) 삼국시대 위魏나라 조조曹操의 셋째 아들 조식曹植은 처음에는 동아왕東阿王에 봉해졌고, 후에 진陳에 봉해져 진사왕으로 불리게 되었다. 시문詩文에 탁월한 재능을 보여 조조의 사랑을 받았다. 그렇지만 문제가 즉위한 후에는 학대를 받았다.

문왕晉文王의 위대한 업적을 버리고, 양기梁冀와 동탁董卓[18]처럼 모반의 죄를 지어 일족이 몰살당합니다. 후세의 밝은 거울로 남겨지는 것을 애석해하지 않을 수 있습니까?

태종황제는 성현의 지혜와 능력을 사용하여 기울어가는 위급한 국운을 구제하였고, 칠덕七德[19]을 발휘하여 육합六合[20]을 깨끗이 청소하고 천하를 통일하여 모든 성으로 하여금 알현하러 오도록 하였으며, 사방 먼 곳의 이민족들을 회유하고, 친·외족의 모든 가족과 화목하게 지냈습니다. 형제간의 우애를 생각하며《시경》〈당체棠棣〉[21]를 노래했으며, 성을 종자宗子에게 주어 방어선을 이어 왕실

---

17) 《장자》〈외물外物〉에 나온다. 장주는 가난하여 감하후監河侯에게 곡식을 빌리러 갔다. 감하후가 "좋소. 나는 머지않아 세금을 거두어들일 텐데 그러면 3백 금을 빌려드리죠. 그거면 되죠?"라고 하자, 장주는 불끈 성이 나서 이렇게 말했다. "내가 이곳으로 오는 도중에 부르는 자가 있어 돌아보니, 수레바퀴 자국 속에 붕어가 있었소. 내가 그 붕어에게 '붕어야, 무슨 일이니?'라고 묻자 붕어는 '나는 동해의 소신小臣인데 당신이 약간의 물로 나를 살릴 수 있을 거요.'라고 대답했소. 그래서 나는 '좋다. 나는 남쪽의 오월吳越의 왕에게 가는 길이니 촉강蜀江의 물을 보내서 너를 맞게 해주겠다. 그럼 되겠느냐?'라고 했더니, 붕어는 화를 내며 '나는 늘 나와 함께 있던 물을 잃었기 때문에 있을 곳이 없는 거요. 나는 지금 한 말이나 한 되의 물만 얻으면 살아날 수 있소. 당신이 그렇게 말하다니 건어물전에나 가서 나를 찾는 게 나을 거요.'라고 했소."

18) 양기와 동탁은 모두 후한시대 사람이다. 양기는 순제順帝 때 대장군이 되어 전횡을 일삼았고, 질제質帝를 살해하고 환제를 세웠지만 후에 살해되었다. 또한 동탁은 영제靈帝가 죽은 뒤 소제小帝를 폐하고 헌제獻帝를 세워 권력을 휘둘렀지만, 후에 여포呂布에게 살해되었다.

19) 무왕의 일곱 가지 덕으로 금포禁暴·집병戢兵·보대保大·정공定功·안민安民·화중和衆·풍재豊財이다. 《춘추좌전》 선공 12년조에 보인다.

20) 동東·남南·서西·북北 사방四方과 상上·하下를 합쳐 말한 것이다. 세계를 통칭하여 이렇게 표현하였다.

21) 이 시는 형제들이 잔치할 때 부른 노래라고도 하고, 무왕의 형제인 관숙管叔과 채숙蔡叔이 실도失道하였음을 가엾게 여기어 지었다고도 한다. 내용은 팔절八節을 통틀어 형제의 우애를 강조하고 있다. 첫 번째 절은 이렇다. "산앵두나무 꽃송이 울긋불긋하고 / 사람들에게 형제보다 더한 이는 없다.〔棠棣之華, 鄂不韡韡, 凡今之人, 莫如兄弟〕"

을 돕도록 했습니다. 마음속에 은애恩愛가 충만하여 하루라도 그리워하지 않은 날이 없습니다. 이에 아래 신하에게 명령하여 역사책의 기록을 두루 살펴보고 역사적으로 귀감이 될 만한 것을 찾아 자손 후대를 위해 도모하도록 했습니다.

신은 특별히 충성을 다하여 이전 시대의 교훈을 고찰했습니다. 번진藩鎭의 제후나 조정의 중신으로 봉토가 있고 가족이 있는 사람으로서, 흥성한 경우는 끊임없는 선행 때문이었고, 멸망한 경우는 모두 끊임없이 악행을 저지르는 데서 비롯되었습니다. 이로부터 선행을 쌓지 않으면 공명을 이룰 수 없고, 악행을 쌓지 않으면 스스로 멸망하지 않음을 알 수 있습니다. 그러므로 복과 재앙은 고정된 것이 아니고, 길흉은 자기에게 달려 있으며,[22] 그 사람 스스로가 부르는 것입니다. 이것이 어찌 허튼 말이겠습니까!

지금 고대 여러 왕의 행실상의 득실을 기록하고 선행과 악행을 구분하여 각기 한 편씩 만들었는데, 그 이름을 《제왕선악록諸王善惡錄》이라고 했습니다. 여러 왕이 선행을 보면 자신도 똑같이 하려는 생각[23]을 품고 명성을 영원히 떨치고, 악행을 보면 고칠 수 있어 크나큰 과실을 피할 수 있기를 희망합니다. 좋은 일을 하면 칭찬을 받을 수 있고, 잘못을 고치게 되면 어떠한 재앙도 없을 것입니다. 이것은 나라의 흥망과 관련이 있는데, 스스로 힘써 배우지 않을 수 있겠습니까?"

22) 《춘추좌전》 양공 23년조에 "재앙과 복은 문이 없고, 오직 사람이 부르는 것이다."라고 했다.

23) 《논어》 〈이인〉에서 "어진 사람을 보면 마땅히 그와 같이 하려고 하며, 어질지 못한 사람을 보면 곧 자신을 반성해야 한다."라고 했다.

태종은 이 글을 읽은 후 극찬하며 여러 제후에게 이렇게 말했다.

"이것을 너희의 좌석 우측에 놓고 입신처세立身處世의 원칙으로 삼도록 해야 한다."

덕으로 복종시켜라

정관 10년, 태종이 형왕荊王 원경元景, 한왕漢王 원창元昌, 오왕 이각, 위왕 이태 등에게 말했다.

"한왕조 이래로 황제의 형제와 아들은 제후로 봉해져 부귀영화를 누린 이가 매우 많은데, 오직 동평왕東平王 유창劉蒼,[24] 하간왕河間王 유덕劉德[25]만이 훌륭한 명성을 남겼으며 자기의 봉록과 작위를 보존할 수 있었다. 진晉왕조의 초왕 위瑋[26] 같은 사람은 봉국을 멸망시켰는데, 이러한 예는 그 한 사람만이 아니다. 모두 어려서부터 부귀한 환경에서 성장하여 사치스럽고 음탕한 것을 좋아했기 때문이다.

너희는 마땅히 이것을 귀감으로 삼아 이러한 문제를 반복하여 생각해보아야 한다. 현명하고 재능 있는 자를 선발하여 너희의 친구로 삼고, 그들의 직언과 간언을 받아들인다면 독단적으로 전횡하는 일은 있을 수 없다. 나는 '덕행으로 백성을 복종시킨다.'[27]는 말

---

24) 후한 광무제의 여덟째 아들이다. 경서를 좋아하고 지혜로웠다. 그는 선행을 하는 일이 가장 큰 즐거움이라고 말했다.

25) 전한 경제의 셋째 아들이다. 유창과 유덕은 모두 박학하고 덕행을 쌓은 제후왕이었다.

26) 진무제晉武帝의 다섯째 아들로 성격이 포학하고 살상을 좋아했다.

을 들었는데, 이것은 확실히 거짓이 아니다.

근래 일찍이 꿈에서 한 사람이 요임금과 순임금에 대해 말하는 것을 보았는데, 놀랍고 경이로웠다. 어찌 그의 덕행을 앙모하기 때문이 아니겠는가? 만일 꿈에서 걸왕桀王과 주왕紂王을 보았다면 반드시 그들을 죽였을 것이다. 걸왕과 주왕이 비록 천자였을지라도 지금 네가 다른 사람을 걸왕과 주왕에 빗대어 말한다면, 그들은 반드시 매우 노여워할 것이다. 안회顏回,[28] 민자건閔子騫, 곽림종郭林宗,[29] 황숙도黃叔度[30]는 비록 일반 백성이지만, 지금 만일 네가 다른 사람을 이 네 명의 현인과 같다고 말한다면 그들은 반드시 기뻐할 것이다. 이로부터 사람의 입신처세에 있어 귀중한 것은 오직 덕행뿐임을 알 수 있는데, 어찌 부귀만을 강구할 필요가 있겠는가.

너희의 사회적 지위는 높아 번왕이 되었고 많은 봉록을 받고 있으니, 또 자신을 인내하고 덕을 수양할 수 있으면 어찌 훌륭하지 않겠는가? 하물며 군자와 소인은 본래 고정되어 변하지 않는 것이 아니므로 좋은 일을 하면 군자이고, 나쁜 일을 하면 소인인 것이다. 너희는 항상 자신을 억제하고 분발하여 매일매일 좋은 일을 하고, 욕망과 감정으로 인하여 스스로 징벌받는 일이 없도록 하라."

27) 《맹자》〈공손추 상〉에서 "덕으로써 복종시키는 자는 사람들이 마음속으로 기뻐하며 진실로 복종한다."라고 했다.

28) 공자의 제자 가운데 가장 훌륭하며 덕행이 뛰어났지만 32세의 나이로 요절했다.

29) 후한 개휴介休 사람으로 경전에 두루 통하여 널리 명성과 인심을 얻었으며 제자가 수천 명에 이르렀다.

30) 후한의 명사 황헌黃憲이다. 재능과 덕망이 있으며, 선비나 군자를 만나면 항상 존경을 표했다.

젊어서의 고난이 천하를 알게 한다

정관 10년, 태종이 방현령에게 말했다.

"내가 이전 시대에 혼란한 세상을 평정하고 제업을 창립한 군주를 일일이 살펴보니, 그들은 민간에서 성장하여 한결같이 민정民情에 통달했으며, 실패한 일이 매우 적었소. 그러나 후에 왕위를 계승하여 이전 사람의 업적을 지킬 군주들을 보면, 부귀한 곳에서 태어나 민간의 고통을 몰랐으며, 항상 일족이 몰살당하는 지경에 이르렀소.

나는 젊었을 때부터 수많은 고난을 겪었고 천하의 일을 완전하게 이해했으나, 그럼에도 불구하고 완전하지 못한 곳이 있을까 두려워했소. 형왕의 여러 형제는 어려서부터 깊은 궁궐에서 성장하여 견식이 짧고 얕으니 어찌 이러한 일을 고려할 수 있겠소? 나는 매일 밥을 먹을 때마다 경작과 수확 등 농사의 어려움을 생각하고, 옷을 입을 때면 베를 짜는 고통을 생각했소. 여러 형제가 어떻게 나의 이와 같은 점을 배울 수 있겠소? 그런 까닭에 우수한 보좌관을 선발하여 번왕의 조수로 삼고, 그들이 항상 덕망과 재능 있는 사람과 만나 과오를 면할 수 있기를 희망하오."

아들이 예를 따르고 근신하게 하라

정관 11년, 태종이 오왕 이각에게 말했다.

"아버지가 아들을 사랑하는 것은 인지상정이니 가르쳐 이해시킬 필요가 없다. 아들이 충성과 효성을 실행할 수 있으면 좋지만, 만일 가르침을 준수하지 않고 예법을 잊는다면 틀림없이 형법에 따라 징벌을 받게 될 것이다. 아버지가 비록 그를 사랑한다 해도 장차 어떻게 처리하겠는가? 일찍이 한무제가 죽자 소제昭帝[31]가 제위를 계승했는데, 연왕 유단劉旦[32]은 항상 교만하고 방종을 일삼으며 조정의 법령에 복종하지 않았다. 곽광霍光[33]이 조서를 보내 그를 죽이도록 명령한 결과 그는 죽고 봉국은 폐지되었다. 이 때문에 신하 된 자는 근신하지 않을 수 없는 것이다."

31) 무제의 작은 아들로 이름은 불릉弗陵이다. 무제가 죽은 후 제위를 계승했으나 당시 나이가 어려 대장군 곽광霍光이 유조를 받아 정치를 보좌했다.

32) 무제의 넷째 아들이다. 상관上官 걸桀 등과 모의하여 곽광을 죽이고 소제를 폐위시키려고 했지만 일이 발각되어 걸 등은 사형을 당했고, 유단은 자살하였다.

33) 전한 시기 대신으로 자는 자맹子孟이다. 표기장군驃騎將軍 곽거병霍去病의 동생이다. 소제가 어린 나이로 즉위하자, 그는 상홍양桑弘羊 등과 함께 무제의 유조를 받아 정치를 도왔으며, 대사마대장군大司馬大將軍으로 임명되고, 박육후博陸侯로 봉해졌다. 소제가 죽은 후 창읍왕昌邑王 유하劉賀를 맞이하여 황제로 세웠으나, 황음무도하여 정사를 돌보지 않자 폐위시키고 다시 선제宣帝를 세웠다. 그는 20여 년간 정권을 잡는 동안 조정에 붕당을 가득 차게 만들고, 조정 안팎을 기울게 할 정도의 권력을 행사했지만, 부역과 세금을 가볍게 하는 정책을 실행하여 농업 생산을 늘리기도 했다.

황자에게는 직책보다 가르침이 우선이다

정관 연간, 나이 어린 황자皇子는 대부분 도독 · 자사의 관직을 받았다. 간의대부 저수량이 상소를 올려 간언하였다.

"과거 양한시대에는 주와 군을 설치하여 백성을 관리하였고, 각 황자에게는 주와 군을 제외한 나머지 곳을 나누어 제후로 봉하여 중앙과 변방을 구분 지었는데, 주나라 때의 제도를 참조하여 실행하였습니다. 대당大唐에서 실행하는 군현제도는 대체로 진秦나라 때의 법규에 근거한 것입니다. 황자의 나이가 어리면 때때로 자사의 관직을 주기도 했습니다. 폐하께서 이와 같이 하면 어찌 제왕의 골육지친으로써 사방을 지키지 못하겠습니까? 성인이 제도를 세우면 책략적인 면에서는 이전 시대의 현인을 훨씬 뛰어넘을 수 있습니다.

신의 생각으로는 나이 어린 황자를 자사로 임명하는 것은 다소 완벽하지 못한 부분이 있다고 봅니다. 무엇 때문이겠습니까? 자사란 한 주의 통솔자이고, 백성은 그에 의지하여 안정되게 거주하고 즐겁게 산업에 종사합니다. 한 명의 훌륭한 자사를 얻으면 주의 백성은 휴식을 취할 수 있고, 한 명의 나쁜 사람을 만나면 온 주가 수고롭고 피폐해집니다. 때문에 군주가 백성을 아끼면 언제나 어질고 능력 있는 자사를 선발하여 그들에게 보내줍니다.

어떤 자사는 백성에게 쏟는 은혜가 마치 냇물이 흘러 각 지역을 적시는 것처럼 먼 곳까지 이르러 수도까지 이익을 받는다고 칭찬받고 있고, 어떤 자사는 백성이 평화롭고 안락한 삶을 살 수 있도록 하여 노래가 절로 흘러나와 당대 사람이 그를 위해 기념 사당을 세우기도 합니다. 한선제[34]는 '나와 함께 나라를 다스리는 사람은 오직 어질고 선량한 태수뿐이다!'라고 했습니다.

신의 어리석은 생각으로는 폐하의 아들들은 나이가 어려 아직은 백성을 다스릴 만한 인물이 못 되니, 잠시 수도에 머물면서 경학을 가르치기를 청합니다. 첫째, 그들이 성상의 위엄을 두려워하며 금령을 어기지 못하도록 하고, 둘째, 그들이 조정의 예의를 관찰하여 각종 예절과 규범을 자연스럽게 깨닫게 하고 백성을 다스리는 방법을 알도록 하십시오. 이와 같은 장기간의 학습에 의지하면 스스로 처세를 알게 될 것입니다. 그들이 확실히 주와 군을 다스릴 수 있음을 살핀 후에 파견하여 직책을 맡기십시오.

신은 후한의 소제·장제章帝·화제和帝 삼대에 근거하여 자제 간의 우애에 대해서는 그때 이래의 상황으로부터 일을 실행하는 표준을 만들 수 있습니다. 그 당시에도 왕으로 봉해지면 각기 영토를 소유했지만, 나이가 아직 어리면 수도에 머물도록 하여 예법을 가르치고 은혜를 내렸습니다. 후한의 세 번째 황제에 이르러서는 제왕諸王이 수십 명에서 백 명까지 이르렀지만, 오직 초왕楚王과 광릉사왕廣陵思王 두 사람만이 약간 열등했을 뿐 그 나머지는 모두 품성이 겸손하고 훌륭했습니다. 원컨대 폐하께서는 자세히 살펴주십시오."

태종은 그의 의견을 칭찬하고 받아들였다.

---

34) 이름은 순詢이고 전한의 황제이다. 어렸을 때 민간에서 자라서 민정이나 관리들의 실태를 잘 이해했다. 재능이 뛰어났으며 학문을 좋아했고, 황로黃老와 형명刑名의 학문에 능통했다. 그는 패도覇道와 왕도王道를 혼합한 정치를 강조하고, 세금을 가볍게 하여 생산력을 향상시켰다.

제12편

규간태자(規諫太子 : 태자를 바르게 간함)

【해제】

〈규간태자〉 편은 태자 승건承乾의 부도덕한 면을 꾸짖고 바른길로 이끌기 위해 여러 명의 충직한 신하들이 날카로운 풍자와 간언을 아끼지 않은 내용으로 이루어졌다. 이백약, 공영달, 장현소 등은 부나 상소 등을 올려 고대의 어진 태자와 그렇지 못한 태자의 일상생활과 최후를 생동감 있게 묘사했다. 그러나 승건은 자신의 과오를 뉘우치지 않고, 오히려 이들을 해치려는 악행을 범하여 결국 폐위되었다. 이 편에 등장하는 신하들은 나라의 은혜를 입은 만큼 죽음도 두려워하지 않고 태자에게 간언한 충신들로서 저마다 온고지신의 논지에 따라 노력했으나 큰 성과를 거두지는 못했다.

경전의 교훈은 인류의 근본 원칙이다

정관 5년, 이백약李百藥이 태자우서자太子右庶子가 되었다. 당시 태자 승건承乾[1]은《오전五典》,《삼분三墳》등 고대 전적에 관심을 기울여야 했지만, 공사를 처리한 이후 한가할 때마다 유희를 지나치게 즐겼다. 이백약은 〈찬도부贊道賦〉를 지어 그를 풍자했다. 그 부의 내용은 이렇다.

"신은 일찍이 고대 성인의 격언을 들었고, 역사에 기록된 교훈을 보았습니다. 천지가 개벽된 이후부터 제왕이 나라를 건립하기까지 이런 격언과 교훈은 인류의 근본 원칙이었고, 불후의 언론과 덕을 수립하는 데 바탕이 되었습니다. 그것을 이행하면 본성을 따를 수 있어 미덕을 이루지만, 그것을 위배하면 사악한 생각을 하여 악행을 저지르게 됩니다. 그것은 나라의 흥하고 쇠함은 백성의 뜻에 따라야 하며, 인간사의 길흉은 마치 새끼줄같이 서로 교차한다고 보는 것입니다.

태종은 황제가 되자 천명을 받아 미덕으로 천하를 다스리고, 각종 정황에 따라 사고하고 교화하며, 모든 것의 출발점을 백성으로 삼았습니다. 만물이 파생되는 근원의 내부 운동을 이해하고 고대의 역사적 사실을 고찰하여 오늘날 운용하고 있습니다. 깊은 밤까지 선행을 행하는 데 진력하고, 일 촌의 시간까지 놓치지 않고 부지런히 노력합니다. 때문에 두꺼운 얼음을 녹일 수 있고, 가까운 계곡의 기후를

---

1) 자는 고명高明이고 태종의 장남이다. 승건전承乾殿에서 태어났기 때문에 승건이라고 했다. 정관 초기에 황태자로 세워졌다.

바꾸며, 정치의 교화가 멀리 한해瀚海와 대림蹛林에까지 이르게 합니다. 온 백성이 모두 기뻐하고, 온 나라가 좋은 소식을 전합니다."

원·형·이·정을 숭상하라

"혁혁하고 신성한 당왕조는 숭고한 천명을 받았습니다. 천지만물이 형성되던 초기에는 천운이 이전 시대의 성인에게 응집되었습니다. 하늘은 태자를 세웠고, 제업의 기초를 공고히 하고, 사물의 정상적인 발전을 따랐습니다. 사고가 민첩하고 풍채가 빛났습니다. 군주를 섬기고, 아버지를 섬기며, 어른을 섬기는 세 가지 좋은 일을 우러러보니 제업이 먼 곳까지 퍼져나갈 것이 분명했습니다.

천지자연의 네 가지 덕인 원元·형亨·이利·정貞을 숭상하여 실행했으며, 중정을 지날 때마다 아버지에게 가르침을 받고 예절에 관한 말씀을 들었고, 항상 안부를 물어 아버지를 존경하는 예절을 나타냈습니다. 성상의 교훈을 받들어 행하고, 겸양하며 예의를 강구했습니다. 성상의 뜻을 드날려 천명을 나타냈습니다. 부자의 도리를 실행하고 길흉을 점쳐 시비를 가릴 수 있었습니다. 군신 간의 예의를 바르게 하고, 부자간의 정을 두텁게 하여 정의情義가 넘쳐 극에 이르며, 큰 이치를 널리 드날리는 것은 사람에게 달려 있습니다.

어찌 하夏나라 우임금의 아들 계啓나 주무왕周武王의 아들 송誦(성왕)처럼 어진 부왕의 대업을 계승한 아들을 요임금의 아들 단주丹朱나 순임금의 아들 상균商均처럼 불초하여 아버지의 대업을 계승할 수 없었던 아들과 같다고 할 수 있겠습니까?

열심히 노력하여 수양하고 옛일을 익혀 새로운 지식을 얻어야 합니다. 충성과 존경에 관해 사색하고, 효성과 인애에 관해 담론하십시오. 그러면 아름다운 덕이 사해를 비추고 위로는 해·달·별 삼신三辰을 빛나게 할 수 있습니다.

고대 삼왕三王이 자식을 가르칠 때에는 사계절에 따르고 나이에 근거하여 학문을 가르쳤고, 중원과 사방 변방에서 백성을 사역하려고 할 때는 먼저 예악과 교화를 시행하였습니다. 악교樂敎로 풍속을 교정하고, 예교禮敎로 지배층을 안정되게 하며 백성을 교화시킵니다. 결코 종이나 북과 같은 악기 소리를 좋아하지는 않지만, 이것은 뜻을 밝히고 심신을 즐겁게 할 수 있습니다. 어찌 옥과 비단을 아끼고 욕망을 자제하여 자신을 보호하려는 노력을 하지 않겠습니까?

그러나 깊은 궁궐 안에서 태어나 제후의 지위에 있으면서 제업에 관한 깊이 있는 사고를 하지 않으며 스스로 나라를 아끼지 않고 있습니다. 이와 같이 하고 부귀함은 자연스럽게 도래한다고 생각하여 고귀함에 기대서 오만방자하며 행동마다 예법을 어깁니다. 스승의 가르침을 경시하고 예절을 소홀히 합니다. 사악하고 아첨하는 자를 가까이하여 음탕한 지경으로 내달립니다. 태자의 광채는 갑자기 사라지고, 태자의 덕행은 무너져버립니다. 설사 천하가 제왕 집안의 것일지라도 각자 평탄함과 위험함을 겪는 바가 한결같지 않을 것입니다. 어떤 이는 재능에 따라 선발되어 중용되고, 어떤 이는 참언을 받고 폐출됩니다. 지금 그들의 길흉을 완전하게 볼 수 있고, 그들의 득실을 관찰할 수 있습니다.

이제 그들의 상황을 소략하나마 진술할 수 있도록 윤허해주십시오. 글을 분석하여 그 내용을 이해하시기 바랍니다.

주왕조는 덕을 쌓아 정권을 잡고 천명을 이어받았습니다. 문왕과 무왕의 공훈에 의지하여 성왕이 태자가 되었고 7백 년의 제업을 열었습니다. 진시황의 장남 부소扶蘇[2]가 태자가 되었는데, 그의 명망이 충분하지 않은 것은 아니었지만 장자라는 중요한 신분으로 변방으로 가서 편사偏師[3]를 감독했습니다. 태자에게 편사를 감독하도록 한 재앙의 시작은 진헌공晉獻公이 태자 신생申生에게 금결金玦을 주어 먼 곳으로 정벌 나가도록 한 것이고, 최후의 재앙은 태자가 피살되어 몸을 잃은 것입니다. 진이세는 제위에 올라 도의를 위배하여 나라를 잃었습니다.

한나라가 오랫동안 세습된 것은 진실로 현명한 태자가 이어서 나왔기 때문입니다. 한고조漢高祖는 태자를 세운 이후에 척부인戚夫人과 그녀의 소생인 조왕趙王 여의如意를 총애하여 태자를 바꾸었기 때문에 천하의 웃음거리가 되었습니다.[4] 혜제는 당시 태자가 되었

---

2) 진시황의 맏아들이다. 그는 진시황이 유생을 탄압하는 것을 중지하도록 간언했다가 상군上郡으로 파견되어 변방의 군대를 감독하게 되었다. 진시황이 죽자 환관 조고는 승상 이사李斯와 결탁하여 조서를 위조해서 부소가 자살하도록 만들고 호해를 옹립했으며, 결국에는 진왕조를 멸망시켰다.

3) 전체 군대의 일부분으로 주력군이 아니다.

을 때, 상산商山의 사호四皓와 결탁하여 장량張良의 계획을 사용하여 천하에 우익羽翼을 세웠습니다.[5]

한경제는 태자였을 때, 등통鄧通이 문제文帝에 대하여 정성이 지나쳐 자신을 부끄럽게 하였으므로 즉위한 후 등통의 관직을 파면했으며,[6] 공신 주아부周亞夫[7]를 굶겨 죽였습니다. 그가 오왕 유비劉濞[8]에게 우려의 감정을 갖게 된 것은 일찍이 자신이 태자였을 때 오왕의 태자와 술을 마시며 놀다가 다툼이 발생하여 오왕의 태자를 죽였기 때문입니다.[9]

---

4) 《사기》〈유경숙손통열전〉에 보인다. 한고조가 태자를 폐위시키고 조왕을 태자로 세웠을 때 숙손통은 "만약 폐하께서 굳이 적자를 폐하고 어린 여의를 세우신다면 신은 먼저 죽음을 청하여 저의 목에서 나오는 피로 이 땅을 더럽히겠습니다."라며 강력한 간언을 했다. 한고조가 "나는 단지 농담한 것뿐이오."라고 하니, 숙손통은 "태자는 천하의 근본으로, 근본이 한 번 흔들리면 천하가 진동합니다. 그런데 어떻게 천하의 큰일을 가지고 농담을 하실 수 있습니까?"라고 했다.

5) 상산의 사호란 진秦나라 말기의 명망 높은 은자들로 동원공東園公·하황공夏黃公·녹리선생甪里先生·기리계綺里季를 말한다. 고조가 태자 영盈(혜제)을 폐하려고 했을 때, 장량張良이 태자에게 사호를 영접하도록 가르쳤다. 고조의 연회에 태자가 고조를 모시게 되었는데 네 사람의 은자가 태자를 따랐다. 그들은 모두 나이가 여든이 넘어 수염과 눈썹이 희었고 의관은 위엄이 있었다. 고조는 "번거로우시겠지만 공들이 태자를 끝까지 돌보아주시기를 바라오."라고 했고, 네 사람은 축수를 마치고 떠났다. 고조는 그들을 전송하며 척부인에게 "짐이 태자를 바꾸고자 했으나, 저 네 사람이 보좌하여 태자의 우익이 이미 이루어졌으니 그 지위를 어떻게 할 수 없소."라고 했다. 결국 태자를 바꾸지 못했다.

6) 《사기》〈등통전〉에 나온다. 등통은 문제의 신하이다. 문제가 종기가 났을 때 등통은 그 고름을 입으로 빨아냈다. 문제가 등통에게 천하에서 자기를 가장 사랑하는 이가 누구인지를 묻자, 태자(景帝)만 한 이가 없다고 대답했다. 얼마 후 태자가 문안하러 왔을 때 종기의 고름을 빨아내도록 했다. 태자는 고름을 빨아내기는 했지만 싫어하는 기색이 역력했다. 후에 등통이 문제의 고름을 빨아냈다는 말을 듣고는 부끄러워하며 등통을 원망했다. 경제는 즉위하자 등통의 재산을 몰수하여 굶어 죽도록 했다.

7) 주아부는 전한의 명장이다. 그는 문제 때 엄한 군령으로 이름을 빛냈다. 경제 때 율태자栗太子를 폐하는 문제에 동의하지 않아 소원시되었다. 후에 그의 아들이 죄를 짓자 연좌해서 옥에 가두어 굶겨 죽였다.

8) 한고조의 형 유중劉仲의 아들이다.

무제 유철劉徹이 태자였을 때, 나이는 비록 어렸지만 황제가 늙었을 경우 대신들의 전권을 방지하는 절묘한 건의를 제시할 수 있었던 것은 주아부가 공에 기대 전횡할 것을 안 것입니다. 그런 까닭에 조상의 공업을 널리 알리고 고조·문제·경제 삼대의 전통을 계승할 수 있었습니다.

여戾태자 유거劉據는 박망원博望苑을 설립하여 어진 사람들을 초빙하였지만 그의 명망은 아직 빛나지 않았습니다. 애석하게도 그는 시운이 특히 좋지 않아 강충江充의 참언을 만나게 되었고, 병사들을 인솔하여 난신亂臣 강충을 주살했을지라도 결국 의를 등지고 모반한 죄명으로 종말이 좋지 못했습니다.[10)]

선제의 태자 원제元帝 유석劉奭은 유가 경술을 좋아하여 이치를 펼칠 수 있었습니다. 사람들은 그가 덕교德敎 방면에 뛰어남에 감탄했고 그의 말이 충성스럽고 정직한 것을 찬미했습니다. 처음에는 위현성韋玄成이나 광형匡衡으로부터 도덕과 정의를 깨달았지만, 최후에는 홍공弘恭, 석현石顯을 임용하여 잘못을 저질렀습니다.[11)]

한성제漢成帝의 각종 기예는 비록 정도왕定陶王에는 미치지 못했지만, 부왕을 섬겨 황제가 달리는 길을 감히 가로지르지 못하도록 한

---

9) 《사기》〈오왕비전〉에 나온다. 오나라 태자 유현劉賢이 조정에 들어와 천자를 알현하고는 황태자를 모시고 음주하며 쌍륙을 놀게 되었다. 쌍륙을 노는데 길을 다투는 것이 오만불손하여 황태자가 쌍륙판을 오나라 태자에게 집어 던져 그를 죽게 했다. 이 일로 오왕 비는 한을 품고 조정에 반항했다.

10) 《한서》〈여태자거전戾太子據傳〉에 나온다. 유거는 무제의 아들이다. 무제 말년 강충과 태자는 불편한 관계였다. 강충은 무제가 연로한 것을 보고, 훗날 주살될 것을 두려워하며 태자가 무제를 죽이려 한다는 참언을 했다. 태자는 불끈 화를 내며 병사를 출동시켜 강충을 체포하여 참수했으며, 장안이 소란스러웠다. 무제는 태자가 반란을 일으켰다며 노여워했고, 태자는 자살했다.

것은 또한 작은 미덕에까지 주의한 것입니다. 이는 특별히 고금에 능통한 식견 있는 선비들이 중시한 것으로, 마땅히 이전 시대의 전적 속에 향기로운 이름이 남아 있어야 합니다.

한나라 광무제가 중흥하여 제업을 계승하고, 명제와 장제는 태도가 엄숙하고 공정했으며, 모두 그 시대의 정무를 분명히 하고 경학과 예학에 밝았습니다. 경애하는 사람에 대해서는 사랑하는 감정을 다하였고, 형제에 대해서는 매우 친절하고 우애가 있었습니다. 때문에 동해왕東海王이 남긴 사업을 공고히 하고, 서주시대의 왕위 계승 전통을 준수할 수 있었던 것입니다.

위문제 조비는 처음 오관중랑장五官中郎將이 되었을 때, 덕행 교육을 받지 못하여 사사로이 원희袁熙의 아내 견씨甄氏를 받아들였는데, 공융孔融과 두찬杜攢은 주왕이 달기妲己를 총애한 고사[12]로써 이 일을 풍자했습니다. 그는 또 마음 내키는 대로 사냥하는 것을 좋아하였는데, 비록 재능이 높고 학식이 넓었을지라도 결국 황음한 태

11) 《한서》〈원제기元帝紀〉에 보인다. 원제는 태자 때부터 어질고 유학을 좋아했다. 그는 아버지 선제宣帝가 지나치게 법률가를 많이 임용하는 것을 보고, 유학자들을 임용해야 한다고 했다. 원제는 처음에는 위현성, 광협 등과 같은 학자들을 중용하여 승상으로 삼았지만, 후에 환관 홍공, 석현 등이 전권을 휘둘렀다. 소망지蕭望之, 경방京房, 가연지賈捐之 등은 석현을 비난하다 죽음에 이르렀다.

12) 《삼국지》〈위서〉 '후비전'에 보인다. 달기는 은나라 주왕이 사랑한 여자이다. 문제가 곽귀빈郭貴嬪을 황후로 세우려고 할 때, 중랑 잔찬棧潛이 상소를 올려 간언했다. "은나라의 주왕이 포락炮烙의 구리 기둥에 기름을 바르고 그 아래에는 숯불을 지피고 그 위에 죄인을 놓고 태워서 죽게 하는 형벌을 세운 것은 달기를 기쁘게 하기 위함이었습니다. 이런 까닭에 선왕과 성철은 그들의 정비를 책립함에 있어서 신중해야 합니다. (……) 만일 총애 때문에 이런 사람 중에서 황후를 얻는다면, 비천한 사람이 갑자기 고귀한 지위에 오르게 되는 것이니, 신은 후세에 아랫사람이 제왕을 능멸하여 제왕의 권위가 떨어지고 전제典制가 느슨해지고 법도가 없어져서 환란이 위로부터 일어날까 두렵습니다." 그러나 문제는 이 말을 듣지 않고 곽씨를 황후로 삼았다.

도로 인해 명예를 손상시켰습니다. 후에 또 이러한 황음한 품행을 명제에게 전해주었고, 명제는 토목공사를 좋아하여 궁전을 짓는 데 3년이나 걸렸습니다. 진시황에게서 사치와 낭비를 이어받아 본령本領이 한무제에게 미치지 못했습니다. 그 결과 신하들을 내몰아 부려도 백성의 병폐를 구제할 수 없는 지경에 이르렀습니다.

진무제晉武帝 사마염司馬炎은 관대하고 정이 깊으며, 인상이 매우 기이했습니다. 그의 아버지 사마소司馬昭는 동생 도부桃符를 총애하여 미혹되었지만, 후에 배수裴秀 등이 사마염을 세자로 세우자는 정확한 간언을 받아들였습니다. 사마염은 결국 강남을 평정하고 먼 곳까지 통제하여 천하를 통일할 수 있었습니다.

진혜제晉惠帝[13]가 태자였을 때 그의 행동을 살펴보면, 성덕 방면에 있어서는 아직 어리석었습니다. 위관衛瓘이 무제의 침상을 어루만지며 그 자리가 아깝다고 할 정도였습니다. 민회愍懷태자가 가후賈后의 음모로 폐위되어 서인이 된 것[14]을 애통해한 것은 마치 광풍이 모래를 흩날리는 것과 같았습니다. 그는 천부적인 자질에 또 육예六藝까지 열심히 배웠지만 사악한 신하에게 마음을 빼앗겼기에 자신을 파괴한 것입니다. 이러한 사람이 어떻게 사직에 제사 지내고, 나라를 계승할 수 있겠습니까!"

---

13) 진무제의 셋째 아들로 이름은 충衷이다. 매우 어리석은 왕이었다.

14) 《한서》〈민회태자전〉에 보인다. 민회태자는 진혜제의 태자 적適이다. 그는 어려서 영명했지만, 가후가 태자를 미워하여 환관들에게 나쁜 길로 이끌어가도록 했다. 태자가 학문을 싫어하고 사치스러운 생활을 하며 포학해지자, 가후는 혜제에게 참언을 했다. 그리하여 태자는 폐위되어 서인이 되었고, 후에 손려孫慮에게 살해되었다.

"지금 태종 황제는 자애롭고 지고한 덕행으로 태자를 가르치고 있는데, 이것은 후한 광무제가 오경박사五經博士를 설립하여 자제들을 가르치고, 주공단이 각종 전장제도典章制度를 정리하여 나이 어린 성왕을 보좌한 것과 같습니다. 태종은 진원제가 형법을 즐겨 사용하며 태자에게 《한비자韓非子》[15]를 주어 학습시킨 것을 경시하고, 유가 경술을 중시하여 나라를 다스리는 보물로 간주했습니다. 나라를 다스리는 방책의 이점과 병폐를 자문하고 또 학문으로써 심신을 수양하십시오. 보통 사람들의 말도 주의해서 듣고,[16] 마음을 비우고 세상의 변화를 경험한 노인에게 가르침을 청하기를 희망합니다.

각종 정무를 성공적으로 이끌어 천하를 안정시키려면 인재를 얻어 임용하는 것이 가장 중요한 일입니다. 요임금은 사람을 알아보고 적절히 임용하는 것으로써 후대의 모범이 되었고, 문왕은 훌륭한 인재가 많은 것으로써 태평성세를 노래했습니다. 정직한 사람 가운데 선발된 인재는 고상한 덕행을 거울로 삼습니다. 그들의 기량과 재능을 재어보고, 그들의 정조와 덕행을 살핍니다. 반드시 그들 자신의 실제 능력에 걸맞은 직책을 헤아려서 분배해주어야지, 제도를 위배하면서까지 정사에 참여시킬 수는 없는 것입니다.

만일 들리는 소문에 미혹되어 그 사람이 적임자인지를 알 수 없

15) 전국시대 철학자 한비韓非가 법가 학설을 집대성한 대표작이다. '법法'·'술術'·'세勢'가 서로 결합하는 법치를 주장했다.

16) 《사기》〈회음후열전〉에 보인다. "'슬기로운 사람도 천 번 생각에 한 번의 실수가 있을 수 있고, 어리석은 사람도 천 번 생각하면 한 번은 맞을 수 있다.'는 말을 들었습니다. 그래서 '미치광이의 말도 성인은 가려서 듣는다.'라고 했습니다."

다면, 덕망 있는 사람들은 모두 억눌릴 것이고 무능한 사람이 반드시 중용될 것입니다. 아첨하고 영리를 꾀하는 소인이 서로 다투고, 진귀한 물품은 불러 모으지 않아도 자연스럽게 모여들 것입니다. 직언하고 바르게 간언하는 사람은 충실하고 성실하기에 죄를 얻고, 관직을 팔고 판결을 왜곡하는 사람은 재물과 뇌물로 접근합니다. 이로써 나라의 법령과 제도를 해치고 사람들의 도덕 윤리를 어지럽히게 되는 것입니다. 나라의 보물인 구정九鼎은 간사한 사람을 만나 영원히 사라졌고, 백성은 자신들을 위로하여 인의로 돌아가는 사람이 나타나기를 바랍니다.[17)]

천지 사이에 존재하는 만물 가운데 인간이 가장 존귀합니다. 재판을 공정하게 처리하지 않으면 삶과 죽음이 근본적으로 달라지는 다른 운명을 낳게 되고, 억울함을 분명하게 밝힐 수 없으면 음양 화합의 기가 흔들리게 됩니다. 재능과 학식 있는 사람의 벼슬길에서의 행운과 불운은 엄한 법률을 시행하는 것에서 결정되고, 생명의 연장과 단축은 가혹한 관리의 손에서 좌지우지됩니다. 때문에 요임금은 의관에 그림을 그려 죄인에게 연민의 정을 표했고, 우임금은 죄인을 위해 곡을 하여 진정으로 슬퍼하는 감정을 나타냈습니다.

《주역》〈대장大壯〉에서 형상을 취하여 궁궐을 지으면서 처마를 높이 올리고 벽에 채색을 하였습니다. 화려하고 정교한 누대와 궁궐을 건축함에 이르러 어찌 기둥에 채색하고 대들보에 무지개 같은 오색으로 칠하는 것뿐이겠습니까? 어떤 것은 위문제가 건축한 능

17) 《맹자》〈이루 상〉에서는 "백성이 인仁으로 돌아가는 것은 마치 물이 아래로 흘러가고, 짐승이 광야로 질주하는 것과 같다."라고 했다.

운대凌雲臺[18]처럼 아주 멀리 볼 수 있고, 어떤 것은 한무제가 건축한 통천대通天臺[19]처럼 아주 서늘합니다. 양껏 취하고 배불리 먹고 백성을 부리고도 생명이 약해지고 체력이 쇠약해지는 재앙을 받습니다. 그러므로 한문제漢文帝는 열 집의 재산을 아까워하며 누대 건축을 중단하고 절약을 제창하여 미덕을 남겼습니다. 비록 주문왕周文王의 정원은 사방 백 리도 안 되었지만,[20] 덕망 있는 정치를 시행하자 백성이 황급히 앞으로 와서 귀의했으므로 창성할 수 있었던 것입니다.

즐거운 연회석상에서는 예절로써 교류하는데, 우임금은 맛있는 술을 마시고 덕행을 해치는 일에 주의했습니다. 그가 취하여 돌아갈 줄 모르면서 봉록을 받을 수 있었던 것은 신중하고 정숙한 사람으로 얌전하고도 공손히 자기 몸가짐을 지탱한 데에 있습니다. 만일 그들이 술에 취하여 어리석어지고, 음주를 좋아하여 악행을 범하면 은殷나라의 주왕이 술로 연못을 만든 것과 같이 되어 결국 나라를 잃게 되고, 관부灌夫[21]가 술에 취하여 욕설한 결과 주살된 것과 같이 될 수 있습니다. 때문에 이윤伊尹은 폭주와 가무의 기풍이 성행하자 금주의 훈계를 만들었고, 주공은 크고 작은 나라가 술로 말미암아 멸망하였으므로 술을 경계하라는 규정을 남겼습니다.

18) 낙양 동쪽에 있으며 높이는 25장丈이다.

19) 감천궁甘泉宮 안에 있으며 높이는 30장이다. 《사기》 〈봉선서封禪書〉를 보면, "공손경公孫卿이 말하기를 신선은 누대에서 사는 것을 좋아한다. 그래서 통천대를 지었다고 했다."는 내용이 있다.

20) 《맹자》 〈양혜왕 하〉에 의하면 주문왕의 정원은 사방 70리였다고 한다.

21) 전한의 대장으로 자는 중유仲孺이다. 칠국七國의 난 때 용맹을 떨쳤으며, 일찍이 오나라 군대로 달려 들어가 수십 명을 죽이고 돌아와 천하에 이름을 날렸다. 무제 때 회양태수淮陽太守로 임명되었다가 후에 탄핵을 받아 죽었다.

깊숙한 규방의 요조숙녀는 확실히 군자의 좋은 배필입니다. 반첩여班婕妤가 애정을 끊어 한성제와 같은 수레를 타고 돌아다니는 것을 사양한 것[22]은 본래 여자가 나라를 그르치는 것을 수치스러워했기 때문입니다. 선강宣姜은 주선왕周宣王이 매우 늦게 일어나자 비녀와 귀고리를 빼놓고 벌을 청하여 그가 여색에 빠지지 않고 정사에 힘쓰도록 했습니다. 그러나 또 진晉나라에 재앙을 안겨준 여희驪姬,[23] 주나라를 멸망시킨 포사褒似[24] 같은 여자도 있었습니다. 이들의 겉모습은 그림을 그려놓은 것처럼 요염하고 아름다웠지만, 속마음은 매우 흉악하여 인간의 윤리를 저버렸습니다. 때문에 제후의 성과 군주의 나라를 기울게 할 만큼 아름다운 미인을 보면 후대 제왕들에게 남긴 좋은 모범을 생각해야 합니다. 그리고 바탕과 외양이 아름다운 여자를 만나면 이전 시대의 역사적 사실로써 거울삼아야 합니다.

또 사냥을 하는데 마차를 달려 활을 쏠 경우, 예의로써 절제하지 않으면 반드시 스스로 사냥에 탐닉하여 정신이 혼란스럽게 될 것입니다. 신체가 매우 피곤할 뿐만 아니라 성격도 방탕해질 것입니다. 높은 산과 깊은 계곡에 대한 두려움을 모르면 생명을 경시하는 죄인의 무리이며, 매와 개를 쫓는 것을 오락으로 삼는 것은 어린아

22) 한성제가 반첩여와 함께 수레를 타고 정원을 돌려고 하자 그녀는 거절하며 이렇게 말했다. "고대의 그림을 보면, 성스럽고 어진 군주는 모두 이름 있는 신하가 곁에 있었습니다. 그런데 삼대의 마지막 군주는 여자를 끼고 있었습니다."

23) 진헌왕의 총애를 받은 여희는 자기 아들 해제奚齊를 태자로 세우려고 태자와 여러 공자를 참언하여 진晉나라에 대란이 발생하도록 했다.

24) 주유왕의 총애를 받은 포사는 신후申后와 태자 의구宜臼를 폐위시켰다. 그녀는 황후가 되자 자신의 아들 백복伯服을 태자로 삼았다. 후에 유왕과 포사는 봉화를 올려 제후들을 놀리는 놀이를 일삼았다. 결국 서이西夷 견융犬戎에 의해 여산驪山에서 죽임을 당했다.

이들의 행위입니다. 종묘사직의 숭고한 지위에서 선왕 대대로 전해 오는 보물을 보유하고 있으면서 오히려 매나 개와 함께 달려 이미 위험한 곳에 빠져서야 말고삐를 느슨하게 합니다. 말도 과속으로 달리면 수레가 뒤집히는 위험을 알고, 짐승도 생명에 위협이 되는 곳을 두려워합니다. 그러니 사냥하는 사람은 지나치게 많이 사냥하는 것을 부끄러워해야 합니다. 그런데 어찌 자신의 무정함을 알면서도 부끄러워하지 않겠습니까?"

한마음으로 태자를 보좌하라

"신은 어리석고 천박하지만 다행히 무한한 은총과 영화를 입었습니다. 민간에서 평범한 저를 발탁하여 이 고관들과 나란히 서도록 하였습니다. 정치가 깨끗하고 밝아 천하가 태평한 세상을 만났고, 태자의 풍모가 바르고 단정하여 사방의 모든 나라에서 정종正宗이 된 것을 기뻐하고 있습니다. 태자는 군사들을 감독하는 가운데 한가할 때마다 예의와 덕행을 연구하고 심신을 수행하여 발전하고 있습니다. 태자의 사고가 민첩함을 보고 총명하고 지혜롭다고 칭찬합니다. 또 덕행을 갖춘 현인을 만나면 예의에 맞게 행동할 수 있습니다.

좋은 해의 봄 경치는 아름답고 계절은 온화하여 기운이 맑습니다. 화려한 궁전은 또 깊고도 넓으며, 휘장을 드리우면 안정됩니다. 수목은 무성하고 바람과 구름은 가볍습니다. 꽃은 향기를 날리고 웃음을 머금고 있습니다. 새는 교태를 부리는지 빙빙 돌며 서로 우짖습니다. 태자는 만물의 정화를 갖추고 있어 아름답고, 보내고 맞이하는 것에 대해 절실히 사색합니다. 의연히 덕행을 강구하며 게으르지 않고, 예절을 매우 좋아하고 바른 마음으로 연구합니다.

평범한 재주를 가진 저는 글을 지으라는 명령을 받아 궁궐 안에 시문을 배열했습니다. 이것은 왕포王褒가 〈동소부洞簫賦〉를 지어 한 원제의 환심을 얻으려고 한 것과는 다릅니다. 또 조식의 부에 '수레를 빨리 달려 육친의 정을 따른다.'는 시가 위문제 조비를 따른다는 것과는 다릅니다. 비록 우미한 단어로 태자의 덕행을 칭송하지는 않았지만, 저 자신의 생명을 걸고 성상의 은정에 보답하려고 했습니다. 저는 머리 숙여 태자가 영원히 훌륭한 기풍과 명성을 세우기를 축원합니다. 제위를 계승하여 만대에 전하고, 고래의 현인들의 명성을 덮으십시오."

태종은 〈찬도부〉를 보고 사신을 이백약에게 보내 이렇게 말했다.

"나는 태자의 처소에서 그대가 지은 부를 보았는데, 과거 각 조대의 태자의 사적을 진술하여 태자를 경계시킨 것은 매우 간략하면서도 법도가 있었소. 내가 그대를 선발하여 태자를 보필하도록 한 것은 바로 이 때문이오. 그대는 맡은 직무를 잘 처리하고 있지만 반드시 처음과 끝이 모두 좋도록 하시오."

그러고는 이백약에게 어마 한 필과 비단 3백 단을 상으로 주었다.

목숨과도 바꾸지 않는 간언

정관 연간, 태자 승건은 여러 차례 예절과 법도를 범하였고 날이 갈수록 사치와 방종을 일삼았다. 태자좌서자 우지녕은《간원諫苑》20권을 편찬하여 그를 풍자했다. 이때 태자우서자 공영달孔穎達[25]은 항상 태자의 감정을 자극하며 간언을 하였다. 승건태자의 유모였던 수안부인遂安夫人은 공영달에게 이렇게 말했다.

"태자는 다 자라 어른이 되었는데, 어찌 여러 번이나 면전에서 그의 과오를 지적할 수 있습니까?"

공영달이 대답했다.

"나라는 나에게 이처럼 후한 임금과 깊은 은정을 주었습니다. 나는 간언하다 죽게 되어도 한 치의 후회도 하지 않을 것입니다."

그의 간언은 더욱 간절했다. 승건태자는 그에게 명하여《효경의소孝經義疏》를 편찬하도록 했다. 그는 또《효경》의 문장 뜻에 근거하여 자기 의견을 나타내고 간언의 길을 더욱 넓혔다. 태종은 그들의 의견을 칭찬하며 받아들였다. 그리하여 두 사람에게 명주 5백 필과 황금 1근씩을 주어 승건태자에게 간언한 것을 격려했다.

25) 자는 중달仲達이다. 경학에 통달했으며 셈에 뛰어났다. 국자박사國子博士·국자감좨주國子監祭酒 등의 관직을 역임했다. 정관 초, 태자우서자가 되었다. 일찍이 위징魏徵 등과《수사隋史》를 편찬했고, 태종의 명령을 받아 안사고顔師古 등과 함께《오경정의五經正義》180권을 편찬했다.

사냥할 때는 그물을 한쪽에만 친다

정관 13년, 태자우서자 장현소張玄素는 태자 승건이 사냥만을 일삼고 학업을 내팽개쳤기 때문에 상소를 올려 간언했다.

"신은 하늘은 사람에게 있어 친한 자와 소원한 자를 구분하지 않고 덕행을 갖춘 사람만을 돕는다고 들었습니다. 만일 하늘의 뜻을 어긴다면 인간과 신 모두 그를 버릴 것입니다. 고대에는 매년 세 차례 사냥하는 예의 제도가 있었는데, 사람들에게 죽이는 것을 가르치려고 한 것이 아니라 백성을 위해 해악을 제거하기 위함이었습니다. 때문에 은나라의 탕임금은 사면에 그물을 펼쳐 사냥하는 사람을 보고 그물의 세 면은 없애고 한 면만 치도록 하였기에[26] 천하가 모두 인의로 돌아왔습니다. 지금 태자가 어원御苑 안에서 사냥놀이를 하는데, 비록 표면상으로는 들에서 사냥하는 것과 차이가 있지만 사냥놀이에 예절이 없다면 결국 올바른 법도를 손상시키게 될 것입니다. 게다가 부열은 일찍이 '예절을 배우면서 고대 성현을 모방하지 않는다는 것을 나는 듣지 못했다.'[27]라고 했습니다. 진실로 이와 같다면 덕행을 넓히려면 옛 예절을 학습하고, 옛 예절을 학습하려면 반드시 스승의 가르침에 의지해야 합니다. 이미 성상의 은혜를 입어 공영달이 태자에게 경학을 가르치도록 하였으며, 항상

26) 《사기》〈은본기〉에 보인다. 탕이 교외로 나갔다가 그물을 치고 '천하의 모든 것이 모두 내 그물로 들어오게 하소서!'라고 축원하는 사람을 만났다. 그러자 탕은 '어허! 한꺼번에 다 잡으려고 하다니!'라고 하며, 세 면의 그물을 거두게 하고 이렇게 축원했다. '왼쪽으로 가고 싶은 것은 왼쪽으로 가게 하고, 오른쪽으로 가고 싶은 것은 오른쪽으로 가게 하소서. 내 명령을 따르지 않는 것만 내 그물로 들어오게 하소서.'

27) 《상서》〈열명說命〉에 실린 것으로, 부열이 은殷고종에게 한 말이다.

일에 관한 자문을 하여 만분의 일이라도 도움이 되기를 희망했습니다.

또 명망 있고 덕행을 갖춘 선비를 널리 선발하여 아침저녁으로 곁에서 책을 읽도록 했습니다. 성인이 남긴 가르침을 두루 열람하고 지난 조대의 사적을 살펴보며 매일 자신의 부족한 부분을 알고, 매달 자신이 아직 통달하지 못한 것이 있음을 잊지 않습니다.[28] 이와 같으면 선善을 다하고 미美를 다하는 것이니, 하나라 우임금의 아들 계나 주무왕의 아들 성왕 송 또한 어찌 문제 삼을 것이 있겠습니까!

군왕이 된 사람은 훌륭한 덕행을 추구하지만, 이성이 감정을 억제할 수 없기 때문에 미혹에 빠져 혼란을 조성하는 것입니다. 미혹에 빠진 정도가 아주 심하면 충언은 전부 막히기 때문에 신하들이 영합하게 되고, 군주의 덕행은 점점 손상되는 것입니다.

옛사람은 '아주 사소한 악행은 고치지 않아도 되고, 아주 작은 선행은 하지 않아도 된다고 생각하지 말라.'라고 했습니다. 그러므로 재앙과 복은 모두 점점 쌓여 형성되는 것임을 알 수 있습니다. 전하는 태자의 지위에 있을 때 훌륭한 덕행을 광범위하게 세워야만 합니다. 사냥을 좋아하는 악습을 기르면서 어떻게 나라의 사무를 주재하시겠습니까? 일을 처음처럼 끝까지 신중하게 하려는 마음이 점점 사라지게 될 것을 걱정하는 것입니다. 시작이 신중하지 않은데 끝이 어떻게 지켜지겠습니까!"

28) 《논어》〈자장〉에 나오는 구절이다. "자하가 말하기를 '날마다 알지 못하는 것을 알고, 달마다 이미 능한 것을 복습하면 배움을 좋아한다고 할 만하다.'라고 했다."

승건이 받아들이지 않자 장현소는 또 상소를 올려 간언하였다.

"신은 태자가 학교에 들어갔을 때 나이의 많고 적음에 따라 순서를 정하는 것[29]은 태자가 군신, 부자, 존비尊卑의 순서, 장유長幼의 예절을 알기를 바라기 때문이라고 들었습니다. 군주와 신하의 명분, 아버지와 아들의 관계, 존귀한 자와 비천한 자의 순서, 어른과 어린아이의 예절을 마음속으로 운용하여 천하 밖으로까지 널리 확대하는 것은 모두 이러한 것을 실천하여 멀리 전파시키고 바른말로 천하에 빛을 비추는 것입니다.

전하의 정력은 이미 왕성하니, 또 반드시 경전의 문장을 학습하여 자신의 말과 행동을 검증해야 합니다. 신은 사사로이 공영달, 조홍지趙弘智[30] 등을 살펴보니, 덕행이 고상하고 지식이 넓은 학자일 뿐만 아니라 아울러 나라를 다스리는 요령에도 정통합니다. 그들이 항상 전하 곁에서 경전을 강술하고, 사물의 이치를 묻고 해석하며, 고금을 연구하고 토론하여 성덕에 빛을 더할 수 있게 되기를 희망합니다. 말 타기, 활쏘기, 사냥, 음주와 가무는 일시적으로 눈과 귀를 즐겁게 하는 것으로, 결국에는 정신을 오염시킵니다. 오래된 악습을 내쫓으면 반드시 성정을 바꿀 수 있습니다. 옛사람은 '마음이 모든 일을 주재하는데, 일을 하면서 절제가 없으면 일반적인 이치를 어길 수 있다.'라고 했습니다. 전하께서 덕행의 근원을 파괴하는

29) 《예기》〈문왕세자〉에 나온다.

30) 당나라 초기 사람으로 《삼례》, 《사기》, 《한서》에 정통했으며, 국자좨주를 지냈다.

것을 두려워하는 이유는 여기에 있습니다."

승건은 간언하는 상소를 보고는 더욱 노여워하며 장현소에게 말했다.

"우서자는 광증狂症을 앓는 것이오?"

입에 쓴 약은 병을 고치고 쓴 말은 실천에 유리하다

정관 14년, 태종은 장현소가 동궁에서 여러 차례 간언했음을 알고 그를 은청광록대부銀青光祿大夫, 태자좌서자로 발탁하였다.

당시 승건이 궁궐 안에서 북을 치며 놀던 일이 있었는데, 그 소리가 궁궐 밖까지 들렸다. 현소는 궁궐의 곁문을 두드리며 만나기를 청하여 무수한 말로써 간절하게 간언했다. 승건은 궁궐 안의 북을 꺼내 와 현소의 면전에서 그 북을 부수었다. 승건은 신하를 보내 현소가 아침 일찍 조정으로 오는 틈을 타서 은밀히 거의 죽을 지경까지 말채찍으로 때리도록 했다.

당시 승건은 정자나 누각 세우기를 좋아하였는데, 상당히 사치스러워 그 비용은 나날이 늘어갔다. 현소는 상소를 올려 간언하였다.

"신은 이처럼 어리석고 무지하면서도 조정과 태자궁의 직무를 겸임하고 있습니다. 나라는 저에게 큰 강이나 바다 같은 은정을 주었지만, 저는 나라에 조금의 공헌도 하지 못했습니다. 이에 신은 반드시 충성을 다하여 저의 책임을 다하려고 합니다. 태자가 맡은 사명은 특히 중대한데, 만일 쌓은 덕이 광대하지 않다면 어떻게 선왕이 창립한 업적을 계승하여 보존하겠습니까?

성상과 전하는 혈연적으로는 부자지간이지만, 사업적인 측면에서는 가정과 나라를 겸하고 있으므로 전하가 사용하는 재물에 제한을 가하지 않았습니다. 성상의 성지가 발표된 지 60일을 넘지 않았는데 태자가 사용한 재물은 이미 7만 전을 넘어서 낭비가 극에 이르렀건만 누가 이를 잘못되었다고 하겠습니까? 태자의 궁궐 문 아래에는 장인들로 가득하고, 동궁 안의 정원에는 어진 신하가 보이지 않습니다.

지금 효도와 공경으로부터 말하면 안부를 묻는 예절이 부족하고, 공순함에 대해 말하면 군주와 아버지의 자애로운 가르침의 원칙을 등졌으며, 명성을 구하려고 하면서 고대 성현들을 공부하거나 도리를 사랑하지도 않고, 행동거지를 살펴보면 권세에 기대 사람을 죽이는 죄행만이 있습니다. 동궁 안의 정직한 대신들은 곁에 있지 않은 지 오래이고, 음란하고 사악한 소인은 날마다 깊은 궁궐 안에서 신임을 받고 있습니다. 좋아하는 사람은 모두 놀이와 기예의 노예이고, 사람들에게 주는 상품은 모두 화려하게 조각한 완구류입니다. 겉으로 드러난 것만으로도 이러한 과실이 있는데, 속에 숨겨둔 채 말할 수 없는 일은 어찌 그 수를 헤아릴 수 있겠습니까! 정령政令을 발표한 궁정은 시장과 다를 바 없고, 여러 부류의 인간이 아침저녁으로 드나들며, 사악한 명성은 점점 멀리 전해집니다.

우서자 조홍지는 경학에 조예가 깊고 품행이 단정하니 당대의 훌륭한 인물입니다. 신은 여러 차례 전하께 청했습니다. 그를 항상 궁궐로 불러들여 담론하여 전하의 미덕을 늘릴 수 있기를 바랐습니다. 그러나 전하는 오히려 마음속으로 의심하며 신이 망령되게 추천한다고 말했습니다. 좋은 의견을 받아들이는 것은 물이 낮은 곳으로 흘러가는 것과 같아야만 두려움이 없게 됩니다. 과실을 감추고 간언을 거절하면 반드시 손해가 옵니다. 옛사람은 '쓴 약은 질병을 치료하는 데 유리하고, 쓴 말은 실천에 유리하다.'라고 했습니다. 전하께서는 태평성대할 때 나라의 위급함과 멸망을 염려하고, 하루하루 삼가며 일하시기를 바랍니다."

상소가 올려진 후 승건은 크게 노하여 자객을 보내 장현소를 살해하려고 했다. 얼마 후 승건은 폐출되었다.

덕행의 근원은 절약이다

정관 14년, 태자첨사太子詹事 우지녕은 태자 승건이 궁궐을 짓고, 도를 넘을 만큼 사치스럽고 음악에 탐닉하자 상소를 올려 이렇게 간언했다.

"신은 검약하여 비용을 절약하는 것은 분명 덕행을 널리 드날리는 기초이고, 사치를 숭상하고 방종하는 것은 덕행의 뿌리를 파괴하는 것이라고 들었습니다. 때문에 진목공秦穆公이 자신의 궁궐은 구름을 뚫고 들어가 해를 가린다고 과시하자 서융 사람 유여由余는 이 일을 비웃었고, 《하서夏書》에서는 높이 치솟은 큰 집과 아름답게 꾸민 벽을 나라를 위험에 빠지게 하고 멸망시키는 교훈으로 삼았습니다. 과거 조돈趙盾이 진晉나라를 구하고 여망呂望이 주나라의 태사太師가 되었을 때, 어떤 때는 재물을 절약할 것을 권하고, 어떤 때는 무거운 세금을 거두지 말 것을 권하였습니다. 충심을 다하여 나라를 보좌하고 성의를 다하여 군왕을 모시면서 숭고한 덕행이 끝없이 퍼지고, 아름다운 명성이 사람들의 눈과 귀에 가득하기를 바랍니다. 이러한 것은 모두 역사책에 실려 있어 미담이 됩니다.

또 현재 살고 있는 동궁은 수나라 때 만든 것으로, 그것을 보는 사람들마다 너무 사치스럽다고 질타하고 지나친 호화로움에 놀라움을 금치 못하고 있습니다. 어찌 이 위에 또 건축하여 날마다 재물을 낭비하고, 토목공사를 멈추지 않고, 목공의 쪼개고 깎는 공예를 전부 사용하고, 조탁하고 다듬는 기술을 낭비합니까? 더욱이 장인이나 노예가 궁궐 안으로 들어와도 요즘에는 감시하는 사람이 없습니다. 그들 가운데 어떤 자는 그 형이 국법을 범했고, 어떤 자는 그 동생이 법률에 저촉된 자들이었습니다. 이들이 어원御苑에서 오가고, 금궁禁宮 안에서 출입하며 몸에는 집게와 끌이 쥐어져 있고, 손에는 망치와 쇠 절굿공이가 있습니다. 궁문의 감리는 본래 생각하지 못한 일을 방지하는 사람이고, 궁정의 금위禁衛는 예측하지 못한 것을 방어하기 위해 설치했는데, 직장直長[31]도 그 사실을 알지 못하고 천우관千牛官[32] 또한 이 일을 이해하지 못합니다. 호위 무사는 궁궐 밖에 두고 이런 잡인들이 궁궐 안에서 살고 있습니다. 궁궐의 담당 관리가 어찌 안심할 수 있으며, 신하가 어찌 근심하는 마음이 없을 수 있겠습니까?"

명실상부한 것만 따르라

"또 정鄭나라와 위衛나라의 음악은 고대에 음란한 악곡으로 유명했습니다.[33] 과거 묵자墨子는 조가朝歌라는 마을 이름이 소박한 정신에 부적합하다며 수레를 타고 돌아왔고, 공자는 협곡夾谷의 회맹에 참가하여 노정공魯定公 앞에서 장난치던 주유侏儒의 머리를 칼로 베어 죽였습니다.[34] 이전의 성인은 음란한 음악을 들으면 잘못된 것이라고 생각했고, 사물의 이치에 통달한 현인 또한 이러한 것을 과실로 간주했습니다.

요즘 태자의 궁궐 안에서는 항상 태고太鼓 소리가 들렸는데, 악부

31) 당나라 때 설치된 관직으로 의약품이나 진료를 담당했다.

32) 후위後魏 때 처음 설치했으며 군주 곁에서 호위 역할을 했다.

33) 이 말은 《예기》 〈악기〉에 보인다.

34) 《공자가어孔子家語》 〈상로相魯〉에 의하면 노정공과 제후가 협곡에서 만났다. 제나라에서는 음악을 연주하고 배우 주유를 시켜 앞에서 유희하도록 했다. 공자가 말하기를 "평민이 제후를 미혹시키는 것은 주살해야만 하는 죄이다."라고 했다. 그리하여 주유를 칼로 베었다. 제후는 두려워하고 부끄러워했다.

樂府의 연주자인 가기가 궁궐로 들어간 이후에 다시는 나오지 않았습니다. 이 일을 들은 사람은 두려워 다리를 떨었고, 이 일을 말하는 사람은 전전긍긍했습니다. 전하께서 이전 시대의 태종 황제의 조서를 전수받아 새로이 익히기를 원합니다. 성상의 마음은 친절하고, 분명하게 경계하는 태도는 매우 간절합니다. 이 일에 관하여 전하께서 고려하지 않을 수 없고, 미천한 신하로서 걱정하지 않을 수 없습니다."

듣기 싫은 말이 명약이다

"신이 궁궐에서 직책을 맡은 지 이미 여러 해가 되었습니다. 개나 말도 주인의 은혜를 알 수 있고, 나무와 돌도 사람의 감정을 느낄 수 있습니다. 신의 얕은 식견을 어찌 감히 전부 바치지 않겠습니까? 만일 이러한 의견을 신의 한 조각 충성으로 간주한다면 신은 살길이 있겠지만, 성상의 뜻을 위배하는 것이라는 질책을 받으면 신은 죄인이 되는 것입니다. 장손臧孫[35]은 다른 사람에게 환심을 사고 관용을 얻는 것을 나쁜 질병이라고 생각했고,[36] 《춘추》에서는 면전에서 상대방이 듣기 싫어하는 말을 하는 것을 잘못을 치료하는 명약에 비유했습니다. 전하께서 장인의 일을 멈추도록 하고,

---

35) 노나라 대부로 이름은 흘紇이다. 장무중臧武仲이라고도 한다.

36) 《춘추좌전》 양공 23년조에 이런 말이 있다. "장손이 말하기를 '계무자季武子가 나를 사랑하는 것은 질병이 되고, 맹장자孟莊子가 나를 싫어하는 것은 약이 된다. 고통 없는 질병은 사람을 고통스럽게 하는 약만 못하다. 약은 나를 살게 할 수 있다. 고통 없는 질병은 그 해독이 훨씬 크다.'"

장기간 노역에 종사한 사람을 풀어주고, 정나라와 위나라의 음란한 음악을 근절시키며, 간사하고 아첨하는 소인을 물리치기를 바랍니다. 그러면 군주를 섬기고, 아버지를 섬기며, 윗사람을 섬기는 이 세 가지의 좋은 일이 매우 온전해질 것이고, 천하는 하나로 통일될 것입니다."

승건은 이 조서를 보고 매우 불쾌해했다.

작은 악행이라도 피하라

정관 15년, 승건은 농번기 때 수레를 모는 마부 등 잡부를 불러 부리면서 교대로 일하는 것을 허락하지 않았다. 이 사람들은 마음속으로 원한을 품었다. 또 돌궐의 수많은 동복(童僕, 나이 어린 종)을 은밀히 궁궐로 불러들였다. 우지녕은 상소를 올려 간언했다.

"신은 하늘이 가장 높지만 해와 달이 하늘의 덕행을 밝혀주고, 명군明君은 최상의 성덕이 있지만 보좌하는 신하들이 그의 사업을 돕는다고 들었습니다. 때문에 주나라 성왕은 태자가 되었을 때 모숙毛叔과 정필공鄭畢公의 보조를 받았고, 한나라 유영劉盈이 태자가 되었을 때는 하황공夏黃公과 기리계 등 사호四皓의 지지를 받았습니다. 주공단은 세자로서 지켜야 할 법규를 아들 백금伯禽에게 전수했고, 가의는 한문제에게 거리낌 없이 직언하여 자기의 비판적인 견해를 제시했습니다. 이러한 사람은 모두 부지런하고 품덕이 단정한 사람을 가까이하고, 정직한 사람에게는 간절했습니다. 역대에 현명한 군주 가운데는 태자에게 두세 번 훈계의 말을 하지 않은 자가 없었습니다. 확실히 그는 천자를 잇는 사람으로 군주 다음의 태자라는 중요한 지위에 있기 때문입니다. 태자가 선량하면 천하는 그의 은혜를 입고, 태자가 사악하면 백성은 그의 재앙을 받게 됩니다.

근래에 노비, 말 부리는 자, 수레 모는 자, 수의사 등에게 초봄부터 여름까지 궁궐 안에서 장기간 부역하도록 하고, 그들의 교대 근무를 허락하지 않았다고 들었습니다. 어떤 집은 부모가 있지만 자식의 봉양을 받지 못하고, 어떤 집은 어린 자녀가 있지만 아버지의 보살핌이 끊겼습니다. 봄에는 그들의 농경지를 황폐화시켰고, 여름에는 또 그들의 파종과 가축의 번식을 가로막았습니다. 일을 하면서 양육을 등졌으니 원망하고 한탄하는 마음들이 생길까 두렵습니다. 만일 천자에게까지 이 소식이 전해지면 전하는 그때 가서 후회한들 어찌하겠습니까?

또 돌궐의 달가기達哥支 등은 모두 사람의 얼굴에 짐승의 마음을 갖고 있다고들 말합니다. 그들을 가까이하면 전하의 아름다운 명성을 손상하게 되고, 그들을 끌어들이는 것은 전하의 성덕을 늘리는 데 어떠한 이익도 없습니다. 그들을 불러 궁궐로 들어오게 하자 대다수의 사람은 놀랐습니다. 어찌 어리석은 신만이 불안해하겠습니까?

전하께서는 반드시 위로는 성상의 성스러운 정서에 일치하고, 아래로는 일반 백성이 마음속 깊이 갈망하는 것과 일치되어야만 합니다. 작은 악행을 경시하여 피하지 않을 수 없고, 작은 선행을 소홀히 하여 하지 않을 수 없습니다. 마땅히 단절하는 방법을 제정하고, 나쁜 일이 싹틀 때 방지하는 책략이 있어야 합니다. 어질지 못한 소인을 물리쳐 사직하도록 하고, 어질고 선량한 사람을 가까이 하십시오. 이와 같으면 좋은 덕행은 나날이 융성해지고 아름다운 명성은 먼 곳까지 전해질 것입니다."

승건은 크게 화를 내며 자객 장사정張師政, 흘간승기紇干承基를 우지녕의 집으로 보내 그를 죽이도록 했다. 우지녕은 당시 모친상을 당해 상기를 지키는 기간 중에 또 첨사詹事로 복직되었다. 장사정과 흘간승기는 우지녕의 방으로 잠입했으나, 그가 거적자리를 깔고 흙뭉치를 베개로 삼아 잠을 자며 상례를 지키는 것을 보고는 차마 죽이지 못했다. 얼마 뒤 승건의 일이 드러나게 되자, 태종은 우지녕의 일을 알고 그를 매우 다독거렸다.

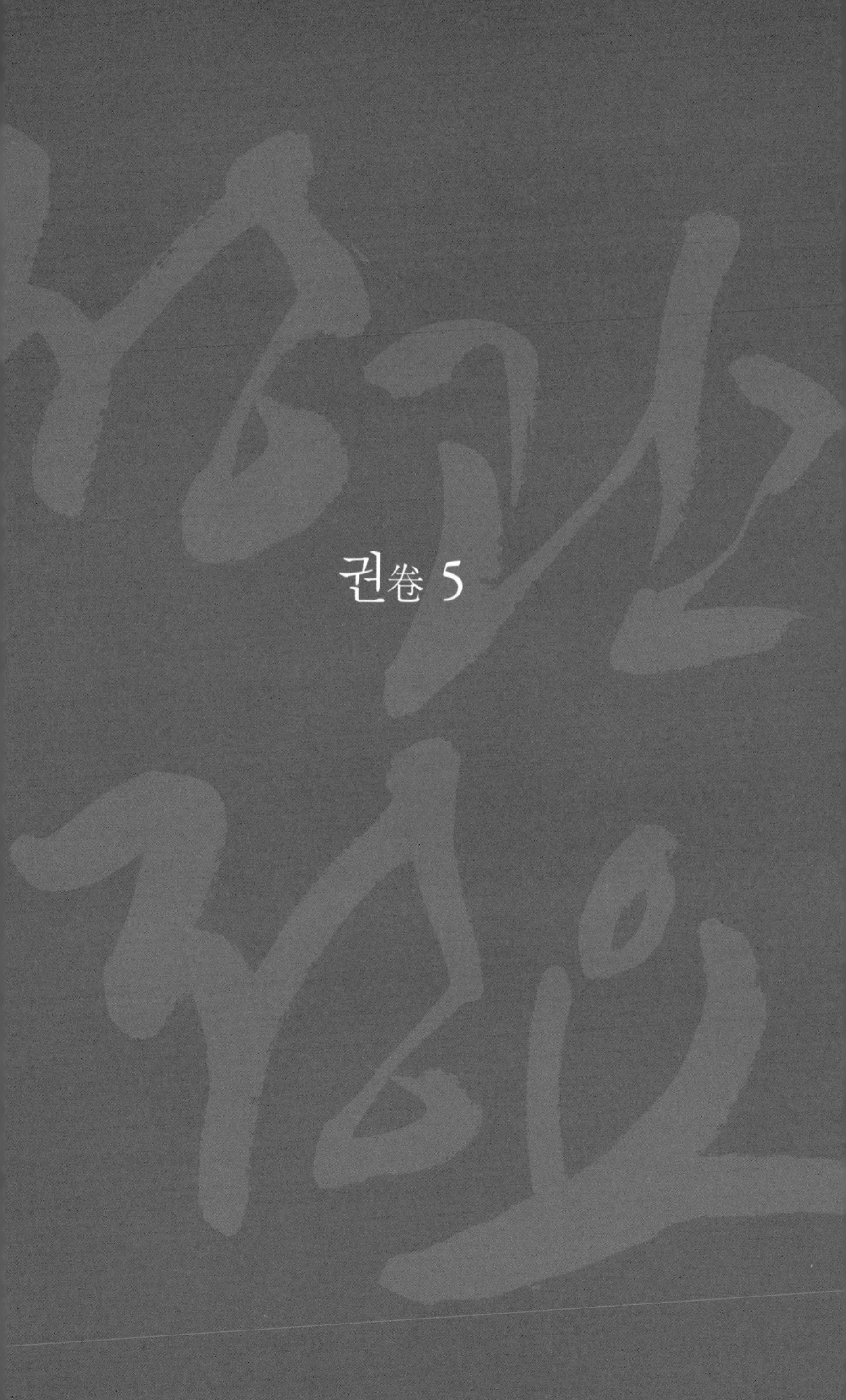

권卷 5

제13편

인의(仁義: 어짊과 옳음)

【해제】

인仁은 공자에 의해 유가사상의 중심 개념이 되었다. 공자는 "대체로 인이란 것은 자기가 서고자 하면 남도 세워주고, 자기가 달성하고자 하면 남도 달성하게 해주는 것이다. 가까이 자신에게 견주어보는 것이 인을 구하는 길이라 할 수 있다."라고 하였다. 이것은 인을 남을 자기처럼 여기고 사사로운 감정의 얽힘을 깨끗이 제거하는 경지로 본 것이다. 인의 구체적인 내용은 사람을 사랑하는 것인데, 이것은 가까운 부모 형제에 대한 사랑으로부터 출발하여 인류 전체로 확산된다.

의義란 《논어》에서는 '마땅함', '옳음', '정당함', '도리' 등을 가리킨다. 우리가 올바름을 구할 수 있는 것은 공심公心을 세울 수 있는 데 있다. 만일 공심이 서지 못하면 사사로운 욕심에 빠지고 만다. 이런 점에서 공자는 인은 인간의 마음이고, 의는 인간의 길이라고 한 것이다.

태종은 이러한 인과 의를 나라를 다스리는 기본으로 인식했으며 이는 정치에 그대로 반영되었다.

현인을 꿈에도 그리워하는 이유

정관 원년, 태종이 말했다.

"나는 예로부터 제왕이 인의로써 나라를 다스리면 그 국운이 영원하지만, 법률로만 백성을 다스리면 일시적으로 혼란한 세상의 폐해를 구제할 수 있다 해도 나라의 패망 또한 속히 이른다는 것을 보았소. 과거 제왕이 나라를 다스려 공을 세운 정황을 보면 완전히 우리의 귀감이 될 수 있소. 지금 나는 오로지 인의와 신의로써 나라를 다스려 요즘의 경박한 세풍을 개혁하기를 희망하오."

황문시랑黃門侍郎 왕규王珪가 대답했다.

"천하의 인의와 도덕이 사라진 지 이미 오래입니다. 폐하께서는 그 폐해가 잔존해 있는 세상에서 도덕을 펼쳐 풍속을 바꾸었으니, 이것은 자손만대의 복입니다. 그러나 어질고 덕망 있는 사람이 아니면 나라를 제대로 다스릴 수 없으니, 근본적인 문제는 인재를 얻는 데 있습니다."

태종이 말했다.

"내가 현인을 그리워하는 마음은 꿈속에서도 잊지 않을 정도요!"

급사중給事中 두정륜杜正倫이 진언하였다.

"이 세상에는 반드시 재능이 우수한 인물이 있습니다. 또한 그들은 때에 따라 쓰일 수 있습니다. 어찌 은殷나라 고종이 꿈속에서 부열傅說을 보고 찾아 재상으로 삼고, 주문왕周文王이 여상呂尙을 만나 스승으로 삼은 기회를 기다린 연후에야 나라를 다스리려고 하십니까?"

태종은 그의 의견에 깊이 공감하고 받아들였다.

태평성대는 어떻게 이루어지는가

정관 2년, 태종이 주위에 있는 신하들에게 말했다.

"나는 동란 이후에 형성된 풍속은 바꾸기 어렵다고 생각하오. 지금 백성들을 살펴보니, 점점 청렴과 수치를 알고 관리든 백성이든 간에 모두 법을 준수하고 도적은 나날이 줄어들고 있소. 이로부터 백성들에게 영원히 변하지 않는 풍속이란 없고, 정치상의 다스림과 혼란의 문제가 있을 뿐임을 알게 되었소. 때문에 나라를 다스리는 이치에 관해 말하면 반드시 인의로써 어루만지고, 위엄과 신의로써 모범을 보이며, 백성의 마음을 따르고, 가혹함과 각박함을 제거하고, 이단을 만들지 않는다면 천하는 자연히 태평스러워질 것이오. 여러분은 모두 이러한 일을 해야만 하오."

백성의 안녕이 국력의 근본

정관 4년, 방현령房玄齡이 상소를 올려 말했다.

"지금 무기 창고를 점검했는데, 수왕조 때보다 더 강해졌습니다."

태종이 말했다.

"군사를 정돈시키고 외적을 방비하는 것은 중요한 일이오. 그러나 나는 여러분이 나라를 다스리는 중대한 책략을 마음에 담고, 충성을 다하여 백성을 편안히 살게 하며 자신들의 사업을 즐겁게 할 수 있도록 하기를 바라오. 바로 그것이 나의 무기인 것이오. 수양제隋煬帝가 어찌 무기의 역량이 부족해서 멸망에 이르렀겠소. 그가 인의를 닦지 않음으로 인해 민중의 원한을 사고 버림을 받게 된 것이오. 여러분은 나의 마음을 알고 내가 덕행과 인의로써 나라를 잘 다스릴 수 있도록 도우시오."

숲이 울창해야 새가 깃들인다

정관 13년, 태종이 곁에서 보좌하는 신하들에게 말했다.

"숲이 울창하면 새가 깃들이고, 수면이 넓으면 물고기가 노닐며, 여러분의 인의가 두터우면 백성이 즐거운 마음으로 따를 것이오. 사람들은 한결같이 재앙을 두려워하여 피할 줄은 알지만, 인의를 행하면 재앙이 발생하지 않는다는 이치는 모르고 있소. 인의의 준칙은 항상 마음속에 기억하여 그것을 계속 발전시키는 것이오. 만일 잠시라도 마음이 나태해지면 인의로부터 멀어질 것이오. 이것은 음식물이 육체에 영양이 되는 것과 같이 언제나 배가 불러야만 생명을 보존할 수 있소."

왕규는 고개를 끄덕이며 말했다.

"폐하께서는 이 말의 의미를 이해하고 있으니 천하 백성들의 크나큰 행운입니다."

제14편

충의(忠義:충성과 의리)

【해제】

흔히 충忠이라고 하면 군주와 연관 지어 신하의 군주에 대한 책임으로 생각한다. 그러나 충의 대상은 군주 한 사람에게만 국한되는 것이 아니라 부모, 형제, 부부, 친구를 대함에 있어서도 충이 갖추어져야 한다.

충이란 자기의 성심을 다하는 것〔盡己〕이다. 다시 말해서 충의 대상이 자기 자신일 경우는 자기의 가능성을 전부 실현하려고 노력하는 것이고, 그 대상이 타인일 경우는 진실되고 거짓 없는 마음으로 자기의 책임을 다하는 것을 뜻한다.

〈충의〉 편에서는 주로 신하의 군주에 대한 충성심에 관해 언급하고 있는데, 역사적 인물의 구체적인 실례를 보여주고 있다.

은혜를 충성으로 보답한 풍립

풍립馮立은 무덕武德 연간에 동궁솔東宮率[1]이 되어 태종의 형인 은태자隱太子의 각별한 총애를 받았다. 태자가 죽을 때 주위에 있던 사람들이 대부분 흩어지자 풍립은 탄식했다.

"어찌 태자 살아생전에는 은혜를 받고, 죽을 때는 모두 재앙을 피해 달아날 수 있는가!"

그러고는 병사를 이끌고 현무문玄武門을 공격해 들어가 힘껏 싸웠으며, 둔영장군屯營將軍 경군홍敬君弘을 죽이고 그의 부하들에게 이렇게 말했다.

"이것으로 태자의 은혜에 조금이나마 보답할 수 있게 되었다."

이어서 군대를 해산하고 자신은 교외로 달아났다.

풍립은 오래지 않아 항복해 와서 벌 내려줄 것을 청했다. 태종은 풍립을 질책하여 말했다.

"그대는 전에 병사를 출동시켜 전쟁을 벌여 나의 관병들을 살상했는데 어떻게 죽음을 피할 수 있겠느냐?"

풍립은 눈물을 흘리며 대답했다.

"신 풍립은 관직에 나와 주군을 모시면서 죽음으로써 보답하기를 원했습니다. 죽음을 불사하고 싸울 때도 거리끼는 것이나 두려워하는 것은 없었습니다."

그는 매우 슬피 울었는데 스스로 억제하지 못했다. 태종은 너그

---

1) 당나라 때의 제도로 동궁에 좌우솔부左右率府를 두어 각 부서의 사무를 총괄했다.

러이 그를 위로하고 궁궐을 지키는 좌둔위중랑장左屯衛中郎將의 직을 주었다. 풍립은 자기와 친하게 지내는 사람들에게 말했다.

"황상의 크나큰 은혜로 죄를 사면받았으니 반드시 죽음으로써 보답할 것이다."

오래지 않아 돌궐이 변교便橋까지 침입해 들어왔다. 풍립은 기병 수백을 이끌고 함양咸陽에서 돌궐과 싸웠는데, 사상자와 포로로 잡은 적군의 수가 매우 많았고, 지휘하는 쪽의 적군은 모두 위력에 눌려 복종했다. 태종은 이 일을 듣고 매우 칭찬했다.

[현무문의 변] 당시 제왕齊王 원길元吉[2] 부府의 좌거기左車騎 사숙방謝叔方이 병사를 이끌고 풍립과 군대를 합쳐 현무문을 공격하여 태종의 신하인 경군홍과 중랑장 여형呂衡[3]을 죽이자 태종의 군대는 사기가 떨어졌다. 그때 태종의 호군위護軍尉[4] 울지경덕尉遲敬德[5]이 원길을 죽이고 머리를 보냈다. 사숙방은 즉시 말에서 내려 대성통곡하고 절을 한 후에 달아났다. 이튿날 그가 자수하러 오자 태종이 말했다.

"의사義士로다."

그러고는 그를 석방하라고 명령하고 우익위낭장右翊衛郎將직을 주었다.

2) 고조의 아들이며 태종의 동생이다. 제왕齊王에 봉해졌다. 만형 건성建成이 태자가 되었지만, 둘째 형 세민世民의 공적을 시기하여 원길과 세민을 제거하려고 모의했다. 세민은 선수를 쳐서 건성과 원길이 입조入朝하는 것을 현무문에서 공격하여 죽였다.

3) 본래 여세형呂世衡이었는데, 태종의 휘를 피하기 위해 세世 자를 뺐다.

4) 당나라 때 숙위宿衛를 관장하던 직책이다.

5) 울지尉遲는 복성複姓이고 이름은 공恭이다. 수나라 말에 당나라로 귀의하여 태종을 따라 큰 공을 자주 세웠다.

숭고한 절개의 소유자 요사렴

정관 원년, 태종은 일찍이 한가할 때 수隋나라가 멸망한 일을 말하면서 탄식했다.

"요사렴姚思廉[6]은 죽음의 재앙을 두려워하지 않음으로써 숭고한 절개를 나타냈소. 옛사람을 살펴보아도 누가 그를 뛰어넘겠소!"

요사렴은 당시 낙양에서 살고 있었으므로 비단 3백 단을 보내면서 편지를 써서 이렇게 말했다.

"그대의 충의로운 풍모를 생각했기에 이 물건을 내리는 것이오."

처음, 수나라 대업 말년에 요사렴은 대왕代王 유侑[7]의 시독학사侍讀學士가 되었다. 당고조의 정의군이 수도 장안을 공격했을 때 대왕 집에 있던 대다수의 사람은 두려워 달아났지만, 오직 요사렴만은 대왕을 모시고 그 곁을 떠나지 않았다. 당고조의 의군이 어전으로 올라왔을 때 요사렴은 큰소리로 그들에게 말했다.

"당공唐公[8]이 의병을 일으킨 것은 본래 왕실의 혼란을 바로잡을

---

6) 당나라 초기 사학자로 자는 간지簡之이다. 그는 본래 오흥吳興 사람이었는데, 수나라 멸망 후 관중關中으로 옮겨 만년萬年 사람이 되었다. 그의 아버지 찰察은 진陳나라 때는 이부상서로 있었고, 수나라로 들어와 양나라와 진陳나라의 역사서를 저술했으나 완성하지 못하고 죽었다. 요사렴은 마음이 맑고 욕심이 적었으며, 오직 학문에만 뜻을 두었다. 젊었을 때 아버지를 따라 역사를 배워 가학家學을 이었다. 수나라 때는 대왕 유의 시독侍讀이 되었고, 당나라 때는 진왕 이세민의 문학관 학사가 되었다. 정관 연간 때 관직은 산기상시까지 이르러 직언할 수 있는 위치였다. 당나라에서 진晉·남북조의 역사서를 편찬하자, 그는 집안에 전해오는 원고를 기초로 하여 위징과 함께 《양서梁書》 50권, 《진서陳書》 30권을 완성했다.

7) 수나라 원덕元德 태자의 아들로서 이연이 장안을 치고서 황제로 세웠던 사람이다. 그가 바로 공제恭帝로, 나중에 고조에게 양위하여 수가 멸망한다.

8) 이연으로 수나라 초기에 당왕唐王으로 봉해졌다.

목적 때문이니, 너희는 대왕에게 무례하게 행동할 수 없다."

병사들은 그의 말에 복종하고 조금씩 물러나 계단 아래에 나누어 도열했다. 잠시 후 당고조가 도착하여 이 일을 듣고는 요사렴을 충의로운 인물이라 여기고, 대왕을 부축하여 순양順陽 합하閤下로 갈 것을 허락했다. 요사렴은 눈물을 흘리며 예절을 갖추어 인사를 올린 후 떠났다. 이 모습을 지켜본 사람들은 모두 감탄을 금치 못하여 이렇게 말했다.

"어진 사람은 반드시 용감하다는 것은 아마도 이런 사람을 두고 한 말일 것이다."

과거의 주군에게 애도를 표하는 신하

정관 2년, 식은왕息隱王 건성과 해릉왕海陵王 원길을 안장시키려고 했다. 상서우승尙書右丞 위징魏徵과 황문시랑 왕규는 그 장례 의식에 참석하기를 요청하였다. 이에 상소문을 올려 말했다.

"신 등은 과거 고조의 어명을 받아 동궁에서 직책을 맡았으며, 태자의 어전을 출입한 지 12년이나 되어갑니다. 은태자 건성은 왕실과의 불화로 사람들과 신령에게 죄를 지었습니다. 저희는 태자와 함께 죽을 수 없었으므로 온 가족 모두 죽음의 처벌을 받기를 원했습니다. 그 무거운 죄를 짊어지고서 현재 조정의 어진 신하의 행렬에 배치되었습니다. 평범하게 일생을 보내면서 무엇으로 태상황에게 보답을 하겠습니까?

폐하의 도의는 천하를 비추고 있고, 덕행은 이전 시대의 제왕을 뛰어넘습니다. 또 폐하는 산 위로 올라가 죽은 자를 그리워하고, 형제의 정을 미루어 추도하며, 나라의 대의를 밝히고, 골육지친의 깊은 정을 펼치며, 길일을 택하여 두 왕을 안장시켰습니다. 바라던 기일이 다가왔습니다. 저희는 영원히 옛일을 잊지 않을 것이며, 그들의 영전 앞에서 구신舊臣으로 칭하는 것이 부끄럽기만 합니다. 비록 옛 태자를 잃었어도 또 새로운 군주가 있어 군주를 모시는 예절을 행할 수 있지만, 옛 태자가 죽은 지 1년이 되었고 풀도 빠르게 자랐건만 아직 장례의 슬픔을 표하지 못했습니다. 묘지를 바라보고 과거 여러 가지 깊은 정을 기억하고 싶습니다. 안장하는 날 영구를 묘지에 보낼 수 있기를 바랍니다."

태종은 그들이 정의롭다고 생각하여 동의하였다. 이에 태자부의 옛 관리들을 모두 장례 의식에 보내도록 했다.

충성과 절개가 찬미할 가치가 있는 이유

정관 5년, 태종이 주위에서 모시는 신하들에게 말했다.

"충신忠臣과 열사烈士는 어느 조대인들 없었겠소? 여러분은 수왕조의 누가 충성과 절개를 바쳤다고 알고 있소?"

신하 왕규가 대답했다.

"신이 듣기로는, 태상승太常丞[9] 원선달元善達이 경성유수京城留守로 있을 때 수많은 역적이 군주의 도리를 거스르자 단신으로 말을 타고 강도江都를 돌아가 양제煬帝에게 간언했다고 합니다. 그러나 양제는 그에게 수도로 돌아가도록 명령하고 그의 간언을 받아들이지 않았습니다. 나중에 그는 또 통곡을 하며 온 힘을 다해 간언했지만 양제는 크게 노하여 병사를 보내 그를 멀리 내쫓고 습기가 많은 남방의 열악한 숲 속에서 죽였습니다. 그리고 호분낭중虎賁郎中[10] 독고성獨孤盛은 강도에서 숙위宿衛로 있었는데, 우문화급宇文化及이 반란을 일으키자 홀로 적에게 대항하다가 죽었다고 합니다."

태종이 말했다.

"굴돌통屈突通[11]은 당시 수나라 장수로 우리 군대와 동관潼關에서 싸웠는데, 수도 장안이 함락되었다는 소식을 듣고 군대를 이끌고 동쪽으로 달려갔소. 우리 의군은 추격하여 도림桃林에서 그를 막고 먼저 그의 노비를 보내 항복하도록 했지만, 그는 노비를 죽였소. 나는 또 그의 아들을 먼저 보냈는데, 그는 '나는 수왕조에 임용되어 두 조대의 황제를 모셨다. 지금은 내가 절개를 지키기 위해 죽을 때이다. 원래 너와 나는 집에서는 부자지간이었지만 지금 너는 나의

9) 태상이 종묘예악 등의 예의에 관한 일을 관장할 때 보조 역할을 하던 직책이다. 당나라 때 태상시太常寺에는 경卿 한 명, 소경少卿 두 명, 승丞 두 명이 있었다.

10) 무관으로 시종侍從 일을 했다.

11) 당나라 창려昌黎 사람으로 후에 장안에서 거주했다. 수나라 때는 좌효위대장군左驍衛大將軍이었고, 당나라 때 관직이 병부상서까지 올랐다. 그 후에는 왕세충을 평정한 공을 세워 우복야로 승진하였고, 장국공蔣國公으로 봉해졌다.

적이다.'라고 말하고 아들에게 활을 쏘았소. 그 아들은 간신히 피해 달아났소. 그가 이끌고 있던 병사들도 모두 뿔뿔이 흩어졌소. 굴돌통 홀로 남게 되자 동남쪽을 향해 통곡하고 매우 상심하더니, '나는 나라의 은혜를 입어 장수가 되었다. 그런데 이제 지모와 용기를 모두 소진하고 이처럼 실패하고 멸망한 것은 내가 나라에 충성을 다하지 않음이 아닌가.'라고 말했소. 추격하던 병사들이 그를 체포했고, 태상황은 그에게 관직을 주었지만 질병을 핑계로 완강히 거절했소. 이처럼 충성과 절개는 진실로 찬미할 만한 것이오."

이에 담당 관리에게 명령하여 수나라 대업 연간에 양제에게 직간으로 노여움을 사서 죽게 된 자의 자손을 찾아 보고하도록 했다.

간언은 개인보다는 나라를 위한 것이다

정관 6년, 좌광록대부左光祿大夫[12] 진숙달陳叔達[13]에게 예부상서禮部尙書의 직책을 주었다. 태종은 이 일로 그에게 말했다.

"무덕 연간에 그대는 태상황에게 직언하여 나에게는 나라를 안정시킨 공로가 있으니 폐출시킬 수 없다고 말했소. 나는 강직한 성격이었으므로 만일 그와 같은 억눌림이나 좌절을 당했다면 아마도 울분과 비분을 견디지 못해 병이 났거나 죽음에 이르는 위험한 지

12) 광록대부는 천자를 모시면서 자문에 응하는 관직으로 좌우左右가 있는데, 중당 이후로는 산관散官이 되었다.

13) 자는 자총子聰이고 진선제陳宣帝의 16남이다. 젊어서부터 재능과 학식으로 이름이 알려졌다. 당고조 때 강국공江國公에 봉해졌고, 정관 초년에 광록대부로 임명되었다.

경까지 갔을 것이오. 지금 그대의 충직한 말을 칭찬하여 이 직책을 주어 임명하는 것이오."

진숙달이 대답했다.

"신은 수왕조의 수씨隋氏 부자는 서로 학살하여 멸망을 자초했다고 생각합니다. 그것은 이전 사람의 실패를 직접 목격하고도 교훈을 받아들여 귀감으로 삼지 않고, 여전히 이전 사람이 실패한 길을 고치지 않고 달려간 것입니다. 이 때문에 신은 충성을 다해 간언한 것입니다."

태종이 말했다.

"나는 그대가 오직 나 한 사람만을 위해 이와 같은 일을 한 것이 아니라 나라를 위해 한 것임을 알고 있소."

군주의 시비를 가려줄 신하가 필요한 이유

정관 8년, 태종이 출척시黜陟使[14]를 각 도道[15]로 파견하려는데, 기내도畿內道에는 아직 적임자를 구하지 못했다. 태종이 직접 정하려고 방현령 등에게 물었다.

"기내도의 일은 가장 중요한데 누가 출척사를 맡을 수 있겠소?"

우복야右僕射 이정李靖이 말했다.

---

14) 정관 8년, 태종은 이정 등 13명을 출척사로 임명하여 전국에 파견하여 민간의 어려움과 관리들의 선악에 관해 순찰했다.

15) 당나라 때는 전국을 10도道로 구분했는데, 관내關內·하남河南·하동河東·하북河北·산남山南·농우隴右·회남淮南·강남江南·검남劍南·영남嶺南이다.

"기내의 일은 중대하니 위징을 임명하여 내보내지 않으면 안 됩니다."

태종은 기뻐하지 않으며 말했다.

"나는 지금 구성궁九城宮으로 가려고 하는데, 이 일 또한 작은 일이 아니오. 어찌 위징을 보낼 수 있겠소? 내가 궁궐을 나설 때마다 위징과 떨어지는 것을 원치 않았던 이유는 그가 나의 행동에 있어 옳고 그름이나 얻는 것과 잃는 것을 보면 반드시 숨기지 않기 때문이었소. 여러분이 나의 잘못을 바로잡을 수 있겠소? 갑자기 이와 같이 말하는 것은 이치에 맞지 않소."

그러고는 즉시 이정을 기내 출척사로 임명했다.

거센 바람이 억센 풀을 안다

정관 9년, 소우蕭瑀를 상서좌복야尙書左僕射로 임명했다. 태종은 일찍이 신하들과 연회를 열었을 때 방현령에게 말했다.

"무덕 6년 이후 태상황은 나를 태자로 삼을 생각을 버렸소.[16] 당시 나는 형제들의 미움을 샀소. 실제로 공이 높았지만 상을 받지 못해서 불안과 억눌림의 감정이 있었소. 그때 소우는 나를 생각하여 큰 이익을 차지할 수 있는 유혹에 현혹되지 않고 사형에 처해지는 형벌의 위협을 두려워하지 않았으니, 진실로 나라의 대들보요."

---

16) 본래 고조 이연은 이세민의 공이 높고 덕이 뛰어났으므로, 일찍이 개인적으로 그를 태자로 세울 것을 허락했다. 그러나 나중에 이건성, 이원길과 궁궐 비빈의 참언으로 그는 허락한 것을 취소했다. 여기서는 이 일을 가리킨다.

그리고 소우에게 시를 지어주며 이렇게 말했다.

"거센 바람은 억센 풀을 알고 판탕板蕩[17]이 성스러운 신하를 안다."

소우는 감사의 인사를 하고 말했다.

"신은 특별히 폐하의 훈계를 받았습니다. 신의 충성을 칭찬하시니, 비록 죽을지라도 산 것과 같으며 죽어도 유감이 없습니다."

충신은 죽어도 영원히 살아 있다

정관 11년, 태종은 한왕조 때 태위太尉를 지낸 양진楊震[18]의 묘지 앞으로 행차하여, 그가 충성을 바치다 죽은 것에 대해 애도하고 직접 제문을 지어서 바쳤다. 방현령은 나아가 말했다.

"양진은 비록 억울하게 죽었지만, 수백 년이 지난 뒤에 성명한 군왕이 수레를 멈추고 머물며 직접 제문을 지었습니다. 비록 양진은 죽었지만 살아 있는 것과 같고, 죽었어도 영원한 것입니다. 신은 양진이 구천의 지하에서나마 다행히 천은을 입어 그의 진가를 밝히게 되어 다행한 마음을 금할 수 없습니다. 엎드려 성상의 제문을 읽고 슬프면서도 위로받는 느낌이었습니다. 무릇 천하의 모든 군자가 어찌 감히 명예와 절조에 있어 자기를 독려하여 좋은 일을 하면 좋

17) 혼란한 세상을 뜻한다. 《시경》 〈대아〉 가운데 '판板', '탕蕩'에서는 여왕勵王 치하의 혼란스러운 세상을 노래하고 있다.

18) 후한 시기 사람으로 자는 백기伯起이다. 젊어서부터 학문을 좋아하여 수많은 서적을 열람했으며 '관서공자關西孔子'라는 미명이 있다. 형주자사·탁군태수·사도·태위 등의 직책을 역임했다. 문제의 유모 왕성王聖과 중상시 번풍樊豊 등이 탐욕스럽고 오만방자했기 때문에 양진은 여러 차례 상소를 올려 간절히 간언하였다. 번풍의 모함으로 파면당하자 자살했다.

은 응답이 있음을 알지 못하겠습니까?"

군주의 간장을 자기 배 속에 넣은 충신

정관 11년, 태종이 곁에서 모시는 신하들에게 말했다.

"북방 오랑캐인 적인狄人은 위의공衛懿公[19]을 죽이고 그의 육신을 전부 먹어치우고 간장만을 남겼소. 위의공의 신하 홍연弘演은 하늘을 우러러 대성통곡을 하며 자기 간장을 꺼내고는 위의공의 간장을 배 속에 넣었소.[20] 지금 이와 같은 충신을 찾으려고 하면 아마도 찾을 수 없을 것이오."

특진特進 위징이 대답했다.

"고대에 지백智伯[21]의 가신 예양豫讓은 지백의 복수를 위해 조양자趙襄子[22]를 죽이려 했는데, 양자는 그를 붙잡아 이렇게 말했습니다.

'그대는 과거 범씨范氏와 중항씨中行氏[23]에게 충성하지 않았는가? 지백은 그들을 전부 멸망시켰고, 그대는 지백에게 의지하였지만 범씨나 중항씨를 위해 복수하지 않았다. 현재 그대가 지백을 위해 복

19) 춘추시대 위衛나라 군주로 이름은 적赤이고 위혜공衛惠公의 아들이며 위나라 열일곱 번째 군주이다.

20) 이 일은《춘추좌전》민공 2년조에 보인다.

21) 지백은 춘추시대 말기와 전국 시기 초기에 진晉나라 육경六卿의 하나로, 이름은 요瑤이고 세력이 강성하여 교만했다. 그는 한韓·조趙·위魏나라를 협박하여 성을 내놓도록 했는데, 한나라와 위나라는 성을 주었지만 조나라에서는 거절했다. 이에 지백은 화가 나서 한·위와 연합으로 조나라를 공격하려고 했다. 조양자가 진양晉陽으로 달려가자 지백은 그곳으로 물을 끌어들였다. 후에 조·한·위 세 나라는 모의하여 지백을 소멸시키고 그의 영토를 분할했다.

22) 이름은 무휼無恤이다. 춘추시대 말 진晉나라 대부로 조앙趙鞅의 차남이다.

수하는 것은 무엇 때문인가?'

예양이 대답했습니다.

'신이 과거 범씨와 중항씨를 섬겼을 때 그들은 저를 보통 사람으로 대했고, 저 또한 보통 사람처럼 그들에게 보답했습니다. 그러나 지백은 저를 나라 안에서 최고 명사인 국사國士로서 대우했고, 저 또한 국사로 그에게 보답했습니다.'

이것은 군주의 신하에 대한 대우에 따라 결정된 것일 뿐인데, 어찌 오늘날에는 충성스러운 신하가 없다고 말할 수 있습니까?"

대를 이은 충성

정관 12년, 태종은 포주蒲州를 순행했는데 이때 조서를 내려 이렇게 명령했다.

"수왕조의 옛 응격낭장鷹擊郎將 요군소堯君素는 과거 대업 연간에 하동河東에서 관리 생활을 하며 충의를 지켜 신하로서의 큰 절개를 끝까지 다하였소. 비록 걸의 개가 요를 보고 짖고, 창을 뒤집어 원칙에 어긋나는 행동을 했지만, 거센 바람에도 쓸리지 않는 억센 풀처럼 혹독한 역경 속에서도 의지를 굳건히 지키는 고상한 지조를 나타냈소. 지금 이곳에 와서 지난 일을 미루어 생각하니, 은총과 명성을 주어 권면하고 장려하는 뜻을 나타내야 하오. 포주자사로 추

23) 춘추시대 진晉나라에는 범씨范氏·중항씨中行氏·지씨智氏·위씨魏氏·조씨趙氏·한씨韓氏 육경六卿이 있었다. 춘추시대 말기에 진나라 왕실은 쇠약해지고 오직 경들만이 강해져 서로 다투었다. 후에 지씨·위씨·조씨·한씨는 공동으로 범씨와 중항씨를 정벌하여 멸망시키고 그 땅을 분할했다.

증하고, 그의 자손을 탐문하여 찾아서 나에게 보고하도록 하시오."

정관 12년, 태종은 중서시랑中書侍郎 잠삼岑參에게 말했다.

"양梁·진陳 두 시대에서 누구를 명신으로 일컬을 만하오? 또 그들의 자제 가운데 관리로 추천된 자가 있소?"

잠삼이 아뢰었다.

"수나라 병사가 진나라를 공격해 들어온 이후로, 조정 안의 백관들은 앞다투어 달아나 남은 자가 없었는데, 오직 상서복야 원헌袁憲만은 그 군주 곁에 있었습니다. 왕세충王世充이 수왕조의 선위禪位를 이으려고 하자 신하들은 분분히 상소를 올려 제위로 올라갈 것을 권하였지만,[24] 원헌의 아들은 국자사업國子司業[25]으로 가업을 잇고 병을 핑계로 이름을 올리지 않았습니다. 이 부자는 충성심이 강하다고 할 만합니다. 원승가袁承家의 동생 원승서袁承序는 현재 건창현령建昌縣令으로 임명되었는데, 관리로서 청정하고 절조와 품위가 있으니 확실히 가풍을 이어받은 것입니다."

이에 원승서를 불러 진왕우晉王友로 삼고 시독侍讀을 겸하도록 하였다. 오래지 않아 그에게 홍문관弘文館[26] 학사의 직무를 주었다.

24) 과거에 자리를 찬탈한 자가 선위를 기탁할 때는 조정과 재야의 명사들로 하여금 광범하게 여론을 조성하여 그의 공덕을 칭송하며 제위에 오를 것을 권하는 상소문을 올렸다.

25) 국자감國子監에 사업司業을 두어 부장관으로 삼아 국자감좨주의 임무를 돕도록 했다.

26) 당고조 무덕 4년에 문하성에 수문관修文館을 설치했는데, 9년에 태종이 즉위하여 홍문관으로 개칭하였다. 도서 20여만 권을 소장하고 있었다. 상정학사詳正學士, 강경박사講經博士, 교서校書 등의 관직을 두었으며, 이들은 도서 교정, 학생 교육을 관장하고 조정에서 예의를 제정할 때도 참석했다.

충신이 순직하는 이유

정관 15년, 태종이 조서에서 이렇게 말했다.

"나는 정무를 처리한 후에는 이전 시대의 역사서를 읽는데, 항상 과거의 어질고 덕망 있는 신하의 보좌를 보면 충신들은 나라를 위해 순직하였소. 어찌 일찍이 그런 사람을 찾아볼 생각을 못 했는지, 책을 덮고 존경하여 찬탄했소. 근래 이래로 시간은 결코 오래되지 않았고, 그들의 자손 가운데는 아직까지 이 세상에 살고 있는 자가 있소. 설사 그들의 공적과 덕망을 크게 빛낼 수는 없을지라도 그들의 유족을 버려두고 돌아보지 않는 것은 허락하지 않겠소. 그들 가운데 주周나라와 수나라의 명신과 충렬의 자손으로서 내가 즉위한 이래 죄를 지어 쫓겨난 자가 있다면 마땅히 관청의 문서에 기록하고 나에게 보고하시오."

그러고는 이러한 처지에 있는 사람 대부분을 안타까이 여기고 관용을 베풀었다.

고구려 사람을 칭찬하다

정관 19년, 태종이 요동의 안시성安市城을 공격하자 고구려 병사와 백성은 필사적으로 저항했다. 태종은 고연수高延壽, 고혜진高惠眞 등에게 투항할 것을 명령했다. 당나라 군대가 안시성 아래에 진영을 치고 병사를 움직이지 않으며 그들의 귀순을 권하였으나, 성안은 움직임 없이 견고했고 태종의 깃발을 볼 때마다 성 꼭대기로 올라가 북을 두드리고 외쳤다. 태종은 매우 노여워하여 강하왕江夏王 이도종李道宗[27)]에게 토산土山을 쌓아 성을 공격하도록 명령했지만, 끝까지 함락시킬 수 없었다. 태종은 병사들의 퇴각을 준비하면서 안시성을 견고하게 수비하여 신하 된 자의 지조를 지킨 것을 칭찬하고 비단 3백 필을 내려 군주를 위해 충성하는 사람들을 격려했다.

27) 당고조 이연의 당질로 자는 승범承范이다. 열일곱 살 때 진왕秦王 이세민을 따라 적을 토벌한 공로가 있다. 처음에는 임성任城에 봉해졌으나 후에 강하군江夏郡으로 봉해졌다. 그는 학문을 좋아하고 어진 선비를 예우했다.

제15편

효우(孝友: 효도와 우애)

【해제】

효도와 우애는 인을 실천하는 데 근본이 되는 덕목이다. 효도는 부모를 섬기는 도덕이고, 우애는 형제간의 사랑이다. 효도에는 부모, 형제, 부부, 친구, 군신 간에 사랑을 베푸는 것으로부터, 지식이나 경험이 나보다 위에 있는 어른을 공경하는 포괄적 의미가 담겨 있다. 특히 부모는 자식에게 생명을 주고 양육하는 순수한 애정을 쏟고, 자식은 그 은혜에 보답하는 마음으로 효를 실천한다. 만일 부모에게 불효한다면, 그것은 근본을 모르는 행위로 사회의 지탄을 받는다.

〈효우〉 편에서는 효성이 지극한 방현령, 형과의 우애를 죽음으로 대신한 우세남, 효성과 우애를 모두 중시한 이원가, 학문과 효성을 두루 갖춘 이원궤 등이 거론된다.

계모도 정성껏 모신 방현령

사공司空 방현령은 계모를 섬기면서 즐거운 안색으로 봉양하였으며, 공경하고 삼가는 모양이 보통 사람을 뛰어넘었다. 그의 계모가 병들어 의사를 불렀다. 의사가 집으로 진찰하러 오면 반드시 눈물을 떨구며 맞이했다. 상을 당했을 때는 더욱더 슬퍼하여 몸이 섶나무처럼 쇠약해졌다. 태종은 산기상시散騎常侍 유계劉洎에게 먼저 가서 그를 위로하도록 명하고 침상, 죽, 소금과 채소를 보냈다.

형을 위해 대신 죽으려 한 우세남

우세남虞世南은 당초 수왕조에서 관직을 맡아 기거사인起居舍人을 역임했다. 우문화급이 군주를 시해하고 반역했을 때 우세남의 형 우세기虞世基는 당시 수왕조의 내사시랑內史侍郎[1]으로 있었다. 우문화급이 세기를 죽이려고 했을 때, 세남은 형을 껴안고 대성통곡하며 자기가 형을 대신하여 죽기를 청하였다. 그러나 우문화급은 끝내 청을 받아들이지 않았다. 세남은 이로부터 몇 년간 슬픔에 잠겨 섶나무처럼 몸이 여위었다. 당시 사람들은 모두 그를 칭찬했다.

1) 수왕조 때는 내사성內史省에 시랑侍郎, 사인舍人을 설치하여 전국의 정무를 관장했다.

어머니 병 소식에 곡기를 끊은 이원가

한왕韓王 이원가李元嘉[2]는 정관 초년에 노주자사潞州刺史로 임명되었다. 당시 그의 나이는 겨우 열다섯이었는데, 노주에서 어머니[3]가 병이 났다는 소식을 듣자 대성통곡하며 아무것도 먹지 않았다. 수도에 와서 발상發喪할 때 건강을 해칠 정도로 슬퍼하여 정도를 넘어섰다.

태종은 그의 타고난 성실함을 칭찬하고, 여러 차례 위로하며 격려했다. 원가는 가정에서는 단정했으며 문화적 소양이 있었고, 몇몇 상황은 가난한 선비들의 집과 비슷했다. 그의 동생 노애왕魯哀王 영기靈夔[4]와의 우애가 돈독했으며, 형제끼리 만날 때마다 보통 백성들의 예절에 따라 예를 행했다. 그는 자신을 수양하여 청렴했으며 겉과 속이 일치하였다. 당대의 제왕諸王 가운데 그를 뛰어넘을 수 있는 사람은 없었다.

고조가 죽자 관직을 버렸던 이원궤

곽왕霍王 이원궤李元軌[5]는 무덕 연간에 먼저 오왕吳王으로 봉해졌다

---

2) 당고조의 열한 번째 아들이다. 어려서부터 학문을 좋아하여 서적 만 권을 소장했으며, 교감 작업을 하기도 했다. 당대 사람들의 높은 칭송을 얻었다.

3) 수나라 대장군 우문술宇文述의 딸로, 당고조 소의昭儀가 되어 매우 총애를 받았다.

4) 당고조의 19남으로, 학문을 좋아했고 음률에 뛰어났다.

5) 당고조의 14남으로, 다재다능했으며 태종의 총애를 듬뿍 받았다. 일찍이 강주자사絳州刺史·정주자사定州刺史 등의 직책을 지냈다.

가, 정관 7년에 수주자사壽州刺史로 임명되었다. 그는 고조가 죽었을 때 관직을 버렸으며, 슬퍼하는 것이 지나쳐 예법에서 요구하는 정도를 넘어섰다. 이 이후로는 항상 베로 만든 옷을 입음으로써 종신토록 슬퍼함을 나타냈다. 태종은 일찍이 가까이 모시는 신하들에게 말했다.

"나의 자제 가운데 누가 가장 어질고 지혜롭소?"

시중侍中 위징이 대답했다.

"신은 어리석어 그들의 재능을 완전히 알 수는 없습니다. 단지 오왕은 저와 여러 차례 대화를 나누었는데, 항상 제가 그만 못함을 부끄러워했습니다."

태종이 물었다.

"그대는 이전 시대의 누구와 비교할 수 있다고 생각하오?"

위징이 말했다.

"학문과 풍모로 보면 하간헌왕河間獻王 유덕劉德과 동평헌왕東平獻王 유창劉蒼과 같고, 효도와 덕행에 이르러서는 고대의 증삼曾參과 민자건閔子騫과 같습니다."

이로부터 태종은 곽왕 이원궤를 더욱 총애하게 되었고, 위징의 딸을 아내로 삼을 것을 명했다.

음식을 남겨 어머니를 봉양한 사행창

정관 연간, 돌궐의 사행창史行昌이 현무문에서 당직을 서는데 음식을 먹으면서 고기를 남겼다. 어떤 사람이 무엇 때문에 이처럼 했는지 묻자 그는 이렇게 대답했다.

"이것을 집으로 가지고 가서 어머님을 봉양하려고 하오."

태종은 이 말을 들은 후 감탄하여 말했다.

"어질고 효성스러운 천성에 어찌 한족과 이족의 구분이 있으랴?"

사행창에게 포상으로 말 한 필을 주고, 어머니에게 고기를 제공하도록 명령했다.

제16편

공평(公平 : 공평함)

【해제】

공평함에 관해 언급할 때마다 '읍참마속泣斬馬謖'이라는 고사가 자주 거론된다. 제갈량이 위나라와 싸울 때의 일이다. 당시 마속은 제갈량이 매우 아끼는 장수였다. 그는 어린 나이였음에도 지략이 뛰어난 사마의司馬懿를 상대로 싸우기를 간청하면서, 참패할 경우 사형에 처해도 좋다는 약속을 했다. 그러나 이 싸움에서 마속은 졌고, 제갈량은 군율을 지키기 위해 주위 사람들의 만류에도 아랑곳하지 않고 마속의 목을 베었다.

〈공평〉 편에서 공평함이란 자기와의 친소 관계나 이해관계를 떠나 정확한 기준에 근거하여 일을 처리하는 것임을 강조하고 있다. 성인 요와 순에게 천하를 다스리는 자리를 자기 자식에게 물려주고 싶은 마음이 없었던 것은 아니나 자식들의 역량이 부족함이 분명하자 물려주지 않았다. 이것은 부자간의 사사로운 감정을 누르고 일반 백성의 행복을 먼저 생각한 판단이라 할 수 있다. 물론 '대공무사大公無私'라는 고사도 있듯이 자기 자식 혹은 원수지간일지라도 재능이 뛰어나면 주저 없이 임용해야 공평한 인사이다.

적재적소

태종이 처음 황제의 자리에 올랐을 때, 중서령中書令 방현령이 아뢰었다.

"진왕부秦王府의 옛 보좌관들이 관직에 배치되지 않은 것은 모두 이전 태자로 있던 건성이나 동생 제왕齊王 원길의 부하가 자기보다 먼저 관직을 분배받았다며 원망하기 때문입니다."

태종이 말했다.

"예부터 지극히 공평하다고 하는 것은 일을 공평하게 처리하여 사사로움이 없게 해야 함을 말했소. 단주丹朱와 상균商均은 요와 순의 아들이지만, 요와 순은 그 자식이 어질지 못했기에 천자의 자리를 그들에게 전하지 않았소. 관숙管叔과 채숙蔡叔은 성왕成王의 친형제이지만, 그들이 무경武庚과 함께 혼란을 야기하자 주공단周公旦이 왕명을 받아 죽였소. 이로부터 나라를 통치하는 사람은 천하를 공평하게 다스리고 사람들에게 사사로운 마음을 가질 수 없음을 알 수 있소.

삼국 시기 제갈공명諸葛孔明은 약소국이었던 촉蜀나라의 재상이었으면서도 '나의 마음은 저울과 같아 사람을 대함에 있어 경시하거나 중시함에 조금의 편협한 마음도 가질 수 없다.'[1]라고 했소. 하물며 나는 지금 당나라라는 대국을 다스리고 있는데 어떠하겠소?

나와 여러분이 입고 먹는 것은 모두 백성으로부터 나온 것이오.

1) 이 말은《태평어람》376권에 보인다.

이것은 백성의 노동력은 이미 윗사람에게 바쳐졌는데, 위에서는 아래 백성에게 은덕을 베풀지 않음을 말하오. 지금 어질고 덕망 있는 인재를 선발하려는 까닭은 근본적으로 백성이 편안하게 생활하며 즐겁게 생업에 종사할 수 있도록 하기 위함이오. 사람을 등용하면서는 그가 그 직책을 감당할 수 있는가 하는 것이 문제이지, 어찌 처음 보는 인물인지 아니면 자기 부하인지에 따라 편향되게 태도를 달리할 수 있겠소?

처음 한 번 만났어도 오히려 친근하게 느껴질 수 있는데, 하물며 옛 부하의 경우는 어떻게 잊을 수 있겠소! 만일 재능이 그 직책을 빛낼 수 없다면 또 어떻게 옛 부하를 먼저 그 직책에 임명할 수 있겠소? 지금 이러한 사람의 실행 능력 여부를 생각하지 않고 오직 그들이 시끄럽게 떠들고 원망과 불평을 늘어놓는다고 [그 직책에 임명한다면] 이것이 가장 공평한 원칙이라고 말하겠소?"

감정보다는 법을 따라야 한다

정관 원년, 밀봉하여 상소문을 바치는 자가 있었다. 그는 무관 직무를 원래 진왕부의 옛 병사들에게 주어 궁궐의 숙위宿衛로 들어가기를 원했다. 태종은 이에 대해 말했다.

"나는 천하를 제 집으로 여기므로 몇몇 사람에게만 사심을 가질 수 없소. 오직 재능 있고 덕망 있는 인재만이 관직을 맡을 수 있소. 어찌 새로운 사람과 옛사람에 따라 그 대우에 차이가 있을 수 있겠소! 게다가 옛사람들은 '무력은 불과 같아 제어하지 않으면 반드시 자신까지 불에 타게 된다.'[2]라고 했소. 그대의 이 의견은 나라를 다스리는 데 도움이 안 되오."

정관 원년, 이부상서 장손무기長孫無忌는 일찍이 황제의 부름을 받아 궁궐로 들어가게 되었는데, 허리에서 칼을 풀어놓지 않고 그대로 궁문을 지키는 동상각문東上閣門[3]을 들어섰다. 궁궐 문을 나선 이후에야 감문교위監門校尉에게 발각되었다. 상서우복야 봉덕이封德彝는 장손무기가 칼을 차고 황제를 알현한 것을 감문교위가 일찍이 발견하지 못했으므로 사형에 처해야 하고, 장손무기가 실수로 칼을 차고 궁궐로 들어간 죄는 도형徒刑[4] 2년에 벌금 20근을 바쳐야 한다고 주장했다. 태종은 이 의견에 동의했다. 그때 대리소경大理少卿[5] 대주戴冑가 봉덕이의 의견에 반박하고 나섰다.

"교위가 발견하지 못하고 무기가 칼을 차고 궁궐로 들어간 것은 모두 잘못된 행동입니다. 그러나 신하가 황제를 대할 경우에는 이것을 잘못이라고 할 수 없습니다. 법률 규정에 의하면 '황제에게 바치는 약, 음식, 선박에 있어 규정에 부합하지 않는 잘못이 발생하면 모두 사형에 처한다.'라고 했습니다. 폐하께서 그의 공로를 고려한다면 사법기관에서 결정한 대로 할 수는 없습니다. 만일 법률에 근

2) 《춘추좌전》 은공 4년조, 중중衆仲의 말이다.

3) 당나라 태극전太極殿에는 동상각문東上閣門과 서상각문西上閣門이 있었다.

4) 노동을 하는 형벌이다.

5) 중국 고대 중앙 사법기관으로 그 장관을 경卿이라 하고, 부장관은 소경少卿이라고 했으며, 그 아래에 승丞, 정감正監을 두었다.

거한다면, 벌금은 적합하지 않습니다."

태종이 말했다.

"법률은 나 한 개인의 법률이 아니라 나라의 법률이오. 장손무기가 나라의 친척[6]이라는 이유로 법률을 왜곡해서 해석할 수 있겠소?"

태종은 다시 협의하여 처리하도록 명령했다. 봉덕이는 원래의 의견을 견지했고, 태종이 그의 의견에 동의하려고 할 때 대주가 또 상소를 올려 반박했다.

"교위는 무기의 문제로 인해 죄를 지었으니 법률에 따라 가볍게 처리해야 하지만, 그들의 과실을 논한다면 범죄는 똑같습니다. 그러나 한쪽은 살고 한쪽은 죽는 형량은 차이가 지나치게 큽니다. 때문에 저는 황상께서 저의 간청을 다시 고려해주시기를 청합니다."

이와 같이 하여 태종은 교위의 사형을 면해주었다.

당시 조정에서는 대대적으로 인재를 선발하여 등용의 길을 열어놓았다. 어떤 사람은 이전 시대에 있었던 계급과 자격을 거짓으로 보고하기도 했다. 태종은 그러한 사람들이 자수하도록 하고, 만일 자수하지 않으면 사형에 처하겠다고 했다. 오래지 않아 계급과 자격을 거짓으로 보고하는 병폐를 저지른 사람이 발각되었다. 대주는 법률에 따라 추방해야 한다는 판결을 내리고 태종에게 보고했다. 태종이 말했다.

"나는 처음에 자수하지 않는 자는 사형에 처한다고 명령했소. 지

---

6) 장손무기長孫無忌는 태종 문덕황후의 오빠이다.

금 법률에 따라 추방한다면 천하 사람들이 내 말을 믿지 않게 되오."

대주가 말했다.

"폐하께서 즉시 그를 죽여도 신하인 저로서는 간여할 수 없지만, 우리 사법부에 이 일의 처리를 넘겼으니 신은 감히 법률을 어기지 못합니다."

태종이 말했다.

"그대가 법을 지키는 것, 이것이 내가 천하의 신임을 잃게 하는 것 아니오?"

대주가 말했다.

"법률이란 나라가 커다란 신의를 천하에 공표하는 것입니다. 그렇지만 말이란 그 당시의 기쁘거나 노여운 감정에서 나오는 것입니다. 폐하께서는 일시적인 노여움으로 그를 죽이려고 하십니다. 이와 같은 것이 옳지 않음을 아신다면 법률에 따라 처리해야 합니다. 이것은 작은 노여움을 이기고 큰 신뢰를 지키는 것입니다. 신은 사사로이 폐하를 위해 이 큰 신뢰를 아끼는 것입니다."

태종은 이때 이렇게 말했다.

"나는 법률문제에 있어서는 과실이 있소. 그대가 때에 맞추어 바로잡아줄 수 있으니 또한 무슨 걱정이 있겠소!"

제갈량이 정치하는 방식

정관 2년, 태종이 방현령 등에게 말했다.

"내가 수왕조의 옛 신하를 만날 때마다 그들은 한결같이 고경高熲[7]이 어진 재상이라고 칭찬했소. 그래서 나는 그의 전傳을 보았는데 공평하고 정직한 사람이며, 특히 나라를 다스리는 방책에 뛰어났고, 수왕조의 안위는 그의 생사에서 결정되었다고 할 수 있었소. 그러나 수양제가 무도하여 그는 억울하게 살해되었소. 내가 이러한 현인을 어찌 그리워하지 않을 수 있겠소. 책을 덮고 경모하고 애석해했소.

또 한위시대 이래 제갈량諸葛亮은 촉나라 재상으로 역시 매우 공평하고 정직했소. 일찍이 제갈량은 파촉巴蜀 남쪽에서 상소문을 올려 요립廖立[8]과 이엄李嚴[9]을 면직시켜 평민이 되게 하였소. 그러나 요립은 제갈량이 죽었다는 소식을 들은 후 울면서 '우리는 곧 망국亡國이 되겠구나!'라고 했소. 이엄은 제갈량이 세상을 떠났다는 소식을 듣고 비통해하다가 병이 나서 죽었소.

---

7) 수나라의 어진 재상으로 일명 민敏이라고도 하며, 자는 소현昭玄이다. 북주北周 말기 수문제의 부름을 받아 상부사록相府司錄이 되었다. 수나라 건립 후 상서좌복야로 임명되어 조정의 정치를 관장했다. 그는 인재를 많이 발굴했는데 소위蘇威, 양소楊素, 하약필賀若弼, 한금호韓擒虎를 추천하여 장상將相이 되도록 했다. 양제가 즉위한 후에는 태상경太常卿으로 임명되었다. 그러나 양제가 음란하고 제멋대로 다스리자 고경은 충간을 했다가 처형되었다.

8) 삼국시대 촉나라 대신으로 자는 공연公淵이다. 후주後主 때 장수교위長水校尉가 되었지만, 불만과 원망을 토로하며 게을렀기 때문에 제갈량의 상소로 관직을 박탈당하고 평민이 되었다.

9) 촉나라 대신으로 자는 정방正方이다. 그는 표기장군驃騎將軍이 되었지만, 제갈량을 무함하다가 제갈량의 상소로 평민이 되었다.

때문에 진수陳壽[10)]는 《촉지蜀志》〈제갈량전〉에서 '제갈량이 정치를 했을 때는 성심을 다하고 공평무사했다. 충성을 다하여 당시 사람에게 복과 이익을 안겨준 이라면 자기와 원수지간일지라도 반드시 상을 주었고, 법률을 위반하고 게으른 사람이면 비록 자기의 친척일지라도 반드시 벌을 받게 했다.'라고 칭찬했소.

여러분은 어찌 그를 앙모하고 그에 이르기를 희망하지 않겠소? 나는 지금도 항상 이전 시대의 어질고 덕망 있는 제왕을 흠모하고 있소. 여러분도 이전 시대의 어진 재상을 흠모해야 하오. 만일 이와 같이 한다면 영광된 명성과 고귀한 사회적 지위는 오랜 기간 지킬 수 있을 것이오."

방현령이 대답했다.

"신은 나라를 다스리는 중요한 원칙은 공평과 정직에 있다고 들었습니다. 때문에 《상서》〈홍범〉에서는 '사사로이 무리를 결성하지 않으면 왕도王道는 공평하고 정직할 것이다. 당을 결성하거나 사욕에 치우치지 않으면 왕도는 순탄할 것이다.'라고 했습니다. 또 공자는 《논어》〈위정〉에서 '정직한 사람을 등용하고 사악하고 아첨하는 사람을 버리면 백성은 위에 복종할 것이다.'라고 했습니다. 현재 성상이 숭상하는 것은 확실히 정치 교화의 본원을 지극히 하고 대공무사한 요령을 완벽하게 하여 천하를 끌어안고 천하 백성을 교화하고 보존할 수 있는 것입니다."

태종이 말했다.

---

10) 서진西晉의 유명한 사학자로 자는 승조承祚이다. 그는 젊어서부터 학문을 좋아했다. 촉한蜀漢 때는 관각영사觀閣令史가 되어 환관 황호黃皓에게 굴복하지 않아 여러 차례 좌천되었다. 진晉으로 들어와서는 저작랑著作郎·치서시어사를 역임했다. 그는 진나라가 오나라를 멸망시킨 후 삼국시대의 관사官私 저작을 수집하여 《삼국지》를 편찬했다.

"이것이 바로 우리가 잊지 말고 생각해야 할 것이오. 어찌 여러분과 말하고도 실행하지 않겠소?"

천자의 자매와 공주의 혼수는 차이가 없어야 한다

장락공주長樂公主[11]는 문덕황후文德皇后 소생이다. 정관 6년, 그녀가 출가하려고 할 때 태종은 특별히 담당 관리들에게 조서를 내려 혼수 물품을 태종의 자매가 결혼할 때보다 배가 되도록 하라고 명했다. 위징은 이에 상소를 올려 말했다.

"과거 한명제는 그의 아들을 왕으로 책봉할 준비를 하면서 이렇게 말했습니다. '내 아들을 어찌 선대 황제의 아들과 동등하게 대우할 수 있겠소? 초왕楚王이나 회양왕淮陽王의 절반에 상당하는 영토를 주시오.' 이 말은 과거 역사책에서 미담으로 전해지고 있습니다.

천자의 자매를 장공주長公主라고 하고, 천자의 딸을 공주公主라고 합니다. 위에 '장長' 자를 더하여 사실상 공주보다 지위가 고귀함을 보여줍니다. 정서적인 측면에서 말하면 두 사람은 구별이 있지만, 예의 측면에서 말하면 마땅히 차별이 있어서는 안 됩니다. 만일 공주의 혼수 예물이 장공주의 것을 초과하도록 한다면, 도의상 온당치 못합니다. 폐하께서는 이 문제를 잘 생각하시기 바랍니다."

태종은 그의 말이 옳다고 말했다. 그리고 조정에서 물러난 후 위

11) 태종의 다섯 번째 딸로 장락군長樂郡에 봉해졌으며 장손충長孫沖에게 시집갔다.

징의 말을 황후에게 하자 황후는 듣고 감탄을 금치 못하며 말했다.

"과거 일찍이 폐하께서 위징을 매우 존경하고 중시한다는 말을 들었을 때는 무슨 이유에서인지 몰랐습니다. 그러나 지금 그가 폐하에게 간언한 내용을 듣고서야 위징이 의리로써 군주의 감정을 제어할 수 있으며, 진정 사직의 대들보임을 알게 되었습니다.

저는 머리를 묶어 폐하와 부부가 되어 폐하의 예의와 존경을 받고 있으며, 부부간의 정의는 깊고도 두텁습니다. 그러나 저는 매번 진언을 하려고 하면 반드시 폐하의 기분이 좋을 때를 기다렸으며, 또 감히 폐하의 위엄을 쉽게 범하지 못했습니다. 하물며 신하의 경우는 부부간의 친근함에 미치지 못하고, 예의상에 있어서도 군주와 신하의 구별이 있습니다. 그리하여 한비韓非의 〈세난說難〉에서는 유세遊說의 어려움을 헤아렸고, 동방삭東方朔[12]은 진언의 어려움을 확실히 이와 같이 언급했습니다. 충언은 귀를 거스르지만 실천에 이로우며, 군주에게는 아주 긴요한 것입니다. 그것을 받아들이면 천하는 다스려지지만, 그것을 거절하면 정치는 혼란스러워집니다. 저는 폐하께서 이 이치를 깊이 이해하시기를 성심성의를 다해 바라고 있습니다. 그렇게 하면 천하는 아주 큰 행운일 것입니다."

이에 태종은 궁궐 사신에게 5백 필의 예물을 가지고 위징의 집에 가져다주도록 하였다.

12) 전한 시기의 문학자이다. 무제 때 태중대부太中大夫로 임명되었고, 문사에 뛰어났으며, 항상 기지와 골계적인 말로 세간의 일을 풍자하여 무제가 깨닫게 했다. 후에 상소를 올려 강국이 되는 계책을 진술했으나 받아들여지지 않자 《답객난答客難》을 지어 진언의 어려움을 표현했다.

모반죄에 연루된 신하라도 공정하게 판단하라

형부상서刑部尙書 장량張亮이 모반죄에 연루되어 하옥되자, 태종은 관리들에게 그를 어떻게 처리할 것인지 의논하도록 명령했다. 대다수 관원은 장량을 당연히 사형시켜야 한다고 말했다. 오직 전중소감殿中少監[13] 이도유李道裕만은 장량이 모반했다는 증거가 충분하지 못하므로 죄가 없다고 주장했다. 태종은 이미 매우 화가 난 상태였으므로 장량을 죽였다. 잠시 형부시랑의 직위가 비었으므로 태종은 재상에게 명하여 적임자를 신중히 선발하도록 명령했다. 여러 차례 보고하였으나 모두 적절하지 못하다고 생각했다. 이때 태종이 말했다.

"나는 이미 적임자를 찾았소. 과거 장량의 사건을 토론할 때, 이도유가 모반의 증거가 불충분하다고 말한 것은 공정하고도 합리적인 것이었다고 말할 수 있소. 당시 비록 그의 의견을 받아들이지는 않았지만 지금은 후회하고 있소."

이에 이도유를 형부시랑으로 임명했다.

자기 자식이든 원수든 능력이 답이다

정관 초년, 태종이 곁에서 모시는 신하들에게 말했다.

13) 전중성殿中省의 차관이다. 장관은 전중감殿中監이라고 했다. 천자의 수레, 의복, 음식물 등에 관한 사무를 관장했다.

"나는 지금 어질고 재능 있는 자를 부지런히 찾아 전심전력으로 나라를 다스리려고 하오. 덕과 재능을 갖춘 사람이 있다는 소식을 들으면 선발하여 임용할 것이오. 그러나 이 일에 관해 논의하는 사람들은 항상 '추천받는 이들은 모두 조정 대신의 친척이나 안면이 있는 사람'이라고 하고 있소. 여러분은 공평무사하게 일을 할 때 이런 논의를 꺼리거나 구애받지 마시오. 옛사람들은 '어질고 재능 있는 사람을 천거할 때는 안으로는 친척을 피하지 않고, 밖으로는 원수를 피하지 않는다.'[14]라고 했소. 진정으로 현명하고 능력 있는 사람만 추천하면 되는 것이오. 어질고 재능 있는 자를 선발하여 임용할 수 있으면, 설령 자기의 자제나 원수일지라도 추천하지 않을 수 없는 것이오."

옥에 티만 보지 말라

정관 11년, 그 당시에는 항상 환관宦官이 대외 사절로 보충되었는데, 어떤 사람이 망령되게 상소하여 일이 누설되자 태종이 매우 화를 냈다. 위징이 진언하여 말했다.

"환관은 비록 미미한 존재이지만 아주 가까이에서 [황제] 곁을 떠나지 않으며, 당시 황제는 그들이 무슨 말을 하든 쉽게 믿고 오랫동안 수많은 참언에 빠져 있어 그 해로움은 특히 심했습니다. 지금의

---

14) 이 말은《춘추좌전》양공 21년조에 나온다.

현명한 군주는 이를 헤아릴 수 있지만, 후대 자손을 위한다면 문제가 나타나기 시작했을 때 끊어버려야 합니다."

태종이 말했다.

"그대가 아니면 내가 어찌 이런 말을 들을 수 있겠소? 지금 이후로는 대외 사절을 환관으로 보충하는 것을 멈출 것이오."

위징은 이 일로 상소하여 말했다.

"신이 듣기에 군주가 된 사람은 좋은 일과 훌륭한 사람은 좋아하지만 사악한 사람과 나쁜 일은 싫어하며, 군자를 가까이하고 소인을 멀리한다고 합니다. 훌륭한 사람과 좋은 일을 분명하게 좋아하면 군자는 나아가 등용될 수 있습니다. 사악한 사람과 나쁜 일을 공개적으로 싫어하면 소인은 물러나 피할 수 있습니다. 군자를 가까이하면 조정 안에 좋지 않은 정령政令이 있을 수 없으며, 소인을 멀리하면 의견을 들을 때 편협되거나 왜곡되지 않을 수 있습니다. 소인도 약간의 장점이 없는 것이 아니며, 군자 또한 약간의 단점이 없는 것은 아닙니다. 군자의 작은 단점은 깨끗하고 아름다운 옥의 작은 티와 같지만, 소인의 작은 장점은 무딘 칼로 자르는 것과 같은 효과가 있습니다. 기술이 빼어난 장인이 그것을 중시하지 않는 까닭은 작은 장점은 수많은 사악함을 가릴 수 없기 때문입니다. 백옥에 자그마한 티가 있지만, 이익에 밝은 장사치가 그것을 제거하지 않는 것은 백옥 위의 작은 티가 백옥의 전체적인 아름다움에 영향을 끼칠 수 없기 때문입니다.

소인의 장점을 좋아하여 그것이 아름답다고 하고 군자의 작은 결점을 싫어하여 그것이 밉다고 한다면, 이것은 들풀과 향초가 분명히 나눠지 않고 옥과 돌의 구분이 없는 것입니다. 굴원屈原[15]이 강물에 빠져 죽고 변화卞和[16]가 피눈물을 흘린 까닭도 이것입니다. 백옥과 돌을 구별할 수 있고, 또 향초와 들풀을 가려낼 수 있으며, 훌륭한 사람과 훌륭한 일을 좋아하면서도 훌륭한 사람을 발탁하여 중용할 수 없는 것과 사악한 사람과 나쁜 일을 싫어하지만 사악한 사람을 멀리할 수 없는 것은 춘추시대에 곽郭나라가 멸망한 까닭이고, 위衛나라 대부 사어史魚가 한을 남기고 죽은 이유[17]입니다."

15) 전국시대 초나라 회왕懷王의 대부이다. 초회왕이 참언을 믿고 그를 쫓아내자 멱라강汨羅江에 몸을 던져 죽었다.《초사》라는 작품을 남겼다.

16) 초나라 사람이다. 변화는 초산楚山에서 옥돌을 발견하여 여왕厲王에게 바쳤다. 여왕은 옥을 다듬는 사람에게 감정하도록 했는데, 돌이라고 하자 자기를 속이려 했다고 생각하고는 그의 왼쪽 발을 잘랐다. 여왕이 죽고 무왕이 즉위하자 변화는 또 그 옥돌을 무왕에게 바쳤다. 무왕 또한 옥을 다듬는 사람을 시켜 감정케 했는데, 역시 돌이라고 했다. 그러자 무왕 또한 변화가 자기를 속이려 했다고 생각하고는 오른쪽 발을 잘랐다. 무왕이 죽고 문왕이 즉위하자 변화는 초산 아래에서 그 옥돌을 끌어안고 사흘 밤낮을 울었고, 나중에는 눈물이 말라 피가 흘렀다. 왕은 이 소식을 듣고 사람을 시켜 그 까닭을 묻자 "나는 발을 잘려서 슬퍼하는 것이 아닙니다. 보옥을 돌이라 하고, 정직한 선비에게 거짓말을 했다고 하여 벌을 준 것입니다. 이것이 내가 슬퍼하는 까닭입니다."라고 했다. 이에 왕은 옥 다듬는 사람을 시켜 그 옥을 다듬어 훌륭한 보배를 얻었다. 그리하여 이를 '화씨지벽和氏之璧'이라고 이름하게 되었다.

17) 춘추시대 위衛나라 대부이다. 그는 자신이 현인 거백옥蘧伯玉을 추천하고 아첨하는 소인 미자하彌子瑕를 내쫓아 군주를 바로잡을 수 없었던 것을 매우 유감스럽게 생각했다. 그가 병들어 죽자 그 아들은 유언에 따라 그의 시신을 내보이며 간언을 했다고 한다.

"폐하께서는 성명하고 위엄이 있으며 천부적인 자태가 영명하고 지혜롭습니다. 널리 은혜를 베푸는 일에 마음을 두고 인재를 선발하여 임용하는 길을 다방면으로 열어놓으셨습니다. 그러나 훌륭한 사람과 훌륭한 일을 좋아하지만 인재 선발을 그다지 중시하지 않고, 사악한 사람과 나쁜 일을 증오하지만 아직은 소인을 멀리하지 못하고 계십니다. 또한 폐하께서는 말을 하면서도 거리낌이 없고, 사악한 사람과 나쁜 일을 너무 싫어하여 다른 사람의 우수한 점을 들으면 때로 완전히 믿을 필요가 없다 하고, 다른 사람의 단점을 듣고는 반드시 이와 같을 수 있다고 생각하십니다. 설사 현명하고 독특한 견해가 있을지라도 도리상 아직은 완전하지 않다고 여기십니다. 무엇 때문에 그러십니까?

군자는 다른 사람의 장점을 칭찬하고, 소인은 다른 사람의 단점을 공격합니다. 다른 사람의 단점을 듣고 반드시 믿는다면 소인의 간사한 수다는 늘어날 것이고, 다른 사람의 장점을 듣고 의심하는 바가 있다면 군자가 선善을 펼칠 길은 줄어들 것입니다. 나라를 다스리는 사람에게 가장 절박한 일은 군자를 임용하고 소인을 물리치는 일입니다. 그렇지만 군자가 선을 펼칠 길을 줄이고 소인의 간사한 수다를 늘게 한다면, 군주와 신하의 윤리는 일정한 규범을 잃을 것이고, 상하가 단절되어 통하지 않을 것이며, 나라의 위기와 멸망은 모두 우려할 만한 것이 될 것입니다. 어떻게 천하를 다스릴 수 있겠습니까?

게다가 세속의 백성들은 마음속으로 나라가 장기간 안정되게 다스려지는 것을 고려하지 않고 왕왕 감정적으로 서로 공격하며, 개인의 목적을 위해 패거리를 지어 사사로운 이익을 도모하기를 좋아합니다. 아름다운 마음으로 서로 도와주는 것을 동심동덕同心同德이라 하고, 사악함으로 서로 결탁하는 것을 결당영사結黨營私라 합니다. 오늘날은 맑은 물과 혼탁한 물이 합쳐져 흐르고 있고, 선과 악 또한 구별이 없으며, 간사하게 공격하는 것을 성실하고 정직한 것으로 간주하며, 동심동덕을 결당영사로 간주하고 있습니다. 동심동덕을 결당영사로 간주하면 무슨 말을 한들 믿을 수 없습니다. 결당영사를 성실하고 정직한 것으로 간주하면 무엇을 말하든 간에 모두 받아들일 수 있습니다. 이것이 바로 군주의 은혜가 신하와 백성에게까지 펼쳐질 수 없는 까닭이며, 신하와 백성의 충성심이 군주에게 표현될 수 없는 원인입니다. 대신들은 스스로 판단하여 바로잡을 수 없고, 하급 관리들은 감히 논의를 하지 못하니 도처에는 이런 좋지 못한 기풍이 이어져 혼란한 관습을 형성합니다. 이것은 나라의 행복이 아니며 나라를 다스리는 바른 방법도 아닙니다.

간사하고 사악함을 조장하여 눈과 귀를 어지럽히면 군주가 어떤 것이 믿을 만한 것인지 알 수 없게 되고, 신하가 서로 안정할 수 없게 됩니다. 멀리 내다보지 않고 근본적으로 그 뿌리를 끊지 않으면 장래의 재앙은 또한 멈출 수 없습니다. 지금 다행히 나라가 파괴되지 않은 것은 군주가 원대하게 도모해서 처음에는 약간의 착오가 있었을지라도 결국 반드시 성공할 수 있다는 이치에서입니다. 만일 세상에 약간의 혼란이 발생하여 과실이 있는데도 바로잡을 생각을 하지 않는다면, 설사 후회를 한들 반드시 미치지 못할 것입니다. 진실로 이와 같으면 강산과 사직은 자손과 후대에 전해질 수 없을 것이고, 또 무엇으로 미래에 모범을 보이겠습니까? 게다가 어질고 재능 있는 사람을 임용하고 사악한 사람을 내쫓는 것은 다른 이들에게 발휘해야 할 원칙입니다.

고대 역사상의 성공과 패망을 나라를 다스리는 귀감으로 삼으며, 이것은 자기에게 사용해야 합니다. 자기의 모습을 멈춰 있는 물에 비추어보고, 고대의 현인과 성인에 비교하여 자신을 반성해야 합니다. 고대의 영명한 군주를 근거로 하여 자신의 행위를 반성하면 자기 모습의 미추美醜는 마치 눈앞에 있는 것과 같을 것이고, 일의 좋고 나쁨은 자기 마음속에서 뚜렷해질 것입니다. 사과司過[18]의 기록에 정신을 수고롭게 하지 않고 일반 백성의 논의에 의지하지 않아도 혁혁한 공은 하루하루 빛날 것이고, 빛나는 명성은 더욱더 멀리 전해질 것이라 하였습니다. 군주 된 자가 여기에 주력하지 않을 수 있겠습니까?"

18) 잘못을 바로잡는 일을 관장하는 관리이다.

인의가 근본이고 형벌은 그 끝이다

"신은 돈후한 도덕道德에 있어서는 황제黃帝[19]와 요임금[20]보다 나은 이가 없고, 지고한 인의仁義에 있어서는 순임금[21]과 우임금[22]보다 빛나는 자가 없다고 들었습니다. 만일 황제와 요임금의 풍모를 계승하고 순임금과 우임금의 업적을 따르려고 한다면, 도덕으로써 안정을 이루고, 인의로써 떨치며, 어질고 선량한 인재를 추천하여 임용하고, 훌륭한 생각을 선택하여 믿고 따라야만 합니다. 만약 훌륭한 주장을 선택했더라도 어질고 능력 있는 인재를 임용하지 않고 도리어 평범하고 무능한 관리에게 맡긴다면, 그러한 자들은 원대한 포부를 갖고 있지 않으므로 반드시 중대한 문제에서 과실을 저지를 것입니다. 오직 법률만을 만들어 천하의 기준으로 삼으면서 손을 모은 채 아무것도 하지 않는다면, 그것은 불가능합니다. 때문에 성명한 군주가 천하를 다스리면서 풍속을 바꾸려고 할 때, 엄격한 형법에 의지하지 않고 오직 인의에만 의지했을 뿐입니다. 그러므로

19) 전설 속의 인물로 헌원씨軒轅氏 부락의 우두머리이다. 그 당시에는 궁실, 수레, 배, 의약, 문자, 역법, 계산, 음율 등 수많은 것을 창조하고 발명했다. 이에 후세 사람들은 그를 중국의 문명을 창시한 이상적인 제왕으로 숭배했다.

20) 전설 속의 도당씨陶唐氏 부락의 우두머리이다. 곤鯀에게 홍수를 다스리도록 명령했으며, 순임금〔虞舜〕을 추대하여 후계자로 삼았다.

21) 전설 속의 우씨虞氏 부락의 우두머리이다. 그는 요임금을 이어 제위에 오른 후 사흉四凶, 즉 곤·공공共工·환두驩兜·삼묘三苗를 제거했다. 우에게 수로와 육로를 정비하도록 하고, 산과 계곡의 이익을 도모했다. 각 부락의 인재를 선발하여 관직을 만들어 직책을 나누어주었다.

22) 하후씨夏后氏 부락의 우두머리이며, 하왕조의 창시자이다. 그는 곤이 치수에 실패한 교훈을 이어받아 10년 만에 홍수를 다스려 민심을 얻었으며, 중국 역사상 최초의 통치자가 되었다. 그는 농사 시기에 주의하여 최상의 이익을 얻으려고 했다. 그 당시 이미 군대, 형벌, 관리, 감옥 등이 있어 중국 초기 국가의 탄생을 보여준다.

인애롭지 못하면 군주의 은혜가 널리 베풀어지지 않고, 인의롭지 못하면 자기를 단정하게 하지 못합니다. 인을 아랫사람들에게 베풀고 인으로써 자기를 단정히 한다면, 그의 정치는 가혹하지 않아도 제대로 다스려질 수 있고, 그의 교육은 정숙하지 않아도 효과를 거둘 수 있습니다. 이와 같이 말하면, 인의는 나라를 다스리는 근본이고 형벌은 나라를 다스리는 끝입니다. 나라를 다스리면서 형벌이 있는 것은 마치 마차를 몰 때 채찍이 있는 것과 같습니다. 사람들은 모두 교화를 따르므로 형벌은 행할 일이 없습니다. 말이 그 능력을 다하면 채찍 또한 쓸모없게 됩니다. 이와 같이 말하면, 형벌은 나라를 다스리는 목적에 이를 수 없음이 또한 명백하지 않습니까.

때문에 후한의 왕부王符는 《잠부론潛夫論》이라는 책에서 이렇게 말했습니다.

'군주가 나라를 다스림에 있어 도덕 교화를 사용하는 것보다 더 큰 것은 없다. 사람들에게는 본성, 감정, 교화, 풍속이 있다. 인간의 성정은 인간의 속마음이며, 이것이 뿌리다. 교화와 풍속, 이것은 인간의 행위이며 곁가지이다. 이 때문에 군주는 천하를 어루만짐에 있어 먼저 나라를 다스리는 뿌리를 포착한 이후에 곁가지를 잡으며, 백성의 마음을 따르게 되고 그들의 길을 따라 걸어가게 된다. 인간의 사상과 감정이 매우 바르면 사악한 마음과 행위는 생겨날 수 없고, 사악한 생각 또한 나타나지 못한다. 이 때문에 옛날 군주 된 자들은 민심을 다스리는 일에 주력하지 않은 자가 없었다. 때문에 공자는 사건을 심판하면, '송사를 듣고 판결을 내리는 것은 나도 다른 사람과 같지만 [나는 어떻게든] 반드시 소송이 없도록 할 것이다!'라고 했다.

예로써 백성을 인도하고, 그 본성으로 하여금 돈후하고 인정에 밝도록 하는 데 힘쓴다. 백성이 서로 아끼면 상처 입힐 생각을 할 수 없고, 백성이 행동에 있어 인정에 적합한지를 생각한다면 인간의 마음에 간사하고 사악한 생각이 들 수 없다. 이와 같은 상황은 결코 법률로 다스릴 수 있는 것이 아니라 도덕 교화가 만드는 것이다. 성인은 덕치德治와 예치禮治를 매우 존중하고 엄격한 형법을 경시하기에 순은 먼저 설契에게 명령하여 다섯 가지 윤리 교화[23]를 정중하게 펴도록 한 이후에 고요咎繇(咎陶)를 임명하여 다섯 가지 형법[24]을 제정했다.

무릇 법을 세우는 사람은 백성의 단점을 다스리는 일에 착안한 것이 아니라 그들의 과실을 제거함으로써 간사한 죄악을 방지하여 백성을 혼란에서 구제하고, 간사함을 단속하여 백성으로 하여금 바른길로 들어서도록 하기 위함이었다. 백성은 이러한 훌륭한 교화를 입으면 모두 사군자士君子[25]가 갖고 있는 효도와 공경의 마음이 생길 수 있다. 만일 백성에게 엄한 형법을 시행하면 모두 내심 간사하고 혼란을 일으키려는 마음이 생길 것이다. 때문에 훌륭한 교화

23) 부의父義·모자母慈·형우兄友·제공弟恭·자효子孝를 말한다.

24) 얼굴에 먹물 새겨 넣기〔墨〕, 코 베기〔劓〕, 발뒤꿈치 베기〔剕〕, 성기 절단〔宮〕, 머리 자르기〔大辟〕의 다섯 가지를 말한다.

25) 고대의 관료나 퇴직 관료로서 그 지방에서 학문과 덕망이 높은 사람 등을 통칭해서 부르는 말이다.

가 백성을 기르는 까닭은 마치 곡식을 발효하여 곡고曲鼓[26]를 만드는 것처럼 백성을 가르치는 데 이롭기 때문이다. 천하의 백성들은 마치 함께 이전 사람들의 음덕을 받는 것 같지만, 일반적으로 교화의 과정을 거치지 않은 백성은 발효되지 않은 곡고의 콩이나 보리와 같다. 백성이 어떤 형태로 변화하는가 하는 것은 군주에게 달려 있다.

백성이 훌륭한 관리를 만나면 내심으로 충성스럽고 신실하여 인애와 충후함을 실천하지만, 반대로 나쁜 관리를 만나면 내심은 간사하고 행위는 천박하다. 충후한 기풍이 누적되면 천하태평에 이를 수 있고, 천박하고 사악한 기풍이 누적되면 나라가 위급해지거나 멸망할 것이다. 이 때문에 성명한 제왕은 모두 도덕 변화를 중시하고 엄격한 형법을 경시했던 것이다. 덕德이란 자기를 따르게 하는 것이고, 위威는 다른 사람을 징벌하여 다스리는 것이다. 백성의 생활이 어떠한가는 용광로 속에 금을 넣어 제련하는 것에 비유할 수 있는데, 그것이 정방형인지 둥근지, 얇은지 두꺼운지는 용광로에 따라 차이가 있다. 때문에 세상의 선과 악, 풍속의 두터움과 엷음은 모두 군주에게 있다고 말하는 것이다. 군주는 확실히 천하 사람들로 하여금 충후한 감정을 느껴 천박한 해로움이 없게 할 수 있고, 사람마다 공평하고 정직한 마음을 바쳐 간사하거나 음험한 생각이 없도록 할 수 있다. 이처럼 순박한 사회 기풍은 또한 눈앞에서 나타난다.'

26) '곡曲'은 대량으로 발효할 수 있는 살아 있는 미생물을 함유하고 있는 발효제다. '고鼓'는 콩을 발효시켜 만든 청국장과 비슷한 식품으로 약에 넣을 수도 있다. 여기서는 곡고가 잘 발효되듯이 백성을 가르치는 데 뛰어난 공이 있음을 비유했다.

이후에 제왕들은 한마음으로 인의를 숭상하지는 못했지만 형벌을 남용하지 않고 신중히 사용하며, 백성을 가엾게 여기며 감정에 있어 사사로움이 없이 공평하였습니다. 때문에 관자管子는 이렇게 말했습니다.

'성명한 군주는 법에 근거하지 작은 지모에 근거하지 않고, 공적인 마음에 의지하지 사사로운 마음에 의지하지 않는다.'

그리하여 비로소 천하를 통치하고 나라를 잘 다스릴 수 있었던 것입니다."

법률을 공정하게 적용해야 하는 이유

"정관 초년에 [폐하는] 마음을 공평한 도리에 두었습니다. 사람들의 범법 행위는 하나하나 법으로써 다스렸습니다. 설령 임시로 판결을 내려 어떤 경우는 형량이 가볍고 어떤 경우는 형량이 무거웠을지라도, 신하들의 견해를 들으려 하고 기쁘게 받아들이지 않은 적이 없었습니다. 백성은 죄를 범하면서도 다스림에 있어 공정하고 사사로움이 없다는 것을 알았기 때문에 즐거운 마음으로 처벌을 받고 원망하지 않았습니다. 신하들은 자신들이 말하는 것에 군주가 꺼리는 기색을 내비친 적이 없기 때문에 전심전력으로 군주에게 충성을 다했습니다.

최근 몇 년 이래로 [폐하는] 점점 마음을 가혹하고 엄준한 곳에 두었습니다. 비록 그물의 세 방면을 활짝 열어놓고, 맑고 깊은 물속의 물고기를 볼 수 있을지라도 잡거나 놓아주는 것은 애증愛憎에서 결정되며, 징벌의 가벼움과 무거움은 일시적인 기쁨이나 노여움에서 나오는 것입니다. 자기가 아끼는 사람이 중대한 죄를 범하면 힘을 다해 그를 변호하지만, 자기가 싫어하는 사람이 사소한 잘못을 하면 힘을 다해 그의 동기를 추궁합니다. 법률에 일정한 기준이 없어 자기감정에 따라 가볍게도 처리하고 무겁게도 처리합니다. 만일 이치에 근거하여 재어 본다면 그가 아첨하고 거짓된 행위를 하는 것을 의심해볼 수 있습니다. 때문에 벌을 받는 사람은 변명을 하지 못하고, 담당 관리 또한 감히 바르게 직언하지 못합니다. 마음으로 복종하도록 하지 않고, 그들의 입을 봉한 것입니다. 이와 같이 하여 사람에게 죄를 씌우면, 말이 없을 수 있겠습니까?

또 5품 이상의 관원이 죄를 지으면 전부 관련 부서에 보고하도록 명령했습니다. 본래 의도는 그들의 실상을 살펴보려는 것으로 불쌍히 여기는 의도가 있었습니다. 그러나 오늘날에는 오히려 작은 문제를 불공평하게 추궁하며, 어떤 때는 그들의 죄를 가중시켜 사람들이 공격하도록 했습니다. 그들은 중요한 법률을 범하지 않았는데 오히려 법률 밖의 것을 구하여 가중시킵니다. 이와 같은 상황이 열에 예닐곱은 됩니다. 때문에 요즘 들어 법을 어긴 사람들은 윗사람에게 억울한 사정을 호소하는 것을 두려워하였는데, 사법부에 보고 할 수 있게 되면 매우 다행으로 생각할 것입니다. 무고가 끊임없고, 추궁하는 일이 사라지지 않고, 군주가 위에서 사사로움이 있으며, 관리는 아래에서 간사하고, 작은 과실은 추궁하고 중대한 원칙을 버리며, 한 가지를 처벌하여 수많은 간사함을 야기하는 것, 이것은 공정한 원칙을 배격하는 것으로 우임금이 신하나 백성들이 처벌되자 자기가 그들을 제대로 교육하지 못한 탓이라고 통곡한 뜻에도 어긋납니다. 이와 같이 하고 인간의 선악과 법 집행의 호오를 알려고 생각하는 것은 불가능합니다."

소송사건의 처리 원칙

"때문에 〈체론體論〉에서는 이렇게 말했습니다.

'방탕함과 도둑질은 백성이 싫어하는 것이다. 나는 그 방탕함과 도둑질에 따라 그들을 처벌했고, 비록 그 처벌에 약간의 과실이 있어도 백성은 결코 내가 잔혹한 사람이라고 여기지 않는다. 이것은 내가 공평한 마음을 보였기 때문이다.

원망, 황폐함, 기아, 추위는 백성이 더욱 싫어한 것이다. 백성이 이러한 재앙을 피하기 위해 법을 어기면, 나는 이런 상황에 근거하여 그들의 죄를 사면해주었으므로 백성은 나를 불공정한 사람이라고 생각하지 않았다. 이것은 내가 공평한 마음을 보였기 때문이다.

내가 처벌을 무겁게 하는 것은 백성이 증오하는 것이고, 내가 처벌을 가볍게 하는 것은 백성이 간절히 바라는 바이다. 때문에 가벼운 상으로써 사람들에게 선을 따르도록 권할 수 있고, 징벌을 줄임으로써 간사함을 금지한다.'

이로부터 말하면, 공정한 마음으로 법을 집행하면 어떤 것도 옳지 않음이 없어 아주 가볍게 처리해도 가능합니다. 사사로운 마음으로 법을 집행하면 가능한 것이 없습니다. 아주 가벼우면 제멋대로 간사해지고, 지나치게 무거우면 선량함을 해치게 됩니다. 성인은 법을 집행하면서 공평해야 합니다. 그러나 끝내 공평하지 않을까 두려워하여 교화로써 이를 보충하려고 합니다. 이것은 예로부터 전심으로 노력했던 것입니다.

후대에 법을 집행하는 사람은 이처럼 하지 않으며, 죄인을 조사하지 않고 먼저 주관적으로 억측하고 나서 조사할 때가 되면 그가 자기의 억측과 일치하도록 합니다. 이것을 '능能'이라고 합니다. 사건의 맥락을 검토하지 않고 억지로 판단하며, 위쪽으로는 군주의 작은 뜻에 굴복합니다. 이것을 '충忠'이라고 합니다. 담당 관리가 '능'하고, 하는 일이 '충'하면 그에게는 명리名利가 따릅니다. 이와 같이 그들을 주관적인 억측에 빠져들게 하고 나서 도덕 교화를 융성하게 하려는 것은 매우 어렵습니다.

무릇 소송사건을 처리할 때는 반드시 부자지간의 친분을 살피고, 군주와 신하의 의리를 세우며, 문제의 가볍고 무거운 순서를 헤아리고, 깊고 얕은 분량을 예측해야만 합니다. 사건을 처리하는 사람의 총명함과 재능을 알고 그들의 충효와 인애를 이끌고, 의문 나는 문제가 있으면 모두 공동으로 연구하여 처리합니다. 분명하지 않으면 가벼운 벌로 다스리는 것은 백성을 중시하기 때문입니다. 그러므로 순임금은 고요에게 '그대는 한 관직의 관원으로 형사 문제만 걱정하면 된다.'라고 명령했습니다.

또 물이 돌을 뚫을 정도로 반복적으로 신문하여, 모든 사람이 옳다고 생각한 연후에 판결해야 합니다. 법이란 옳고 그름의 표준이며 인간의 정리를 참조해야만 합니다. 때문에 《전傳》에서는 '크고 작은 사건을 일일이 분명하게 살필 수는 없을지라도 반드시 정리에 부합해야 한다.'라고 했습니다. 그러나 세속에서는 어리석으며 포악한 관리에게 얽매여 감정이란 물건을 주는 것, 애증을 확립하는 것, 친척에게 향하는 것, 원수를 해치는 것이라고 생각했습니다. 이와 같은 세속의 낮은 관리의 감정은 옛사람들이 말하는 것과는 얼마나 큰 차이가 있습니까? 관련 부서에는 이런 상황으로 아래의 몇몇 관리를 의심하고, 군주는 이런 상황으로 관련 부서를 의심합니다. 군주와 신하, 위아래가 모두 서로 의심하면서 그들이 나라를 위해 충성을 다하고 기개를 세우도록 한다는 것은 어려운 일입니다."

상은 무겁게 형벌은 가볍게

"무릇 사건을 심리할 때는 반드시 범죄 사실이 중심이 되어야 합니다. 엄밀히 조사하지 않고 널리 증거를 구하지 않으며, 여러 가지 단서를 중시하지 않고 총명함을 드러내려고 하기 때문에 법률상으로는 확실히 어진 사람을 추천하고 탄핵하는 방법을 바르게 실시하며, 증거를 합쳐 비교하여 사실을 밝혀야 합니다. 이것은 실사구시實事求是를 위한 것이지 사실을 은폐하기 위함이 아닙니다. 단지 덕이 뛰어난 사람에게 맡길 뿐입니다. 이는 옥리의 굽은 법이 진실을 가리고 죄에 빠뜨리지 못하게 하려는 것입니다. 공자는 '고대 사건을 심리할 때는 살리는 것을 추구했지만, 현재의 사건 심리에서는 죽이는 것을 추구한다.'라고 했습니다. 그러므로 언어를 해석하는 방법으로 법률을 곡해하고 파괴하며, 사안에 따라 법을 임의로 사용하여 처리하고, 왜곡되고 사악한 사람을 취하면 반드시 형벌이 더욱더 늘어날 것입니다. 또 《회남자淮南子》에서는 이렇게 말했습니다.

'장안 부근에 위치한 호수는 여덟 장丈 깊이인데, 만일 금속처럼 견고하다면 그 형세는 바깥쪽에 나타날 것이다. 깊지 않은 것은 아니지만 밑을 분명하게 볼 수 있고, 물고기와 자라 모두 몸을 숨길 방법이 없다.'

때문에 군주 된 자는 엄하게 관찰하고 공덕을 밝혀야 합니다. 아랫사람들에게 가혹하게 구는 것을 충성하는 것으로 보고, 간사한 행위를 적발하여 공격하는 것이 많은 것을 공로로 간주하면서 이를 변혁을 확장한 것으로 비유합니다. 크게 보면 변혁일 수 있지만 그러나 이것은 분열의 길입니다. 상은 마땅히 무거워야 하고, 벌은 마땅히 가벼워야 합니다. 군주는 우월한 지위에 있어야 하고, 백관들은 모두 통행되는 제도를 준수해야 합니다. 형벌의 가벼움과 무거움, 은혜의 두터움과 엷음은 부정확한 생각을 하든 비난을 하든 간에 그것은 같은 날에 말할 수 있습니다.

법이란 나라 권력의 저울이며, 해당 사건의 먹줄입니다. 저울은 무게를 확정 짓는 데 사용하고, 먹줄은 굽은 것을 바로잡는 데 씁니다. 오늘날의 법률 시행은 너그럽고 공정한 것을 귀하게 여기면서도 정작 사람을 징벌할 때는 가혹하게 하려는데, 기쁨과 노여움은 자기 의지에서 나오고 높고 낮음은 자기의 주관적인 견해에서 나오는 것입니다.

이것은 먹줄을 버리고 곡직을 바로잡는 것이고, 저울을 버리고 무게를 재는 것과 같습니다. 그러니 곤혹스럽지 않겠습니까? 촉나라의 재상이었던 제갈공명은 또 이렇게 말했습니다.

'나의 마음은 저울과 같아 다른 사람을 위해 경중을 만들 수 없다.'

하물며 대국의 군주인 자가 봉토를 봉할 수 있는 날에 임의로 법률을 버리면, 세상 사람들의 원한을 사지 않겠습니까?"

군주의 자기 검증법

"또 [폐하는] 어떤 때는 사소한 문제가 발생하면 사람들에게 알릴 생각은 하지 않고 갑자기 위압적으로 화를 내서 비방하는 논의만 분분하게 합니다. 만일 하는 일이 옳다면, 밖에서 듣는다고 하여 그것이 어찌 나쁘겠습니까? 만일 하는 일이 옳지 않다면, 비록 그것을 가린들 어떤 이익이 있겠습니까? 속담에 이런 말이 있습니다.

'사람들이 모르게 하려는 것은 자기가 하지 않은 것만 못하고, 사람들이 듣지 못하도록 하려는 것은 자기가 말하지 않은 것만 못하다.'

일을 하고도 사람들이 알지 못하게 하려 하고, 말을 하고도 사람들이 듣지 못하도록 하려는 것은 마치 눈 가리고 참새를 잡고, 귀 막고 종을 훔치는 것과 같은 이치가 아니고 무엇이겠습니까?

신은 또 원래부터 혼란스러운 나라는 없으며, 다스릴 수 없는 백성은 없다고 들었습니다. 군주의 좋고 나쁨은 그가 시행하는 교화가 박약한지 아니면 심후한지에 따라 나오는 것입니다. 때문에 우와 탕임금은 교화를 중시하여 제대로 다스렸지만, 걸왕桀王과 주왕紂王은 교화를 경시하여 동란이 발생했습니다. 문왕과 무왕은 태평성대를 누렸지만, 유왕과 여왕은 위험과 멸망에 처했습니다. 그런 까닭에 고대의 어질고 밝은 군주는 자기가 소유하고 있는 능력을 다하고 다른 사람을 원망하지 않았으며, 자기 몸에서 구하고 아랫사람들을 책망하지 않았습니다. 이에 '우와 탕은 자기를 다스리는 일에 엄하여 그들의 사업은 흥성했다. 그러나 걸과 주는 사람들을 다스리는 데 엄하여 멸망했으니 그들의 멸망은 그 자신들의 마음가짐에서 나온 것이다.'라고 했습니다.

군주가 자기 검증이 없고 연민의 감정을 깊이 등지면 사실상 간사한 길을 여는 것입니다. 온서溫舒는 과거 상소에서 옥리의 폐단을 한탄했으며, 신 또한 그의 말이 받아들여지지 않은 것을 애석하게 여기며 이 일을 들은 적이 있습니다. 저는 요에게는 과감하게 간언하는 북이 있었고, 순은 비방하는 나무를 설치했으며, 탕은 정사正邪·곡직曲直을 주관하는 재판관을 두었고, 무왕은 관리들을 경계시키는 명문을 세웠다고 들었습니다. 이것은 문제가 형성되기 전에 의견을 들어서 취하고, 문제가 발생하기 전에 의견을 구하며, 마음을 비우고 아랫사람들을 대한 것입니다. 아랫사람들의 감정이 윗사람에게까지 전달될 수 있고, 상하에 사사로운 감정이 없으며, 군주와 신하가 덕치에서 결합되기를 바랍니다.

위무제魏武帝는 '덕행을 쌓은 군주는 귀를 거스르는 말을 듣고, 얼굴을 살피지 않고 하는 간언을 좋아한다. 군주가 충신을 가까이하려면 의견을 제시하는 인사를 후하게 대우하고 참언하기 좋아하는 자를 질책하며, 간사하고 아첨하는 사람을 멀리해야 한다. 실제로 자기를 온전하게 하고 강산을 보존하는 것은 멸망의 원인을 멀리 피하는 것이다.'라고 했습니다. 무릇 군자가 큰 사명을 받아 때에 맞추어 움직이면, 설령 상하가 사심이 없고 군주와 신하가 덕에서 합쳐지도록 할 수 없을지라도 자신을 온전하게 하고 나라를 보존시켜 멸망으로부터 멀어지게는 할 수 있습니다. 그러나 옛날부터 성명하고 지혜로운 군주가 나라를 다스려 공을 세우고 사업을 세움에 있어서는 윗사람과 아랫사람이 한마음으로 덕행을 실행하는 것에 의지하지 않은 적이 없었습니다. 저에게 잘못이 있으면 폐하께서 바로잡아주며 상부상조해야 합니다."

군주의 생각이 백성의 지향점이 된다

"과거 정관 초기에 군주께서는 과실이 있을까 두려워 몸소 정치하는 일에 노력하고 각종 정무를 처리하는 것을 겸허하게 받아들였습니다. 옳은 의견을 들으면 반드시 고쳤고, 때때로 약간의 작은 과실이 있으면 충신의 간언을 받아들였으며, 충직한 의견을 들을 때마다 얼굴에는 기쁜 빛이 돌았습니다. 때문에 조정의 충렬지사는 모두 전심전력을 다해 의견을 바쳤습니다.

근년 이래로 나라 안이 안정되고 풍족해졌으며, 먼 곳의 소수민족이 중원의 강대함에 복종하자 군주는 내심 교만함이 일어나기 시작했으며, 상황은 당초와는 먼 차이가 있게 되었습니다. 증오와 사악함을 고상하게 이야기하고 도리어 자기 생각을 따르는 말을 좋아합니다. 충성스럽고 정직한 말을 헛되이 여기고는 듣기 싫은 말을 듣는 것을 기뻐하지 않습니다. 개인적으로 총애받는 길은 점점 넓어지고, 대공무사한 길은 하루하루 막히고 있습니다. 이러한 상황은 길을 가는 사람들도 모두 알고 있습니다. 나라의 흥망성쇠는 사실상 이 길에서 나온 것입니다. 군주가 나라를 다스리는 일에 매진하지 않을 수 있습니까?

신은 수년 동안 항상 성상의 밝은 뜻을 받들면서 신하들이 마음속의 말을 전부 토로하지 못함을 깊이 두려워했습니다. 신은 이러한 문제가 어디서 유래하는지 깊이 생각하였습니다. 근래에 어떤 사람은 때때로 상소를 올렸습니다. 일이란 본래 공적을 이룰 때도 있고 과오를 범할 때도 있는 법인데, 그들은 일의 단점을 말한 것만을 보고 일의 장점을 칭찬한 것은 보지 않습니다. 또 군주는 가장 높은 지위에 머물러 있으며, 군주의 위엄은 저촉하여 범하기 어렵습니다. 그리하여 경솔한 곳이 있어도 아래에서는 과감하게 전부 말하지 못하고, 때로는 진술하기도 하지만 의사를 분명히 밝힐 수는 없으며, 생각에 생각을 거듭하여도 말할 기회가 없습니다. 또한 말한 바가 이치에 맞을지라도 반드시 총애를 받아 관직을 받거나 승진하는 것이 아니며, 말의 의미가 군주의 마음에 부합하지 않는 곳이 있으면 반드시 치욕이 따라오고 맙니다. 신하의 절개를 다할 수 없는 것은 사실상 여기에서 나옵니다.

비록 주위에서 가까이 모시고 아침저녁으로 궁궐 안에서 일을 토론할지라도 몇몇 일은 군주와 어긋나는 곳이 있어 반드시 모두 살펴보시기를 바랍니다. 하물며 더욱 많은 신하는 군주와 서로 멀리 떨어져 있어 접근할 수 없는데, 어떻게 빛나는 충언을 마음을 다해 표현할 수 있겠습니까? 때로 어떤 이는 이렇게 말합니다. '신하는 어떤 문제를 보면 단지 말을 할 뿐, 어찌 하는 말로 인하여 임용되기를 바라겠는가?' 이것은 간언을 거절하는 말이며, 실제로 충언을 받아들이지 않는다는 뜻입니다. 무엇 때문에 이렇게 말했겠습니까? 군주의 위엄을 범하면서 잘못을 바로잡아 정확히 의견을 바치는 것은 군주의 미덕을 이루어 보전하고, 군주의 과실을 바로잡기 위함입니다. 만일 군주가 듣고도 의심하여 일을 실행할 수 없으면서 신하로 하여금 충직한 언론을 다하라고 하고 군주의 역량을 힘껏 보좌하라고 한다면, 신하들은 두려워하는 바가 있어 진실된 충심을 기대할 수 없을 것입니다. 만일 선언한 말에 따라 그렇게 하여서 그가 겉으로만 순종하는 것을 허락하고 그의 극단적인 언론을 질책한다면, 앞으로 나아가고 물러남에 무엇을 근거로 삼겠습니까?

신하가 반드시 간언을 하도록 하는 것은 군주의 좋아하는 바에 있을 뿐입니다. 그런 까닭에 제환공齊桓公이 자주색 옷을 즐겨 입자 온 나라 사람이 같은 색깔의 옷을 입었고, 초왕이 허리가 가는 미녀를 좋아하자 후궁에 있는 궁녀들은 초왕이 좋아하는 바에 맞추지 못했으므로 굶어 죽었습니다. 소리, 색깔, 놀이에 있어서 사람들은 죽을 때까지 군주의 뜻을 어기지 않는데, 하물며 성명한 군주가 충성스럽고 정직한 인사를 구하면 천 리를 마다 않고 모두 호응할 것이며, 서로 믿는 일 또한 어렵지 않을 것입니다. 만일 단지 입으로만 헛되이 말할 뿐 내심으로는 그와 같이 하려는 생각을 하지 않으면서 충성스럽고 정직한 사람을 오게 하려고 한다면, 그것은 불가능한 일입니다."

소금과 매실 역할을 할 사람이 필요하다

태종이 직접 조서로 말했다.

"궁궐 안에서 앞뒤로 풍자한 의견들은 모두 실제 상황에 부합하는 좋은 것들이오. 이것은 본래 내가 여러 대신에게 기대했던 바요. 나는 과거 민간에 있을 때, 아직 나이가 어리고 태사太師와 태보太保의 가르침을 조금도 받지 못했으며, 또 선현과 명사의 말씀을 거의 들은 적이 없었소. 때마침 수왕조가 붕괴되고 천하가 대란에 휩싸였으며, 백성은 두려워하며 몸을 숨길 만한 곳이 없었소. 나는 열여덟 살 때부터 도탄에 빠진 백성을 구제했고, 떨쳐 일어나 의를 내세워 병사를 일으켜 온갖 고통을 받았으며, 도처에서 전쟁을 하며 일이 매우 많았고 시간이 충분하지 못해 안정된 세월을 보내지 못했소.

하늘은 나에게 신령을 내려 나라를 다스리는 큰 계책을 받도록 하고, 의로운 깃발은 가리키는 방향이 어디든 도처가 평정되었소. 감숙성의 약수弱水와 유사流沙 같은 먼 곳도 서로 사신이 왕래하며, 사이四夷 사람들은 모두 '의관衣冠을 입는 문명'의 영역이 되었소. 새로운 시대의 광휘는 두루 퍼졌고, 또 먼 곳에서도 이르지 못함이 없었소. 공손히 제위를 계승하기를 기다렸다가 제업을 삼가 받아 억지로 다스리지 않아도 저절로 다스려지게 하여 천하는 안정되었소. 이와 같이 한 지 이미 10여 년이 되었소. 이것은 모두 보좌하는 대신들이 나라를 다스리는 지혜를 내놓고, 아래 장수들이 용맹스러운 세력을 다하여 덕을 합치고 마음을 같이하여 이처럼 태평성대에 이른 것이오.

나 자신으로 말하면 능력이 매우 작지만 두터운 복록을 누렸고, 항상 정권을 상징하는 신기神器를 어루만질 때마다 깊이 근심하고 책임이 무거움을 느꼈고, 언제나 공적인 업무가 방치되어 사방의 소식이 활발하게 전해지지 않을까 두려워하였으며, 때로는 전전긍긍하며 그곳에서 밤늦은 시각부터 날이 샐 때까지 앉아 있기도 했소. 공경公卿들에게 일반 백성의 부역에 관해 물으면, 모두 마음을 다해 알려주었소. 지혜가 밝은 많은 사람이 한 번 움직일 때도 예악에 맞춰서 하였소. 순박한 세상의 풍속은 커다란 덕망과 가르침이 있어 영원히 역사책에 전해지게 되었소. 널리 떨친 명성은 그 으뜸에 꼽히게 되었소. 나는 여러 부분에서 부족함이 있어 이전 사람에게 부끄럽소. 만일 현명하고 능력 있는 신하에게 조타수를 맡기지 않았다면 어찌 거대한 물을 건널 수 있었겠소? 소금과 매실에 기대지 않고 어찌 시고 달고 맵고 짜고 쓴 다섯 가지 맛을 조절할 수 있었겠소?"

태종이 그에게 비단 3백 필을 내렸다.

제17편

성신(誠信 : 성실과 신의)

【해제】

성실과 신의는 과거뿐 아니라 오늘날에도 모든 사람에게 요구되는 덕목 중 하나이다. 군주에게도 마찬가지이다. 성실하게 다스리는 자에게는 불가능한 일이 없고, 신의가 있는 자는 고독하지 않다. 군주가 성실과 신의를 모두 겸비하고 있다면, 물이 아래로 흐르듯이 사람들이 모여들 것이며, 그 나라는 부강해질 것이다. 그러나 교묘한 말재주와 잘 꾸민 얼굴만으로 자신의 사욕을 추구하는 이도 적지 않다. 〈성신〉 편에서는 이러한 사람의 수가 많으면 많을수록 그 나라는 보존하기 어려울 것이라는 점을 부각하고 있다.

백성은 흐르는 물이다

정관 초년에 어떤 사람이 상소를 올려 간사하고 아첨하는 신하를 제거할 것을 요청했다. 태종이 그에게 말했다.

"내가 임용한 신하는 모두 어질고 능력 있는 자라고 생각하오. 그대가 간사하고 아첨하는 사람을 알고 있다면 그게 누구요?"

신하가 대답했다.

"신은 민간에서 살고 있어 어떤 자가 간사하고 아첨하는지를 확실히 알 수 없습니다. 청컨대 폐하께서 거짓으로 화를 내며 신하들을 시험해보십시오. 만일 폐하의 노여움을 두려워하지 않고 직언과 간언을 하는 자가 있다면 그는 올바른 군자입니다. 그러나 반대로 폐하의 마음에 영합하여 따르는 자가 있다면 그는 간사하고 아첨하는 소인일 것입니다."

태종이 봉덕이에게 말했다.

"흐르는 물은 맑든 흐리든 간에 모두 그 근원이 있기 마련이오.[1] 군주는 정치의 근원이며, 백성은 흐르는 물과 같소. 군주 자신은 속이면서 신하들의 행위가 정직하기를 바라는 것은 오염된 수원에서 맑고 깨끗한 물이 흘러나오도록 하는 것과 같은 것이오. 이러한 이치에 따라 그렇게 할 수 없소. 나는 항상 위무제의 행위가 매우 간사하며 그의 사람됨이 천박하다고 생각해왔소. 이와 같은데, 어떻게 교화를 행할 수 있겠소?"

---

1) 《순자》〈군도〉에 보인다. "임금은 백성의 수원水源이다. 수원이 맑으면 그 흐름도 따라서 맑고, 수원이 흐리면 그 흐름도 따라서 흐리다."

상소를 올린 사람에게 말했다.

"나는 천하에 광범위한 신의를 행하려고 할 뿐 기만하는 방법으로 사회의 풍속을 이끌려고 하지 않소. 그대가 말한 의견은 비록 좋은 의도이긴 하나 나는 받아들이지 못하겠소."

나라를 다스리는 네 가지 큰 줄거리

정관 10년, 위징이 상소를 올려 말했다.

"신은 나라를 다스리는 기본은 반드시 덕행과 예의에 기대야 하고, 군주를 보장하는 것은 단지 성실과 신용에 있다고 들었습니다. 성실과 신용이 확립되면 아래의 신하들은 두 마음을 가질 수 없고, 도덕과 예의가 형성되면 먼 곳에 살고 있는 사람들이 바른 데로 돌아올 것입니다. 그러나 도덕·예의·성실·신용은 나라를 다스리는 강령이며, 또 군주는 군주답고, 신하는 신하다우며, 아버지는 아버지답고, 아들은 아들다운 윤리 관계를 결정지으므로 한순간이라도 그것을 버릴 수 없습니다. 그런 까닭에 공자는 《논어》 〈팔일〉에서 '군주는 예에 따라서 신하를 임용해야 하고, 신하는 충심으로 군주에게 복종해야 한다.'라고 했고, 또 '옛날부터 사람은 누구든지 죽는데, 만일 백성들의 신임을 잃는다면 [나라는] 존립하지 못한다.'[2] 라고 했습니다.

문자文子[3]는 '말할 때 신용 있게 하려면 말하기 이전에 신의가 있어야 하고, 명령할 때도 성의가 있으려면 명령한 뒤에도 일관되게 성실해야 한다.'라고 했습니다. 만일 말을 하고도 실행하지 않는다면 말에 신용이 없기 때문이고, 명령을 내렸는데도 집행하지 않는다면 법령에 성의가 없는 것입니다. 신용 없는 말, 성의 없는 명령은 윗사람에게는 덕행을 파괴하는 것이고, 아랫사람에게는 자신을 위급하게 만드는 것입니다. 비록 세상이 혼란한 시대에 놓여 있을지라도 덕망과 재능 있는 선비는 이와 같이 하지 않습니다."

간사한 말재간이 나라를 뒤엎는다

"왕도가 아름다워진 지 10여 년이 되어 위력은 전국으로 퍼져나갔고, 각국의 사신들이 조정으로 와서 신하라 칭하고, 창고 안의 식량은 나날이 충실하게 비축되고 토지 또한 점점 확대되고 있습니다. 그러나 도덕적인 면은 아직 두텁지 않으며, 인의상에 있어서도 아직 널리 베풀지 못했는데, 이것은 무엇 때문이겠습니까? 신하를 대

---

2) 이 말은 《논어》 〈안연〉에 나온다. "자공子貢이 정사에 대해 물으니, 공자가 말하기를 '식량이 충분하고, 병력이 충족되면 백성은 정부를 믿을 것이다.'라고 하자, 자공이 말하기를 '어쩔 수 없어서 버리게 된다면 이 세 가지 중 어느 것을 먼저 버려야 합니까?'라고 물었다. 공자는 '병력이다.'라고 했다. 자공은 '어쩔 수 없이 버리게 된다면 이 두 가지 중 무엇을 버려야겠습니까?'라고 묻자, 공자는 '식량을 버릴 것이다. 예로부터 사람들은 다 죽어왔지만 백성에게 신용이 없으면 입신할 수 없다.'라고 했다."

3) 노자老子의 제자로 전한다. 성은 신辛이고 이름은 견銒이며, 일명 계연計然이라 하고, 문자는 그의 자다. 그는 범려范蠡의 스승으로 《문자文子》, 《통현진경通玄眞經》 12편을 지었다고 한다.

하는 마음이 아직 성실함과 신용을 다하지 못해서, 비록 처음에는 훌륭하게 일했지만 좋은 결말을 보지 못했기 때문입니다.

과거 정관 초년에는 훌륭한 인물을 좋아하고 훌륭한 일을 좋아하여 칭찬을 들었고, 정관 8년과 9년에는 또한 신하의 간언을 받아들이기 좋아하였습니다. 그러나 이 이후로 정직한 언론을 점점 싫어하여, 설령 억지로라도 용납하려고 애를 써도 예전처럼 관대한 도량은 없어졌습니다. 정직하게 과감히 말하던 사람은 점점 군주를 거스르는 것을 피하게 되었고, 권세의 이익을 좇아 아첨하는 무리는 거리낌 없이 아름답고 교묘한 말로 꾸미고 있습니다. 마음과 덕을 같이했던 사람들을 마음대로 전권을 휘두르는 자라고 생각하고, 충성과 직언을 하는 사람이 다른 이들을 비방한다고 여깁니다. 사람들이 당을 결성하여 사사로운 이익을 꾀한다고 말하면 설사 그가 충실하여 믿을 만할지라도 의심스럽게 여기고, 사람들이 공평하고 사심이 없다고 말하면 설사 그가 거짓을 일삼아도 잘못이 없다고 여기게 됩니다.

이와 같이 하여 강직한 사람은 마음대로 전권을 휘두른다는 비난을 두려워하게 되고, 충성스럽고 직언하는 이는 비방하는 죄를 입을까 전전긍긍하게 되었습니다. 정직한 신하는 말할 수 없게 되었고, 대신들 또한 그들과 논쟁할 수 없게 되었습니다. 보고 듣는 것을 미혹하고, 나라의 큰 도리를 가로막고, 정치를 방해하고, 도덕을 손상하는 것은 여기에 있지 않겠습니까? 그런 까닭에 공자가

'간사하고 언변에 뛰어난 말재간이 나라를 뒤집을 수 있다.'라고 한 것은 아마도 이런 정황을 정확히 지적한 것이라 생각합니다."

곧은 나무는 그림자가 굽을까 걱정하지 않는다

"또한 군자와 소인은 겉모습은 서로 같지만 속마음은 다릅니다. 군자는 다른 사람의 단점은 덮어주고 장점은 칭찬하며, 어려운 상황에 직면해도 구차하게 편안함을 구하지 않으며, 자기의 생명을 희생하여 인의를 이룹니다. 그러나 소인은 어질지 못한 것을 부끄럽게 생각하지 않고, 의롭지 못함을 두려워하지 않으며, 오직 이익만을 도모하고, 다른 사람을 해치면서 자신의 편안함을 구합니다. 만일 다른 사람을 해치려고 한다면 무슨 일인들 못 하겠습니까? 지금 나라를 제대로 다스리려고 한다면 반드시 국사를 군자에게 맡겨야 하는데, 사업의 성공과 실패에 있어서 때로는 소인에게 자문을 구하는 일도 있습니다.

군자를 대하는 태도는 엄격하고도 소원하고, 소인을 대하는 태도는 가볍고 친근합니다. 소인을 가까이하면 무슨 말이든지 다 하고, 군자를 멀리하면 아랫사람들의 정서가 위에까지 전달될 수 없습니다. 이처럼 하면 상 주고 벌주는 일은 소인이 결정하고, 형벌은 군자에게만 시행됩니다. 이것은 사실상 나라의 흥망과 관계있으니 신중하지 않을 수 있겠습니까? 이것은 순자가 '총명한 사람에게 도모하도록 한 일을 어리석은 사람과 논의하고, 품행이 단정한 사람에게 일을 실행하도록 하고 천박한 사람과 함께 그를 의심한다. 사업을 성공시키려 하지만 가능하겠는가!'라고 한 말과 같습니다.

보통 수준의 지혜와 능력을 갖춘 사람이라도 어찌 조금의 총명함이 없을 수 있겠습니까? 그러나 그들은 나라와 세상을 다스리는 재능이 없고, 어떤 문제를 생각함에 있어 원대하게 계획할 수 없습니다. 설사 역량과 충성을 다하더라도 또한 나라가 기울어 멸망하는 것만은 피할 수 없습니다. 하물며 내심 간사함과 사사로운 이익을 품고 있으며, 윗사람의 뜻에 영합하는 이는 나라의 재앙을 만들 것이니, 매우 심하지 않겠습니까? 곧게 뻗어 있는 나무는 그 그림자가 곧지 않을까 걱정하지 않습니다. 비록 온 정성을 다하고 수고롭게 생각할지라도 그 일은 결과를 얻지 못함이 이미 명백합니다.

군주가 예의를 다할 수 있고, 신하가 충성을 다할 수 있으면 반드시 대내외적인 일을 결정함에 있어 사심이 없어 위아래가 서로 신임을 합니다. 군주가 신하를 신임하지 않으면 신하를 부릴 방법이 없고, 신하가 군주를 믿지 않으면 군주를 섬길 수 없습니다. 신임은 하나의 원칙으로 가장 중요한 것입니다.

과거 제환공은 관중管仲에게 이렇게 물었습니다.

'술이 술잔에서 시고 고기가 도마 위에서 썩게 두면, 내가 패업霸業을 손상시키지 않을 수 있소?'

관중이 말했습니다.

'그것이 가장 좋은 방법은 아니나 패업을 손상시키진 않습니다.'

환공이 말했습니다.

'어떻게 하면 패업이 손상될 수 있는 것이오?'

관중이 말했습니다.

'사람을 알아볼 수 없으면 패업이 손상되고, 사람을 알아보지만 임용할 수 없으면 패업이 손상되며, 임용했지만 신용할 수 없으면 패업이 손상되고, 이미 신임했어도 소인에게 그를 간여하도록 하면 패업이 손상됩니다.'

진晉나라의 대부 중항씨 목백穆伯은 고鼓나라를 공격했지만, 1년이 지나도록 함락시킬 수 없었습니다. 궤간륜餽間倫이 이렇게 말했습니다.

'고나라 성의 색부嗇夫[4]를 제가 압니다. 병사들을 수고롭게 부리지 않고도 고나라 성을 얻을 수 있습니다.'

목백은 그에게 아무런 대답도 하지 않았습니다. 주위 사람들이 물었습니다.

'창 하나 사용하지 않고, 병사 한 명 상하게 하지 않고도 고나라 성을 손에 넣을 수 있는데, 당신은 무엇 때문에 하지 않은 것이오?'

목백이 말했습니다.

'간륜의 사람됨은 간사하고 인의롭지 못하오. 만일 간륜을 시켜 고나라 성을 점령하도록 한다면 그에게 상을 주지 않을 수 있겠

---

4) 고대 사공司空의 속관으로 공물을 받아서 천자에게 올리는 일을 맡았다.

소? 만일 그에게 상을 준다면 간사하고 아첨하는 사람에게 상 주어 장려하는 것이 되오. 간사하고 아첨하는 사람이 일단 뜻을 얻게 된다면, 진晉나라 백성이 인의를 버리고 간사하고 아첨하는 일을 하도록 하는 것과 같소. 비록 고나라 성을 얻을지라도 무슨 소용이 있겠소?'

목백은 제후국의 대부이고 관중은 패주의 보좌관인데, 그들은 이처럼 신중하게 신임을 말하고, 간사하고 아첨하는 사람을 멀리 내칠 수 있었습니다. 하물며 천하를 통일한 대국의 군주이며 천 년에 이르는 성왕聖王을 계승하였는데, 성대하고 숭고한 미덕이 일순간 단절되게 할 수 있습니까?"

군자와 소인을 뒤섞지 말라

"만일 군자와 소인, 옳고 그름이 뒤섞이지 않도록 하려면 반드시 덕행으로 그들을 어루만지고, 신의로 대하며, 인의로써 격려하고, 예절로 절제시킨 연후에 훌륭한 인물과 훌륭한 일을 좋아하고, 사악한 사람과 나쁜 일을 싫어하며, 죄악은 신중하게 처벌하고, 착한 행위는 분명하게 상 주어야 합니다. 이와 같이 하여 소인이 간사함과 아첨을 끊고, 군자가 위에서 게으르지 않고 노력하면 천하는 억지로 다스리지 않아도 저절로 다스려지는 것 또한 어찌 멀리 있겠습니까? 만일 훌륭한 사람과 훌륭한 일을 좋아하면서 훌륭한 사람을 임용할 수 없고, 사악한 사람과 나쁜 일을 싫어하면서 사악한 사람을 버릴 수 없으며, 죄가 있어도 그에 상응하는 벌을 받지 않고, 공이 있어도 그에 상응하는 격려가 없으면, 나라가 위험에 빠지고 멸망할 날이 이르지 않게 할 수 없으며, 영원히 자손 후대에 물려주려는 생각을 해도 어떤 희망이 있을 수 있겠습니까!"

태종은 위징의 상소를 다 읽고 감탄을 금치 못하며 이렇게 말했다.

"만일 그대를 만나지 못했다면 어찌 이처럼 훌륭한 말을 들을 수 있었겠소?"

문치로 태평성대를 이루다

태종은 일찍이 장손무기 등에게 말했다.

"내가 즉위한 초기에는 상소를 올리는 사람이 한두 명이 아니었소. 어떤 이는 군주는 반드시 위엄과 권력을 쥐고 독단적으로 정치를 해야지 권력을 수많은 신하에게 내맡길 수 없다고 했고, 어떤 이는 병력을 일으켜 사방의 오랑캐를 정벌해야 한다고 했소. 오직 위징만은 나에게 '무력을 그치고 문文을 일으켜 은혜를 널리 펼치시면 중원은 태평스러워지고, 먼 곳에 있는 사람들이 저절로 복종할 것'이라고 권하였소. 나는 그의 말을 믿고 따라 천하는 크게 다스려졌으며, 아주 먼 곳의 군왕과 우두머리까지도 조공을 바치고 있고, 몇 차례의 통역을 거쳐 오는 이민족의 사신들이 길에서 계속 이어지고 있소. 무릇 이처럼 크게 다스리는 일은 모두 위징의 보좌에서 나온 것이오. 내가 사람을 등용함에 있어 어찌 인재를 기용하지 않을 수 있겠소?"

위징은 예의를 갖추고 감격스러워하며 말했다.

"폐하의 영명한 덕은 하늘에서 받은 것으로 바른 정치의 방법에 마음을 두셨습니다. 저는 사실 평범하고 무능하며, 눈빛은 짧고도 얕은데 폐하로부터 받은 임무로도 겨를이 없었습니다. 어찌 성상의 분명한 판단에 보탬이 있었다고 하겠습니까?"

먹을 것을 버리고 신의를 지켜라

정관 17년, 태종이 신하들에게 말했다.

"경전에 '먹을 것을 버리고 신의를 지켜라.'[5]라는 말이 있소. 공자는 '백성의 믿음이 없으면 [나라는] 존립하지 못한다.'라고 했소. 옛날에 항우項羽가 함양咸陽을 공격해 들어가 천하를 지배하고, 인의와 신용을 얻으려고 힘써 노력하였다면, 누가 그의 천하를 빼앗을 수 있었겠소?"

---

5) 《논어》〈안연〉에 나온다.

방현령이 대답했다.

“인仁·의義·예禮·지智·신信을 오상五常이라고 하는데, 그중 하나라도 버리면 모두 할 수 없습니다. 그것을 분발하여 실천할 수 있으면 나라를 다스리는 데 이익이 있을 것입니다. 은나라 주왕紂王은 오상의 실천을 경시하였으므로 무왕이 병사를 일으켜 그를 토벌했습니다. 항우는 믿음이 없으므로 한고조漢高祖에게 천하를 빼앗겼으니, 확실히 폐하의 뜻과 같습니다.”

권卷 6

제18편

검약(儉約: 검소와 절약)

【해제】

만물에는 흥성할 때와 쇠퇴할 때가 있고, 모든 일에는 느긋할 때와 긴장할 때가 있다. 이와 마찬가지로 재물도 절약하면 부유해지지만, 사치를 일삼으면 몰락한다. 절약하기 위해서는 우선 탐욕을 버려야 한다.

예로부터 부패와 사치는 통치의 근간을 뒤흔드는 것이며, 간언하는 신하들은 항상 이것들을 경계해왔다. 더구나 군주가 검소하지 않으면 아랫사람들이 검소할 리 없고, 결국 그 폐해는 백성에게 돌아가기 마련이다. 〈검약〉 편에서는 군주의 기본 덕목으로 검약의 중요성을 꼽고 있다.

탐욕을 일으키는 물건은 보지도 말라

정관 원년, 태종이 곁에서 모시는 신하들에게 말했다.

"예로부터 제왕들은 공사를 일으킬 때 반드시 민심에 순응하는 것을 중시했소. 고대 위대한 우임금은 구산九山을 뚫고 구강九江을 소통시키면서 매우 많은 인력을 동원했지만, 원한이나 원망하는 말이 없었던 까닭은 민심이 원하는 것이었기 때문이오. 이것은 윗사람과 아랫사람의 이익이 일치한 까닭이오. 진시황秦始皇은 궁궐을 지으면서 수많은 사람의 질책과 비난을 받았는데, 그 자신의 사욕을 따라 사람들의 이익과 일치하지 않았기 때문이오. 나는 지금 궁궐을 지으려고 하는데, 재목은 이미 갖추어졌지만 멀리 진시황의 일을 생각하여 다시 만들지 않기로 결정했소.

옛사람이 말하기를 '이익이 없는 일을 하여 [백성의] 이익을 해치지 말라.'[1] 또한 '탐욕을 야기할 수 있는 물건을 못 보게 하여 백성의 마음이 어지럽혀지지 않도록 하라.'[2]라고 했소. 사사로운 욕심을 도모하면 민심은 반드시 혼란스러워진다는 것을 알고 있소. 정교하고 섬세하게 조각한 제기, 주옥, 옥기, 의복, 노리개가 만일 사치스럽다면 나라가 위급하고 멸망하는 시기는 곧 도래할 것이오. 왕공王公 이하로부터 저택, 수레, 복장, 혼인, 상례 등은 관직과 봉록에 맞춰서 쓰며, 입고 쓰는 것이 이 기준에 맞지 않으면 일률적으로 금지해야 하오."

1) 《상서》〈여오旅獒〉에 나오는 말이다.

2) 《노자》 3장에 나오는 말이다.

이로부터 20년간 사회 풍속은 검소해지고, 입는 것 또한 화려하지 않았으며, 물자가 풍부해 굶주려 죽거나 추위에 떠는 폐단이 없었다.

누각 건립 비용도 아깝다

정관 2년, 공경들이 아뢰었다.

"《예기》〈월령〉에 의하면 여름 마지막 달은 높이 쌓아 올린 망루에서 거주할 수 있습니다. 현재 여름은 아직 물러가지 않았고, 가을비가 이어 내리기 시작하여 황궁 안의 낮은 곳은 습합니다. 청컨대 폐하께서는 누각 하나를 지어 머물도록 하십시오."

태종이 말했다.

"나는 기력이 쇠약해지는 질병을 앓고 있는데 어찌 낮고 습한 곳이 거주 조건에 맞을 수 있겠소? 그러나 만일 여러분의 요청에 동의한다면 실제로 낭비가 많을 것이오. 일찍이 한문제漢文帝는 노대露臺를 건축하려다가 열 가구의 재산에 상당하는 비용을 아까워하여 세우지 않았소. 나는 덕행에 있어서는 한문제를 따르지 못하고, 재물을 소비함에 있어서는 그를 넘어서고 있으니, 어찌 백성의 부모인 군주의 도리라고 할 수 있겠소?"

공경들은 거듭 주청을 하였으나 태종은 끝내 허락하지 않았다.

호화 궁궐이 필요치 않은 이유

정관 4년, 태종이 주위에서 모시는 신하들에게 말했다.

"궁궐과 집을 증축하고 꾸미며, 연못과 누대에서 노닐며 감상하는 것은 제왕이 바라는 것이지 백성이 원하는 것은 아니오. 제왕이 바라는 것은 사치와 음락淫樂이고, 백성이 바라지 않는 것은 백성을 수고롭게 하고 재물을 상하게 하는 일이오. 공자는 '한마디로 평생 동안 실행할 수 있는 말은 아마도 서恕일 것이다! 자기가 하려고 하지 않는 일을 다른 사람에게 강요하지 말라.'[3]라고 했소. 백성을 수고롭게 하고 재물을 상하게 하는 일은 확실히 백성에게 시행할 수 없소. 나는 제왕의 존귀한 지위에 있고 천하의 부유함을 갖고 있으며, 모든 일은 나로부터 나오므로 나 자신의 욕망을 억제할 수 있소. 만일 백성이 그렇게 하는 것을 바라지 않는다면, 반드시 백성의 정서를 따를 수 있어야 하오."

위징魏徵이 말했다.

"폐하께서는 본래 백성을 불쌍히 여기시고 항상 스스로를 절제함으로써 민심을 따랐습니다. 신은 '자신의 욕망으로 하여금 민심을 따르게 하는 나라는 창성하고, 백성을 부리고 그들의 기름을 짜내어 자기에게 향락을 제공하는 나라는 멸망한다.'는 말을 들었습니다. 수양제隋煬帝는 탐욕에만 마음을 두어 사치와 향락을 추구했으며, 항상 담당 관청에서 만들어 바치는 것마다 마음에 들지 않는

3) 《논어》〈위령공〉에 나온다.

다며 가혹한 형벌로 다스렸습니다. 위에서 좋아하는 것은 아래에서 반드시 싫어하고, 윗사람과 아랫사람이 끝없이 서로 사치를 다투면 결국 멸망에 이릅니다. 이러한 상황은 역사책에 기록되어 있을 뿐만 아니라 폐하께서도 직접 본 사실입니다. 수양제가 황음무도하였기에 하늘에서는 폐하께 대신 취하여 대를 잇도록 명령했습니다. 폐하께서 만일 욕망을 만족시키려고 한다면 오늘도 만족할 수 없을 것입니다. 폐하께서 불만족스럽다고 생각하시면, 지금보다 만 배를 더해도 만족할 수 없을 것이기 때문입니다."

태종이 말했다.

"그대가 상주한 것은 정확하고 매우 훌륭하오! 그대가 아니면 내가 어찌 이러한 말을 들을 수 있겠소?"

사람이 책을 읽는 까닭

정관 16년, 태종이 곁에서 모시는 신하들에게 말했다.

"나는 최근 《유총전劉聰傳》[4]을 읽었는데, 유총劉聰이 유후劉后[5]에

---

4) 유총은 십육국十六國 때의 한제漢帝로 일명 재載라고도 하며, 자는 현명玄明이다. 그는 유연劉淵의 네 번째 아들이다. 연이 재위하고 있을 때는 대사마·대선우大單于·녹상서사錄尙書事를 역임했다. 연이 죽자 태자 화和를 죽이고 제위에 올랐다. 광흥光興 2년, 왕미王彌, 유요劉曜를 보내 낙양을 공격하여 진혜제晉惠帝를 포로로 잡았다. 5년 후 장안을 공격하여 진민제晉愍帝를 포로로 잡아 서진을 멸망시켰다. 그는 호족과 한족을 다르게 대우하는 호한분치胡漢分治를 실행했다. 또한 포악한 정치를 하여 백성의 신임을 얻지 못했다. 그가 죽자 바로 내란이 발생했다.

5) 한나라 태보太保 유은劉殷의 딸이다. 유총은 먼저 그녀를 좌귀빈左貴嬪으로 봉했다가 훗날에 황후로 삼았다.

게 황의전凰儀殿을 만들어주려고 하자 정위廷尉[6] 진원달陳元達은 간절하게 간언하였고, 유총은 크게 화를 내며 진원달을 죽이도록 명령했소. 유후는 직접 글을 써서 진원달의 사면을 요청했는데, 그 말이 매우 간절했소. 유총의 노여움은 서서히 누그러들었고 참회했소. 사람이 책을 읽는 것은 사고와 식견을 넓혀 자신을 보충하고 이익이 되도록 하기 위해서요. 나는 이 일을 보고 깊은 교훈으로 삼을 수 있었소. 요즈음 궁전을 짓고 높은 누각을 세우려고 남전에서 목재를 베어 이미 모든 준비를 끝냈소. 유총의 이 일을 생각하고 공사를 중지시킬 것이오."

화려한 묘소는 치욕을 부른다

정관 11년, 태종이 조서에서 이렇게 말했다.

"나는 죽음이란 생명의 끝으로 인간이 다시 자연으로 돌아가기를 바라는 것이고, 매장은 시체를 감추어 사람들이 그를 다시 볼 수 없도록 하려는 것이라고 들었소. 고대로부터 전해 내려오는 풍습에서는 흙을 쌓아 무덤을 만들고 나무를 심었다는 말을 듣지 못했는데, 후대로 내려오면서 관을 사용하게 되었소. 자기 신분을 뛰어넘는 사치를 비판하는 사람은 지나치게 낭비하는 것을 싫어하는 것이고, 절약과 간소함을 칭찬하는 사람은 사치의 위험이 없음을 귀

6) 구경의 하나로 형벌과 감옥의 일을 담당했다.

하게 여긴 것이오.

그런 까닭에 요임금은 성스러운 제왕으로 곡림谷林에 묻고 사방에 나무를 심어 그의 뜻을 나타냈고, 진목공秦穆公은 영명한 군주이므로 탁천橐泉에 묻었는데 그곳에는 분묘가 없었소. 공자는 효자였으나 동방東防에 높은 무덤이 없었고, 연릉계자延陵季子[7]는 자애로운 아버지였지만 길을 가던 도중 아들이 죽자 영嬴과 박博 사이에 안장했소. 그들은 모두 끊임없는 생각을 품어 분명한 결단력을 소유한 자들로서 죽은 자의 시체가 구천 아래에서 편안히 있도록 했을 뿐 천백 년 이후에 명성을 드날리기 위하여 예법을 어겨가며 황금과 주옥으로 기러기를 만들지는 않았소.[8]

그렇지만 진시황은 무도하여 예법을 지키지 않아 여산酈山의 묘 안에 수은으로 강과 바다를 만들었고,[9] 노나라를 주무른 계평자季平子는 죽은 후 군주가 차는 여번璵璠[10]으로 시신을 장식하도록 했으며, 송나라 대권을 독점했던 환퇴桓魋는 죽은 후 돌로 된 관을 이용

7) 계찰季札이다. 공자찰公子札이라고도 부른다. 춘추시대 오나라 귀족으로 제나라에서 돌아오는 길에 맏아들이 죽었다.

8) 오왕 합려闔呂는 호구산虎丘山 아래에 땅을 파 냇물을 만들고, 흙을 쌓아 산을 만들었으며, 세 겹으로 된 동관銅棺을 두고, 6척 넓이의 수은으로 된 연못을 만들었으며 황금과 주옥으로 기러기를 만들었다.

9) 《사기》〈진시황본기〉에는 이렇게 기록되어 있다. 옛날 진시황이 처음 즉위하여 여산에 치산治山 공사를 벌였는데, 천하를 통일한 후에는 전국에서 이송되어 온 죄인 70여 명을 시켜서 깊이 파게 하고 구리물을 부어 틈새를 메워서 외관을 설치했으며, 모형으로 만든 궁관宮觀, 백관百官, 기기奇器, 진괴珍怪들을 운반해다가 그 안에 가득 보관했다. 장인에게 명령하여 자동으로 발사되는 궁전弓箭을 만들어놓고 그곳을 파내 접근하는 자가 있으면 그를 쏘게 했으며, 수은으로 백천百川·강하江河·대해大海를 만들고, 기계로 수은을 주입하여 흘러가도록 하였다. 위에는 천문天文의 도형을 장식하고 아래에는 지리地理의 모형을 설치했으며, 도롱뇽의 기름으로 양초를 만들어 오랫동안 꺼지지 않도록 하였다.

10) 춘추시대 노나라가 소유한 보옥 이름이다.

하여 매장하도록 했소.

이러한 사람들은 금이나 구슬 혹은 보물을 지나치게 많이 저장하여 멸망을 앞당기고, 사람들이 묘 안에 이익이 될 만한 것이 있음을 알게 하여 치욕을 불러일으켰소. 그들의 묘는 이미 발굴되었고 시체는 묘 안에서 불태워졌으며, 장례 때 사용되는 황장黃腸·제주題湊[11]는 흩어졌고, 뼈와 황장나무가 함께 들녘에 드러나 있소. 역사상의 이러한 일을 자세히 고찰해보면 어찌 비극이 아닐 수 있겠소!

이로부터 보면, 사치스러운 사람은 이로써 경계할 만하고 절약하는 사람은 모범으로 삼을 수 있소. 나는 천하의 존귀한 지위에 있으며, 또 백대 제왕이 남긴 폐단을 이어받으면서 교화를 이해하지 못하여 늦은 밤까지 잠 못 이루며 전전긍긍했소. 비록 죽은 자를 매장하는 예절은《의례儀禮》에 상세하게 묘사되어 예법에 부적합한 제문을 금하라고 형서刑書에 기록하고 있지만, 공훈이 높은 집안은 대부분 풍속을 따르고, 일반 백성 가운데서도 어떤 이는 사치와 낭비로 풍속을 상하게 하기도 하오. 장례를 후하게 치르는 것을 죽은 자에 대한 예절로 간주하고, 높고 큰 묘지를 쌓는 것을 효를 다하는 행동으로 간주하므로 옷과 관에는 지나치게 화려한 조각을 하고, 영구를 운반하는 수레와 장례 때 사용하는 물품은 금·옥·보물로 전부 장식을 하였소. 공이 있는 사람들은 법도를 넘어 서로 광채를 내는 반면 가난한 사람들은 재산을 전부 팔아도 그렇게 할 수 없으니, 교화의 규범은 파괴되고 지하의 죽은 자에게는 조금의

11) 《한서》〈곽광전霍光傳〉에 "편방·황장·제주를 각기 하나씩 하사했다."는 글이 보인다. 안사고顔師古는 소림蘇林의 말을 인용하여 이렇게 주를 달았다. "전나무의 황심黃心 부분으로 외관外棺을 만들었기 때문에 황장이라고 한다. 나무는 모두 안쪽으로 향하기 때문에 제주라고 한다."

이익도 없고, 심한 해로움만을 만들고 있소. 이러한 상황은 폐지되어야 하오.

왕공 이하 평민 백성까지 오늘 이후로는 장례 의식의 기물에 있어 예법의 규정에 부합하지 않으면, 각 주나 현의 관청에서 세심하게 살펴서 사실 정황에 근거하여 법률에 따라 처벌하시오. 서울의 5품 이상의 관원과 공이 있는 황친 집안에 관련된 상황이 있으면 기록하여 보고하시오."

소박함이 답이다

잠문본岑文本은 중서령中書令으로 임명되었지만 허름하고 축축한 집에 살았고, 휘장에 어떠한 장식도 하지 않았다. 어떤 사람이 그에게 재산을 모아 집을 지을 것을 권하자, 잠문본은 이렇게 말했다.

"나는 본래 한남漢南의 보통 백성으로 전쟁에 참가하여 공도 세우지 못했고, 오직 글에 의지하여 중서령 같은 직책에 임명되었으니 이 또한 과분합니다. 너무 높은 봉록을 누려 내심 두려워하고 있는데, 또 사업을 더할 말을 할 수 있겠습니까?"

그에게 사업을 경영할 것을 권유했던 사람은 이 말을 듣고 감탄하며 물러갔다.

검소한 생활을 한 관리들을 기리다

호부상서戶部尙書 대주戴胄가 죽은 후, 태종은 그의 집이 부서지고 남루하여 제사를 모실 만한 곳이 없다고 생각하여 관련 부서에 대주를 위해 가묘를 짓도록 명령했다.

온언박溫彦博은 상서우복야로 임명되었지만, 집이 가난하여 정침正寢이 없었다. 그가 죽자 염을 하여 영구를 측실에 두었다. 태종은 이 일을 듣고 탄식하면서, 즉시 관련 부서에서 그를 위해 집을 만들고 재물을 넉넉히 주어 장례를 치를 수 있도록 하라고 명령했다.

위징의 정원 안에는 원래 정당正堂이 없었다. 그가 병들었을 때, 태종은 마침 작은 궁전을 만들려고 생각하다가 그 공사를 멈추고 그 재료를 위징에게 주어 정당을 만들도록 하여 닷새 만에 준공했다. 태종은 궁궐의 사신을 파견하여 흰색 이불과 마로 된 요를 위징에게 주어 절약을 숭상하는 그의 태도를 기렸다.

제19편

겸양(謙讓 : 겸손과 사양)

【해제】

겸손이 미덕이라는 말이 있다. 오늘날에도 지위와 권세가 조금만 있어도 허세와 자만으로 가득 찬 사람이 적지 않다. 지혜로운 자라도 한 번의 실수는 있는 법이고, 어리석은 자라도 사고를 통해 훌륭한 견해를 피력할 수 있다. 이런 점에서 군주는 자신의 학식이나 재능을 감추고 겸손한 태도로 그만 못한 사람들의 생각에 귀를 기울여야 한다.

〈겸양〉 편에서는 군주가 겸손하면 미미한 재능을 갖고 있는 자도 서슴없이 국익을 위한 조언을 하게 될 것임을 강조하고 있다.

요순 임금의 삶의 방식

정관 2년, 태종이 곁에서 모시는 신하들에게 말했다.

"사람들은 황제가 되면 스스로 존귀하고 필요한 존재로 생각하여 어떤 것도 두려워하지 않을 수 있다고 말하고 있소. 그러나 나는 스스로 겸허함과 공손함을 가지고 항상 두려움을 느껴야 한다고 생각하오. 일찍이 순은 우를 경계시켜 이렇게 말했소.

'너는 자신이 어질고 능력 있다고 자만하지 말라. 그러면 천하 사람 가운데 감히 너와 어짊과 능력을 다툴 만한 자는 없게 된다. 너는 공에 기대 자신을 과시하지 말라. 그러면 천하 사람 가운데 감히 너와 공로를 다투는 자가 없을 것이다.'[1]

또《주역》에서는 이렇게 말했소.

'군자의 준칙은 교만과 자만을 싫어하고 겸허와 공손을 숭상하는 것이다.'[2]

무릇 황제가 스스로 존귀하고 빛난다고 생각하면 겸허와 공손을 가지지 못하오. 황제가 옳지 않은 일이라도 하면 누가 위엄을 범하면서 간언을 하겠소? 나는 항상 말 한마디를 하거나 한 가지 일을 할 때마다 위로는 하늘을 두려워하고 아래로는 신하들을 두려워할 생각이오. 하늘은 아주 높이 위에 있어 인간 세상의 선과 악을 듣는데 어찌 두려워하지 않을 수 있소? 수많은 공경대신과 선비가 모두 우러러보는데 어찌 두려워하지 않을 수 있겠소? 이로부터 생각해

1) 《상서》〈대우모大禹謨〉에 나온다.

2) 《주역》〈겸괘謙卦〉'단전彖傳'에 보인다.

보면, 오직 언제나 겸허함과 공손함을 가지며, 하늘의 뜻과 백성의 마음에 부합하지 못함을 두려워할 뿐이오."

위징이 말했다.

"《시경》〈대아〉'탕'에서는 '처음에는 모든 일 잘하시더니 어찌하여 마무리가 안 좋을까.'라고 했습니다. 폐하께서 항상 겸허함과 공손함을 갖고 나날이 더욱 근신하시기를 바랍니다. 그러면 나라는 영원히 공고해져 뒤집히는 위험이 있을 수 없습니다. 요순 임금 때에 태평스러웠던 까닭은 사실상 이 원칙을 실천했기 때문입니다."

공로가 있어도 겸손하라

정관 3년, 태종이 급사중給事中 공영달孔穎達에게 물었다.

"《논어》〈태백〉에서 '능한 것으로 능하지 못한 사람에게 물어보며, 많은 것으로 적은 사람에게 물어보고, 있으나 없는 것같이 하며, 꽉 차고도 텅 빈 것같이 한다.'라고 한 것은 무슨 뜻이오?"

공영달이 대답했다.

"성인은 교화를 하면서 사람들이 겸허하여 더욱 광채를 더하기를 희망했습니다. 자신에게 비록 재능이 있어도 스스로 자만하지 않고 재능이 없는 사람에게 그들이 알고 있는 것에 대한 가르침을 청했습니다. 자기의 재능이 비록 많을지라도 알고 있는 바가 적다고 여겨서 여전히 지식이 적은 사람에게 가르침을 청하여 더욱 큰 이익을 구했습니다. 자신에게 재능이 있어도 재능이 없는 것과 같이 할 수 있고, 자신의 지식이 풍부해도 지식이 없는 것처럼 합니다. 일반 백성이 이와 같이 하려는데, 제왕의 덕행 또한 마땅히 이와 같아야 합니다.

제왕은 속으로는 매우 총명하고 지혜로우며, 겉으로는 침묵하고 말을 적게 하여 다른 사람들이 헤아릴 수 없도록 해야 합니다. 그러므로《주역》〈몽괘〉에서는 '몽매함으로써 바름을 기른다.', '현명한 지혜를 감추고 백성을 다스려야 한다.'고 했습니다. 만일 제왕이 가장 존귀한 지위에 있으면서 자신의 총명함을 빛내고 재능으로써 사람들을 속이고 과실을 가리고 간언을 거절한다면, 윗사람과 아랫사람의 감정이 서로 단절되며, 군주와 신하의 원칙이 서로 위배될 것입니다. 예로부터 나라의 멸망은 이러한 상황에서 비롯되지 않은 적이 없었습니다."

태종이 말했다.

"《주역》〈겸괘〉에서 '공로가 있어도 겸손한 군자는 처음부터 끝까지 길하고 이익이 있다.'라고 했소. 확실히 그대가 말한 것과 같소."

그러고는 공영달에게 비단 2백 단을 내려주도록 명했다.

하간왕河間王 효공孝恭[3]은 무덕武德 초년에 조군왕趙郡王으로 봉해졌으며, 이어서 동남도행대상서좌복야東南道行臺尙書左僕射[4]로 임명되

---

3) 당고조의 아들로서 일찍이 예부상서로 임명되었다. 공을 세워 하간왕으로 봉해졌으며, 이후에 또 조군왕으로 승진했다. 사람됨이 너그러워 태종의 신임을 받았다.

4) 여기서 '도道'는 당나라 때 중앙 다음가는 지방의 일급 행정구역으로 중앙에 예속되었다. 행대行臺는 중앙정부의 상서성의 사무를 임시로 지방에 설치하여 특별히 징벌과 토벌의 사무를 보던 곳이다.

었다. 효공은 소선蕭銑,[5] 보공석輔公祏[6]을 토벌해 평정한 후 강회江淮와 영남북嶺南北 일대를 점유하여 모두 일괄적으로 관리했다. 그는 한편으로는 대권을 잡아 위엄과 명성을 날렸고, 또 예부상서禮部尙書로 임명되었다. 효공은 성격이 겸손하여 자기 공적을 과장하거나 교만하지 않았다. 그 당시 특진特進 강하왕江夏王 도종道宗은 특히 군사적 재능으로 천하에 명성을 떨쳤을 뿐만 아니라 학문을 즐기고 어진 선비를 존경했으며, 항상 예의와 겸양을 수행했다. 태종은 이 두 사람을 친절히 예우했다. 황실 구성원 가운데 효경과 도종만이 있을 뿐 이들과 견줄 만한 이가 없었으니, 한 시대 황족 가운데 뛰어난 인물이었다.

5) 수양제의 외척으로, 대업 말년에 황경진黃景珍 등의 추대로 양공梁公이 되었고, 황제를 참칭하였다. 무덕 초년에 강릉으로 천도했으며, 조왕 효공과 이정의 군대에게 패하여 장안에서 목이 잘려 죽었다.

6) 당나라 임제臨濟 사람으로 수나라 말에 두복위杜伏威와 도적질을 했는데, 무덕 초년에 자립하여 송宋이라 이름하였다. 이효공에게 체포되어 목이 잘렸다.

제20편

인측(仁惻 : 어짊과 측은함)

【해제】

〈인측〉 편에서는 군주가 백성의 고달픈 삶을 측은히 여기는 어진 마음을 서술하고 있다. 조정에 쌓여 썩는 재물이 있으면 백성들은 굶주려 죽고, 궁궐 안에 원망하는 여자가 있으면 백성들은 아내를 얻지 못한다고 하였다. 태종은 천하가 음양의 조화로 이루어졌듯이 남자와 여자는 서로 배필을 만날 때 완전한 한 인간이 될 수 있다고 보고 궁궐 안의 여자들을 상당수 민간으로 돌려보냈다.

〈인측〉 편에서는 만민의 어버이인 군주가 백성과 동고동락하는 것이며, 백성은 이러한 군주가 '양두구육羊頭狗肉'하지 않는 자세여야 그에게 충성하고 보답하려고 노력하게 된다는 점을 보여주고 있다.

궁녀들에게도 배필이 필요하다

정관 초년, 태종이 곁에서 모시는 신하들에게 말했다.

"부녀자를 깊은 궁궐 안에 유폐시키는 것은 정말로 가련한 일이오. 수왕조 말기에는 자주 미녀를 선발하여 천자가 행차하는 이궁離宮이나 별관別館, 심지어는 황제가 가지 않는 곳에까지 수많은 궁녀가 모여 있었소. 이것은 모두 백성의 재력을 소모시키는 것으로, 나는 이와 같은 일에 동의하지 않소. 또한 궁녀들은 청소와 같은 일 외에 어느 곳에 쓸모가 있겠소? 지금 그들을 궁궐 밖으로 내보내 자유롭게 배우자를 구하도록 하시오. 이것은 나라의 비용을 절약할 뿐만 아니라 그들이 각기 있어야 할 곳에 있도록 하고, 또 그들 스스로 인간의 본성을 따를 수 있게 하는 것이오."

그리하여 후궁과 액정掖庭[1)]의 궁녀 3천여 명을 차례로 내보냈다.

굶주림 때문에 팔려 간 자식

정관 2년, 관중 지역에 큰 가뭄이 들어 백성들이 굶주림에 시달렸다. 태종이 곁에서 모시는 신하들에게 말했다.

"강우량과 햇빛이 조절되지 못한 것은 모두 군주가 덕행을 잃었기 때문이오. 나의 덕행이 좋지 않아 하늘이 나에게 벌을 내리는 것

1) 궁중의 비빈이나 궁녀가 거처하던 정전正殿 옆에 있는 궁전을 말한다.

은 당연하지만, 백성들이 무슨 죄가 있기에 이처럼 큰 고통을 당해야 하는가! 나는 아들이나 딸을 매매하는 자가 있다는 말을 들었소. 나는 그들을 매우 가엾게 여기오."

이에 어사대부御史大夫 두엄杜淹[2]을 파견하여 가뭄이 든 지방을 순시하여 살피도록 하고, 궁궐 창고에 있는 금이나 재물을 내어 다른 사람에게 팔려 간 아들과 딸을 사서 그들의 부모에게 돌아가도록 했다.

죽은 신하를 자기 자식처럼 애도하다

정관 7년, 양주도독凉州都督 장공근張公謹이 죽었다. 태종은 이 소식을 듣고 슬퍼하고 애도했으며, 궁궐을 나와 교외에 머물면서 장공근을 위해 상을 내릴 것을 말했다. 담당 관리가 아뢰었다.

"《음양서陰陽書》[3]에 의하면 '진辰일에 죽은 자를 곡하지 않는다.'라고 했습니다. 이것은 세속에서 금기시하여 전해 내려오는 것입니다."

태종이 말했다.

"군주와 신하의 감정은 아버지와 아들의 관계와 같소. 슬픈 감정이 마음속에서 나오는데 어떻게 진일이라고 하여 기피할 수 있겠소?"

그러고는 장공근의 죽음을 슬퍼하여 곡례哭禮를 행했다.

2) 자는 집례執禮이다. 두여회의 숙부로 박식하고 재능이 많았다. 진왕은 그를 문학관 학사로 초빙했다. 진왕이 즉위한 후에는 어사대부·이부상서를 역임했다.

3) 천문天文, 역수曆數, 방위方位 등으로 길흉화복을 점치는 일이 쓰여 있는 책이다.

병사의 죽음에 천자가 곡을 하다

정관 19년, 태종이 고구려를 정벌하고 정주定州에 주둔하였다. 병사가 도착하면 태종은 직접 주성州城 북문의 망루로 가서 그들을 위로하였다. 한 병졸이 병이 심하여 나아가 알현할 수 없었다. 태종은 그 병사 앞으로 가서 직접 그의 고통을 묻고, 주현의 의사에게 명하여 치료하도록 했다. 때문에 장수와 병사들은 기쁜 마음으로 태종을 따라 출정하기를 원했다.

대군이 돌아와 유성柳城에 머물렀을 때, 태종은 죽은 병사들의 유해를 모으도록 명령하여 최고 수준의 위령제를 행하였고, 태종 자신이 제사장으로 나아가 곡례를 행하여 슬픔을 다하였다. 군사들도 눈물을 흘리지 않는 자가 없었다. 그 제사를 본 병사들은 집으로 돌아와 전사자의 부모에게 제사의 광경을 말해주었다. 이것을 듣고 부모들은 이렇게 말했다.

"내 아들의 죽음에 천자가 곡례를 행하였구나. 죽었어도 어떤 여한도 없겠구나."

태종이 요동을 정벌하고 백암성白巖城을 공격했을 때, 우위대장군 이사마李思摩[4]가 날아오는 화살에 맞았다. 태종은 직접 그를 위해 피를 빨아서 독을 제거했다. 병사들은 모두 이에 감동했다.

---

4) 돌궐의 힐리가한족 사람이다. 정관 연간 힐리와 함께 체포되었지만, 태종은 그의 충성심을 칭찬하여 이씨 성을 주었다. 힐리의 옛 부하를 통솔했지만, 부하들이 모반을 했기에 조정으로 들어와 요동 정벌에 나섰다.

제21편

신소호(愼所好 : 좋아하는 바를 삼가라)

【해제】

그릇 모양에 따라 물 모양이 바뀐다. 그릇은 한 나라의 군주이고 물은 그 백성에 비유할 수 있다. 위에 있는 자가 무엇을 좋아하느냐에 따라 아래 있는 자들의 취향이 결정된다. 예를 들면 월나라 임금 구천句踐이 용맹함을 좋아하자 죽음을 가벼이 여기는 사람이 많았고, 초나라 영왕靈王이 허리가 가는 여자를 좋아하자 음식을 먹지 않는 사람이 많아졌으며, 제환공齊桓公이 여색을 좋아하자 수조竪刁라는 자는 스스로 거세를 하여 후궁들을 관리하였고, 환공이 진기한 맛을 즐기자 역아易牙는 자기 자식의 머리를 쪄서 진상한 일이 있었다. 〈신소호〉 편에서는 군주가 자신이 좋아하고 싫어하는 속내를 결코 보이지 말아야 통치가 더욱 견고해진다는 점을 강조하고 있다.

군주는 그릇이요, 백성은 물이다

정관 2년, 태종이 곁에서 모시는 신하들에게 말했다.

"옛사람들은 '군주는 그릇에 비유되고 백성은 물에 비유된다. 둥근 꼴이든 네모꼴이든 그릇에 의해 결정되는 것이지 물 자체로 결정되는 것은 아니다.'[1]라고 했소. 요임금과 순임금은 인의로써 천하를 통치하여 백성이 이것을 따라 어질고 후덕했고, 걸왕桀王과 주왕紂王은 포악하게 천하를 다스려 백성이 이를 따라 경박했소. 아래에서 하는 것은 모두 위에서 좋아하는 것이오.

예를 들면 양무제梁武帝 부자는 화려함을 숭상하고 불교와 도교만을 존중했소. 무제 말년 이들은 여러 차례 동태사同泰寺로 가서 직접 불경을 강의했으며, 백관들은 모두 모자를 쓰고 높은 신발을 신고 수레를 타고 황상을 따라 온종일 불경을 말하고, 군사나 국정 제도에는 마음을 두지 않았소. 후경侯景이 병사를 인솔하여 궁성으로 공격해 들어왔을 때, 상서랑 이하의 신하들은 대부분 말조차도 탈 수 없어 황급히 달려갔소. 길에서 죽는 자가 이어졌소. 양무제와 간문제簡文帝는 결국 후경에게 체포되어 핍박을 당하다가 죽었소.

효원제孝元帝는 강릉에서 머물다가 만뉴萬紐와 우근于謹에게 포위되었으나 그는 여전히 계속 《노자》를 말하고, 백관들도 모두 갑옷을 입고 강의를 들었소. 오래지 않아 강릉성은 함락되었고, 군주와 신하 모두 포로가 되었소. 유신庾信 또한 그들이 이처럼 황당했음을

1) 《순자》〈군도君道〉에 보인다. "임금을 대야와 같다고 하면 백성은 물과 같다. 대야가 둥글면 물도 따라서 둥글게 된다. 또 임금이 주발이라면, 그 주발이 네모꼴일 때는 물도 따라서 네모꼴이 되는 것과 같다."

탄식하며 〈애강남부哀江南賦〉를 지어 이렇게 말했소.

'양梁나라의 재상은 병기와 전쟁을 어린아이의 놀이로 간주하고, 관리들은 노장의 담론을 나라의 중대한 정책으로 생각하는구나.'

이러한 역사적 사건은 오늘날 우리의 귀감이 될 만하오. 내가 지금 좋아하는 것은 요순의 도와 주공과 공자의 가르침이오. 그것들은 새에게 날개가 있고, 물고기가 물에 의지하는 것과 같은 것으로서, 그것을 잃으면 반드시 죽게 되니 잠시도 없을 수 없는 것이오."

불로장생술은 허망하다

정관 2년, 태종이 곁에서 모시는 신하들에게 말했다.

"신선의 일은 본래 허무맹랑한 것으로 헛되이 그 이름이 있는 것이오. 진시황은 신선을 매우 좋아하여 방사方士에게 속았고, 어린 남녀 수천 명을 보내 방사를 따라 바다로 떠돌며 신선의 불로장생의 약을 구하도록 했소. 방사는 불로장생의 약을 구할 방법이 없자 진秦나라의 엄한 형벌을 피하여 바다 밖에 남아 돌아오지 않았소. 진시황은 바닷가에서 머뭇거리고 배회하면서 그들이 오기만을 기다렸고, 결국에는 돌아가는 길에 사구沙丘에서 죽었소. 한무제는 신선을 구하기 위하여 도술하는 사람에게 딸을 시집보냈소. 후에 신선의 일이 영험이 없음을 알고는 도술하는 사람을 주살했소. 이 두 사건을 보면, 신선은 번거롭고 망령되이 구할 필요가 없는 것이오."

덕행을 수행하는 것만이 최상이다

정관 4년, 태종이 말했다.

"수양제는 성격이 의심이 많으며, 오로지 사악하고 왜곡된 길만을 믿고 북쪽 오랑캐 호胡 사람을 매우 꺼려 호상胡牀을 교상交牀으로 바꾸고, 호과胡瓜를 황과黃瓜라고 했으며, 장성을 구축하여 호나라 사람의 핍박을 피했소. 끝내는 선비족 출신의 우문화급宇文化及의 부하 영호행달令狐行達에게 죽임을 당했소. 또 양제는 이씨가 천자가 된다는 예언을 믿고 이금재李金才 일족을 모두 살해했으며, 그 밖의 많은 이씨까지 거의 다 죽였소. 이와 같이 하여 결국 어떤 이익이 있었소? 천하를 다스리는 군주는 오직 단정하게 자신의 덕행을 수행하면 되오. 이 밖의 허황된 일은 마음에 담아둘 가치가 없소."

훌륭한 장인의 구비 조건

정관 7년, 공부상서 단륜段綸이 추천한 장인 양사제楊思齊가 도착하자 태종은 그가 시험해보게 했다. 단륜은 양사제가 만든 나무인형

놀이도구를 보냈다. 태종이 단륜에게 말했다.

"그대가 추천한 훌륭한 장인은 국사의 물품을 제공해야 하는데, 그대는 그에게 먼저 나무인형 놀이도구를 만들도록 하였소. 이것이 어찌 모든 장인이 서로 경계하며 기교를 추구하는 뜻이 없는 것이겠는가?"

조서를 내려 단륜의 등급을 낮추도록 하고, 아울러 나무인형으로 하는 놀이를 금지시키도록 했다.

제22편

신언어(愼言語: 말을 삼가라)

【해제】

일찍이 법가를 대표하는 사상가 한비韓非는 군주와 신하 사이에 서로 말하는 것이 얼마나 어려운지에 대해 이렇게 진술했다.

"저의 말이 주상主上의 뜻을 좇아 유창하고 아름다우면 보기에 화려하지만 부실하다고 생각되고, 공경스럽고 삼가며 강직하고 신중하면 보기에 옹졸하며 두서가 없다고 생각하게 됩니다. 또 말을 많이 하고, 번번이 사물을 거론하며 비슷한 것을 열거하여 사물을 비유한다면 그 내용은 공허하고 쓸모없는 것으로 여겨지고, 정미한 부분만을 꼬집어 요지를 설명하며 간략히 말하고 수식을 더하지 않는다면 언사가 생경하여 말재주가 없다고 생각하게 됩니다.

주상의 측근에 있는 자를 비판하며 다른 사람의 의중까지 살펴 안다면 남을 비방하며 겸손을 모른다고 여겨지고, 말하는 뜻이 넓고 심원하며 오묘하고도 멀어 헤아릴 수 없으면 과장되어 쓸모없는 것으로 여겨집니다. 집안의 이익을 계산하여 상세하게 얘기하는 것처럼 수를 헤아려 말한다면 소견이 좁다고 여겨질 것입니다.

또한 말이 세속적인 것에 가깝고 말을 하면서 상대방의 뜻을 거스르는 일이 없다면 목숨에 연연하여 주상께 아첨하는 것으로 여겨질 것이고, 말하는 것이 세속과 동떨어져 괴이하고 허무맹랑한 사실들만 늘어놓는다면 망령되다고 여겨질 것입니다. 임기응변에 민첩하고 말재주가 뛰어나며 꾸밈이 많다면 사관史官으로 여길 것이며, 문학적인 것을 특별히 버리고 진심을 말하면 천하다고 여길 것이고, 언제나 경전에 있는 말을 하고 고대 법도를 본받아야 한다고 하면 옛 사실들을 들먹인다고 할 것입니다."

군주의 모든 것은 기록된다

정관 2년, 태종이 곁에서 모시는 신하들에게 말했다.

"나는 지금 조정에 나와 말 한마디를 하려고 할 때마다 이 말이 백성에게 이익이 있는지 없는지를 고려하기 때문에 감히 많은 말을 하지 못하는 것이오."

급사중 겸 기거사인起居舍人 두정륜杜正倫이 말했다.

"군주의 행동은 반드시 기록되며, 말은 좌사左史[1]가 기록합니다. 저는 기거주起居注를 겸하고 있기에 저의 충직함을 다할 것입니다. 폐하께서 만일 도리를 등지는 말을 한마디라도 한다면 천년 후까지도 폐하의 성덕에 손실이 있을 것입니다. 오늘날의 백성에게만 손실이 있는 것이 아닙니다. 폐하께서 말을 할 때는 신중하시기를 바랍니다."

태종은 이 말을 듣고 매우 기뻐하여 비단 1백 단을 내렸다.

군주의 말과 백성의 말

정관 8년, 태종이 곁에서 모시는 신하들에게 말했다.

"말이란 군자에게 가장 중요한 것이오. 말하는 것이 어찌 쉬운 일이겠소? 일반 백성의 경우에도 말 한마디가 나쁘면 사람들이 그것

---

1) 주나라 때 사관史官으로 좌사左史와 우사右史로 나뉘며, 좌사는 군주의 언행을 기록하고, 우사는 나라의 일을 기록했다.

을 기억하여 치욕과 손해를 낳게 되오. 더구나 한 나라의 군주가 만일 말을 잘못하여 손실이 매우 크면 어찌 백성과 비교할 만한 것이겠소? 나는 항상 이것을 경계하고 있소.

수양제가 처음 감천궁甘泉宮에 행차했을 때, 샘의 물과 산의 돌은 마음에 들었지만 반딧불이 없음을 질책하여 '반딧불이를 잡아 와 궁궐 안을 밝게 비추라.'라고 명령했소. 담당 관리는 신속하게 수천 명을 파견하여 수레 5백 대에 이르는 반딧불이를 잡아 감천궁으로 보냈소. 사소한 일도 오히려 이와 같은데, 하물며 큰 문제에 있어서는 어떠하겠소?"

위징이 대답했다.

"군주는 천하에서 가장 숭고한 위치에 있습니다. 만일 [군주에게] 잘못이 있으면, 옛사람들은 일식이나 월식처럼 생각하였으므로 천하 사람들이 모두 볼 수 있습니다. 확실히 폐하께서는 이처럼 경계하고 신중히 해야 합니다."

가장 뛰어난 말재주는 눌변과 같다

정관 16년, 태종은 신하들과 함께 고대의 학설에 관해 끊임없이 토론하면서, 항상 반복하여 비판을 주고받았다. 상기상시 유계劉洎가 상소를 올려 간언하였다.

"제왕과 일반인, 성현과 어리석은 사람은 높고 낮음이 분명히 다르며, 견지하는 관점은 서로 통할 수 없습니다. 이로부터 매우 어리석은 사람이 지극히 지혜로운 사람을 대하고, 지극히 미천한 사람이 지극히 존귀한 사람을 대할 경우에, 스스로 열심히 노력하여도 실현할 수 없음을 알게 됩니다. 폐하께서 은혜로운 명령을 내리고, 얼굴빛을 자애롭게 하고, 진지한 태도로 다른 사람의 말을 청취하고, 마음을 비우고 다른 사람의 의견을 받아들여도 아랫사람들은 감히 정면에서 대답하지 못할 것입니다. 하물며 폐하께서는 신령스러운 지혜를 발휘하고 뛰어난 변설을 구사하며, 언어를 꾸며 신하들이 내세우는 이치를 반박하고, 옛말을 인용하여 신하들의 논의를 물리치고 있으니, 신하들이 무엇에 의지하여 폐하와 응답하도록 하려고 하십니까?

제가 듣기로는 '하늘은 말하지 않는 것을 귀하게 여기고, 성인은 말하지 않는 것을 덕으로 삼는다.'[2]라고 합니다. 노자는 이러한 상황을 '가장 뛰어난 말재주는 눌변과 같다.'[3]라고 했고, 장자는 '지극한 도는 꾸밈이 필요 없다.'라고 했는데, 이것은 모두 번거로움을 바라지 않은 것입니다. 제환공齊桓公이 책을 읽을 때, 윤편輪扁은 그대가 읽는 책은 옛사람의 찌꺼기라며 비웃었습니다.[4] 한무제가 옛것을 좋아하고 유가를 지나치게 숭상하자 급암汲黯은 비난하는 말을 하였습니다.[5] 이 또한 황상이 정신을 수고롭게 하는 것을 바라

2) 《논어》〈양화〉에 보인다. "공자가 말하기를 '나는 말을 하지 않으련다.'라고 하자, 자공이 말하기를 '선생님께서 말을 하지 않으면 저는 무엇을 서술합니까?'라고 했다. 공자가 말하기를 '하늘이 무엇을 말하는가? 말하지 않아도 사계절은 운행되고, 만물은 자라난다. 하늘이 무엇을 말하는가?'라고 했다."

3) 《노자》 45장에 나온다.

지 않은 것입니다.

많은 일을 기억하면 정신을 해치게 되고, 말을 많이 하면 원기가 상하게 됩니다. 안으로 마음과 원기를 상하게 하면, 겉으로는 형체와 정신을 상하게 하는 것입니다. 처음에는 깨닫지 못해도 뒤에는 반드시 손해를 입게 됩니다. 군주는 사직과 강산을 위해 자신을 아껴야 합니다. 어찌 본성이 좋아하는 것 때문에 스스로를 상하게 할 수 있습니까?

신은 개인적으로 오늘날의 태평성대는 모두 폐하께서 노력하신 결과라고 생각합니다. 그 나라가 장구하기를 바란다면 뛰어난 언변과 박식을 좋아해서는 안 됩니다. 오직 개인적인 사랑과 증오를 잊어버리고 취하고 버릴 것을 신중히 하여 모든 일을 순박하고 공평하게 처리하는 것이 정관 초년처럼 할 수 있는 것입니다. 진시황은 변설에 뛰어났지만 자신의 능력을 과장하여 인심을 잃었고, 위문제魏文帝는 문학적 재능이 있었지만 공허한 말이 너무 많아 사람들의

4) 《장자》〈천도〉에 나온다. "제나라의 환공桓公이 당상堂上에서 책을 읽고 있었다. 윤편이 당하堂下에서 수레바퀴를 깎아 만들고 있다가, 망치와 끌을 놓고 올라가 환공에게 물었다. '전하께서 읽으시는 건 무엇입니까?' 환공이 대답했다. '성인의 말씀이오.', '성인이 살아 계십니까?', '벌써 돌아가셨소.', '그럼 전하께서 읽고 계시는 것은 옛사람의 찌꺼기로군요.' 환공은 화가 나서 말했다. '내가 책을 읽고 있는데 바퀴 만드는 목수 따위가 어찌 시비를 거느냐? 이치에 닿는 설명을 하면 괜찮지만, 그렇지 못하면 죽이겠다.' 윤편이 대답했다. '제 일로 보건대 수레를 만들 때 너무 많이 깎으면 헐거워서 튼튼하지 못하고, 덜 깎으면 빡빡하여 들어가지 않습니다. 더 깎지도 덜 깎지도 않는다는 일은 손짐작으로 터득하여 마음으로 수긍할 뿐이지 입으로 말할 수가 없습니다. 거기에 비결이 있습니다만, 제가 제 자식에게 깨우쳐줄 수 없고, 제 자식 역시 제게서 이어받을 수 없습니다. 그런 까닭에 일흔인 이 나이에도 늘그막까지 수레바퀴를 깎고 있는 것입니다. 옛사람도 그 전해줄 수 없는 것과 함께 죽어버렸습니다. 그러니 전하께서 읽고 계신 것은 옛사람의 찌꺼기일 뿐입니다.' 환공은 그렇다고 생각했다."

5) 《한서》〈급암전〉에 보인다.

기대를 잃었습니다. 이것은 말재주와 변설로 인한 손해로 비교적 분명하게 알 수 있습니다.

엎드려 원하옵건대 폐하께서 이러한 웅변을 줄이고 호연지기浩然之氣를 기르며, 고대 전적의 인용을 생략하고 자신이 좋아하는 것을 억제하여 스스로 남산만큼 천수를 누릴 수 있도록 하고, 나라를 다스리는 것을 동호東戶시대의 태평성대처럼 하십시오. 이와 같이 한다면 백성에게는 큰 행운이며, 천자의 은혜는 많은 사람에게 미칠 것입니다."

태종은 직접 조서를 써서 대답했다.

"생각하지 않으면 천하를 다스릴 수 없고, 말을 하지 않으면 나라를 다스리는 책략을 펼칠 수 없소. 요즘 신하들과의 학술 논의는 매우 번거로웠소. 다른 사람을 경시하는 교만한 태도는 아마도 이로부터 나왔을 것이오. 형체, 정신, 마음, 원기는 이처럼 수고롭게 할 수 없는 것이오. 오늘 이러한 올바른 직언을 들었으니, 나는 마음을 비우고 바르게 고칠 것이오."

제23편

두참사(杜讒邪: 아첨과 무고를 막아라)

【해제】

〈두참사〉 편에서는 군주의 눈과 귀의 역할을 하는 신하들의 참언과 간사함을 용납해서는 안 된다는 것을 밝히고 있다. 군주는 비록 눈이 좋은 이루離婁처럼 잘 볼 수도 없고 귀가 밝은 사광師曠처럼 잘 들을 수는 없지만, 어질고 유능한 인재의 보좌를 받으면 세상에서 일어나는 모든 일을 알 수 있을 뿐만 아니라 훌륭하게 다스릴 수도 있다. 참언은 부모 자식 간을 갈라놓기도 하는데, 가령 춘신군春申君은 애첩의 말만 믿고 정실부인과 그 아들을 죽였다.

일찍이 한비자는 신하가 사악한 일을 하는 방법 여덟 가지를 지적했다. 그 첫째는 정실부인과 총애하는 비빈, 또 명분 없이 가까이하는 미인들이 군주를 미혹시키는 것이다. 둘째는 항상 군주 곁에 있는 배우, 난쟁이, 시종 등이 안색과 기분을 살펴 비위를 맞추려고 하는 것이다. 셋째는 군주가 사랑하는 왕실 내 친인척의 마음을 유혹하여 군주의 마음을 바꾸도록 하는 것이다. 넷째는 군주의 사치와 허영을 채워줌으로써 사리 판단을 흐려놓고 자신의 욕심과 사사로운 이익을 챙기는 것이다. 다섯째는 신하가 공공 재물을 나누어주어 민심을 사로잡는 것이다. 여섯째는 헛된 말로 군주의 마음을 허무는 것이다. 일곱째는 신하들이 협객을 모으고 죽음을 두려워하지 않는 무사를 양성해 자신의 위용을 자랑하는 것이다. 여덟째는 대국의 위세를 이용하여 자신의 군주를 협박하는 것이다.

〈두참사〉 편에서는 군주 된 자가 이와 같은 신하의 사악한 행위를 간파할 때 자신과 나라를 보존할 수 있다는 점을 강조하고 있다.

참언은 나라의 해충

정관 초년에 태종이 곁에서 모시는 신하들에게 말했다.

"나는 이전 시대의 나쁜 말로 참언하고 아첨하는 무리를 보았는데, 모두 나라의 해충이오. 어떤 이는 남의 환심을 사기 위하여 교묘한 말로 아첨하고 보기 좋게 얼굴빛을 꾸미고, 같은 무리끼리 결탁하여 나쁜 일을 하오. 만일 군주가 어리석다면 이 때문에 미혹될 것이고, 충신과 효자는 이 때문에 억울하게 누명을 쓰게 될 것이오. 난초가 무성하게 자라고 싶어도 가을바람이 그것을 방해하고, 군주가 정치를 밝게 하고 싶어도 참언하는 무리가 그를 가리오. 이러한 일은 역사책에 기록되어 있으며 일일이 다 말할 수 없소. 북제·수대에 소인이 참언을 하여 군주를 미혹시킨 일은 내가 보고 들은 것으로서 여러분에게 간단히 말해주겠소.

곡률명월斛律明月[1]은 북제의 훌륭한 장수로 그 위세와 명성은 적국에까지 떨쳤소. 북주北周에서는 매년 분하汾河의 얼음이 녹으면 그가 병사를 이끌고 물을 건너 공격해 들어올까 두려워했소. 곡률명월이 조효징祖孝徵의 참언으로 살해된 후에야 북주에서는 처음으로 북제를 공격하려는 생각을 품었소. 수왕조의 대신 고경高熲은 나라를 다스리는 인재로 수문제隋文帝가 패업을 완성하는 일을 도왔고, 조정의 정치를 20여 년간 담당하였소. 천하는 그에 의지하여 안정되었소. 그렇지만 수문제는 아녀자(獨孤皇后)의 말만 듣고 믿어 그

1) 북제의 대신으로 이름은 광光이며 삭주朔州 사람이다. 여러 번의 전공으로 우승상·병주자사로 임명되었다. 또 승진하여 좌승상이 되었으며, 청하군공淸河郡公으로 봉해졌다.

를 배척하였소. 이후 그가 수양제에 의해 살해되자 수왕조의 형법과 정령은 이로부터 쇠하기 시작했소.

또 수隋나라 태자 용勇은 군대를 통솔하고 국정을 대신하는 무군감국撫軍監國을 지낸 지 20년이 되었소. 이는 본래 일찍이 태자로서의 지위와 신분에 의해 정해진 것이었소. 그러나 양소楊素[2)]는 문제를 속여 충성스럽고 선량한 자를 해쳤으며, 하루아침에 부자 관계를 해쳐 인간의 천성을 파괴시키도록 했소. 반역과 반란의 근원은 이로부터 시작된 것이오.

수문제는 이미 적자와 서자의 명분을 뒤섞었고, 그 결과 자신까지 죽는 재앙을 초래하였으며, 사직과 강산은 오래지 않아 또 멸망하게 되었소. 옛사람들은 '세상이 혼란스러울 때는 참언이 즉시 비등한다.'라고 했소. 이것은 정말 허튼소리가 아니오.

나는 항상 미미한 징조를 방비하고 두절함으로써 참언의 발생을 막고 있소. 그러나 내 마음의 힘이 미치지 못하여 깨닫지 못할까 두렵소. 이전 시대의 역사서에서 '맹수는 산림 속에서 살고, 명아주잎과 콩잎 같은 먹기 나쁜 채소는 따 가는 사람이 없다. 충직한 신하가 조정의 정치를 장악하면 간사한 소인들은 모두 음모를 멈춘다.'라고 했소."

위징이 말했다.

"《예기》〈중용〉에서 '군자는 다른 사람이 보지 않는 곳에서도 삼가며 신중하고, 다른 사람이 듣지 못할 때도 조심해야 한다.'라고

2) 수나라 대신으로 자는 처도處道이다. 상서좌복야로 임명되어 국정을 담당했다. 그는 겉으로는 남다른 예절을 표했지만, 속으로는 의심이 많았다.

했고, 《시경》 〈소아〉 '청승青蠅'에서는 '얼굴과 기상이 화락하고 단아한 군자는 참언을 믿지 말라. 참언은 매우 공정하지 못해 천하 대란을 일으킬 수 있다.'라고 했습니다. 또 공자는 '사악하고 말재간이 뛰어난 입은 나라를 뒤엎을 수 있다.'[3]라고 했습니다. 원인은 여기에 있는 것입니다. 신은 일찍이 옛날부터 나라를 다스리는 사람을 관찰했는데, 만일 뜻을 곡해하여 참언과 모함을 받아들이고 충직하고 선량한 자를 상하게 하면, 나라는 반드시 멸망하고 종묘는 폐허가 되며 시장에는 사람 하나 없는 적막감이 돌게 됩니다. 폐하께서는 이 일에 대해 특별히 신중하시기를 바랍니다."

아첨은 파국을 초래한다

정관 7년 태종이 포주蒲州로 나가자, 자사 조원해趙元楷는 많은 수의 원로 인사를 징집하여 황색 비단으로 된 홑옷을 입도록 하고는 길가에서 태종을 영접했다. 또 온 힘을 다해 관청의 방을 꾸몄으며 성루와 담을 정비하여 아첨했다. 그리고 은밀히 양 백여 마리와 물고기 수천 마리를 길러 황제의 친척에게 주려고 했다. 태종은 후에 이 일을 알고 조원해를 불러 훈계했다.

"나는 회하와 낙수 지역을 순시하면서 몇 주를 지나왔는데, 필요한 물건이 있으면 모두 관청으로부터 공급받았소. 그대는 나의 순

3) 《논어》 〈양화〉에 나온다.

행을 위해 양과 물고기를 기르고 관청의 방을 꾸몄는데, 이러한 것은 모두 수왕조를 멸망시킨 나쁜 풍속이니 지금 이런 일을 해서는 안 되오. 그대는 나의 마음을 이해하고 과거의 잘못을 고치도록 하시오."

조원해는 수왕조의 사악하고 아첨하는 기풍을 따라 했기 때문에 태종이 이러한 말을 하여 경계시킨 것이다. 그는 부끄럽고 두려워 며칠 동안 먹지 못하다가 죽었다.

근묵자흑

정관 10년, 태종은 곁에서 모시는 신하들에게 말했다.

"태보太保와 태부太傅는 옛날부터 선발하기가 어려웠소. 주성왕周成王은 어린 나이에 제위를 계승하여 주공단周公旦과 소공석召公奭을 태보와 태부로 삼았으며, 주위에는 모두 어질고 선량한 자들이 있어 인의를 쌓아 태평성대에 이르렀으므로 현명한 군자라고 칭해지는 것이오. 진秦왕조의 호해胡亥[4]에 이르러서는 진시황이 그를 총애하였고, 조고趙高가 그의 스승이 되어 형법으로 나라를 다스리도록 가르쳤소. 호해는 자리를 찬탈하여 황제가 되어서 공신과 친척을 죽였으며, 잔인함과 포악함은 그치지 않았고 곧이어 멸망했소. 이

---

4) 진시황제의 작은 아들이다. 진시황이 죽자, 조고와 승상 이사와 함께 진시황의 조서를 거짓으로 만들어 진시황의 큰아들 부소에게 자살을 강요하고 태자가 되었으며, 함양에서 자리를 이어 이세 황제가 되었다. 재위 기간 동안 조고가 전권을 휘둘렀으며, 백성을 수시로 부역에 동원해 궁궐과 길을 만들었고, 가혹한 정치를 폈다. 오래지 않아 농민봉기가 발생했다.

로부터 말하면, 인간의 선악은 확실히 가까이 있는 사람으로부터 배우는 것이오.

내가 스무 살 때 교유한 사람은 오직 시소柴紹,[5] 두탄竇誕[6] 등이었는데, 그들은 세 가지 장점[7]이 있는 사람이 아니었소. 이후 내가 이 제위에 올라 천하를 다스리면서 비록 요순의 총명함에는 미치지 못했을지라도 손호孫皓,[8] 고위高緯[9]처럼 포악하지는 않았소. 이로부터 말하면, 또 가까이 있는 사람으로부터 배운 것이 아니니 이유가 무엇이오?"

위징이 말했다.

"평범한 사람은 다른 사람과 좋은 일을 할 수도 있고 나쁜 일을 할 수도 있지만, 높은 지혜와 능력을 갖춘 이는 스스로 그 영향을 받지 않습니다. 폐하께서는 하늘로부터 명을 받아 적을 평정하고 동란을 제어했으며, 위험과 멸망의 와중에서 만민을 구제하고 나라를 다스려 태평한 세상을 만드셨습니다. 어찌 시소, 두탄 같은 사람이 폐하의 덕행을 훼손시킬 수 있었겠습니까? 그러나 경전에서는 '음란한 소리를 버리고 간사한 사람을 멀리하라.'라고 했습니다. 폐하께서는 가까이 신임한 사람들 사이에서 각별하게 신중해

---

5) 자는 사창嗣昌이다. 당고조가 미천했을 때 그의 딸인 평양공주를 아내로 맞이했다. 당나라가 창업되었을 때 여러 차례의 전공으로 곽국공霍國公에 봉해졌으며, 우효위대장군右驍衛大將軍이 되었다. 정관 연간에는 화주자사로도 임명되었고, 정관 12년에 별세했다.

6) 당나라 초기 대신으로 고조의 딸 양양공주襄陽公主를 아내로 맞이했다. 태상경·양주도독 등의 직책을 역임했고, 신국공莘國公으로 봉해졌다.

7) 《논어》를 보면 이익이 되는 세 친구는 정직하고, 신의가 있으며, 박학한 사람이라고 했다.

8) 삼국시대 오나라의 마지막 군주로, 음란하고 포악하여 국사를 살피지 않았다.

9) 북제의 마지막 군주로 성격이 교만했으며, 정치를 어지럽히고 사람들을 함부로 해쳤다.

야 합니다."

태종이 말했다.

"옳은 말이오."

공정한 인사가 모든 일의 출발점이다

상서좌복야 두여회杜如晦가 아뢰었다.

"감찰어사監察御使[10] 진사합陳師合이 〈발사론拔士論〉을 올려, 한 개인의 사고 능력은 유한하므로 한 사람이 여러 가지 직무를 겸할 수 없다고 했습니다. 이에 근거하여 저희 대신들을 논의해주십시오."

태종은 대주戴胄에게 말했다.

"나는 가장 공정한 원칙으로 나라를 다스리고 있소. 현재 방현령房玄齡, 두여회를 임명한 것은 결코 그들이 공로가 있는 옛 부하이기 때문이 아니라 재능과 덕행을 갖추었기 때문이오. 진사합이라는 사람은 망령되게 비방하여 우리 군신 관계를 이간하려고 한 것뿐이오. 일찍이 촉나라의 후주後主 유선劉禪[11]이 어리석고 유약했으며, 제齊나라의 문선제文宣帝[12]는 포학하고 혼란을 야기했소. 그러나 나라가 제대로 다스려진 것은 제갈량諸葛亮, 양준언楊遵彦[13]을 임명하고 그들을 의심하지 않았기 때문이오. 나는 지금 두여회 등을 임명

10) 모든 관원의 선악을 조사하고, 지방의 주나 현을 감찰하는 관리다.

11) 유비劉備의 아들이다. 나라가 위魏나라에 멸망한 후 항복하여 안락후安樂侯가 되었다.

12) 북제 신무제神武帝의 둘째 아들로 이름은 양洋이다. 술을 좋아했으며, 음란하고 포학하여 이유 없이 사람들을 죽이는 일이 잦았다.

13) 북제 때의 사람으로 상서령이 되어 국정을 총괄했다.

하면서도 이 방법에 따라 처리하였소."

그러고는 진사합을 영외嶺外(오늘날 광둥성 지역)로 내쫓았다.

모함과 죽음 사이

정관 연간, 태종은 방현령과 두여회에게 말했다.

"듣건대 옛날부터 제왕이 하늘의 뜻에 부합하여 태평스러운 천하를 이룰 수 있었던 것은 모두 대신들의 보좌 역량에 의지한 것이라고 했소. 내가 직언과 간언의 길을 활짝 열어놓은 것은 백성의 원망을 알고 신하의 간언을 듣기를 희망한 것이오. 은밀히 말하는 사람의 대부분은 각급의 관리를 고발하고 있는데, 사소한 문제이니 특별히 취할 필요는 없소. 내가 이전 시대의 제왕을 순서대로 죽 헤아려보면, 군주가 대신을 의심하면 아랫사람의 뜻이 위까지 전달될 수 없었소. 신하가 충성을 다하고 자신의 생각을 모두 표현하고 싶어도 어찌 그럴 수 있겠소? 또한 식견이 없는 사람은 곁에서 계속하여 사람을 헐뜯고 참언하여 군주와 신하 간에 서로 의심하도록 하니 나라에 어떤 이익이 있겠소. 다음부터는 상소를 올려 다른 이의 작은 과실을 공격하는 사람은 마땅히 참언과 모함의 죄로써 다스릴 것이오."

위징이 비서감秘書監이 되었다. 어떤 사람이 위징이 모반하려 한다고 보고했다. 태종이 말했다.

"위징은 과거 나의 원수였으나, 그가 자기 직책에 충실했기 때문에 발탁하여 요직을 맡겼소. 무엇 때문에 참언으로 그를 모함하여 해치려고 하는가?"

그러고는 끝내 위징을 추궁하지 않고 위징을 무고誣告한 사람을 즉시 죽였다.

태종의 세 가지 다짐

정관 16년, 태종은 간의대부諫議大夫 저수량褚遂良에게 물었다.

"그대는 기거랑起居郎의 사무를 맡고 있는데, 근래 기록된 나의 행실은 좋소, 아니면 나쁘오?"

저수량이 말했다.

"사관은 군주가 하는 일을 반드시 기록해야 합니다. 좋은 일은 반드시 기록해야 하고, 과실 또한 숨기지 않습니다."

태종이 말했다.

"나는 이제 다음과 같은 세 가지 일을 하려고 하오. 이것은 사관이 나의 과실을 기록할 일이 없기를 바라는 것이오. 하나는 이전 시대 정치상의 득실을 고찰하여 역사의 거울로 삼는 것이고, 둘째는 어질고 선량한 사람을 기용하여 그들과 함께 나라를 다스리는 방책을 상의하는 것이며, 셋째는 소인을 배척하고 소원시하며 참언을 듣고 믿지 않는 것이오. 나는 이상 세 가지를 견지하며 끝까지 바꾸지 않을 것이오."

제24편

회과(悔過: 허물을 뉘우침)

【해제】

공자는 《논어》에서 "잘못이 있어도 고치지 않는(過而不改)" 것이 진정으로 잘못을 저지르는 것이라고 했다. 인간이 세상을 살면서 티끌만큼의 과오도 범하지 않는 것은 불가능하다. 단지 과오를 범했을 경우, 그것을 반성하느냐 아니면 계속 같은 행위를 하느냐에 따라 그 삶의 성공 여부가 결정된다. 특히 한 나라를 다스리는 군주라면 자신의 과오를 뉘우칠 때 나라의 번영을 약속받을 수 있다. 다른 사람의 잘못은 쉽게 발견할 수 있지만, 자신의 잘못은 알기 어렵다. 그런 까닭에 주위 사람들의 지적과 조언이 필요하다. 〈회과〉 편에서는 그것을 허심탄회하게 받아들일 수 있는 군주의 넓은 마음이 필요함을 이야기하고 있다.

배우지 않는 것은 담벼락을 마주하는 것과 같다

정관 2년, 태종이 방현령에게 말했다.

"사람이 되기 위해서는 반드시 학문이 필요하오. 나는 과거 수많은 적이 평정되지 않아 동으로 서로 정복하고 직접 전투에 참가하느라 책 읽을 시간이 없었소. 요즘 천하가 태평스러워져 나는 궁전 안에 있지만 직접 책을 잡을 수 없어 다른 사람에게 읽도록 하여 듣고 있소. 군주와 신하, 아버지와 아들의 도, 정치 교화와 인의의 도는 모두 책 속에 있소. 옛사람은 말하기를 '배우지 않는 것은 담벼락을 마주 대하고 있는 것과 같아 일을 만나면 곤란을 당할 수도 있다.'라고 했소. 이것은 허튼 말이 아니오. 또 젊은 시절에 한 일을 반성하고 옳지 않았다고 느끼는 바가 크오."

자신의 명분을 지킬 때 안전하다

정관 연간, 태자 승건承乾은 법제를 거의 준수하지 않았다. 위왕魏王 이태李泰는 재능이 있어 태종의 사랑을 받았다. 태종은 특별히 이태에게 조서를 내려 무덕전으로 옮겨 와 기거하라고 했다. 위징은 상소를 올려 간언했다.

"위왕 이태는 폐하의 사랑하는 자식입니다. 폐하께서는 그가 자기의 일정한 분수를 알게 하셔야 합니다. 또한 항상 자신의 안전을 지키고, 모든 일에 교만과 사치를 억누르고, 의심하는 위치에 있게 하지 말아야 합니다. 현재 무덕전으로 옮겨 와 거주하도록 한 것은 그로 하여금 동궁 서쪽에 살게 하는 것입니다. 어떤 사람이 말하길 이 어전은 해릉군海陵郡 이원길李元吉이 옛날에 거주했던 곳인데 당시 사람들은 모두 잘못된 것으로 여겼다고 말했습니다. 비록 시간의 추이에 따라 상황은 변하지만, 여전히 사람들이 이러쿵저러쿵할까 걱정입니다. 위왕도 마음이 편치 않을 것입니다. 그는 부왕의 총애가 깊어지는 일로 두려운 마음을 가질 수 있습니다. 폐하께서 그의 훌륭한 점을 완성시켜주기를 바랍니다."

태종이 말했다.

"나는 이 점을 거의 고려하지 않아 큰 잘못을 범하였소."

그러고는 위왕 이태를 원래 숙소로 돌려보냈다.

예절에 맞는 장례 의식

정관 17년, 태종이 곁에서 모시는 신하들에게 말했다.

"인간의 마음이 가장 고통스러운 때는 부모의 죽음보다 더한 일이 없소. 때문에 공자는 '부모에게 3년간 복상服喪하는 것은 천하에 통행되는 장례 기간이며, 천자로부터 일반 백성까지 모두 이와 같이 한다.'[1]라고 했고, 또 '은고종殷高宗뿐만 아니라 옛사람들은 모두 이와 같이 했다.'라고 했소. 요즘 제왕들은 한문제가 월 단위를 하루 단위로 바꾼 장례 제도에 미치지 못할 정도로 실행하고 있어 예의 원칙에 크게 어긋나오. 나는 어제 서간徐幹이 쓴 《중론中論》의 〈복삼년상復三年喪〉 편을 읽었소. 담고 있는 뜻이 매우 깊소. 좀 더 일찍 이 책을 보았더라면 하는 생각이 들었소. 과거 부모님께 행한 상례는 너무 소홀하고 간략했소. 오늘에 이르러 죄가 있음을 알고 스스로 책망하고 후회한들 무슨 소용이 있겠소!"

태종은 매우 오랫동안 슬프게 눈물을 흘렸다.

직언하는 신하를 꾸짖지 말라

정관 18년, 태종이 곁에서 모시는 신하들에게 말했다.

"신하는 왕을 대하면서 대부분 왕의 뜻에 영합하고 의지를 따르며 듣기 좋은 말을 하여 환심을 얻으려고 하오. 나는 지금 나의 과실을 듣고 싶으니 여러분 모두 솔직히 말해주시오."

산기상시散騎常侍 유계가 대답했다.

"폐하께서는 항상 공경들과 문제를 토론하거나 상소를 올리는 자가 있을 경우 폐하의 생각에 부합하지 않으면 때로 그 면전에서 질책을 하십니다. 이와 같이 하면 모두 부끄러워하며 물러나게 됩

1) 《논어》〈양화〉에 나온다.

니다. 이것은 아마도 직언을 유도하는 방법이 아닐 것입니다."

태종이 말했다.

"나 역시 이 같은 꾸짖음을 후회하고 있소. 나는 곧 이것을 고치겠소."

제25편

사종(奢縱: 사치와 방종)

【해제】

〈사종〉 편에서는 군주가 검소하면 나라를 얻지만 사치하면 나라를 잃는다는 교훈을 담고 있다. 이 점에서 《한비자》에서 보이는 유여有余의 다음 말은 다시 한 번 읽어볼 만하다.

"신이 듣건대 옛날 요임금이 천하를 다스릴 때는 흙으로 만든 그릇에 밥을 담아 먹었으며, 흙으로 만든 병에 물을 담아 마셨다고 합니다. 영토는 남쪽으로는 교지交趾에 이르고 북쪽으로는 유도幽都에 이르며, 동서쪽으로는 해와 달이 나고 드는 곳까지 미쳤으니 복종하지 않은 사람이 없었습니다. 요임금이 천하를 선양하심에 순임금께서 이어받았습니다. 순임금은 식기를 만들기 위해서 나무를 재료로 썼는데, 갈아낸 자국을 가리기 위해 그 위에 옻칠을 하여 궁궐에서 식기로 썼더니 제후들은 사치가 지나치다고 여겼고 열세 나라가 순 왕실에 복종하지 않았습니다. 순임금이 천하를 선양하여 우임금에게 전했습니다.

우임금은 제기를 만들었는데, 제기의 겉은 검은 옻칠을 하고 안에는 붉은색으로 그림을 그렸으며, 무늬 없는 흰 비단으로 침구를 만들었습니다. 또 장초蔣草로 자리를 만들고 가장자리에는 아름다운 수술을 달았습니다. 술잔마다 채색하고 접시마다 문양을 넣었습니다. 이처럼 사치가 심해지자 서른세 나라가 복종하지 않았습니다. 하夏왕조가 망하자 은殷 민족이 계승하였는데, 천자의 수레가 지나는 큰길을 만들며 아홉 개의 깃발을 세우고 위용을 밝혔습니다. 그릇에 조각을 새기고 술잔에 모양을 새겨 넣었으며, 네 벽면에는 칠을 하였고 자리와 침구에도 무늬를 넣었습니다. 이처럼 사치가 더욱 심해지자 쉰세 나라가 복종하지 않게 되었습니다. 귀족들은 모두 훌륭히 치장하는 것만 알았으니 그에게 복종하는 사람들은 갈수록 줄어갔습니다."

자신에게는 엄격하고 백성에게는 은혜를 베풀라

정관 11년, 시어사侍御史 마주馬周가 상소를 올려 당시의 정치에 관해 서술했다.

"신이 이전 시대의 역사를 하나하나 고찰해보니, 하·은·주왕조부터 한왕조가 천하를 통일하기까지 제위의 전수와 계승은 시간이 긴 경우는 8백여 년이나 되었고, 짧은 경우는 4백~5백 년에 그쳤습니다. 모두 덕행과 업적을 쌓아서 은혜와 덕이 민심에 응집되었기 때문입니다. 어찌 올바르지 못한 군자가 나타나지 않았겠습니까만, 오직 이전 시대의 어진 군주의 은덕에 의지하여 어려움을 면했던 것입니다.

위진 이래로부터 북주·수왕조까지는 시간이 긴 경우는 50년에 불과하고, 짧은 경우는 겨우 20~30년 지속되다가 멸망했습니다. 이것은 확실히 창업한 군주가 은덕과 교화를 널리 행하지 않은 데서 기인하는 것으로, 그 당시만 겨우 제위를 보존할 수 있었을 뿐 그 이후엔 기릴 만한 덕이 남아 있지 않았던 것입니다. 그리하여 제업을 계승한 군주가 정치 교화 방면에서 조금이라도 쇠약해지면, 한 사람이 큰소리를 지르며 모반하고 나라는 붕괴되고 와해됩니다.

현재 폐하께서는 비록 큰 공적에 의지하여 천하를 평정하였지만, 덕행을 쌓은 시간이 길지 않으니 반드시 우·탕·문·무가 나라를 다스린 도를 숭상하고 덕행과 교화를 광범위하게 시행하여 제왕의 은덕으로 하여금 자신을 지키는 것은 물론이고 자손들이 만대 동안 강산의 기초를 공고히 할 수 있도록 해야 합니다. 어찌 정치 교화상에 있어 잘못이 없기만을 구하며 그 시대만을 유지하려고 할 수 있습니까!

옛날부터 총명하고 후덕한 군주는 스스로 검소하였으며 정령의 관대함과 엄함을 시국이 변함에 따라 적당히 조절했지만, 기본 원칙만은 스스로 절약하고 백성에게 은혜를 펴는 것으로 삼았습니다. 이 두 방면이 정치 교화의 중점입니다. 때문에 백성은 자기 부모처럼 그들을 사랑하고, 해와 달을 우러러보는 것처럼 우러르며, 신령을 존경하는 것처럼 존경하고, 천둥을 두려워하는 것처럼 두려워합니다. 이것이 그들의 제위가 오랫동안 전해지고 재앙이 일어나지 않는 이유입니다.

현재 백성들은 혼란의 뒤에 있으며, 인구는 수왕조 때의 십분의 일 정도입니다. 그러나 도로에는 관청에 부역을 제공하는 사람이 한 명 한 명 이어지고 있고, 형이 가면 동생이 돌아오며, 앞뒤로 서로 끊이지 않고 있습니다. 길이 먼 곳은 오가는 데 5천~6천 리나 되어 봄에 떠나면 가을이 되어서야 돌아오고, 겨울에 떠나가면 여름이 되어서야 돌아오니 잠시도 쉴 시간이 없습니다. 폐하께서는 항상 아래에 은혜로운 조서를 내리고 부역을 줄이도록 명령하지만, 관련 부서의 일은 멈춰지지 않아 자연히 사람을 쓰게 됩니다. 그 조서와 명령은 쓸모없는 것으로, 백성이 지는 부역의 고통은 옛날과 여전히 같습니다. 신은 항상 방문했는데, 4~5년 동안 백성은 원망하고 한탄하는 말을 했으며, 폐하께서 자신들을 생존할 수 있도록 보살피지 않는다고 생각했습니다.

고대 요임금은 띠로 지붕을 이고 흙으로 계단을 만든 누추한 집에 살았고, 우임금은 소박한 옷을 입고 식사를 했습니다. 저는 이와 같은 상황이 오늘날 중시될 수 없다는 것을 압니다. 한문제는 백금의 비용을 아까워하여 노대 건축을 중지시켰으며, 신하들의 상소를 모은 자루를 궁전의 휘장으로 사용했으며, 총애하는 신부인愼夫人은 짧은 옷을 입어 치맛자락이 땅에 끌리지 않았습니다. 한경제漢景帝에 이르자 다섯 가지 색으로 수를 놓은 비단옷이 부녀자의 방직, 자수 등의 일을 방해하자, 특별히 조서를 내려 쓸모없는 것을 폐지하도록 명령했기 때문에 백성들은 편안히 거주하며 즐겁게 산업에 종사할 수 있었습니다. 한효무제에 이르러서는 매우 사치스러웠지만 문제·경제가 남겨준 은덕을 이어받았기 때문에 민심이 비교적 안정되었습니다. 만일 한고조漢高祖 이후 바로 한무제가 나왔다면, 천하는 반드시 보존되기 어려웠을 것입니다.

이러한 역사적 상황은 시간적으로 현재와 비교적 가까운 거리에 있으며, 몇몇 사적은 여전히 눈으로 볼 수도 있습니다. 현재 서울과 익주 등에서는 황가에 바칠 기물과 여러 왕, 왕비, 공주의 옷을 만들고 있는데, 논의하는 사람들은 모두 검소하게 절약하는 것이 아니라고 주장합니다. 신이 듣기로는, 일찍이 떨쳐 일어나 공업을 성대하게 빛냈지만 후대는 여전히 게을러 아무 일도 하지 않고, 일반적인 이치에 부합하는 법령을 제정했지만 후대는 재산을 파괴하여 혼란스럽게 했다고 했습니다.

폐하께서는 어린 시절 민간에서 살아 백성의 고통을 알며, 이전 시대의 성공과 실패 또한 직접 목격하였는데도 제위에 오른 후 오히려 이와 같이 하십니다. 그러나 황태자는 깊은 궁궐 안에서 성장하여 사회의 일을 경험하지 못하였습니다. 만세 이후의 일을 말하면 폐하께서는 당연히 마음속으로 우려되는 바가 있을 것입니다."

과거보다는 현재가 보기 어려운 법

"신이 넌지시 역대의 성공과 실패의 사례를 찾아보니, 오직 백성들은 원망과 반항이 쌓여서 도적이 되며, 그러한 나라 가운데 빨리 멸망하지 않은 경우는 없었습니다. 군주가 설사 뉘우치고 고치려 해도 새로이 안정을 얻을 수는 없었습니다.

정치 교화는 수행할 수 있을 때 해야 합니다. 만일 예기치 않은 사고가 발생하게 되면 그 이후에는 후회해도 아무 소용이 없습니다. 그러므로 후대의 군주는 항상 이전 시대의 멸망을 보고 압니다. 그러나 자신에게 어떤 과실이 있는지는 알지 못합니다. 그래서 은나라의 주왕紂王은 하夏나라의 걸왕이 나라를 멸망시킨 것을 비웃었고, 주유왕周幽王과 주여왕周厲王 또한 은殷나라 주왕의 멸망을 비웃었던 것입니다. 수양제도 대업 초년에 북주·북제가 나라를 상실한 것을 비웃었습니다. 그러나 현재 양제를 보면 양제가 당시 북주·북제를 본 것과 같습니다. 그런 까닭에 경방京房은 한원제漢元帝에게 '신은 후대에 지금을 보는 것이 현재 고대를 보는 것과 같을까 걱정입니다.'라고 했던 것입니다. 이 말은 경계로 삼지 않을 수 없습니다."

흥망은 재화의 축적이 아니라 백성의 안락에 달렸다

"과거 정관 초년에는 전국의 생산량이 줄어 궁핍해지자 비단 한 필이 벼 1두斗의 가치나 되었지만, 천하는 안정되고 즐겁게 생업에 종사했습니다. 백성들은 폐하께서 자신들에게 많은 관심을 가지고 아낀다는 것을 알았기에 모두 내심 안정되었고 어떠한 원망도 하지 않았습니다. 그러나 정관 5년 이후로는 해마다 풍년이 들어 비단 한 필이 벼 10여 석石의 가치가 있었지만, 백성들은 한결같이 폐하가 자신들에게 관심을 갖고 아끼지 않는다고 생각하여 모두들 원망하는 말을 하였습니다. 오늘날 일으킨 일들이 대부분 긴요하지 않은 것들이기 때문입니다.

옛날부터 나라의 흥망은 축적한 재화의 많고 적음에 있지 않고,

오직 백성의 생활이 고통스러운지 안락한지에 따라 결정되었을 뿐입니다. 잠시 근래의 일로 이 이치를 증명해보면, 수양제는 낙구洛口의 창고에 식량을 비축했지만 이밀李密이 이어서 그것을 빼앗았고, 동경東京 낙양에 많은 양의 비단을 쌓았지만 왕세충王世充이 그것을 차지했으며, 서경 장안의 나라 창고에 비축한 것 또한 우리 당나라가 사용하였으며 오늘날까지도 전부 쓰이지는 않았습니다. 만일 원래부터 낙구나 낙양에 식량과 비단이 비축되어 있지 않았다면, 왕세충과 이밀은 대량의 병력을 모을 수 없었을 것입니다. 그러나 비축하는 일은 본래 나라의 정상적인 사무이며, 언제나 백성에게 잉여분이 있은 연후에 징수해야 하는 것입니다. 만일 백성은 고통을 받고 있는데 강제로 징수한다면 그 결과는 오히려 적군을 돕는 것이고, 그것을 저축해도 아무런 이익이 없습니다.

그러나 절약은 백성을 쉬게 하는 것으로, 이 일은 정관 초년에 폐하께서 이미 이처럼 하였기 때문에 오늘날 그것을 실행해도 어려움이 없는 것입니다. 하루를 실행해도 천하 사람들이 알게 되어 노래 부르고 춤을 춥니다. 만일 백성이 이미 고통을 받고 있는데 끊임없이 그들을 동원하고, 중원 지역에 물난리와 가뭄의 재앙이 있고, 변방에는 적국이 침략했다는 경보가 있으며, 포악하고 교활한 무리가 기회를 타고 혼란을 만들면 예측할 수 없는 상황이 출현할 수 있고, 폐하는 늦게 식사하고 잠을 자야 합니다. 만일 폐하의 성명함에 기대서 진정으로 정성을 다해서 나라를 다스리려고 한다면, 멀리 상고시대의 책략을 구하여 사용하지 말고, 정관 초기처럼 한다면 천하는 행운을 얻을 것입니다."

태종이 말했다.

"최근 호신용으로 가지고 다닐 수 있는 작은 도구를 만들도록 명령했는데 백성들이 이로 인해 탄식하고 원망할 줄은 생각하지 못했소. 이것은 나의 잘못이오."

그러고는 즉시 그것을 만들지 말라고 명령했다.

제26편

탐비(貪鄙:탐욕과 비루)

【해제】

〈탐비〉 편에서는 재물을 탐하는 것은 나라를 망하게 하고 목숨도 잃게 하는 원인임을 강조하고 있다. 군주든 신하든 간에 청렴과 정직으로 법을 받들지 않고 탐욕스러운 마음으로 법을 어기면서 사리사욕을 취하려 한다면, 높은 산의 정상에서 아득한 계곡 아래로 떨어지면서 살기를 구하는 것과 같아 생존은 불가능할 것이다. 일찍이 지백요智伯瑤라는 자는 조趙·한韓·위魏를 이끌고 범씨范氏·중항씨中行氏를 쳐서 멸망시켰는데, 나라로 돌아와 수년간 병사들을 쉬게 하는 중에 또 조·한·위나라에 사신을 보내 땅을 요구했다가 결국 멸망을 자초하였다. 이것은 탐욕이란 스스로 만족할 줄 모르는 데서 비롯됨을 말해준다.

어찌 보석으로 참새를 잡으랴

정관 초년, 태종이 곁에서 모시는 신하들에게 말했다.

"사람이 갖고 있는 명주明珠는 귀중한 보물임에 틀림없으나 만일 이것으로 참새를 맞힌다면 어찌 아깝지 않겠소? 하물며 인간의 생명은 명주보다 귀중하오. 그런데도 금·돈·비단을 보면 법망을 두려워하지 않고 뇌물을 수수하니, 이것은 생명을 아끼지 않는 것이오. 참새를 잡을 때조차 사용하지 않는 귀한 명주라도 어찌 자신의 생명과 바꾸겠소? 신하들이 만일 전력으로 충성과 정직을 다하여 나라에 이익이 되고 백성에게 이로울 수 있다면 관직과 작위를 즉시 얻을 수 있을 것이오. 그러나 뇌물을 이용하여 부귀영화를 얻을 수는 없소. 마음대로 뇌물을 받았다가 수뢰 사실이 드러나면 그 이후에는 자신도 손해를 입을 것이며, 실제로 웃음거리가 될 것이오. 제왕 또한 이처럼 자신의 성품대로 방종하고 [백성의] 징용과 노역에 한도가 없으며 소인을 신임하는 반면 충성스럽고 정직한 사람을 소원히 하는 경우가 있는데, 그중 어떤 한 가지라도 하게 되면 어찌 멸망하지 않을 수 있겠소? 수양제는 사치스러웠지만 스스로는 어질고 능력 있는 자라고 여겼는데, 그 자신은 보통 사람의 손에서 죽어 또 비웃음거리가 되었소."

황금 똥을 누는 소

정관 2년, 태종이 곁에서 모시는 신하들에게 말했다.

"나는 일찍이 재물을 탐하는 사람은 진정으로 재물을 아낄 줄 모르는 자라 말한 적이 있소. 예를 들어 내외의 관리[1]로 5품 이상인 자는 넉넉한 봉록에 특별한 대우를 받고 있으며, 1년 수입은 매우 많소. 만일 이들이 다른 사람으로부터 뇌물을 받는다 해도 수만금에 불과할 것이오. 그러나 일단 발각되면 면직되어 봉록이 없어질 것이오. 이 어찌 재물을 아낄 줄 아는 자의 행동이겠소? 이것은 작은 이익을 취하려고 큰 이익을 잃는 것이오.

일찍이 노나라의 공의휴公儀休[2]는 본래 물고기를 즐겨 먹었지만, 사람들이 자신에게 [뇌물로] 물고기를 바치지 못하도록 함으로써 [오히려] 장기간 물고기를 먹을 수 있었소. 군주 된 자가 재물을 탐하면 반드시 자신의 나라를 잃게 되고, 대신이 재물을 탐하면 반드시 자신의 생명을 잃게 되오. 《시경》〈대아〉'상유桑柔'에서는 '세차고 매우 빠른 바람과 같이 탐욕스러운 사람은 친구까지 해친다.'라고 했소. 이것은 확실히 옳은 말이오.

과거 진혜왕秦惠王은 촉나라를 정벌하려 했지만 산이 많고 길이 험하여 그 길을 몰랐소. 그리하여 다섯 개의 석우石牛를 조각하여 소꼬리에 황금을 달았소. 촉나라 사람들은 그것을 보고 소가 황금

---

1) 여기서 내외의 관리란 조정 안에서 근무하는 자와 밖에서 근무하는 자를 말한다. 전자로는 황제 측근에 있는 시중·상시·급사중·상서 등이 있고, 후자로는 승상이 이끄는 행정기구의 관원이 있다.

2) 주대周代 노나라의 어진 재상이다.

똥을 눈다고 생각했소. 촉나라 왕은 이 소식을 듣고 역사 다섯 명을 보내 소를 끌고 촉나라로 들어갔소. 이렇게 하여 길이 만들어졌소. 진秦나라 군대는 그 뒤를 따라 공격했고, 촉나라는 멸망하게 된 것이오. 한왕조의 대사농大司農[3] 전연년田延年[4]은 3천만이나 되는 부정한 금을 받았다가 그 일이 발각되어 자살했소. 이와 같은 탐욕스러운 관리의 일을 어찌 전부 기억할 수 있겠소. 나는 현재 촉나라 왕을 나 자신의 거울로 삼을 것이니, 신들도 전연년의 교훈을 기억해야만 그들의 전철을 밟지 않을 수 있소."

구차스러운 재물을 경계하라

정관 4년, 태종은 공경들에게 말했다.

"내가 온종일 게으르지 않고 노력하는 것은 백성을 걱정하고 동정해서일 뿐만 아니라 또 여러분이 오랫동안 부귀를 영위하도록 하기 위함이오. 하늘은 높고 땅은 두껍소. 나는 항상 전전긍긍하며 삼가고 하늘과 땅을 두려워하고 있소. 여러분이 만일 조심스럽게 법을 준수하며 항상 나처럼 하늘과 땅을 두려워하면, 백성이 편안히 거주하며 즐겁게 생업에 종사할 수 있을 뿐만 아니라 여러분 자신도 기쁨을 얻게 될 것이오.

옛사람들이 말하기를 '어진 사람에게 재물이 많으면 그 의지를

3) 조세, 금전, 식량, 소금, 철, 국고 재정 수입과 지출을 관장하던 관직이다.

4) 자는 자빈子賓이며, 한소제 때 대사농이 되었다.

해치고, 어리석은 사람에게 재물이 많으면 허물을 만든다.'라고 했소. 이 말은 깊이 경계로 삼을 만하오. 만일 사욕을 좇아 욕망으로 마음을 채운다면, 국법을 파괴하고 백성에게 해악을 끼치게 될 뿐만 아니라 설령 문제가 아직 드러나지 않았을지라도 내심 어찌 두려움을 느끼지 않을 수 있겠소? 내심 두려움이 오래 지속되면 이로 인해 죽게 되오. 대장부가 어찌 구차하게 재물을 탐하여 생명을 잃고, 자손에게도 항상 부끄러움을 끌어안고 살게 할 수 있겠소? 여러분은 이 말을 신중하게 생각하시오."

정관 6년, 우위장군右衛將軍 진만복陳萬福이 구성궁九成宮으로부터 수도 장안까지 가면서 법규를 어겨 역전에 위치한 인가에서 보리 몇 석石을 빼앗았다. 이 일을 알게 된 태종은 그에게 보리를 내려 그가 직접 그것을 지고 나가도록 명령하여 치욕스럽게 했다.

은 광산이 소중하지 않은 이유

정관 10년, 치서시어사治書侍御史 권만기權萬紀가 아뢰었다.

"선주宣州와 요주饒州의 산에 은 광산이 있습니다. 그것을 채취하면 이익이 매우 큽니다. 매년 은전 몇백만 관貫이나 얻을 수 있습니다."

태종이 말했다.

"나는 존귀한 천자로 이러한 물건은 조금도 부족하지 않소. 오직 좋은 주장을 받아들이고 좋은 일을 하여 백성에게 이익이 있게 하는 것이 필요할 뿐이오. 나라가 수백만 관의 돈을 여분으로 얻었을지라도, 어떻게 재능과 덕망을 갖춘 인재 하나를 얻는 것과 비교할 수 있겠소? 나는 그대가 현인을 추천하고 훌륭한 일을 건의하는 것을 보지 못했소. 또 그대는 검찰을 담당하는 직책에 있으면서 법을 위반하는 사람을 적발하거나 권력자를 두렵게 만들지 못했소. 은광으로부터의 수입을 말하고, 이익이 많은 일을 훌륭하다고 했소. 일찍이 요순은 옥을 산림에 버리고, 명주를 깊은 계곡에 던졌으므로 이름이 천년 동안 칭송된 것이오. 후한의 환제桓帝와 영제靈帝 두 사람은 이익을 좋아하고 도의를 경시한 근래의 어리석은 군주요. 당신은 나를 환제와 영제로 간주하려는 것이오?"

이날 권만기를 정직시키고 귀향하도록 명령했다.

탐욕이 재앙을 부른다

정관 16년, 태종이 곁에서 모시는 신하들에게 말했다.

"옛사람이 말하기를 '새는 숲에서 살지만 그 숲이 높지 않음을 걱정하여 나무 꼭대기에 집을 짓고, 물고기는 물속에 숨어 있으면서도 물이 깊지 않음을 걱정하여 또 그 아래에 동굴을 만든다. 그러나 새와 물고기가 사람들에게 잡히는 것은 모두 먹을 것을 탐하기 때문이다.'라고 했소.

현재 신들은 임명을 받아 높은 자리에 있으면서 두터운 봉록을 누리오. 본래 충성스럽고 정직하게 행동하고 공정하고 청렴하게 일을 처리하면 재앙이 있을 수 없고, 오랫동안 부귀를 지닐 수 있소. 옛사람이 말하기를 '재앙과 복은 정해진 것이 아니라 사람들이 스스로 취하는 것이다.'라고 했소. 자신을 해롭게 하는 것은 모두 재물의 이익을 탐하는 데서 비롯되오. 이것이 어찌 물고기와 새가 먹을 것을 탐하여 죽게 되는 재앙과 다르겠소? 여러분은 마땅히 이러한 말을 생각해보고 귀감으로 삼아야 할 것이오."

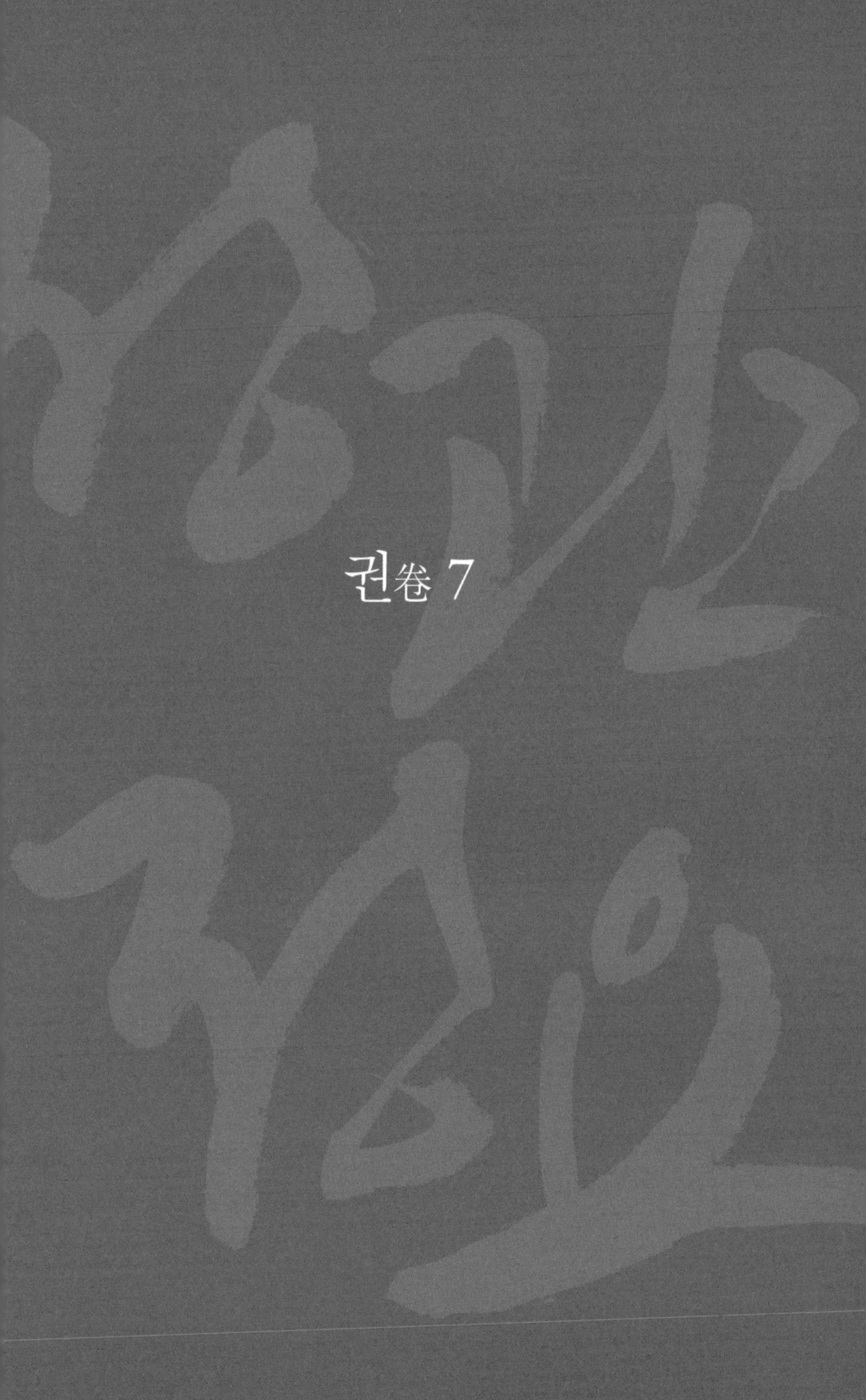

권卷 7

제27편

숭유학(崇儒學 : 유학을 숭상하라)

【해제】

일반적으로 유학은 공자 학설을 숭상하는 유가학파의 주장을 말한다. 유학은 한대 이후 중국의 사상과 제도를 지배하는 지위에 올랐으므로 중국 지식인들은 유학에 대하여 어느 정도의 종교적 감정마저 지니고 있었다. 유가학파는 주나라 때 교육을 관장하던 사도司徒의 관리로부터 나왔다. 그들은 요순을 시조로서 계승하고 문왕文王과 무왕武王을 모범으로 삼아 예악禮樂과 인의仁義를 숭상하고 충서忠恕와 중용지도中庸之道를 제창하였다.

태종 또한 이러한 유학을 숭상하여 공자에 대한 남다른 존경을 표했을 뿐만 아니라 유학자들의 학문적 여건을 개선하려고 노력했다. 또한 유학의 경전이라 할 수 있는 오경의 교정 작업에 착수하여 오류를 바로잡는 공을 세우기도 했는데 이런 점에서 그가 인의를 중시한 것을 볼 수 있다.

홍문관을 설치하다

태종은 즉위 초기에 정전의 좌측에 홍문관弘文館을 설치하여 천하의 문인과 유학자를 선발하여 그 본관本官 이외에 홍문관 학사를 겸하도록 했다. 또 5품 관직의 음식을 지급하고 교대로 숙직하도록 했다. 태종은 집무를 보는 틈틈이 그들을 궁전 안으로 불러 고대의 경전에 관해 토론했고, 정치적인 일에 대해서도 상담하고 협의했으며, 때로는 밤이 깊어서야 멈추었다. 또 조서를 내려 공로가 있는 3품 이상 어진 신하의 자손을 홍문관 학사로 삼도록 명했다.

공자를 숭상하라

정관 2년, 태종은 주공周公을 이전 시대의 성인으로 삼아 존중했던 관례를 중단하고, 새로이 공자의 묘를 수도의 학교인 국학國學[1] 안에 세워 이전의 제도를 본받고 공자를 선성先聖으로 삼아 존중하며, 안연을 선사先師로 삼도록 명령했다. 묘 양쪽에 조두俎豆, 간척干戚[2] 등의 제기를 진열하고 이로부터 공자를 존중하는 예의를 갖추었다.

이해에 천하의 유학자를 대대적으로 불러 수레와 숙식 등의 편리한 조건을 제공하면서 장안으로 오도록 하여 작지 않은 관직에 발탁했으며 조정 안의 관리로 배치된 사람이 적지 않았다. 학생 가

---

1) 서주시대 왕성王城이나 제후국의 수도에 세운 학교다. 후에는 통칭 수도에 설치된 관학官學을 가리킨다.

2) 방패와 도끼로 모두 고대의 병기이다. 과거에는 이것으로 악무樂舞를 추었다고 한다.

운데 한 가지 대경大經[3] 이상에 정통한 사람은 모두 관직을 겸했다. 국학에는 학사學舍를 4백여 칸〔間〕 증설했다. 국자國子,[4] 태학太學,[5] 사문四門,[6] 광문廣文[7]에서도 적지 않은 수의 학생을 증원했다. 그 가운데 서학書學,[8] 산학算學[9]에는 박사博士[10]와 학생을 두었고, 여러 가지 학과도 갖추었다.

태종은 또 여러 차례 국학을 순행하여 좨주祭酒,[11] 사업司業, 박사로 하여금 학문을 강의하도록 하였고, 강의가 끝난 후에는 각각 비단 다섯 필을 내렸다. 사방의 학생 가운데 책을 짊어지고 공부하러 온 사람이 대개 1천여 명이나 되었다. 오래지 않아 토번吐蕃, 고창高昌, 고구려, 신라 등 여러 소수민족의 우두머리도 자제들을 보내 학문을 구하였다. 그리하여 국학 안에는 책 상자를 두드리며 강의를

3) 당나라 때, 국자감과 진사고시에서는 경서를 문자의 많고 적음에 따라 대·중·소 삼경으로 구분했다. 《예기禮記》·《춘추좌전春秋左傳》은 대경이고, 《시경詩經》·《주례周禮》·《의례儀禮》는 중경이며, 《주역周易》·《상서尙書》·《공양전公羊傳》·《곡량전穀梁傳》은 소경이다.

4) 국자학이다. 중국 봉건시대 중앙교육 관리기관이면서 최고 학부이다. 당나라 때 국자학에서는 문무 3품 이상의 자제를 교육했다.

5) 국자학과 함께 최고 학부에 속하지만 교육 대상에서 차이가 있다. 태학에서는 5품 이상의 관원의 자제를 교육했다.

6) 사학四學이다. 서주시대에는 왕성에 설치한 대학에 태학과 동·남·서·북 사학이 포괄되었다. 후대에도 이 제도를 이어받았다. 당나라 때는 사문학에서 7품 이상의 자제와 보통 집안의 자제를 가르쳤다.

7) 광문관廣文館이다.

8) 서도를 갈고닦는 서법書法 인재를 양성하는 학교이다.

9) 천문이나 수학 인재를 양성하는 학교이다.

10) 그 연원은 전국시대이다. 한무제 때 오경박사五經博士를 설치했다. 이후 박사는 경학 전수를 전문적으로 했다. 당나라 때는 국자·태학·광문·사문·율律·서書·산算 등 칠학七學 모두에 박사를 두었다.

11) 학관學官 이름이다. 한대에는 박사좨주博士祭酒를 두어 박사의 우두머리로 삼았다. 서진부터 당나라 때까지는 국자 혹은 국자감좨주를 두어 국자학의 수장으로 삼았다.

들으러 오는 사람이 거의 1만 명에 이르렀다. 유학의 창성이 과거 이와 같은 적이 없었다.

유학자를 존중하라

정관 14년, 태종이 조서를 내려 명령했다.

"양梁왕조의 황간皇侃[12]과 저중도褚仲都,[13] 북주北周의 웅안생熊安生[14]과 심중沈重,[15] 진陳나라의 심문아沈文阿[16]와 주홍정周弘正,[17] 장기張譏,[18] 수나라의 하타何妥[19]와 유현劉炫[20] 등은 모두 이전 시대의 명망 있는 유학자들로, 그 경학은 기록할 가치가 있다. 아울러 각지의

---

12) 남조 양나라의 경학가로 일찍이 국자조교國子助教·원외산기시랑員外散騎侍郎을 역임했다. 《삼례三禮》, 《논어》, 《효경》 등의 유학 경전을 연구했다. 저서로 《논어의論語義》, 《예기강소禮記講疏》 등이 있다.

13) 양나라 사람으로 《주역》을 연구했고, 일찍이 오경박사를 역임했다.

14) 자는 식지植之이고, 북주 경학가로 오경에 정통했다. 북제 때 국자박사로 임명되었으며, 후에 북주로 들어갔다. 《주례》, 《예기》, 《효경》 등의 의소義疏가 있다.

15) 자는 자후子厚이며 북주 경학가다. 일찍이 양나라 때 오경박사로 임명되었으며, 후에 북주의 무제에게 초빙되어 오경을 논하였다. 후에 다시 양나라로 돌아갔다.

16) 자는 국위國衛이고 《삼례》, 《춘추》에 정통했으며, 양나라 때 국자박사가 되었다. 저서로는 《의례儀禮》, 《경전대의經典大義》 등이 있다.

17) 자는 사행思行이다. 《노자》, 《주역》에 밝았으며, 관직은 상서우복야까지 이르렀다. 저서로는 《주역강소周易講疏》, 《논어소論語疏》 등이 있다.

18) 자는 직언直言이고, 양나라 때 사림관학사士林館學士로 임명되었다. 《노자》, 《효경》, 《논어》에 밝았으며, 관직은 국자박사까지 이르렀다.

19) 자는 서봉栖鳳이다. 문제 때 국자좨주·용주자사로 임명되었다. 저서로 《주역강소周易講疏》 등이 있다.

20) 자는 광명光明이고 경학자이다. 일찍이 태학박사가 되었으며, 저서로는 《상서술의尚書述義》, 《오경정명五經正名》 등이 있다.

학생 중 대다수가 그들의 경전에 대한 해설을 받들어 시행하고 있다. 그러므로 그들에게 특별히 상을 내려 후학을 독려하도록 해야 한다. 그러한 사람들의 현존하는 자손을 찾아 성명을 기록하여 나에게 보고하라."

정관 21년, 태종은 또 조서를 내려 명령했다.

"좌구명左丘明,[21] 복자하卜子夏,[22] 공양고公羊高,[23] 곡량적穀梁赤,[24] 복승伏勝,[25] 고당생高堂生,[26] 대성戴聖,[27] 모장毛萇,[28] 공안국孔安國,[29] 유향劉向,[30] 정중鄭衆,[31] 두자춘杜子春,[32] 마융馬融,[33] 노식盧植,[34] 정현鄭玄,[35]

---

21) 춘추 시기 사학자로 노나라 사람이다. 그는 맹인으로 일찍이 노나라 태사太史로 임명되었다. 그의 저서로《춘추좌전》,《국어》가 전한다.

22) 이름은 상商이고 공자의 제자이다. 그는 후세에《시경》,《춘추》를 전수했다고 전한다.

23) 복자하의 제자로《춘추공양전春秋公羊傳》을 지었다.

24) 복자하의 제자로《춘추곡량전春秋穀梁傳》을 지었다.

25) 복생伏生이라고도 하며, 일찍이 진秦나라에서 박사로 임명되었다. 전한前漢 금문今文《상서》의 최초 전수자이다.

26) 자는 백伯이고 노나라 사람이다. 그는 고대의 예악 제도를 전수했고, 전한 금문 예학의 최초 전수자이다.

27) 자는 차군次君이고 한선제 때 박사가 되었다. 그는 전한 금문 예학인 '소대례학小戴禮學'의 개척자이다. 후세에는 '소대小戴'라고 칭했다. 편저로는《소대례기小戴禮記》가 있다.

28) 일찍이 하간헌왕박사가 되었고, 고문시학 '모시학毛詩學'을 전수했다고 한다. 후세에는 '대모공大毛公' 모형毛亨과 구분하여 그를 '소모공小毛公'으로 칭하기도 한다.

29) 전한 시기 경학자로 공자의 후예다. 무제 때 박사가 되었다. 그는 일찍이 공자가 살던 집의 벽 속에서 고문《상서》를 발견하여 '상서'학파의 종정이 되었다.

30) 자는 자정子政이고 전한 시기 경학자이면서 문학가·목록학자이다. 간대부諫大夫·종정宗正 등의 직책을 역임했다. 성제 때《별록別錄》을 편찬해 중국 목록학의 서단을 열게 되었다.

31) 후한 시기 경학자로 자는 중사仲師이며 일찍이 대사농大司農을 역임했다.《춘추좌전》,《주역》,《시경》연구로 이름을 빛냈고, 부친 정흥鄭興의《춘추좌전》학문을 전수했다.

32) 후한 시기 경학자로《주례周禮》를 전했으나 일실되었다.

복건服虔,[36] 하휴何休,[37] 왕숙王肅,[38] 왕필王弼,[39] 두예杜預,[40] 범녕范寧[41] 등 21명은 모두 그 저서를 사용하여 황실과 대신의 자손들에게 가르침을 전하시오. 그들의 학문을 따르는 것은 마땅히 장려하고 숭상해야 하오. 오늘 이후부터 태학에서 공자를 제사 지낼 때, 이들도 공자와 함께 묘당에서 제사 지낼 수 있소."

태종이 유학을 존중하고 숭상하는 정도가 이와 같았다.

33) 후한 시기 경학자로 자는 계장季長이다. 교서랑校書郎·의랑議郎·남군태수南郡太守 등의 직책을 역임했다. 《주역》, 《상서》, 《모시》, 《삼례》, 《논어》, 《효경》에 주를 달아 고문경학의 성숙도를 높였다.

34) 후한 시기 박사로 구강과 여강태수·상서 등의 직책을 역임했다. 《상서장구尙書章句》, 《삼례해고三禮解詁》 등을 지었으나 전하지 않는다.

35) 후한 시기 경학자로 자는 강성康成이다. 그는 고문 경학을 위주로 하면서도 금문 경학을 채용하여 수많은 경학을 모은 한대 경학의 집대성자이다. 세칭 정학鄭學이라고도 한다.

36) 후한 시기 경학자로 자는 자신子愼이고 구강태수를 지냈다. 고문 경학을 숭상했으며 저서로 《춘추좌씨전해의春秋左氏傳解誼》가 있다.

37) 후한 시기 경학자로 자는 소공邵公이며 사도·간의대부 등의 직책을 지냈다. 저서로 《춘추공양해고春秋公羊解詁》, 《공양묵수公羊墨守》, 《좌씨고맹左氏膏肓》, 《곡량폐질穀梁廢疾》 등이 있다.

38) 삼국시대 위魏나라의 경학자로 자는 자옹子雍이다.

39) 삼국시대 위魏나라의 현학가玄學家로 자는 보사輔嗣이며 상서랑을 지냈다. 저서로 《주역주周易注》, 《주역약례周易略例》, 《노자주老子注》 등이 있다.

40) 서진의 장수 겸 학자로 자는 원개元凱이다. 진남대장군鎭南大將軍을 지냈고, 지혜가 많았다. 저서로 《춘추좌씨경전집해春秋左氏經典集解》, 《춘추석례春秋釋例》, 《춘추장력春秋長歷》 등이 있다.

41) 동진의 경학가로 자는 무자武子이며 예장태수를 지냈다. 그는 하안과 왕필의 현학을 반대하고 유학을 숭상했다. 《춘추곡량전집해春秋穀梁傳集解》를 편찬했다.

경학에 정통한 자를 기용하라

정관 2년, 태종이 곁에서 모시는 신하들에게 말했다.

"나라를 다스리는 관건 중 가장 중요한 것은 인재를 얻는 것이오. 만일 기용한 사람이 재능을 갖추지 못했다면 나라는 반드시 다스리는 일이 곤란해질 것이오. 현재 기용하려는 사람은 도덕과 재능, 학식 세 가지에 의거해야만 하오."

간의대부諫議大夫 왕규王珪가 말했다.

"신하 된 자가 만일 학문을 하지 않았다면 이전 사람들의 역사적인 언행을 이해하지 못하여 책임 있는 일을 맡을 수 없습니다. 한소제 때 어떤 사람이 거짓으로 자신이 위태자衛太子[42]라고 하자, 수만 명의 사람이 모여들어 살폈지만 모두 시비를 가리지 못했습니다. 경조윤京兆尹 준불의雋不疑[43]는 춘추시대 괴외蒯聵의 일[44]에 의거하여 죄인을 처리했습니다. 소제昭帝가 말하기를 '공경대신들은 경학이

42) 한무제의 태자 유거劉據이다. 유거는 무제와 강충江充의 엄형주의와는 생각을 달리했다. 강충은 무제가 죽은 후 태자가 즉위하면 자신에게 불리할 거라 여겨 태자가 무제가 일찍 죽기를 바란다고 모함을 했다. 태자는 자신의 결백을 밝힐 방법이 없자 장안에서 병사를 일으켜 강충을 죽이고 자살했다. 그 후 진상이 밝혀지자 무제는 크게 후회하였다. 무제가 죽자 유불릉劉弗陵이 자리를 이어 소제昭帝가 되었다. 시원 5년, 어떤 사람이 자칭 위태자라고 하면서 미앙궁未央宮으로 왔다. 소제는 문인들과 무인들에게 앞으로 가서 그를 살펴보도록 했는데, 모두들 자신의 의견을 말하지 못했다. 경조윤 준불의가 과감히 이 사람을 체포하여 진실을 규명했다.

43) 자는 만천曼倩이고 무제 때는 청주자사로 임명되었으며, 소제 때는 경조윤으로 임명되었다.

44) 괴외는 위영공의 세자였지만 영공과의 불화로 송나라로 달아났다. 영공은 세자를 폐위하고 손자 첩輒을 그 자리에 앉혔다. 이후 영공이 죽고 첩이 제위에 올랐다. 괴외가 위衛나라로 돌아오려 하자 첩은 사람들을 시켜 아버지를 제거하려고 했다. 괴외는 아들과 나라를 놓고 다투다가 음모를 꾸며 제위를 탈취해 장공莊公이 되었고, 첩은 노나라로 달아났다.

있고 고대의 대의에 밝은 사람을 임용해야 한다. 이것은 본래 글재주를 부리는 속리俗吏에 비할 수 없다.'라고 했습니다."

태종이 말했다.

"정말 그대가 말한 것과 같소."

경전에 밝았던 안사고

정관 4년, 태종은 유가의 경서가 성인을 떠난 지 오래되어 문자에 오류가 있다고 여기고, 전임 중서시랑中書侍郎 안사고顔師古[45]에게 조서를 내려 궁궐의 서적을 담당하는 비서성에서 오경五經[46]을 조사하여 바로잡도록 했다. 이 일이 완료될 때를 기다렸다가 또 상서좌복야尙書左僕射 방현령房玄齡에게 유학자를 소집하여 다시 상세하게 심의하도록 명했다.

당시 유학자들은 자신의 스승으로부터 배운 학설을 전했으며, 잘못된 것을 서로 전한 지 이미 오래되었으므로 모두 안사고의 고증이 잘못되었다고 생각하여 이설이 벌 떼처럼 일어났다. 안사고는 진송晉宋 이래의 옛 판본을 인용하고 원문에 따라 명백하게 답변하며, 근거를 인용하여 상세하고도 분명하게 하여 사람들의 예상을 뛰어넘었으므로 많은 유학자가 탄복했다. 태종이 그를 표창하여 비단 5백 필을 내리고 통직산기상시通直散騎常侍로 발탁하였다.

45) 당대의 저명한 학자로 이름은 주籒이다.

46) 《시경》·《상서》·《주역》·《예기》·《춘추》를 가리킨다.

그리고 그가 교정한 책을 천하에 배포하여 학자들이 이것을 배우도록 했다.

태종은 또 유학에 학파가 많고, 장구를 해설한 저작 또한 번잡하므로 안사고에게 조서를 내려 국자좨주 공영달 등의 유학자들과 오경의 소의疏義를 편찬하도록 했다. 총 180권으로 '오경정의五經正義'라고 이름했으며, 국학에 주 교재로 사용하도록 했다.

옥도 갈고 다듬어야 한다

태종이 일찍이 중서령中書令 잠문본岑文本에게 말했다.

"인간은 태어나면서 정해진 천성을 하늘로부터 받아도 반드시 넓게 학문을 하고 그 도덕을 완성해야 하오. 이것은 대합조개는 본성이 물을 머금고 있지만 달빛을 기다렸다가 물을 분출하여야 수증기 속에 누각 모양이 나타나고, 나무의 본성은 불을 머금고 있어 불에 의지해야 빛을 발할 수 있는 것과 같소. 인간의 본성은 영지靈智를 함유하고 있어도 학문이 이루어진 이후에야 아름다운 광채가 나타나오. 그러므로 소진蘇秦[47]은 허벅지를 찔러가면서 열심히 공부했소. 동중서董仲舒[48]는 책을 읽을 때는 휘장을 내렸고 3년 동안이

47) 자는 계자季子이고 전국시대 낙양洛陽 사람으로 정치가이며 언변에 특히 뛰어났다. 그는 제후들에게 유세하였으나 채용되지 않자 다시 1년 동안 독서를 하여 계책을 세운 뒤 진秦나라를 두려워하는 산동의 여러 나라를 찾아다니며 6국(제齊·초楚·연燕·조趙·한韓·위魏)의 연합으로 진秦나라에 대항하자는 합종설合縱說을 주창하였다. 연나라의 문후文侯에게 채용되었고, 또 조·제·위·한·초·연의 남북 종횡설을 성공시켜 6국의 재상이 되고 부귀와 영화를 누리면서 15년 동안 진나라의 세력을 방비하였다. 그러나 그의 정책은 동서 연형설連衡說을 주장하는 장의張儀의 주장에 의해 깨지고 제나라에 잡혀가 죽었다.

나 정원으로 나가지 않았소. 도덕과 기예를 갈고닦지 않는다면 공명은 세우지 못할 것이오."

잠문본이 대답했다.

"인간의 천성은 본래 서로 비슷합니다. 다만 후천적인 감정은 바뀔 수 있습니다. 반드시 학식으로 감정을 다스려 훌륭한 본성을 이루어야 합니다.《예기》〈학기學記〉에서는 '옥이 만일 갈고 다듬지 않으면 아름다운 예술품이 되지 못하고, 인간이 만일 공부하지 않으면 사람 되는 이치를 이해할 수 없을 것이다.'라고 했습니다. 그러므로 옛사람들은 부지런히 공부했습니다. 이것이 바로 아름다운 덕행이라 불립니다."

48) 광천廣川 사람으로 한대의 저명한 철학가이자 금문경학今文經學의 대가이다. 백가百家를 폐출하고 오직 유가 학술만을 존중할 것을 주장하여 무제에게 등용되었고, 이후 유학을 2천여 년 동안 치국 이념으로 삼는 데 지대한 역할을 했다. 그는 무제의 염철 전매 정책에 대해서는 반대했다.

제28편

문사(文史: 문장과 역사)

【해제】

역사는 과거, 현재, 미래의 연속선상에 있다. 중간적인 위치의 현재를 살아가고 있는 사람들은 과거의 교훈을 받아들여 잘못된 전철을 밟지 않으려 노력하고, 미래를 살아갈 후세에 모범이 되는 인물로 기억되기를 바란다. 여기서 중요한 역할을 하는 이는 역사를 있는 그대로 적나라하게 기록하는 사관일 것이다. 한 시대를 기록하는 임무를 맡은 사관은 화려하고 아름다운 문사를 지양하고 어떤 사건이나 인물 등에 대한 정확한 기록을 생명으로 삼아야 한다. 〈문사〉 편의 취지는 주로 사관의 직서直書를 강조한 것이다.

화려한 문장보다 이로운 글

정관 초년, 태종이 감수국사監脩國史 방현령에게 말했다.

"최근 나는 《전한서前漢書》, 《후한서後漢書》를 보았는데, 양웅楊雄[1]의 〈감천甘泉〉·〈우렵羽獵〉, 사마상여司馬相如[2]의 〈자허子虛〉·〈상림上林〉, 반고班固[3]의 〈양도兩都〉 등의 부가 실려 있었소. 이러한 사부辭賦는 문체가 화려하고 실질이 없으며, 선을 권하고 악을 경계하는 장점이 없소. 무엇 때문에 이것을 역사책에 기록하여 후세에 전할 필요가 있소? 지금 상소문 가운데 정사를 논하고 말과 이치가 적절하고 바르며, 나라를 다스리는 데 이익이 있는 것들은 내가 받아들이든 받아들이지 않든 간에 모두 기록하도록 하시오."

---

1) 전한시대 저명한 사부 작가이며, 철학자이자 언어학자이다. 자는 자운子雲이고, 어려서부터 학문을 좋아했고 많은 양의 독서를 했다. 그는 눌변으로 조용히 사색하기를 좋아했으며, 특히 사마상여, 굴원의 부를 좋아했다. 성제 때 〈감천甘泉〉, 〈하동河東〉, 〈우렵羽獵〉, 〈장양長揚〉 네 부를 지어 한왕실의 공덕을 칭송하여 낭郎·급사황문給事黃門으로 임명되었다. 이후 성제, 애제, 평제의 재위 기간에는 승진하지 못했다. 왕망王莽이 제위를 찬탈하려고 했을 때 누명을 쓰자 자살하려 했으나 미수에 그쳤다. 그 후 대부大夫로 임명되었다. 만년에는 사부가 세상의 이치에 무익하다고 느껴 철학 연구에 몰두했다. 《논어》를 모방하여 《법언法言》을 지었고, 《주역》을 모방하여 《태현太玄》을 지었다. 또 《훈찬편訓纂編》, 《방언方言》 등을 지어 고대 언어문자학의 중요한 자료를 남겼다.

2) 전한 시기의 사부 작가로 자는 장경長卿이다. 눌변이었지만 독서를 좋아했고, 거문고와 검에 뛰어났다. 경제 때 무기상시武騎常侍로 임명되었다. 경제와 좋아하는 것이 달랐으므로 질병을 핑계로 관직을 떠나 양나라에서 돌아다녔다. 양효왕梁孝王이 죽자 촉나라로 돌아와 과부 탁문군卓文君과 사통하여 성도成都로 달아난 뒤 술을 팔아 생계를 유지했다. 무제는 그의 사부를 좋아하여 불러서 낭으로 임명했다. 〈자허子虛〉, 〈상림上林〉, 〈대인大人〉 등의 부를 지었다. 한·위·육조 문학에 지대한 영향을 끼쳤다.

3) 자는 맹견孟堅이며 후한시대의 사학가이면서 문학자이다. 그는 20년간 《한서漢書》를 지었고, 또 〈양도부兩都賦〉를 지었다.

문장이 아니라 도덕과 품행이 중요하다

정관 11년, 저작좌랑著作佐郎 등륭鄧隆[4]이 표를 올려 태종의 문장을 순서대로 편찬하여 한 권의 문집으로 만들 것을 청하였다. 태종은 등륭에게 말했다.

"내가 만일 정책을 제정하여 조서나 명령을 내린 것이 백성에게 유익함이 있다면 역사책에 그것을 기록하여 후세까지 전할 수 있소. 만일 일을 처리함에 있어 고대를 본받지 않고 정치를 혼란케 하고 백성을 해롭게 한다면, 비록 문장이 화려할지라도 후대에 웃음거리가 될 것이니 이것은 나에게 필요한 것이 아니오. 양무제梁武帝 부자[5]와 진후주陳後主[6], 수양제隋煬帝 또한 문집이 있소. 그러나 그들의 행위는 대부분 원칙에 부합하지 않았기에 종묘사직이 순식간에 무너진 것이오. 무릇 군주의 훌륭함과 그렇지 못함은 도덕과 품행에 있는 것이니 어찌 문장에 종사할 필요가 있겠소?"

태종은 처음부터 끝까지 문집 편찬을 허락하지 않았다.

4) 원래 이름은 등세륭鄧世隆인데 태종의 휘를 피했기 때문에 등륭이라고 했다. 정관 초년에 국자주부國子主簿·수사학사修史學士로 임명되었고, 후에 위위승衛尉丞·저작좌랑·저작랑 등의 직책을 역임했다.

5) 양무제는 정치를 맑게 하지 못했고, 후경侯景이 혼란을 야기했을 때 유폐되어 굶어 죽었다. 그는 음악과 시부詩賦를 좋아했다. 양무제의 맏아들 소통蕭統은 문학가로 즉위하지 못하고 죽었다. 시호를 소명昭明이라고 했으며, 세칭 소명태자昭明太子로도 불렸다. 그는 일찍이 문학 하는 선비들을 불러 모아 《소명문선昭明文選》 30권을 편집했다.

6) 남북조시대 진陳의 마지막 5대 황제로 정치를 게을리하며 환락에 빠져 풍월을 읊조리다가 나라가 피폐해졌다. 수나라가 쳐들어오는데도 술을 마시며 시를 지었고 포로로 잡혔는데도 시주詩酒를 그치지 않았다고 한다. 낙양에서 병사했다.

황제의 잘못은 일식이나 월식 같다

정관 13년, 저수량褚遂良이 간의대부 겸 기거주起居注[7]로 임명되었다. 태종이 그에게 물었다.

"그대는 근래 기거주의 일을 담당하고 있소. 어떤 일이 있는지 모두 기억하오? 지금 나에게 말해볼 수 있소?"

저수량이 대답했다.

"현재의 기거주는 주대의 좌사左史, 우사右史[8]로 황제의 언행을 기록하면서 선행과 악행을 모두 적는데, 군주가 법을 위반하는 일이 없기를 바랍니다. 제왕이 직접 기거주에서 기록한 것을 보려고 했다는 말은 들은 적이 없습니다."

태종이 물었다.

"나에게 잘못된 점이 있다면 그대는 반드시 기록할 것이오?"

저수량이 대답했다.

"저는 군주와 신하의 도리를 지키는 일 가운데 자신의 직책을 지키는 일만 한 것이 없다고 들었습니다. 저의 직책은 사실을 기록하는 것인데, 무엇 때문에 기록하지 않겠습니까."

황문시랑黃門侍郎 유계劉洎가 진언하여 말했다.

"군주에게 과실이 있는 것은 일식이나 월식과 같은 것으로 모든

7) 천자의 곁에서 그의 언행을 기록하는 관직이다. 천자가 사망하면 사관은 이것을 받아 역사를 편찬했다. 위진남북조 때는 대부분 저작랑이 이 직책을 겸임했고, 북위 때 처음으로 기거령사起居令史를 설치하고, 별도로 수기거주修起居注, 감기거주監起居注 등의 관직을 두었다. 수나라에서는 중서성에 기거사인 두 명을 두었고, 당·송대에는 문하성과 중서성에 별도로 기거랑와 기거사인을 두어 이 일을 담당하게 했다.

8) 주대 사관은 좌사와 우사로 구분되었다. 좌사는 행실을 기록했고, 우사는 말을 기록했다.

사람이 볼 수 있습니다. 만일 저수량이 그것을 기록하지 않는다면 천하 사람들이 그것을 기록할 것입니다."

사관은 있는 그대로 기록해야 한다

정관 14년, 태종이 방현령에게 말했다.

"나는 매번 이전 시대의 역사서에서 선한 자를 표창하고 악한 자를 징벌하여 후세 사람들의 경계가 되도록 하는 것을 보았소. 옛날부터 그 시대의 역사를 잘 알지 못하거늘 어찌하여 제왕 자신이 직접 보지 못하도록 한 것이오?"

방현령이 대답했다.

"국사國史를 기록하는 사관이 선이든 악이든 반드시 모두 기록하는 것은 군주가 범법 행위를 하지 않기를 바라기 때문입니다. 기록하는 일이 군주의 마음을 거스르는 것을 두려워하기 때문에 군주가 그것을 보지 못하도록 하는 것입니다."

태종이 말했다.

"내 생각은 옛사람과 전혀 다르오. 현재 직접 국사를 보려고 하는 것은, 좋은 일이 있으면 그것은 별도로 논의할 필요가 없지만, 나쁜 일이 있으면 이후 경계로 삼고 스스로 잘못을 바로잡으려는 것이오. 그대는 초록을 적어 나에게 보여줄 수 있을 것이오."

현령 등은 이에 국사를 간략하게 편년체編年體로 만들어 《고조실록》, 《태종실록》 각 20권을 편찬하여 태종에게 주었다. 태종은 무덕武德 9년 6월 4일 현무문玄武門 사건에 대한 기록을 보았는데, 모호한 부분이 많았으므로 현령에게 이렇게 말했다.

"고대 주공이 관숙管叔과 채숙蔡叔을 죽인 이후 주왕실은 안락해졌고,[9] 노나라의 계우季友가 형 숙아叔牙를 독살한 이후 노나라는 안정되었소.[10] 내가 6월 4일에 한 행위의 의미는 이것과 같소. 원래는 나라를 안정되게 하고 만민에게 행복을 주기 위함이었소. 사관이 붓을 잡고 역사적 사실을 기록하면서 어찌 이러한 일을 감출 수 있소? 즉시 그처럼 겉만 번지르르한 언사를 고치고 사실을 직접 기록해야 하오."

시중侍中 위징魏徵이 아뢰었다.

"저는 황제란 더없이 높고 존귀한 지위에 있어 꺼리거나 두려워하는 것이 없다고 들었습니다. 오직 국사는 죄악을 경계하고 선을 권장하는 데 사용하는데, 만일 실사구시가 아닌 것을 기록한다면 후대에 무엇을 보여주겠습니까? 폐하께서 현재 사관을 보내 그 문사를 바로잡도록 한 것은 매우 합리적인 일입니다."

9) 주공은 성왕을 보좌했는데, 그 형제 관숙, 채숙, 곽숙 등이 복종하지 아니하고 무경武庚과 동이족과 연합하여 모반을 하였다. 주공은 동쪽으로 정벌하여 반란을 평정했으며 주왕실은 안정을 얻게 되었다.

10) 춘추시대 노장공魯莊公의 형제로는 경보慶父, 숙아叔牙, 계우季友 세 사람이 있었다. 계우는 그중 가장 훌륭했다. 장공 32년에 병세가 위급해지자 아들을 군주로 세우려고 했다. 이때 숙아와 경보가 군주의 자리를 찬탈할 계획을 세웠다. 계우는 독주로 이들을 죽였고, 노나라는 안정되었다.

제29편

예악(禮樂: 예절과 음악)

【해제】

예란 감정을 겉으로 드러내는 방법이다. 군자가 예를 행하는 것은 자신을 수양하기 위해서이므로 내심의 예를 표현하는 일을 최상의 예로 생각한다.

〈예악〉 편에서는 먼저 가족 간의 위계질서가 반듯하게 설 때 나라의 기강이 확립된다고 제시하고 주로 혼례와 상례에 관해 다루고 있다.《예기》〈혼의〉에서는 혼례를 예의 근본이라고 지적했다. 그 이유는 남녀의 구별이 있은 연후에 부부의 의義가 있으며, 부부의 의가 있은 이후에 부자간의 친함이 있고, 부자간의 친함이 있은 이후에 군주와 신하 간의 바름이 있기 때문이다. 이처럼 중요한 혼례에서 경제적인 부유함만을 강조하는 것은 예가 아니다. 혼례는 무엇보다도 인의를 기본으로 해야 한다. 또한 상례는 산 사람의 죽은 사람에 대한 예절이므로 은정의 깊이에 따라 복상하는 기간을 정해야 한다.

예와 마찬가지로 악樂도 인간의 정서를 있는 그대로 반영한다고 할 수 있다. 음악이 즐겁고 밝으면 그 사회가 명랑하지만, 슬프고 어두우면 망국으로 치닫고 있음을 쉽게 짐작할 수 있다. 이것은 밝은 음악이 만들어지기 위해서는 그 사회가 맑아야 한다는 말로 군주가 깊이 새겨야 할 점이다.

휘는 죽어서나 피하라

태종은 즉위 초에 곁에서 모시는 신하들에게 이렇게 말했다.

"《예기》에 의하면 사람의 이름은 죽은 후에 휘諱[1]를 피한다고 했소. 고대의 제왕들은 살아 있을 때 그 이름에서 휘를 피하는 일이 없었소. 그리하여 주문왕周文王은 이름이 창昌이었지만, 《시경》〈주송〉'옹'에서 '우리 자손을 번영케 하리.〔克昌厥後〕'라고 했고, 춘추시대 노장공의 이름은 동同이었는데, 《춘추》장공 16년조에서는 '제후와 송공이 유 땅에서 동맹을 맺었다.〔齊侯宋公同盟於幽〕'라고 했소. 오직 근래의 각 제왕들만이 모두 어지럽게 법규를 제정하여 살아 있을 때에 그 휘를 피하도록 명령하고 있소. 이것은 이치상 옳지 않으니 바꾸어야만 하오."

이에 다음과 같은 조서를 내렸다.

"《예기》에 의거하여 인명人名 두 글자는 일일이 휘를 피할 필요가 없소. 공자는 이치에 정통한 성인으로 이전에 후세의 잘못된 행실에 대하여 지적한 바 있소. 요즘 불합리한 제한 규정으로 인하여 인명 두 글자 모두 휘를 피하고 있소. 이처럼 하여 버리거나 없는 글자가 매우 많아졌소. 임의로 이렇게 하는 것은 경전의 말에 어긋나는 것이오. 현재는 예법에 의거하여 일은 간략하게 하고 이전 시대의 성인을 모방하여 후인들에게 모범을 남겨주어야 하오. 관직 명칭이나 인명, 공문이나 사사로운 글에서 '세世' 자와 '민民' 자가 있

---

1) 선왕이 죽은 날을 기忌라 하고, 이름을 휘諱라 한다. 옛날 제왕들은 그 이름을 직접 부르거나 쓰지 않았다.

어도 두 글자가 연결되어 있지 않으면 모두 피할 필요가 없소."

가족 간의 위계질서

정관 2년, 중서사인中書舍人 고계보高季輔[2]가 상소하여 말했다.

"저는 밀왕密王 이원효李元曉[3] 등이 모두 황제의 종친임을 알고 있습니다. 폐하의 형제를 사랑하는 마음은 그 정의情誼에 있어서는 고대보다 높아, 폐하께서 그들에게 수레와 옷을 내려주어 왕실의 병풍이 되는 중임을 맡기셨습니다. 반드시 예절 의식에 따르도록 함으로써 뭇사람들이 바라는 정서와 부합하도록 하셔야 합니다. 요즘 황제의 아들이 숙부들에게 하배下拜를 하고, 숙부들도 즉시 그들에게 인사하는 것을 보았습니다. 왕으로서의 작위는 같아도 가족 간에는 지켜야 할 예절이 있는 것입니다. 어찌 가족 안의 순서를 거스를 수 있습니까? 원컨대 폐하께서는 가르침과 경계를 남겨 영원히 불변하는 법규를 만드십시오."

태종이 이원효 등에게 조서를 내려 오왕 각, 위왕魏王 태 형제의 인사에 답례하지 않을 수 있다고 했다.

---

2) 이름은 풍馮이고 자는 알려져 있지 않다. 정관 초년에 감찰어사가 되었으며, 중서사인으로 자리를 옮겼다. 자주 상소를 올려 정치의 득실에 관한 주장을 폈다.

3) 고조의 21남으로 태종의 동생이다.

무속이 아니라 상례 규정을 따르라

정관 4년, 태종이 곁에서 모시는 신하들에게 말했다.

"요즘 수도의 사족士族(관리 포함)과 일반 백성은 부모의 상기 중에 무속에 관한 책의 말만을 믿고 진일辰日에 곡을 하지 않고, 이것 때문에 조문을 사절한다고 들었소. 금기에 빠져 슬퍼하는 것을 멈추고 풍속을 파괴하는 것은 인륜의 예법에 크게 어긋나는 것이오. 각 주와 현에 명령하여 백성을 가르쳐 지도하고, 일률적으로 상례 규정에 따르도록 하시오."

스님이나 도사에게도 부모가 최우선이다

정관 5년, 태종이 곁에서 모시는 신하들에게 말했다.

"불교와 도교에서 교화를 실시하는 것은 본래 선행을 하기 위함이오. 어찌 스님이나 도사가 망령되게 스스로를 존대하고 자리에 앉아 부모의 배례를 받을 수 있겠소. 이것은 풍속을 해치고 예법을 어지럽히는 것이니 즉시 금지하고 부모에게 배례하도록 하시오."

혼인은 장사하는 것이 아니다

정관 6년, 태종이 상서좌복야 방현령에게 말했다.

"요즘 산동에는 최崔·노盧·이李·정鄭 네 성이 있는데, 대를 거듭하면서 점차 쇠락하였지만 여전히 그들의 과거 명망에 의지하여 자신들을 뽐내기 좋아하며 사대부士大夫라 칭하고 있소. 또한 딸을 다른 가문에 시집보낼 때 결혼 지참금을 많이 요구하여 재물이 많음을 귀하다고 여기고, 인원수에 따라 약속을 정하는 것은 장사치들과 같소. 이것은 풍속을 크게 파괴하고 예법을 어지럽히는 행위요. 그들은 가볍게 여길 것과 중시할 것을 적당하게 하지 못했소. 반드시 개혁하는 것이 이치에 맞소."

그리하여 이부상서 고사렴高士廉, 어사대부御史大夫 위정韋挺, 중서시랑 잠문본, 예부시랑禮部侍郎 영호덕분令狐德棻 등에게 조서를 내려 성씨姓氏를 삭제하여 바르게 하고, 널리 전국의 가계도를 수집하고, 아울러 역사책과 경전에 근거하여 헛된 것을 삭제하여 진위를 바로잡고, 충신과 현인은 포상하여 승진시키고, 간사한 자와 반역한 자는 파면시켜 《씨족지氏族志》를 만들도록 했다. 고사렴 등은 씨족의 등급을 정한 글을 올렸을 때, 최간崔幹[4]을 제1등으로 삼았다. 태종은 그들에게 말했다.

"나는 산동의 최·노·이·정 네 성과 과거 어떤 은혜를 받은 일도 원수를 진 일도 없었소. 그들은 대를 거듭하면서 점차 쇠락하여 관

4) 《통감通鑑》에는 최민간崔民幹으로 되어 있다. 여기서는 태조의 휘를 피하여 민民 자를 삭제한 것이다.

리나 환관이 된 자가 없으면서도 여전히 자칭 사대부라고 하고 딸을 시집보낼 때는 많은 재물을 요구하였소. 어떤 사람은 재능이 없고 어리석으면서도 스스로를 높여 조상의 명망을 마음대로 팔아먹고, 여기에 기대어 부귀해지려고 하오. 나는 사회에서 무엇 때문에 그들을 중시하는지 이해할 수 없소.

사대부란 재능이 있어 공훈을 세우면 작위가 높아지고, 군주를 보좌하는 충성심과 부모를 모시는 효성 이 두 가지에 있어 모두 칭찬할 만한 사람이오. 또 도덕과 인의에 있어서 고상하고 학문과 기예가 넓은 사람은 고귀한 가문을 얻을 수 있고 천하의 사대부로 칭해질 수도 있소.

현재 최·노 이러한 사람은 선조의 작위를 과시하고 있을 뿐인데 오늘의 존귀한 자와 비교할 수 있겠소? 공경 이하 사람들이 무슨 여유가 있어서 많은 재물을 보내 그들의 기세를 조장했겠소? 단지 헛된 명성을 숭상하여 실제적인 것을 등지는 것을 영예로 생각하기 때문이오.

내가 현재 씨족 등급을 정한 것은 우리 조대의 높은 지위와 관직에 있는 자를 고귀하게 하려는 생각에서요. 무슨 이유로 최간이 1등의 자리에 놓이게 되었소? 여러분이 내 관직과 작위를 귀하게 여기지 않는 것으로 간주할 수 있소. 몇 대 이전의 것을 논할 필요도 없소. 오직 오늘의 관품官品과 인재를 얻는 등급은 기준을 통일시켜 영원한 법칙으로 삼아야 하오."

그리하여 최간을 3등에 놓았다.

정관 12년, 책이 완성되었는데, 총 1백 권으로 천하에 반포하였다. 또 조서를 내려 다음과 같이 말했다.

"씨족의 광채는 사실상 높은 지위와 관직에 의거하고, 혼인의 도리에는 인의仁義보다 높은 것은 없소. 북위가 나라를 잃고, 북제가 멸망한 이후로 조정과 민간의 상황은 변하였고, 풍속 또한 이미 쇠락했소. 이전의 연燕나라와 조趙나라의 대성大姓은 대부분 관직이 없소. 제齊나라와 한나라의 옛 귀족에게는 예의를 등지는 기풍이 있소. 고을에서 명성이 없으면 자신 또한 빈천함을 면할 수 없기에 스스로는 고귀한 문벌의 후대라고 말하고 배우자를 선택하는 예의를 중시하지 않으며, 이름을 묻는(問名)[5] 예절에 있어 오직 재물만을 구할 줄 알고, 딸을 시집보낼 때는 반드시 부잣집으로 보내려고 했소.

또 새롭게 관리가 되거나 돈이 있는 자들은 이러한 사람의 조상을 흠모하여 그들과 인척 관계를 맺기 위해 서로 다투면서 대부분 재물을 보내고 있어 마치 매매하는 것과 같소. 어떤 사람은 스스로 문벌을 낮추어 처갓집으로부터 굴욕을 당했고, 어떤 사람은 과거 명문가였음을 과시하며 시부모에게 무례한 행동을 하였소.

이러한 악습이 누적되어 풍속이 되었고, 지금까지도 지속되고 있

5) 유가 예의에서는 혼례를 예의 근본으로 보았다. 혼인의 준비 단계에는 육례六禮라는 것이 있다. 《예기》〈혼의〉에서는 혼례의 내용, 목적, 의의를 정확히 밝혀 이렇게 말했다. "혼례는 남자가 중매자를 통해 혼인을 청하고, 여자의 생년월일을 묻고, 점을 치고, 남자 집에서 여자 집으로 예물을 보내며, 결혼 날짜를 선택하고, 신랑이 직접 여자 집으로 가 신부를 맞아 자기 집으로 돌아온다. (……) 때문에 공경하고 신중하게 하는 것이 올바른 혼례이다. 육례가 갖추어지면 이것을 빙聘이라 하고, 육례가 갖추어지지 않으면 이것을 분奔이라 한다."

소. 이것은 인륜을 어지럽히고 명분과 교화를 손상시키는 것이오. 나는 아침저녁으로 삼가고 두려워하며 나라를 다스리는 이치에 대해 생각한 결과 이전 시대의 병폐는 전부 다스려지고 개혁되었소. 그러나 혼인의 나쁜 풍습만은 아직도 근본적으로 바꾸지 못했소. 오늘 이후로 천하에 분명하게 알려 사람들이 모두 결혼의 바른 이치를 알도록 하고, 반드시 예법에 맞도록 하여서 나의 뜻에 일치시키시오."

며느리의 예절을 다하는 공주

예부상서禮部尙書[6] 왕규의 자는 경직敬直이다. 태종의 딸 남평공주南平公主를 며느리로 맞이했다. 왕규가 말했다.

"《예기》의 규정에는 신부가 시부모를 알현하는 의식이 있습니다. 그런데 요즘 들어 좋은 풍속이 파괴되었고, 공주가 출가할 때 이 예절은 모두 폐지되었습니다. 현재 황제께서는 영명하여 모든 행동이 법규를 준수하고 있습니다. 저는 공주의 알현을 받았는데 어찌 저 개인만의 영광이겠습니까. 이것은 나라의 아름다운 덕입니다."

이에 부인과 함께 자리에 앉아 공주에게 직접 수건을 쥐고 손을 씻기며 음식을 드리는 예절을 실행하도록 했다.[7] 예절이 끝난 후에

6) 예부는 상서성에 속하는 중앙관청 육부六部의 하나로 궁정의 의례儀禮, 교육, 과학 등을 담당했다. 상서尙書는 그 장관이다.

물러났다.

태종이 그 일을 듣고 훌륭하다고 칭찬했다. 그 이후로 공주가 시집가 시부모가 있는 집에서는 이러한 예절을 행하도록 했다.

접대 예절

정관 12년, 태종이 곁에서 모시는 신하들에게 말했다.

"옛날 제후들이 수도로 입조入朝할 때는 숙박과 목욕하는 곳이 있었고, 수레 백 대의 말 사료를 내려주어 빈객의 예를 갖추어 대우했소.

낮에는 정전正殿 안에 앉아 있고, 밤에는 대정大庭 안에서 불을 켜고 있었소. 천자는 항상 그들을 접견하고 그들의 노고를 위로하였소. 또 한대의 수도 장안에도 여러 군에서 오는 사신을 위해 숙소를

7) 과거 여자들은 시집가기 전부터 시부모를 섬기는 방법을 교육받았다. 《예기》〈내칙〉에 이런 기록이 있다. "며느리의 시부모에 대한 예법은 남자가 부모에게 하는 예법과 같다. 닭이 처음으로 울 때 일어나 손을 씻고 양치질을 하고 머리를 빗고서 사縰로 머리를 싸매고 쪽을 찌은 뒤 비녀를 꽂고 술을 단 다음 옷을 입고서 큰 띠를 맨다. 그런 다음 허리 왼쪽에 헝겊과 수건과 작은 칼과 숫돌과 소휴小觿와 금수金燧를 차고, 오른쪽에는 바늘과 바늘통과 실과 솜을 찬다. 또 대휴大觿와 목수木燧를 차는데 남자와 다른 것은 향낭을 몸에 지닌다는 것이다. 그런 다음 신발에 들메끈을 달고 이것을 신는다. 남녀 모두 아침 준비를 마치면 부모님이나 시부모님의 방으로 가야 한다. 방에 이르러서 마음을 가라앉히고 목소리를 부드럽게 하여 입고 계신 옷이 따뜻한지 추운지, 몸에 아픈 곳은 없는지 가려운 데는 없는지를 묻고서 아프고 가려운 데가 있다면 공손히 이를 누르거나 긁어드려야 한다. 또 부모님이나 시부모님이 출입할 때에는 앞이나 뒤를 따르면서 공손히 부축해드리며, 세숫대야를 올릴 때에는 나이가 어린 자가 대야를 받들고 연장자가 물을 갖고 가서 대야에 따르기를 청해야 한다. 부모님이나 시부모님이 세수를 끝마치면 수건을 올리고 다음에 원하는 음식을 묻고서 공손히 올려야 하는데 이때 안색을 부드럽게 하지 않으면 안 된다."

만들었소. 그런데 최근 조집사朝集使[8]가 수도로 왔을 때 방을 빌려 묵는데, 그 방은 장사치들이 섞여 있어서 몸 하나 겨우 들일 수 있는 곳이라고 들었소. 이와 같이 접대하는 것은 예절이 부족한 것이니, 틀림없이 수많은 사람의 원망과 개탄이 있을 것이오. 어찌 그들이 정성을 다해 공무를 처리하겠소?"

이에 각 주에서 도성으로 오는 사신들을 위해 도성의 공터에 집을 짓도록 명령했다. 집이 완공되자 태종은 직접 와서 살펴보았다.

서자들은 더욱 분수를 지켜야 한다

정관 13년, 예부상서 왕규가 아뢰었다.

"법령에 의하면, 3품 이상의 관원이 길에서 왕을 우연히 만나면 구태여 말에서 내리지 않아도 된다고 합니다. 오늘날에는 모두 법령을 위반하면서 존경을 표하니 조정의 법전을 어기는 것입니다."

태종이 말했다.

"여러분은 스스로를 귀하다고 높이고 내 아들을 무시하려는 것이오?"

위징이 대답했다.

"한위 이래로 왕의 배열 등급은 모두 삼공三公 아래에 있었습니

8) 한대 각 군에서는 재정을 관장하는 관리를 수도로 파견하여 조정에 그 군의 정치, 재정 등을 보고하게 했는데, 이러한 관리를 상계사자上計使者라고 했다. 당나라 때는 각 도에서 매년 사신을 파견하여 천자·재상을 알현하도록 했는데, 이들을 조집사라고 했다.

다. 현재 3품과 육부상서, 구경九卿[9])이 왕을 보고 말에서 내리는데, 이것은 옳지 않습니다. 과거의 선례를 살펴보면 어떤 근거도 없고, 현재 실행하는 것 역시 국법을 위반하는 것이므로 절대 해서는 안 됩니다."

태종이 말했다.

"나라에서 태자를 세우는 일은 장래의 황제를 만드는 일이오. 한 사람의 우수함은 나이의 많고 적음에 있는 것이 아니오. 만일 태자가 없다면 아우들이 순서에 따라 태자가 되어야 하오. 이에 비추어 말하면 어찌 내 아들을 경시할 수 있소!"

위징이 또 말했다.

"은殷나라 사람은 실질적인 것을 숭상하여 형이 죽으면 [왕위가] 동생에게 전해지는 정리가 있었습니다. 주왕조 이래로 적자를 반드시 장자로 세워야 했는데, 이것은 서자들이 분수에 넘치는 생각을 못 하게 하여 재앙과 혼란의 근원을 막기 위해서였습니다. 나라를 다스리는 자는 이 점에 특히 신중해야 합니다."

태종은 왕규의 주청을 허락했다.

허명을 취하고 지엽을 추구하는 복상

정관 14년, 태종이 예관禮官에게 이렇게 말했다.

---

9) 고대 관직 제도다. 진한 시기에는 통상적으로 진상秦常·태상太常·낭중령郎中令·광록훈光祿勳·위위衛尉·태복太僕·정위廷尉·전객典客·대홍려大鴻臚·종정宗正·치속내사治粟內史·대사농大司農·소부少府를 구경이라고 했다. 이것은 실질적으로 중앙의 각 행정기관의 총칭이다.

"함께 살던 사람이 죽으면 상복을 입는 은정이 있는데, 형수와 숙부 간에 상복을 입지 않으며, 또 외숙과 이모는 친하고 소원한 정도가 거의 비슷하지만 상례는 다르니 합치되게 할 필요가 없소. 마땅히 학자들을 소집하여 이 점에 관하여 자세히 토론하도록 하시오. 또 친족 관계가 두텁고 복상服喪이 가벼운 경우가 있으면 연구하여 보고하도록 하시오."

이날 상서팔좌尙書八座가 예관과 연구한 결과 한 가지 의견을 제시했다.

"저희는 예란 의심스러운 것을 판단하고 시비가 분명하지 않은 행위를 밝히며 서로 같거나 다른 것을 판별하고, 정확한 것과 오류를 명백히 하는 것이라고 들었습니다. 그것은 하늘에서 떨어진 것도 아니고 땅에서 솟은 것도 아니며, 인간의 감정에서 나왔을 뿐입니다. 인륜의 도에서 가장 우선으로 하는 것은 구족九族[10)]의 화목입니다. 구족의 화목은 주변에 있는 자를 가까이하고 사랑하는 일부터 시작되며, 가까이 있는 자로부터 먼 곳에 있는 자에게 미칩니다. 친족에게는 친함과 소원함과 같은 등급의 차이가 있으므로 상사喪事의 예교에도 존비尊卑와 후박厚薄의 구별이 있어야 하며, 은정의 두텁고 얇음에 따라 모두 인간의 감정과 상칭되는 상례의 조문을 세워야 합니다.

원래 외숙과 이모는 모두 같은 육친이지만, 어머니 쪽에서 보면 친함과 소원함, 가볍고 무거움의 차이가 현저합니다. 무엇 때문이

10) 본인으로부터 위로 부조父祖, 증조曾祖, 고조高祖와 아래로 아들, 손자, 증손曾孫, 현손玄孫을 가리킨다.

겠습니까? 외숙은 어머니의 본족本族이지만 이모는 시집가서 다른 성이 됩니다. 어머니의 일족으로부터 보면 이모는 그 안에 들어가지 않으며, 경전상의 조문을 살펴보면 외숙은 사실상 이모보다 중요한 위치에 있습니다.

그런 까닭에 주왕周王은 제나라를 생각하면서 외숙의 나라라고 했고,[11] 진강공秦康公이 진문공晉文公을 생각한 것은 실제로 《시경》〈진풍秦風〉 '위양渭陽'[12]의 시의詩意에 부합합니다. 현재 외숙에 대한 복상은 단지 3개월뿐인 데 반해 이모의 상은 5개월이니, 허명을 취하고 실제를 상실한 것이며, 지엽을 추구하고 근본을 잃은 것입니다. 이것은 옛사람의 감정을 세밀하게 관찰하지 못한 것입니다. 복상 기간을 줄이거나 늘려야 할 부분이 있는 것은 사실상 여기에 있습니다."

복상은 감정의 깊이에 따라야 한다

"《예기》에서 말하기를 '조카가 자기 아들과 같음은 실제로 가까이 이끄는 것〔引而進之〕이고, 형수와 작은아버지가 상복이 없음은 사실상 먼 데로 밀어내는 것이다.〔追而遠之〕'라고 했습니다. 예에 의하면 계부繼父와 함께 산 자는 1년 동안 복상을 하지만, 함께 살지 않은

11) 《춘추좌전》 노성공 2년조에 나온다. 제나라는 주나라와 통혼을 했기 때문에 외숙의 나라라고 했다.

12) 이 시는 이렇다. "외숙을 전송하러 / 위수 북쪽 기슭까지 왔는데 / 무엇을 선물로 드릴까? / 수레와 누런 사마로 하지. / 외숙을 전송하노라니 / 꼬리에 꼬리를 잇는 여러 가지 감회 / 무엇을 선물로 드릴까? / 아름다운 옥돌 패옥으로 하지."

자는 복상을 하지 않으며, 이모부와 외숙모 두 사람은 서로 복상합니다. 어떤 사람이 말하기를 '함께 살면 시복緦服[13]을 입는다.'라고 했습니다. 계부와 이모부는 골육지친이 아닙니다. 그 복상이 무거운 것은 함께 살기 때문이고, 은정이 가벼운 것은 함께 살지 않기 때문입니다. 이로부터 상복 제도는 이름은 있어도 사실상 은정의 두텁고 얇음에 근거하는 것임을 알 수 있습니다.

어떤 경우는 나이 많은 형수가 나이 어린 시동생을 만나, 형수는 마치 자기가 낳은 것처럼 성심성의를 다해 기르며 굶주림과 추위를 함께하고, 고통을 나누며 늙을 때까지 해로합니다. 함께 사는 의붓아비나 다른 사람과 비교할 때 어찌 정의 깊고 얕음을 함께 논할 수 있겠습니까! 형수가 살아 있을 때는 골육지친처럼 사랑하다가 그가 죽자 멀리 밀어내니, 이것은 근원을 찾아보아도 아주 납득하지 못할 일입니다. 만일 밀어 멀리하는 것이 옳은 일이라면 생전에 함께 거주할 수 없으며, 만일 살았을 때 함께 거주한 것이 옳은 것이라면 죽은 후에 낯선 타인처럼 소원하게 할 수 없습니다. 살아 있을 때를 중시하고 죽은 다음을 경시하며, 시작을 중시하고 끝을 경시하는 경우에서 감정에 따라 예절의 조문을 확정 짓는 일의 도리가 대체 어디에 있습니까? 옛날 서적에 형수를 섬기는 일로 칭찬받은 사람의 기록은 단 한 명에 그치지 않았습니다.

정중우鄭仲虞[14]는 과부가 된 형수를 봉양하고 아버지를 잃은 고아를 가르쳤는데, 그 감정과 예절이 매우 두터웠으며, 안홍도顏弘

13) 오복五服 중 가장 가벼운 상복으로, 가는 삼베로 만들었다.

14) 이름은 균均이고 후한시대 사람이다. 그는 독실하고 의리를 중시한 인물이었다.

都[15]는 실명한 형수를 모셨는데 그의 지성은 귀신과 사람을 모두 감동시켰습니다. 마원馬援[16]은 형수를 만나려고 할 때면 먼저 단정하게 모자를 썼고, 자사는 형수의 영전 앞에서 애달프게 곡을 하였습니다.

이것은 예교를 실행한 것입니다. 인애仁愛하는 마음은 특히 부모에 대한 효도와 형제간의 우애를 두텁게 합니다. 이러한 행위의 의미를 살펴보면 어찌 선각자가 아니겠습니까? 그러나 그 당시 위에는 영명한 군주가 없었고, 예의 또한 신하들이 논의하는 일이 아니었으므로 이처럼 깊은 정을 천년 동안이나 묻어두었고, 가장 근본이 되는 도리를 만대 동안 매장시킨 것입니다. 이러한 일의 유래는 이미 오래되었으니 어찌 애석해하지 않을 수 있습니까?"

복상 제도 개혁

"현재 폐하께서는 존비尊卑의 순서는 분명하지만 상사喪事 제도가 간혹 정리情理에 맞지 않는다고 여겨 종묘 제사를 관장하는 질종秩宗에게 손익損益을 상세히 토론하도록 하였습니다. 신 등은 폐하의 밝은 뜻을 따라 어떤 하나의 상황을 포착하여 유사한 일을 탐구했으며, 경전을 선택적으로 인용하여 각종 전기에 대한 토론과 연구로 어떤 것은 배제하고 어떤 것은 인용하였으며, 명실名實을 겸하

15) 이름은 함含이고 진晉나라 사람이다.

16) 자는 문연文淵이고 후한 초기의 부풍扶風 사람이다.

고, 남는 부분은 줄이고 부족한 부분은 보충했습니다. 조문이 없는 예절에는 일정한 규정이 있도록 하고, 돈후하고 화목한 감정이 모두 드러나게 했으며, 종래의 경박한 풍속을 바꾸고 미래에 성실한 도를 전하도록 했습니다. 이것은 육경六經에서도 말하지 않은 것으로, 백대의 제왕을 넘어 폐하만이 수립한 것입니다.

저희는 신중하게 건의합니다. 증조부모에게는 자최齊衰[17] 3개월 복상하던 것을 자최 5개월로 늘리고, 적자의 아내에게는 대공大功[18]으로 복상하던 것을 자최 1년으로 늘리며, 기타 아들의 아내에게는 과거 소공小功[19]으로 복상하던 것을 형제와 함께 대공 9개월로 하고, 형수와 작은아버지에게는 과거에는 복상하지 않았지만 소공 5개월로 복상하기를 청합니다. 동생의 아내와 큰아버지의 상에도 소공 5개월로 하십시오. 외숙은 과거 시마 3개월로 복상하였는데 이모처럼 소공 5개월로 하도록 하십시오."

태종은 조서를 내려 이러한 건의에 동의하였다. 이러한 건의는 모두 위징이 쓴 것이다.

부모는 자식의 효도를 기다려주지 않는다

정관 17년, 12월 계축일癸丑日에 태종이 주위에서 모시는 신하들에

17) 거친 마로 만든 상복이다. 이 상복을 1년간 입는 경우는 손자가 조부모를 위할 때와 남편이 아내를 위할 때이고, 5개월 입는 경우는 증조부모를 위할 때이고, 3개월 입는 경우는 고조부모를 위할 때이다.

18) 숙마熟麻로 만든 상복을 입고 9개월간 복상하는 것이다.

19) 비교적 가는 마로 만든 옷을 입고 5개월간 복상하는 것이다.

게 말했다.

"오늘은 나의 생일이오. 세간에서는 생일을 기쁘고 즐거운 날로 여기오. 그러나 나의 마음은 오히려 부모님만을 그리워하고 있소. 천하의 군왕이 되어 사해의 부유함을 소유하고 있지만, 부모님을 모시려고 해도 모두 세상을 떠나 영원히 불가능한 일이 되었소. 옛날 공자의 제자 자로子路는 부모님이 돌아가신 후 초楚나라를 두루 다니며 부유해졌지만 부모를 위해 쌀을 짊어질 수 없는 한을 품었는데,[20] 실제로 일리가 있는 일이오. 하물며《시경》〈소아小雅〉'육아蓼莪'에서는 '불쌍한 내 부모, 나 낳느라 수고했네.'라고 했소. 어찌 부모가 수고한 날에 연회를 열어 즐길 수 있겠소! 사실 예법에 크게 위배되는 것이오."

이 일로 태종은 오랫동안 울었다.

나라의 흥망은 음악에 달려 있지 않다

태상소경太常少卿 조효손祖孝孫이 태종에게 새로 정한 신악新樂[21]에 대하여 아뢰었다. 태종이 말했다.

"예악이 만들어지는 것은 본래 성인들이 대자연의 물상物象에서

---

20) 《공자가어》〈치사致思〉에 보인다. "옛날 자로는 양친을 모실 때 명아주 잎과 콩잎 같은 거친 음식만을 먹었으며, 부모를 위해 쌀을 짊어지고 백 리 밖까지 갔다. 부모님이 돌아가신 후 남쪽 초나라를 두루 다니며 백승의 수레를 이끌고 일만 종鍾의 식량을 모았다. 그는 명아주 잎과 콩잎을 먹으며 부모를 위해 쌀을 짊어지고 다니기를 원했지만, 다시는 그럴 수 없었다."

21) 조효손은 당나라 아악雅樂을 총 84조調, 31곡曲, 12화和로 만들었다.

법을 취하여 교화를 시행한 것으로 절제를 하는 것이오. 정치의 선악이 어찌 음악에서 나오겠소?"

어사대부 두엄杜淹[22]이 대답했다.

"이전 시대의 흥성과 쇠망은 확실히 음악으로부터 이르렀습니다. 진陳나라가 멸망하려고 할 때 〈옥수후정화玉樹後庭花〉를 지었으며, 제나라가 멸망하려고 했을 때도 〈반려곡伴侶曲〉[23]을 지었는데, 길을 가던 사람들도 이 곡을 듣고 슬퍼하며 눈물을 떨구지 않는 이가 없었습니다. 이것이 망국지음亡國之音인 것입니다. 이로부터 나라의 흥망은 확실히 음란한 음악에서 기인한다는 것을 알 수 있습니다."

태종이 말했다.

"틀렸소. 음악이 어찌 인간을 감화시킬 수 있겠소? 활력이 넘치는 사람이 음악을 들으면 즐겁고, 슬픈 사람이 음악을 들으면 슬픈 것으로, 기쁨과 슬픔은 인간의 본심에 있는 것이지 결코 음악에서 기인하는 것이 아니오. 멸망하려는 나라의 정치는 그 백성들이 반드시 슬프고 고통스러울 것이오. 이러한 슬픔과 고통의 마음이 음악과 서로 감응하기 때문에 음악을 듣는 사람이 슬픈 것이오. 어떤 슬픈 음악이 기뻐하는 사람을 슬프게 할 수 있겠소? 현재 〈옥수후정화〉, 〈반려곡〉과 같은 음악이 모두 있는데, 내가 여러분을 위해 이 음악을 연주할 수 있소. 나는 여러분이 이 곡을 들은 후 반드시 슬퍼하지 않을 것을 안다오."

---

22) 자는 집례執禮이고, 두여회의 아저씨이다. 그는 박학하였으며 특히 임기응변에 뛰어났다고 한다.

23) 남조 제나라 마지막 황제인 동혼후東昏侯 소보권蕭寶卷은 황음무도하고 흉포했으며, 사치가 극에 이르렀다. 그는 심귀비潘貴妃를 총애하여 〈반려곡〉을 지었으며, 아침저녁으로 환락만을 좇고 정치를 돌아보지 않았다. 후에 양나라 무제 소연蕭衍에 의해 멸망당했다.

상서우승尙書右丞 위징이 공자의 말을 인용하여 대답했다.

"예의, 예의라고 말하지만 옥이나 비단 등의 예물만을 가리켜 말하는 것이겠습니까? 음악, 음악이라고 말하지만 종이나 북과 같은 악기만을 가리켜 말하는 것이겠습니까?"[24)]

태종은 위징의 의견이 옳다고 생각했다.

좋은 음악은 핵심만을 묘사한다

정관 17년, 태상경太常卿 소우蕭瑀가 아뢰었다.

"현재 '파진씨무破陳氏舞'[25)]가 천하에 널리 전해지고 있지만, 황제의 가장 높은 공덕을 칭송함에 있어서는 충분하지 못한 부분이 있습니다. 폐하께서 잇달아 공격하여 무찌른 적으로는 유무주劉武周, 설거薛擧, 두건덕竇建德, 왕세충王世充 등이 있습니다. 저는 그들의 얼굴을 그리고 전쟁에서 승리하고 공격하는 모습을 묘사하길 원합니다."

태종이 말했다.

"나는 천하가 혼란하여 평정되지 않았을 때, 깊은 물과 뜨거운 불 속에서 허우적거리는 천하 백성을 구하려고 했소. 그런 까닭에 부

---

24) 이것은《논어》〈양화陽貨〉에 나오는 말이다. 사람들은 늘 예의니 음악이니 말하지만, 예의와 음악의 본질을 제대로 이해하지 못하고 옥이나 비단, 종이나 북만을 가지고 형식만을 차리는 것을 한탄하는 말이다.

25) 당나라 궁정 무용인 '칠덕무七德舞'를 말한다. 태종은 진왕秦王이 되었을 때 유무주를 격파하고 〈파진악破陳樂〉을 지었다. 정관 초에 〈진왕파진악곡秦王破陳樂曲〉을 만들었으며, 이백약李百藥, 우세남虞世南, 위징 등이 가사를 만들었다. 이것은 모반자들의 토벌을 소재로 하여 태종이 사방을 정벌하고 천하를 평정한 무공을 칭송하는 내용이다.

득이 나아가 공격하여 토벌한 것이오. 이 때문에 민간에서 이 무용이 나오게 되었고 나라에서도 이 곡을 제작한 것이오. 아악雅樂의 묘사는 마땅히 개괄적인 상황을 묘사해야 하오. 만일 일의 밑바닥까지 철저히 묘사한다면 그간의 구체적인 상황을 쉽게 보게 될 것이오. 나는 현재의 장상將相 중 많은 수가 유무주의 지휘를 받은 적이 있고 이미 짧으나마 군신의 관계를 맺었는데, 현재 새롭게 그들이 처음 붙잡힐 때의 상황을 보게 된다면 틀림없이 참지 못할 것이라고 생각하오. 나는 이 이유 때문에 상세히 묘사하지 못하는 것이오."

소우가 절을 올리며 말했다.

"이러한 일은 신의 생각이 미치지 못한 것입니다."

권卷 8

제30편

무농(務農:농업을 장려하라)

【해제】

'농자천하지대본農者天下之大本'이라는 말은 예나 지금이나 불변의 명제이다. 당시 전쟁과 농사는 서로 떼려야 뗄 수 없는 관계였다. 군주 입장에서는 영토 확장을 위해 전쟁을 치러야 하고, 백성 입장에서는 농사일을 망치게 되므로 전쟁만큼은 일어나지 않기를 바란다.

군주들이 가능한 한 농사철인 봄가을에 전쟁을 일으키지 않았던 것은 백성이 농사일에 전념하도록 하기 위한 것이었다. 물론 이러한 기본 원칙이 제대로 지켜지지는 않았다.

〈무농〉 편에서는 나라의 근본인 백성이 농사를 짓는 것이 얼마나 중요한 일인지를 강조하고 있다.

농사가 근본이다

정관 2년, 태종이 곁에서 모시는 신하들에게 말했다.

"모든 일은 근본에 힘써야 하오. 나라는 사람을 근본으로 하고, 사람은 먹고 입는 것을 근본으로 하오. 무릇 먹고 입는 것을 경영하는 일은 농사철을 잃지 않는 것을 근본으로 하오. 농사철을 잃지 않는다면 군주는 백성을 안정되게 할 수 있을 것이오. 만일 전쟁이 끊이지 않고 토목사업이 그치지 않으면서 농사 시기를 빼앗지 않으려고 한다면 가능한 일이겠소?"

왕규王珪가 말했다.

"과거 진시황秦始皇과 한무제는 대외적으로는 끝까지 무력을 사용했고, 대내적으로는 화려한 궁전을 지었습니다. 그들 백성의 역량이 다하자 곧 재앙이 일어났습니다. 그들이 어찌 백성을 안정시키려는 생각을 하지 않았겠습니까? 그들은 이미 백성을 안정시킬 방법을 잃은 것입니다. 수왕조가 멸망한 길은 역사적으로 경계로 삼을 만한 것으로서 오늘로부터 멀리 있었던 일이 아닙니다. 폐하께서는 친히 수왕조의 병폐를 이어받았으므로 어떻게 변화시킬지를 알고 있습니다. 그러나 일이란 시작은 쉽지만 끝까지 견지하는 것은 사실상 어렵습니다. 그럼에도 폐하께서 처음부터 끝까지 조심하고 삼가며 최고의 경지에 이를 수 있기를 바랍니다."

태종이 말했다.

"그대의 말이 옳소. 백성이 편안하게 생활하고 즐거운 마음으로 산업에 종사하며, 나라가 태평성대를 누릴 수 있도록 하는 것은 오직 군주에게 달려 있소. 군주가 자연에 순응하여 백성과 휴식을 취하면 백성은 즐거울 것이오. 군주가 욕심이 지나치면 백성은 고통스러울 것이오. 그러니 나는 감정을 억제하고 욕심을 줄이며 자신을 억제하고 노력하는 것이라오."

누리를 삼킨 태종

정관 2년, 수도 장안 부근은 큰 가뭄에 농작물의 큰 해충인 누리(황충蝗蟲, 메뚜깃과의 풀무치)가 많이 발생했다. 태종은 금원禁苑[1]으로 들어가서 농작물을 시찰하다 누리를 보고는 두 손으로 몇 마리를 잡아 이렇게 주문呪文을 했다.

"인간은 곡물로 목숨을 보존한다. 그런데 너희는 그 곡물을 먹고 있으니 이것은 백성을 해치는 것이다. 백성에게 허물이 있다면 그 책임은 나 한 사람에게 있다. 너희에게 영험이 있다면 당연히 나의 심장을 먹어야지 백성을 해롭게 할 수는 없다."

그러고는 누리를 삼키려고 했다. 태종의 주위에 있던 신하들이 재빨리 간언하여 말했다.

"누리를 삼키면 아마도 병환이 나실 것입니다. 이와 같이 할 수는

1) 제왕이 금수를 기르고 나무나 곡식 등을 심어놓은 정원이다.

없습니다."

태종이 말했다.

"내 바람은 나 자신에게 재앙을 옮기는 것인데 무엇 때문에 질병을 피하겠소!"

그러고는 누리를 삼켰다. 이 이후로 누리의 재앙은 다시는 발생하지 않았다.

길흉은 음양이 아닌 인간에 달렸다

정관 5년, 담당 관리가 글을 올려 말했다.

"태자는 앞으로 성인식인 관례冠禮를 행해야 하는데, 2월이 가장 길합니다. 병사들을 소집하여 예식 준비를 시키기를 청합니다."

태종이 말했다.

"현재 농촌에서는 봄 농사가 막 시작되었소. 관례가 농사에 지장을 줄 것이니 10월로 바꾸도록 명령하시오."

태자소보 소우蕭瑀가 아뢰었다.

"음양가陰陽家[2]의 추측으로는 2월이 가장 좋다고 합니다."

태종이 말했다.

"나는 음양에서 꺼리는 일은 따르지 않소. 만일 사람의 일거수일투족을 반드시 음양의 금기에 의거하여 움직이고, 도리를 돌아보지

---

2) 고대 사상 유파의 하나로서 전국시대 추연鄒衍, 추석鄒奭이 대표적인 인물이다. 이 학설은 음양의 법칙으로 천상天象과 인사人事에 관해 논하는 것이다. 후세에도 택일擇日, 점성占星 등은 음양가의 일로 삼았다.

않으면서 여러 신에게 복과 보살핌을 구한다면 얻을 수 있겠소? 만일 인간의 행위가 모두 정확한 길함을 따르기만 한다면 자연히 언제라도 길할 것이오. 길흉은 인간에게 달려 있는데, 어떻게 음양의 금기에 의지할 수 있겠소?

농사철에 농민을 동원하지 말라

정관 16년, 천하의 곡물 가격이 평균 1두斗에 5전錢이고, 특히 낮은 곳은 1두에 3전이었다. 태종은 곁에서 모시는 신하들에게 이렇게 말했다.

"나라는 백성을 근본으로 하고, 사람은 밥을 먹어 생명을 보존하오. 만일 식량이 부족하다면 나라는 온 백성을 가질 수 없소. 이처럼 풍년이 들었으니 나는 온 백성의 어버이로서 절약하고 사치와 낭비는 하지 않을 것이오. 나는 언제나 천하 사람들에게 상을 주어 모두 부귀하게 만들려고 하오. 부역과 세금을 줄이고 농사 시기를 빼앗지 않아 집집마다 모든 사람이 농업 생산에 정진하도록 하려고 하오. 이와 같이 하면 백성은 반드시 풍족해질 것이오. 또 그들에게 예절과 겸양을 실행하도록 감독하여 마을 사람들 사이에서 어린 자는 어른을 존경하고, 아내는 지아비를 존경하도록 할 것이오. 이것은 고귀한 것이오. 천하를 이와 같이 만들 수 있다면 나는 음악도 듣지 않고, 사냥하러 가지도 않을 것이며, 오직 거기에서 즐거움을 얻을 것이오."

제31편

형법(刑法: 형법의 집행)

【해제】

한 나라를 다스리는 통치자는 한 손에는 법을 들고, 또 다른 손에는 덕을 들고 있다. 법은 나라의 기강을 바로세우는 방법이고, 덕은 나라 구성원들의 심성을 바르게 하는 도구이다. 이 양자를 적절히 안배하여 다스린다면 그 나라는 영원할 수 있을 것이다.

〈형법〉 편에서는 그중 법에 관해 논의하고 있다. 인간의 생명은 지고지순한 것으로 함부로 다룰 수 없다. 그런데 법을 남용하여 풀을 베듯이 사람을 죽인다면 어떻게 되겠는가? 태종은 인간의 존엄성을 인정하고 법 집행의 신중성과 공평성을 강조했다. 그러기 위해서는 선량하고 엄정한 법관 선출과 여러 번의 심의 과정을 거치는 것이 필요하다. 법률 집행에서도 공정해야 한다. 과거에 공로가 있는 신하나 가까운 친족이라고 하여 사면해준다면, 사람들이 법에 대해 갖는 경외심은 사라지게 될 것이기 때문이다.

법은 관대하고 간략해야 한다

정관 원년, 태종이 곁에서 모시는 신하들에게 이런 말을 했다.

"죽은 사람은 다시 살아날 수 없으니 법을 집행할 때에는 반드시 관대하고도 간략하게 해야 하오. 옛사람이 말하기를 '관을 만드는 재료를 파는 사람이 해마다 유행병이 돌기를 바라는 것은 사람들을 증오해서가 아니라 관을 만드는 재료를 팔았을 때의 이익을 생각하기 때문이다.'라고 했소. 현재 법을 담당하는 관리들은 재판을 심리할 때 취조를 엄하게 하여 사법관으로서의 좋은 성적을 올리려고 하오. 어떤 방법을 사용해야 사법관으로서 공평하고 적절한 재판을 할 수 있소?"

간의대부諫議大夫 왕규가 진언했다.

"단지 공정하고 선량한 사람을 선발하여 사법관으로 임명하는 것뿐입니다. 공평하고 적절하게 재판하는 사법관에게는 봉급을 올려주고 황금을 상으로 준다면 간사하고 사악한 일은 자연스럽게 멈출 것입니다."

태종은 이 방법을 따르도록 조서를 내렸다.

태종이 또 말했다.

"고대에는 재판할 때 삼괴三槐[1]나 조정의 중신들에게 자문을 구했는데, 오늘날의 삼공三公과 구경九卿은 옛날 그 직책에 해당하는 자들이오. 오늘부터 사형죄는 중서성과 문하성門下省의 4품 이상 고

1) 주나라 때는 궁궐 밖에 회화나무 세 그루를 심어놓고, 삼공들이 그 아래에서 천자를 알현했기 때문에 삼공을 삼괴三槐라고 했다.

위직 관원과 삼공, 구경과 함께 심의하도록 하시오. 이와 같이 하여 억울한 재판이나 지나치게 엄한 형량을 피할 수 있기를 바라오."

이러한 규정을 시행하여 정관 4년이 되자 사형죄로 재판받은 자는 전국에서 29명뿐이었고, 거의 형벌을 시행하는 일이 없게 되었다.

모반 행위는 탄로 나게 마련이다

정관 2년, 태종이 곁에서 모시는 신하들에게 말했다.

"요즘 종들이 주인의 모반 행위를 고발하는 일이 일어나고 있는데, 이것은 법령에 매우 해로우므로 특별히 금해야 하오. 만일 모반하는 사람이 있다면 결코 단독으로 계획하지 않을 것이고, 결국 다른 사람과 상의할 것이오. 많은 사람이 상의하는 일은 반드시 누군가 말하는 자가 있게 마련이오. 어떻게 종이 주인을 고발하는 것에 기대겠소. 오늘 이후로 종이 주인을 고발하면 수리할 필요가 없소. 고발하는 자는 모두 사형에 처하시오."

사형 집행은 다섯 번 신중히 하고 일상 업무에도 살얼음 위를 걷듯 긴장하라

정관 5년, 장온고張蘊古가 대리승大理丞으로 임명되었다. 상주相州 사람 이호덕李好德은 평소 질병이 있어 헛소리를 하였다. 태종은 이 일을 조사하라고 명령했다. 장온고가 말했다.

"호덕의 정신병은 증거가 확실합니다. 법에 의거하여 다스림은 옳지 않습니다."

그리하여 태종은 사면시켜주려 했다. 장온고는 은밀히 태종의 뜻을 이호덕에게 알리고 불러들여 장기를 두었다. 치서시어사治書侍御史 권만기權萬紀가 이 때문에 장온고를 탄핵하였다. 이에 태종은 매우 노여워하여 장안 동쪽 시장에서 장온고의 목을 베라고 명령했다.

태종은 장온고를 죽인 후 후회하며 방현령房玄齡에게 이렇게 말했다.

"여러분은 군주가 주는 봉록을 받고 있으니 반드시 군주의 근심을 자신의 근심으로 생각해야 하오. 일의 크고 작음을 구분하지 말고 모두 유의해야 하오. 현재 내가 여러분에게 묻지 않고, 여러분이 문제를 보고도 다투어 간언하지 않는다면, 이 또한 무엇을 보좌하는 것이라고 할 수 있겠소? 장온고가 법관의 신분으로 죄인과 함께 바둑을 두고 내가 한 말을 누설한 것은 그 죄상이 매우 무겁지만, 통상적인 법률에 의하면 사형까지는 이르지 않는 것이었소. 나는 당시 매우 화가 나서 즉시 처형하도록 했소. 그때 여러분은 말 한마디 하지 않았고, 담당 관리들도 다시 취조할 것을 청하지 않고 즉시 처형했소. 어찌 이것이 올바른 것이겠소?"

이에 조서를 내려 말했다.

"무릇 사형은 비록 금방 처리하도록 명령할지라도 모두 다섯 차례 거듭 취조하고 보고하도록 하시오."

이러한 규정은 장온고로부터 비롯된 일이었다.

태종은 또 말했다.

"법률 조문에 따라 죄를 판정하면 억울한 일이 발생할 수 있소. 오늘 이후로는 문하성에서 거듭 취조하도록 하시오. 증거가 있으면 법령에 따라 사형에 처해야 하지만 연민의 정이 생길 수 있으니, 기록하여 보고하도록 하시오."

장온고는 처음 정관 2년에 유주총관부幽州總管府의 기실記室로부터 중서성에서 근무했다. 그 당시 태종에게 〈대보잠大寶箴〉을 올렸는데, 문장뿐 아니라 내용 면에서도 매우 훌륭했으므로 군주의 경계로 삼을 만했다. 그 내용은 이렇다.

"옛날부터 오늘날까지 몸을 굽혀 지상의 만물을 보고 우러러 하늘의 현상을 살펴보면, 오직 군주만이 그러한 만물에게 상을 줄 수 있으니 훌륭한 군주가 된다는 것은 정말 매우 어렵습니다. 군주는 넓게는 천하의 주인이고, 제왕諸王이나 삼공의 위에 있으며, 천하 각지의 상태에 따라 자신이 구하는 생산물을 공물로 바치도록 하고, 조정을 채우고 있는 문무백관들은 군주의 뜻과 일치합니다. 그런 까닭에 근신하고 두려워하는 마음은 나날이 줄거나 느슨해지고, 사악하고 바르지 못한 정욕은 도리어 풀어집니다. 어찌 큰일은 태만할 때 일어나고 재앙은 생각지도 못하고 있을 때 일어남을 알겠습니까?

본래 성인이 천명을 받아 제위에 오른 것은 물에 빠진 사람을 구제하고, 고통스러워하는 사람을 구하기 위함입니다. 군주는 만민의 잘못을 자신의 책임으로 돌리고, 사랑하는 마음을 백성에게 베풉니다. 해와 달처럼 밝아 한곳만 비출 수 없고, 공명정대하여 사적으로 친애함이 없습니다. 그러므로 한 사람이 천하를 다스리지, 천하 사람들이 한 사람을 받들도록 하는 것이 아닙니다. 예절 제도를 이용하여 그들의 사치를 금지시키고, 음악을 이용하여 그들의 방탕함을 금지시킵니다. 좌사左史는 천자의 말을 기록하고, 우사右史는 천자의 행위를 기록합니다. 천자가 외출하면 길을 깨끗이 청소하고, 궁궐로 들어오면 경호를 강화합니다. 양陽은 춘하春夏라 하고, 음陰은 추동秋冬이라 하는데, 1년 사계절은 감정의 우울함과 편안함을 조화시키고, 해·달·별의 밝음과 어두움은 그의 득실과 같습니다. 그러므로 천자는 자신이 법도가 되며, 음성은 음률의 표준이 됩니다.

하늘은 어떠한 일도 하는 것이 없다고 말하지 마십시오. 하늘은 높은 곳에 있으면서도 낮은 인간세계의 일을 들어야 합니다. 어떤 재앙도 없다고 말하지 마십시오. 작은 해로움이 쌓이면 크나큰 해로움이 될 수 있습니다. 쾌락을 극도로 추구해서는 안 됩니다. 쾌락이 극도에 이르면 비애가 만들어집니다. 욕심을 부려서는 안 됩니다. 방종하면 재앙이 생깁니다. 고대광실에 살지만 생활하는 곳은 매우 작은 한 부분에 불과합니다. 어리석고 포악한 군주는 이 이치를 명백히 하지 못하고 아름다운 옥으로 누대와 궁실을 꾸밉니다. 여덟 가지의 산해진미[2]를 눈앞에 진열해놓아도 먹는 것은 자기 비위에 맞는 약간에 불과합니다. 폭군은 도리를 생각하는 일 없이 술지게미를 쌓아 산을 만들고 술로 연못을 만듭니다.[3]

안으로는 여색에 미혹되지 마십시오. 밖으로는 사냥에 빠지지 마십시오. 얻기 어려운 보물을 귀하게 여기지 마십시오. 음란한 망국의 음악을 듣지 마십시오. 스스로 존귀한 신분이라고 생각하여 태도를 오만하게 하며 재능 있는 사람들을 모욕하지 마십시오. 스스로 총명하다고 생각하여 신하의 간언을 물리치거나 자신의 재능을 과장하지 마십시오. 하夏나라의 우임금은 정무가 많을 때는 일하던 곳에서 식사를 했는데 그런 일이 너무 많아 몇 번인지 알지 못합니다. 또 위문제魏文帝는 기주冀州 10만 호의 백성을 하남河南으로 옮기는 일을 신비辛毘가 간언할 때 일어나 안으로 들어갔으므로, 신비는 그의 옷자락을 끊임없이 당겼습니다. 불안정한 인심을 안정시키는 것은 마치 봄날의 햇살과 가을의 감로甘露처럼 은혜로운 마음으로 다스리는 것입니다. 산처럼 높고 바다처럼 넓은 덕은 한고조漢高祖

2) 온갖 좋은 음식으로 순오淳熬, 순모淳母, 포돈炮豚, 포장炮牂, 도진擣珍, 지漬, 오熬, 간료肝膋를 말한다.

3) 걸왕과 주임금은 술로 연못을 만들어 배를 띄울 수 있었고, 술지게미로 쌓은 산에 오르면 천 리까지 볼 수 있었다고 한다.

의 넓은 마음을 모범으로 삼으십시오. 일상적인 업무를 처리할 때는 살얼음 위를 걷고, 깊은 연못 곁을 걸어가는 것처럼 긴장하고 신중히 하십시오. 전전긍긍하며 잃는 것이 있을까 두려워하는 것은 마치 주문왕周文王처럼 삼가며 조심하십시오."

재앙과 복은 행위의 선악에 따라 결정된다

"《시경》〈대아〉'황의'에서 '모르는 것을 알지 못해도 상제의 법칙을 준수한다.'라고 했고, 《상서》〈홍범〉에서는 '치우침이 없고 파당이 없다. 제왕의 도는 평탄하고 넓다.'라고 했습니다. 가슴속에 피차彼此의 구분을 없애고, 마음속으로는 애증愛憎을 버리십시오. 많은 백성이 모두 싫어한 연후에 형벌을 가하고, 많은 사람이 모두 좋아한 연후에 상을 주십시오. 권력이 강한 신하는 그 힘을 약하게 하고, 나라의 질서를 혼란스럽게 하는 자는 제대로 다스려지도록 하고, 참언으로 억울함을 당한 자는 그것을 펼치게 하고, 죄가 없는데도 고통받는 자는 그것을 분명하게 밝혀야 합니다. 그러므로 칭稱이나 석石 등의 저울은 물건의 중량을 결정하지 않아도 매달린 물건의 무게는 자연스럽게 명백해집니다. 물과 거울은 물건의 형상을 드러내지 않아도 비춰진 물건의 미추美醜는 자연스럽게 드러납니다.

흐리되 혼탁하게 만들지 말고, 맑되 청명하게 하지 마십시오. 어리석되 우매해지지 말며, 자세하게 관찰하되 밝게 하지 마십시오. 관에서 늘어진 구슬이 눈을 가려도 무형의 사물을 볼 수 있습니다. 비록 황색 면솜으로 귀를 막아도 울리지 않은 소리까지 들을 수 있습니다. 또 마음을 조용히 하고 깊은 진리의 세계에서 노닐며, 정신을 최고의 경지 속에서 자유롭게 하십시오. 찾아 묻는 자에게는 크고 작음을 가리지 않고 모두 응답하고, 술을 가득 채우는 그릇에 있어서는 얕고 깊음에 관여치 않고 각각 채울 수 있습니다. 그러므로 '하늘에 영원히 변하지 않는 도가 있으면 청명하고, 땅에 도가 있으면 안정되며, 왕에게 도가 있으면 천하가 공정해진다.'라고 한 것입니다. 봄·여름·가을·겨울 사계절은 하늘이 아무런 말도 하지 않지만 시간의 추이에 따라서 끊임없이 교차하고, 우주만물은 하늘이 아무런 말을 하지 않아도 자연스레 이익을 받습니다. 어찌 제왕의 역량에 따라 천하가 태평함을 알겠습니까?

폐하께서는 수隋나라 말의 혼란한 국면을 평정하셨고, 지혜와 능력으로써 승리를 거두었습니다. 백성들은 당신의 위엄을 두려워할 뿐 당신의 은덕에 감사하는 마음은 없습니다. 폐하께서는 나라의 운명을 장악하고 돈후하고 순박한 기풍을 이끄셨습니다. 백성들은 당신의 초기 정치에 대해서는 감복했지만, 끝까지 이대로 지속된다는 보증은 할 수 없습니다. 그러니 시비를 엄정하게 밝히는 길을 따르고 신령의 지혜와 통찰력을 다해야 합니다.

성심으로 백성들을 부리고 말한 것은 행동으로 실행하십시오. 나라를 다스리는 근본 도리를 갖고 있어야 하며, 사령辭令에는 신하의 잘못을 억제하고 물러나게 하며 선을 드날리고 밝히는 것이 있어야 합니다. 천하는 결코 황제 한집안의 소유가 아니지만, 황제가 갖고 있는 아름다운 덕행으로 수많은 백성이 편안한 생활을 하게 됩니다. 은殷나라의 탕임금처럼 그물의 세 방면을 열어놓도록 천지에 알리고, 순임금처럼 다섯 현의 금슬을 타서 〈남풍南風〉의 시를 노래하기를 원합니다. 하루 또 하루가 지나면서 정치상의 중요한 사무가 아주 많이 모입니다. 재앙과 복은 인간의 행동이 선한가 악한가에 달려 있습니다. 인간이 선을 행하면 하늘에서 돕습니다. 군주에게 간언하는 관리인 저는 직책을 이행하여 이전의 의혹을 솔직히 아룁니다."

태종은 그를 칭찬하고 비단 3백 단을 상으로 내렸으며, 대리시승大理寺丞으로 임명했다.

정상참작하여 억울함을 없애라

정관 5년, 태종이 조서를 내려 말했다.

"수도의 법 집행 관청에서는 근래 사형에 처해질 범인을 보고할 때 세 차례 거듭 취조하여 보고하게 했지만, 하루 안에 그 일을 처리하여 상세하게 취조할 틈이 없었소. 세 차례 반복하여 보고하라는 규정이 무슨 소용이 있소? 설사 후회해도 미치는 바가 없을 것이오. 오늘을 시작으로 하여 수도의 각 법 집행 관청에서는 사형에 해당되는 죄수에게는 이틀 안에 다섯 차례 취조하여 보고하고, 천하의 각 주에서는 세 차례 취조하여 보고하도록 하시오."

또 직접 조서를 써서 경계의 말을 했다.

"요즘 법을 집행할 때 대부분 법률 조문에 의거하고 있는데, 정상참작이 가능한 경우에도 감히 법률 조문을 어겨서 처리하지 못하고 있소. 완전히 법률 조문에 따라서만 죄를 정하니, 때때로 억울한 일이 발생하는 경우도 있을 것이오. 오늘 이후로 문하성에서는 상세하게 취조하고, 법률에 의하면 당연히 사형시킬 수 있는 자라도 죄상의 근원이 있다면 그 실상을 적어 보고하도록 하시오."

법 집행은 일관성 있게 하라

정관 9년, 염택도행군총관鹽澤道行軍總管·민주도독岷州都督 고증생高甑生은 장군 이정李靖이 만든 군법을 위반하였고, 또 이정이 모반한다는 모함을 했지만, 사형에서 변방 지역으로 추방되는 것으로 감면되었다. 당시 어떤 사람이 아뢰었다.

"증생은 진왕부秦王府 때의 공신이니 그의 잘못을 너그러이 용서해주십시오."

태종이 말했다.

"그는 진왕부에서 공로를 세웠소. 사실 이 일을 잊어서는 안 되오. 그러나 나라를 다스리고 법률을 집행하는 일에는 반드시 획일적인 면이 있어야 하오. 만일 오늘 그의 죄를 사면해준다면 법률적 징벌을 요행히 피하는 길을 열게 될 것이오. 하물며 나라가 태원太原에서 의병을 일으켰을 때, 처음부터 호응하여 전공을 세운 사람은 매우 많소. 만일 증생이 사면을 받는다면 누군들 온당치 않은 탐욕을 갖지 않겠소? 공로가 있는 자들은 모두 법을 범하게 될 것이오. 내가 사면하지 않으려는 까닭은 바로 이런 것이오."

군주가 모시기 쉬우면 신하의 마음도 알기 쉽다

정관 11년, 특진特進 위징魏徵이 상소를 올려 말했다.

"저는 이런 말을 들었습니다. 《상서》 〈강고〉에서 '덕치를 숭상하고 형벌을 신중히 하라.'라고 했고, 〈순전〉에서는 '형벌을 실시할 때에는 지나치지 않게 하라.'라고 했으며, 《예기》에서는 '군주가 바른 이치로써 신하를 다스리면 신하는 군주를 모시기 쉽고, 신하가 간사함이 없으면 군주는 아랫사람들의 감정을 쉽게 안다. 군주가 바른 이치를 행하고 신하가 간사한 마음을 가지지 않으면 형벌을 그치게 할 수 있다. 군주가 의심이 많으면 백성들은 미혹되고, 신하들을 이해하지 못하면 군주는 매우 수고롭게 된다.'라고 했습니다. 군주가 모시기 쉬우면 신하의 마음을 알기 쉽고, 군주가 수고롭지 않으면 백성들 또한 미혹되지 않습니다. 그러므로 군주에게 순일한 덕이 있고, 신하에게 배반할 마음이 없으며, 군주는 충후忠厚한 성의를 펼치고, 신하는 충성을 다하여 군주를 보좌한 연후에는 나라의 태평한 근원이 무너질 수 없어 '평안하구나.〔康哉〕' 하는 노래를 부를 수 있습니다.

폐하의 다스림은 중화와 사이四夷를 덮고 있으며, 업적은 천지만물을 높이 넘어 그 누구도 복종하지 않는 이가 없으며, 먼 곳에 있는 사람들까지 이르지 않는 이가 없습니다. 그러나 언론은 아름다운 문사를 선택하기 좋아하고, 사소한 일까지도 살피고 있으며, 징벌과 포상을 내림이 사람의 마음을 다하지 못하고 있습니다.

형벌과 포상의 근본적인 출발점은 훌륭한 덕행을 북돋우고 악행을 징벌하는 데 있습니다. 제왕이 천하를 위해 일정한 법을 제정한 것은 친하고 소원함, 귀하고 천함에 따라 경중을 결정하지 않기 위해서입니다. 오늘날의 징벌과 상은 오히려 모두 이와 같지 않습니다. 어떤 경우는 개인의 좋아함과 싫어함에 따라 신축伸縮을 결정하고, 어떤 경우는 개인의 정서로 경중輕重을 결정합니다. 기쁠 때는 법률 속에서 그 상황을 헤아리고, 노여울 때는 법률 밖에서 죄를 구합니다. 자기가 좋아하면 짐승의 가죽을 벗겨서 모피를 구하고, 미워하면 먼지까지 떨어가며 결점을 찾습니다. 가려진 결점을 찾으면 형벌은 법도를 넘게 되고, 모피를 찾으면 내리는 상은 황당하게 됩니다. 징벌이 지나치면 소인의 허황되고 거짓된 행위가 많이 일어날 것이고, 상이 황당하면 군자의 정확한 주장은 나날이 소실될 것입니다. 저는 소인의 죄악이 징벌되지 않고, 군자의 훌륭한 덕이 면려되지 않으면서 나라가 평안하고 형벌이 멈추기를 바란다는 일을 듣지 못했습니다."

한비의 엄한 형법에 신중하라

"[폐하는] 여가가 있어 편안히 쉬며 고상한 말을 할 때면 모두 공자의 왕도王道와 노자의 무위無爲를 숭상하라고 말하지만, 화가 날 때면 신불해申不害와 한비韓非의 엄한 형법을 사용합니다. 일을 정직하게 한 사람들도 여러 차례 관직을 박탈당하고, 다른 사람을 위험에 빠지게 하고 자신의 안전을 도모하는 이들이 너무 많습니다. 그리하여 도덕 정신은 널리 드날리지 못했고, 각박한 기풍은 이미 무성해졌습니다. 각박한 기풍이 무성해지면 아래에서는 갖가지 병폐가 일어나게 됩니다. 또한 사람들이 그 시대의 풍조를 다투어 좇으면 나라의 법률이 통일되지 않습니다. 이것을 옛날의 왕의 덕에 비교하면, 사실상 군주의 도에 결함이 있는 것입니다.

과거 백주리伯州犁는 재간을 부려 초楚나라 법을 어지럽혔고,[4] 장탕張湯[5]은 자기 마음으로 사건을 심리하고 형벌의 경중을 재는 표준으로 삼았기 때문에 한왕조의 형법에 병폐가 생긴 것입니다. 신하가 사악하고 바르지 못해 그의 거짓을 드러나게 할 수 없는데, 하물며 군주처럼 지고무상한 지위에 있으면서 부당함이 있다면 무슨 방법으로 처리하겠습니까! 군주의 지혜와 총명함은 어떤 은미한 곳도 밝히지 못하는 일이 없습니다. 어찌 군주의 생각이 이르지 못하는 곳이 있고, 지혜 또한 이해하지 못하는 부분이 있겠습니까? 천하의 태평함에 안주하여 형벌을 신중히 하려는 생각을 하지 않고, 환락 속에서 즐거워하며 운명의 변화를 잊고 있습니다. 재앙과 복은 서로 붙어 있고, 길함과 흉함은 함께 이어져 있습니다. 사람들이 불러들이는 것인데 어떻게 이 점을 생각하지 않겠습니까?

최근 들어 꾸짖고 벌주는 일이 약간 많아졌으며, 노여워하는 일이 점점 심해지고 있습니다. 어떤 때는 진설한 것이 풍족하지 못하고, 어떤 때는 궁실이 마음에 들지 않고, 어떤 때는 사용하는 물건이 마음에 들지 않으며, 어떤 때는 신하가 명령을 따르지 않지만,

4) 초나라가 정나라를 쳐들어가 초나라의 장수 천봉술穿封戌이 정나라의 장수 황힐을 포로로 잡았다. 초강왕의 동생인 공자公子 위圍가 공을 가로채려고 하면서 천봉술과 다툼이 벌어졌다. 초강왕이 백주리에게 판결을 맡기자 백주리는 포로에게 직접 물어서 공을 가리자고 했다. 백주리는 손을 위로 가리키면서 "이분은 대왕의 동생인 공자 위요."라고 말하고, 손을 아래로 가리키면서 "이분은 변방의 한 고을을 다스리는 현윤 천봉술이오. 누가 당신을 사로잡았소?"라고 물었다. 황힐은 백주리의 속뜻을 알아차리고 공자 위에게 잡혔다고 말했다. 이렇게 서로 짜고 공정하지 않게 일을 처리하는 것을 '상하기수上下其手'라고 한다.

5) 전한 시기의 대신으로 두릉杜陵 사람이다. 무제 때 정위廷尉·어사대부 등의 직책을 역임했다. 일찍이 조우趙禹와 함께 율령律令을 정하고, 피폐皮幣, 백전폐白金幣, 오주전五銖錢의 제조를 건의했고, 염철鹽鐵 전매 정책을 지지했으며, 고민령告緡令을 제정했다. 이후에 주매신朱買臣 등의 모함을 받자 자살했다.

이러한 것은 모두 나라를 다스리는 급한 업무가 아니라 실로 교만과 사치스러움이 점점 자라나는 것입니다. 이로부터 '귀함과 교만함이 서로 약속하지 않지만 교만은 자연스럽게 이르고, 부유함은 사치와 서로 약속하지 않았지만 사치는 자연스럽게 이른다.'는 것을 알 수 있습니다. 이것은 허튼 말이 아닙니다."

민생이 최우선이다

"우리 당나라 왕조가 얻은 천하는 사실상 수왕조로부터 왔습니다. 수왕조가 멸망한 근본적인 원인이 무엇인지는 영명한 폐하께서 분명하게 알고 있습니다. 수나라가 가장 강성할 당시의 창고의 보물을 오늘날 우리가 비축한 물자와 비교하고, 수나라의 병력을 오늘 우리의 군대 병력과 비교하며, 수나라의 인구를 오늘 우리 백성과 비교하고, 강약을 저울질해보고, 크고 작음을 비교하면 어떤 차이가 있겠습니까?

수왕조가 부강했지만 멸망하게 된 까닭은 백성을 노역이나 전쟁에 동원해 편안히 살 수 없게 했기 때문입니다. 우리가 가난하고 인구는 적어도 평안한 까닭은 폐하께서 조용히 백성의 부담을 경감하고 원기를 회복시켜 안정되게 했기 때문입니다. 백성이 안정되면 나라는 태평성대를 맞고, 백성이 불안정하면 나라는 혼란하게 됩니다. 이것은 사람들이 모두 알고 있는 이치로서 결코 이해하기 어려운 것이 아니며, 미묘하여 관찰하기 어려운 것이 아닙니다.

그러나 극소수의 사람들만 평탄하고 쉬운 길을 걸을 뿐 많은 이들은 이전 사람들의 전철을 밟고 있는데, 이는 무엇 때문입니까? 편안할 때는 위급함을 생각하지 않고, 태평할 때는 혼란을 생각하지 않으며, 건재할 때는 패망을 고려하지 않기 때문입니다.

과거 수왕조에 동란이 없을 때는 반드시 동란이 일어나지 않을 것이라고 했고, 수왕조가 멸망하지 않았을 때는 반드시 멸망하는 일이 없을 것이라고 했습니다. 그래서 항상 전쟁이 일어나면 부역이 그치지 않았습니다. 신하에게 살해되는 치욕을 당하게 될 때까지 자신이 멸망하게 된 원인을 깨닫지 못하는 것은 어찌 슬퍼할 일이 아닙니까!

얼굴의 아름다움과 추함을 보려면 반드시 머물러 있는 물가를 찾아야 하고, 나라의 안위를 관찰하려면 반드시 멸망한 나라를 귀감으로 삼아야 합니다. 그리하여 《시경》 〈대아〉 '탕'에서는 '은왕조가 귀감으로 삼는 것은 멀리 있지 않고 하나라 때의 조정에 있다.'라고 했으며, 또 〈빈풍〉 '벌가'에서는 '도낏자루를 베고, 도낏자루를 벨 나무를 베니, 그 모형은 멀리 있지 않다.'라고 했습니다.

신은 폐하께서 동정을 살피고, 반드시 수왕조를 귀감으로 삼기를 바랍니다. 그렇게 하면 천하의 존망과 치란治亂에 대해 알 수 있을 것입니다. 만일 수왕조가 위험에 빠져 멸망에 이른 원인을 이해할 수 있다면 나라는 평안할 것이며, 수왕조가 멸망한 원인을 생각할 수 있다면 나라는 보존될 것입니다. 존망의 원인이 어디에 있는지를 분명히 알고, 자신의 기호와 욕망을 절제하고 백성이 원하는 것을 따르며, 사냥하는 즐거움을 줄이고, 사치스럽고 호화스러운 궁실의 건축을 멈추고, 긴급하지 않은 사무를 취소하고, 한쪽 말만 듣고 노여워하는 것을 삼가십시오.

충신과 선량한 사람을 가까이하고, 거짓말과 교묘한 말을 하는 간사한 무리를 멀리하고, 귀를 즐겁게 하는 사설을 끊으며, 반복하여 권하는 충언을 즐겨 받아들이십시오. 기회를 틈타 세력을 얻는 사람을 제거하고, 얻기 어려운 재물을 중시하지 말며, 요임금과 순임금이 비방하는 나무를 길에 세워 백성의 고통스러운 정서를 적도록 한 방법을 취하고, 우임금과 탕임금이 백성의 죄를 자기 죄라고 한 것을 본받으며, 백성의 재산을 아끼고 백성의 마음을 따르십시오. 가까이로는 자신부터 시작하여 관용하는 태도로 다른 사람을 대하며, 부지런하고 겸허하려고 하면 이익을 얻을 수 있습니다. 교만하고 자만에 빠져 손실을 초래하지 마십시오.

이렇게 하여 행동하면 천하 만민이 옹호하고, 이렇게 말하면 천리 밖에서도 사람들이 호응하며, 이전 시대를 뛰어넘는 가장 아름다운 덕행을 이루고, 아름다운 이름을 자손 후대에 남기게 될 것입니다. 이것은 성인의 광대한 업적이며 제왕의 위대한 사업입니다. 이러한 것을 완전하게 할 수 있는 것은 성왕의 도를 신중하게 지키는 데 있습니다.

성왕의 도를 지키는 일은 쉽지만 성왕의 도를 실행하는 일은 정말 어렵습니다. 실행하기 곤란한 것도 할 수 있는데 어찌 쉬운 것을 지킬 수 없겠습니까? 간혹 지키는 것이 공고하지 못하면 교만, 사치, 음란 등이 그것을 흔들 것입니다. 만일 처음처럼 끝까지 신중하다면 게으를 수 있습니까! 《주역》 〈계사전〉에서는 '수양한 사람은 편안할 때 위험을 잊지 않고, 존재할 때 멸망을 잊지 않으며, 태평할 때 혼란을 잊지 않은 까닭에 자신도 평안하고 나라도 보존할 수 있다.'라고 했습니다. 이 말은 확실히 옳은 것으로, 깊이 살피지 않을 수 없습니다.

저는 폐하께서 나라를 잘 다스리려는 의지가 과거에 비해 줄어들지 않고, 과실을 듣고 바르게 고치는 것이 과거에 비해 줄어들지 않기를 바랍니다. 만일 현재의 태평무사한 시기를 이용하여 과거의 공손함과 절약을 실행한다면, 매우 훌륭하게 되어 그 누구도 폐하와 필적할 자가 없을 것입니다."

태종은 그의 의견이 훌륭하다고 생각하고 받아들여 사용했다.

아랫사람의 잘못을 윗사람에게 떠넘길 수 없다

정관 14년, 기주자사 가숭賈崇은 부하 가운데 십악十惡[6]의 죄를 범한

---

6) 은사의 특전을 베풀 수 없는 큰 죄 열 가지로 모반謀反·모대역謀大逆·모반謀叛·악역惡逆·부도不道·대불경大不敬·불효不孝·불목不睦·불의不義·내란內亂을 말한다.

자가 있었으므로 관리의 부정을 취조하는 관리인 어사에게 부하를 감독하지 못한 죄상을 보고하도록 했다. 태종은 곁에서 모시는 신하들에게 이렇게 말했다.

"과거 요임금은 대성인이었고, 유하혜柳下惠[7]는 대현인이었소. 요임금의 아들 단주丹朱는 그릇이 못 되었고, 유하혜의 동생 유도척柳盜跖도 아주 사악한 사람이었소. 성현의 교훈과 부자지간이나 형제간의 사랑으로도 선도하여 감화시키고 악을 제거하여 선을 따르도록 할 수 없었소. 현재 자사를 한 명만 파견하여 한 주의 사람들을 모두 감화시켜 바른길로 걸어가도록 한다면, 어떻게 가능하겠소. 만일 그가 관리하는 지역에서 어떤 사람이 죄를 범했다고 관직을 강등시킨다면, 아마도 서로 실정을 가려 진짜 죄인은 모두 누락될 것이오. 각 주에서 십악을 범하는 자가 있어도 자사를 그 죄에 연좌시킬 수 없소. 단지 죄상을 분명하게 조사하여 판정하도록 명령하시오. 이와 같이 하면 아마도 간악한 자를 바로잡을 수 있을 것이오."

형법은 관대하고 공평하게 집행해야 한다

정관 16년, 태종이 대리경大理卿 손복가孫伏伽[8]에게 말했다.

"갑옷을 만드는 사람이 갑옷이 견고하기를 바라는 것은 상대방

---

7) 성은 전展이고 이름은 획獲이며, 자는 자금子禽이다. 춘추시대 노나라의 현명한 대부로 일찍이 임사仕師로 임명되었다. 유하柳下는 그의 식읍이며 혜惠는 시호諡號이다.

8) 당나라 패주貝州 무성武城 사람이다. 그는 무덕 초기에 세 가지 일에 관해 언급했는데, 고조가 "그는 신하라고 칭할 만하다."라고 칭찬했다. 그의 간언은 대부분 중요하게 받아들여졌다. 정관 연간에 어사가 되었다가 여러 차례 승진하여 대리경이 되었다.

이 찔렀을 때 사람들이 상처를 입게 되는 것을 걱정해서일 것이오. 화살을 만드는 자가 화살이 예리하기를 바라는 것은 적을 상하게 하지 못하는 것을 걱정해서일 것이오. 무엇 때문이겠소? 갑옷과 화살은 각기 그 역할이 있는데, 그 이익은 그 직무를 다하는 데 있기 때문이오.

내가 법관에게 오늘날의 형벌의 경중에 관해 물으면, 그들은 항상 현재의 형법은 과거 조대보다 관대하다고 대답했소. 내가 걱정하는 것은 재판을 담당하는 관리가 사람을 사형시키는 것을 이익으로 생각하고, 다른 사람을 해침으로써 귀함을 구하고, 이로써 명예를 구하는 것이오. 현재 우려되는 것은 바로 여기에 있소! 마땅히 힘을 다해 금지시키고, 형법을 집행할 때 관대하고 공평하게 하시오."

제32편

사령(赦令:사면령)

【해제】

〈사령〉 편에서는 사면에 관한 문제를 제기하고 있다. 사면은 군주가 할 수 있는 중대한 일이다. 과거 '소인의 행복이 바로 군자의 불행이다.'라는 말이 있는데, 이것은 법을 위반한 소인을 사면해주는 것은 소인의 범법 행위와 요행을 바라는 마음을 낳게 되므로 선량한 삶을 살려고 노력하는 군자에게는 불행한 일이라는 뜻이다. 이렇듯 사면을 통해 나라를 다스리려는 것은 잘못이다.

또한 통치자의 호령은 몸에서 땀을 흘리는 것과 같아 한번 나가면 거두어들일 수 없으므로 신중을 기해야 하며, 간결하고 명확한 기준에 준해야 한다. 그러면 명령을 내리는 즉시 시행된다.

사면을 경계하라

정관 7년, 태종이 주위에서 모시는 신하들에게 말했다.

"천하에는 어리석은 사람은 많고 지혜로운 사람은 적소. 지혜로운 사람은 나쁜 일을 할 수 없고, 어리석은 사람은 범법 행위를 좋아하오. 대체로 사면해주고 용서해주는 은혜는 범법자에게만 내려지오.

옛사람이 말하기를 '소인의 행복이 바로 군자의 불행이다.', '1년에 두 차례 사면을 실시하면 선한 사람은 침묵하고 말을 하지 않는다.'라고 했소. 대개 잡초를 기르면 농가에 피해를 주게 되고, 범법 행위를 하여 혼란을 야기한 사람에게 은혜를 베풀면 선한 사람을 상하게 하는 것이오. 과거 '문왕은 가르침을 위배한 죄나 윤리를 어지럽힌 사람은 사면하지 않았다.'[1]라고 했소. 또 촉나라의 선주先主 유비는 제갈량諸葛亮에게 이런 말을 한 적이 있소. '나는 진원방陳元方[2]과 정강성鄭康成[3] 두 사람의 책을 여러 번 보았다. 매번 우리가 나라를 다스리는 방법을 이끌어주는 데 있어서는 완벽하다고 느꼈다. 범죄를 사면해주는 일에 관해서는 언급한 적이 없었다.'[4] 제갈

1) 《상서》〈강고康誥〉에 보인다.

2) 이름은 기紀이고 자는 원방元方이다. 동생 심諶과 함께 덕행과 박학으로 세상에 명성을 떨쳤다.

3) 이름은 현玄이고 자는 강성康成이며, 후한의 저명한 경학가이다. 그는 장공조張恭祖로부터 《고문상서古文尙書》, 《주례周禮》, 《춘추좌전》 등을 배웠으며, 후에는 또 마융馬融으로부터 《고문경古文經》을 배웠다. 그는 박학하고 경전에 달통했으므로 사람들을 불러 모아 강의를 하여 많은 제자를 두었다. 당고화黨錮禍가 일어났을 때 구금되었다. 그 후로는 저술 작업에만 전념했으며, 여러 경전에 주를 달아 한대 경학을 집대성했다.

4) 《삼국지》〈촉서〉 '후주전'에 나온다.

량은 촉나라를 10년간 다스리면서 사면하는 일이 없었으나 촉나라는 잘 다스려졌소. 양무제梁武帝는 해마다 여러 차례 대사면을 단행했지만 결국 나라는 기울어져 멸망했소.

작은 은혜를 베푸는 사람은 큰 덕을 상하게 하오. 그런 까닭에 나는 정권을 잡은 이래로 사면령을 발표하지 않은 것이오. 지금은 천하가 태평하고 예의가 성행하며, 특별한 은전은 그 수를 헤아릴 수 없을 만큼 많소. 어리석은 사람은 언제나 요행을 바라는 심리가 있어 법률을 범하려는 생각만 하므로 잘못을 바로잡을 수 없소."

법령은 간결해야 한다

정관 10년, 태종이 주위에서 모시는 신하들에게 말했다.

"나라의 법령은 간결하고 명확해야지 한 가지 죄에 여러 가지 조문을 정해서는 안 되오. 격식이 많으면 관리가 전부 기억할 수 없고, 특히 간사한 병폐가 일어나기 쉽소. 만일 너그러이 죄를 사면하려면 가벼운 조목을 인용하지만, 죄를 다스리려고 하면 무거운 조목을 인용할 것이오. 끊임없이 법률을 고치는 것은 실제로 나라를 다스리는 좋은 방법이 아니오. 마땅히 법령을 꼼꼼히 심의하여 동일한 죄인데 서로 어긋나는 조문이 없도록 해야 하오."

명령은 번복해서는 안 된다

정관 11년, 태종이 주위에서 모시는 신하들에게 말했다.

"조정에서 발표한 조서나 문서의 격식이 항상 일정하지 않다면, 사람들 마음은 대부분 미혹될 것이고 간사함이 더욱 생길 것이오. 《주역》〈환괘〉에서 '환한기대호渙汗其大號'라고 했는데, 명령을 하는 것이 마치 몸에서 땀을 흘리는 것과 같아 한 번 나가면 거두어들이지 못한다는 말이오. 《상서》〈주관〉에서는 '명령을 신중하게 하면, 명령하자마자 반드시 실행되어 다시 바꾸지 못한다.'라고 했소. 한고조는 즉위 후 정무가 많아 시간이 충분하지 않았소. 승상 소하蕭何는 지위가 낮은 관리 출신으로 법령을 제정한 후에는 오히려 질서정연하다고 했소. 지금 이 이치를 상세하게 살펴야 하며, 경솔하게 조령詔令을 발표할 수 없고, 반드시 심사하여 결정하고 영원한 격식으로 만들어야 하오."

사면으로 혼란스럽게 할 수는 없다

장손황후長孫皇后가 병이 들어 점차 죽음의 문턱에 들어섰다. 황태자[승건承乾]가 황후에게 말했다.

"의술과 약을 모두 사용했지만 지금 옥체는 호전되지 않고 있습니다. 저는 아버님께 죄인들을 사면해주고, 그들에게 머리를 깎고 불교를 받들도록 하여 부처님의 보살핌을 얻도록 아뢰려고 합니다."

장손황후가 말했다.

"살고 죽는 것은 모두 하늘의 뜻에 달려 있는 것이지 사람의 힘이 미치는 것이 아니오. 만일 좋은 일을 하여 생명을 연장시킬 수 있다면 나는 줄곧 나쁜 일을 하지 않았을 것이오. 만일 선을 행하여 효과가 없다면 어떤 복을 구할 수 있겠소? 대사면은 나라의 큰일이며, 불교는 황상께서 다른 지역을 보존하기 위해 들여온 종교에 불과할 뿐이오. 그것이 나라를 다스리는 병폐가 될까 걱정하고 있소. 어떻게 한 여자 때문에 나라의 큰 법을 혼란스럽게 할 수 있겠소? 태자의 말에 따를 수는 없소."

제33편

공부(貢賦: 공물과 조세)

【해제】

공물이란 각 토지에서 생산되는 특산품을 조정에 바치는 것을 말한다. 그런데 당시 한 주나 군을 다스리는 사람들이 그 토지의 생산품이 훌륭하지 않다고 여겨 매우 먼 곳에서 생산되는 공물을 구해 바치는 일이 흔했다. 그러나 이러한 것은 수많은 병폐를 낳았다. 〈공부〉 편에서 태종은 백성을 위해 잘못된 풍속은 바로잡는다는 원칙을 세웠다.

공물은 그 지역의 산물로 한정한다

정관 2년, 태종이 여러 주에서 공물을 거두어 서울로 들어오는 조집사朝集使에게 말했다.

"토지의 생산물에 따라 공물을 결정하는 일은 이미 과거 경전에 보이는 것이오. 본래는 그 주의 생산물을 조정에 바쳤소. 그러나 근래 도독이나 자사가 명성을 추구하여 그 토지의 생산물이 질이 좋지 않음을 꺼려 국경을 넘어 멀리 밖으로 나가서 구하고, 이런 행동을 서로 따라 하는 사회 기풍이 생겼다고 들었소. 이것은 백성을 매우 곤혹스럽게 하는 것이오. 마땅히 이러한 병폐를 고쳐 다시는 이런 일이 없도록 해야 하오."

정관 연간, 임읍국林邑國에서 흰 앵무새를 바쳤다. 그 새는 말을 매우 잘하고 지혜가 있으며 특히 다른 사람에게 대답을 잘하였는데, 자주 고통을 호소하는 말을 하였다. 태종은 불쌍히 여겨 앵무새를 사신에게 주어 숲 속으로 돌려보내도록 했다.

무슨 덕으로 조공을 받는가

정관 12년, 소륵국疏勒國·주구파국朱俱波國·감당국甘棠國에서 사신을 파견하여 그 지방의 생산물을 바쳤다. 태종은 신하들에게 말했다.

"만일 중원이 평안하지 않다면, 일남日南이나 서역西域의 조공사朝貢使가 어떻게 이르겠소? 나에게 무슨 덕이 있어 이처럼 여러 나라의 조공을 받을 수 있단 말이오? 이 모습을 보니 내심 두려운 감이 있소. 요즘 들어 천하를 평정하고 변방 지역을 개척할 수 있었던 것은 오직 진시황과 한무제뿐이었소. 그러나 진시황은 포학하고 무도했으며, 아들 대에 이르러 멸망하고 말았소. 한무제는 교만하고 사치스러워 제업이 거의 끊기게 되었소. 내가 병기를 쥐고 천하를 평정하자 먼 곳의 이민족들은 서로 이어서 귀순했고, 억만 백성이 편안하게 거주하며 즐겁게 생업에 종사하고 있소. 나 스스로 진시황이나 한무제와 차이가 없다고 생각하오. 그러나 두 황제의 말년을 생각해보면 모두 자신을 보전할 수 없었소. 그리하여 나는 항상 나라의 위급함과 멸망을 두렵게 생각하고, 조금도 해이해지지 않으려 하오. 오직 여러분의 직언에 기대고 간언을 거스르지 않음으로써 잘못을 바로잡을 뿐이니, 나를 도와 나라를 잘 다스려주시오. 만일 나의 훌륭한 점만 칭찬하고 과실을 은폐시켜 분명히 하지 않고, 한결같이 아첨하는 말만 한다면 나라의 위급함과 멸망은 곧 닥칠 것이오."

공물은 신중히 받으라

정관 18년, 태종이 고구려를 정벌하려고 했는데 당시 고구려의 막리지莫離支[1]의 관직에 있던 연개소문淵蓋蘇文이 사신을 파견하여 백금을 바쳤다. 황문시랑黃門侍郞 저수량褚遂良이 간언하여 말했다.

"막리지는 그 군주를 잔혹하게 살해했습니다.[2] 이것은 동방의 여러 민족이 받아들일 수 없었던 일입니다. 폐하께서 병사를 일으켜 백성을 위로하고 죄인을 토벌하려 한 것은 요동 백성을 위해 군주가 살해된 치욕을 갚기 위해서였습니다. 옛날엔 군주를 살해한 적을 토벌했을 때에는 그들의 재화를 받지 않았습니다.

과거 송나라의 독督이 상공殤公을 죽이고 노환공魯桓公에게 고정郜鼎[3]을 주었습니다. 노환공은 이것을 받아 노나라의 태묘太廟 안에 놓았습니다. 환공의 신하인 장쇠백臧哀伯[4]이 이렇게 간언했습니다.

'군주는 도덕을 드높이고 사악함을 막아야 합니다. 지금 우리 군주는 그 덕을 잃고 군주를 살해하여 도를 등진 신하를 돕고, 그로부터 받은 뇌물을 태묘 안에 놓았습니다. 백관들이 모두 군주처럼 한다면 또 누구를 징벌할 수 있겠습니까! 주무왕周武王이 은나라를 공격하여 승리하고 구정九鼎을 낙읍洛邑으로 옮겼을 때[5] 백이伯夷 등의

1) 고구려의 관직명으로 당나라의 병부상서 겸 중서령의 직책에 상당한다.

2) 정관 16년에 고구려의 연개소문이 영류왕 고건무高建武를 죽이고, 왕의 동생의 아들인 고장高藏을 왕(보장왕)으로 세우고, 자신은 중국의 이부상서와 병부상서를 겸한 직책인 막리지가 되어 국정을 장악했다.

3) 고郜는 옛날 나라 이름으로 처음에는 주문왕의 아들을 봉했고, 춘추시대 송나라에 의해 멸망당했다. 고정郜鼎은 고나라에서 주조한 솥을 말한다.

4) 노나라 대부 장손달臧孫達이다.

의로운 선비들은 옳지 못하다고 비판하였습니다. 하물며 반란을 나타내는 기물을 태묘 안에 두었으니 무슨 체통이 서겠습니까?'

《춘추》라는 책은 후세 왕들이 법을 취하는 원칙을 기록하고 있습니다. 만일 군주를 살해한 사람의 공물을 받고, 군주를 시해하고 반역 행위를 한 자의 공물을 받고도 이러한 행위가 잘못이라는 생각을 하지 않는다면, 어떤 이유로 고구려를 토벌하겠습니까? 저는 막리지가 바친 백금은 받아서는 안 된다고 생각합니다."

태종은 이 의견을 받아들였다.

정관 19년, 고구려 왕 고장高藏과 막리지 연개소문이 사신을 파견하여 미녀 두 명을 바쳤다. 태종은 그 사신에게 말했다.

"나는 이들이 본국의 부모 형제를 떠난 것을 불쌍하게 생각하오. 만일 이 여인들의 미색을 좋아한다면 그녀들의 마음을 다치게 하는 것이오. 나는 받지 않겠소."

아울러 거절하고는 그녀들을 본국으로 돌려보냈다.

---

5) 우임금은 구정九鼎을 주조하여 구주九州를 상징하는 보물로 대대로 받들도록 했다. 탕湯은 하나라를 멸망시키고 구정을 상읍商邑으로 옮겼다. 주무왕은 상나라를 멸망시키고 구정을 낙읍洛邑으로 옮겼다. 진秦나라는 서주를 멸망시키고 구정을 취했는데, 하나는 사수泗水에 빠뜨리고, 나머지 여덟 개는 소재가 분명하지 않다.

제34편

변흥망(辯興亡 : 흥망을 변별하라)

【해제】

삼라만상은 흥하고 망하는 변화를 거듭한다. 달이 차면 기울고, 초승달은 언젠가 둥근 보름달이 된다. 마찬가지로 나라도 흥성할 때가 있으면 쇠약해질 때가 있다.

〈변흥망〉 편에서는 역사 속에 자리하고 있는 고대 나라의 흥망성쇠의 관건에 관해 간략하게 고찰하고 있다. 흔히 나라를 부강하게 일으킨 군주는 백성의 고통과 기쁨을 함께했고, 반대로 나라를 멸망에 이르게 한 군주는 행복은 혼자 누리고 고통은 백성에게 떠넘겼다. 그림자는 형체를 따르고 메아리는 소리를 따르듯이, 나라의 흥망 또한 군주의 행동 여하에 달려 있다.

국운은 군주의 덕행에 달려 있다

정관 초년, 태종은 조용히 곁에서 모시는 신하들에게 이렇게 말했다.

"주무왕은 주왕紂王 때의 혼란을 평정하여 천하를 얻었고, 진시황은 주왕조가 쇠락했으므로 육국을 삼켰소. 그들이 천하를 얻은 길은 다르오. 국운이 길고 짧음이 이처럼 서로 다른 것은 무엇 때문이오?"

상서우복야 소우가 아뢰었다.

"주왕은 포학했기 때문에 천하 사람들 모두가 원망했습니다. 그래서 천하 8백여 나라의 제후들이 약속하지 않고도 맹진孟津에서 병사를 모았던 것입니다. 그러나 주왕조는 비록 쇠락했지만 육국에는 아무런 잘못이 없었습니다. 진秦나라 왕은 지모와 실력에 의지하여 각 제후국을 잠식했습니다. 천하를 평정한 것은 비록 같지만, 인정은 같지 않습니다."

태종이 말했다.

"그렇지 않소. 주나라는 은나라를 취한 후 인의를 펴는 일에 힘을 다했지만, 진나라는 뜻을 얻은 후 거짓과 폭력을 일삼았소. 그들은 천하를 취한 상황이 다를 뿐만 아니라 천하를 보존시킨 방법도 달랐소. 제업이 길고 짧음의 이치는 여기에 있지 않겠소?"

인재 모으기에 힘쓰고 창고를 비워라

정관 2년, 태종은 황문시랑 왕규에게 말했다.

"수나라 개황開皇 14년 큰 가뭄이 발생하여 백성의 대다수가 굶주림에 시달렸소. 당시 창고 안의 물자는 가득했지만 백성을 위해 어떠한 구제도 하지 않았소. 백성은 도처로 떠돌아다니며 음식을 구걸했소. 수문제隋文帝는 이들을 불쌍히 여기지 않고 창고를 아껴 말년까지 비축했는데 50~60년 동안 공급할 수 있는 분량이었소. 양제煬帝는 이러한 부유한 재력에 의지하여 사치를 일삼고 황음무도했기 때문에 나라를 멸망으로 이끈 것이오. 양제가 나라를 잃은 원인도 여기에 있소.

무릇 나라를 다스리는 자는 인재를 축적하는 일에 힘써야지 창고를 살찌워서는 안 되오. 옛사람들은 '만일 백성이 부족하면 당신은 또 어떻게 채울 수 있습니까?'[1)]라고 했소. 창고는 흉년이 든 해의 수요를 채우는 데 사용하면 되지 이 밖에 또 무엇 때문에 비축할 필요가 있소! 제위를 계승하는 자가 현명하면 자연스럽게 그의 천하를 보유할 수 있소. 그러나 만일 제위를 계승한 자가 그릇이 되지 못하면, 창고 안에 비축해놓은 것이 많을 것이고, 오직 자신의 사치만을 조장할 것이오. 이것은 나라가 위급해지고 멸망하는 근본적인 문제요."

1) 《논어》〈안연〉에 나온다.

은혜를 등지면 멸망한다

정관 5년, 태종이 주위에서 모시는 신하들에게 말했다.

"자연의 이치상 착한 사람은 복을 받고, 악한 사람은 화를 입소. 이것은 그림자가 형체를 따르고 메아리는 소리를 따르는 것과 같소. 과거 계민가한啓民可汗[2]이 수왕조로 투항했으며, 수문제는 돈을 아끼지 않고 수많은 병사를 동원하여 지켜 살 수 있게 해주었소. 오래지 않아 돌궐이 부강해지자 그들의 후대 자손들은 수왕조의 은덕에 보답할 생각을 하지 않고 제위를 시화가한始華可汗[3]에게 주었고, 안문雁門에서 병사를 일으켜 수양제隋煬帝를 포위했소. 수나라에 큰 혼란이 일어나기를 기다렸다가, 또 강대한 세력에 기대어 수왕조의 지역 안으로 깊숙이 들어왔소. 과거 그들의 나라를 안정되게 건립하게 해준 사람과 그 자손까지 모두 힐리 형제에게 살해된 것이오. 현재 힐리의 나라는 멸망했으니 어찌 은혜를 저버리고 의로움을 등져 이 지경에 이른 것이 아니겠소?"

신하들은 모두 말했다.

"진실로 폐하께서 말씀하신 뜻과 같습니다."

2) 수나라 개황開皇 19년 서북의 돌궐족이 내란을 일으켰는데 싸움에서 패한 돌리가한突利可汗은 수나라에 투항했다. 수문제는 돌리를 계민가한으로 봉했다.

3) 돌궐의 계민가한이 죽자 그 아들이 자리를 계승하여 시화가한이 되었다. 대업 11년 수양제가 북쪽 변방을 순행하며 더위를 분양궁汾陽宮에서 피했다. 8월 시화가한은 병사를 이끌고 침입하여 양제를 습격하려고 안문을 포위했다. 후에 여러 군에서 병력을 원조하여 시화는 물러났다.

거듭된 승리는 패망의 시작이다

정관 9년, 북돌궐北突厥의 나라에서 조정으로 돌아온 이가 아뢰었다.

"돌궐 지역에 폭설이 내리자 사람들은 먹을 것이 없어 소나 양과 함께 모두 죽었습니다. 그곳의 중원 사람들은 모두 산속으로 달아나 도적이 되었고, 인심이 흉흉합니다."

태종이 주위에서 모시고 있는 신하들에게 말했다.

"고대의 군주 된 자를 살펴보면, 인의와 덕정을 시행하고 어질고 선량한 인재를 임용하면 제대로 다스려지지만, 폭정을 행하고 소인을 임용한 경우는 정치적으로 실패했소. 돌궐의 신임받는 사람들은 여러분도 모두 보았지만, 대체로 취할 만한 충성스럽고 바른 인재가 없소. 힐리가한頡利可汗도 백성을 위하는 생각은 하지 않고 감정대로 하고 있소. 이런 면에서 살펴보면 또한 어찌 오래 지속될 수 있겠소!"

위징이 나아가 아뢰었다.

"과거 위문후魏文侯[4]는 이극李克[5]에게 제후왕 가운데 누가 먼저 멸망할 것인가를 물었습니다. 이극은 '오吳나라가 먼저 멸망할 것입니다.'라고 했습니다. 문후는 또 '어떤 이유 때문이오?'라고 물었고, 이극은 '여러 차례 공격하여 그때마다 승리하였으니, 승리한 횟수가 많으면 군주는 교만해지고, 자꾸 싸우면 백성은 곤궁해집니다.

4) 전국시대 초기 위魏나라를 세운 위사魏斯로 기원전 445년에서 기원전 396년까지 재위했다. 그는 만년에 이회李悝를 재상으로 삼고, 오기吳起와 악양樂羊을 장수로 삼았으며, 서문표西門豹를 업령鄴令으로 삼아 농업과 전쟁을 장려했고, 법을 바꾸고 개혁을 단행했다. 이렇게 하여 위나라는 나날이 부강해져 처음으로 제후 가운데 가장 강고한 세력을 떨치게 되었다.

멸망하지 않는다면 어떤 결과가 있겠습니까?'라고 했습니다. 힐리는 수나라 말기에 중원이 크게 혼란스러웠을 때 많은 세력에 기대 중원으로 침입해왔고, 지금도 멈추지 않고 있습니다. 이것은 그들이 반드시 멸망하는 이치인 것입니다."

태종은 이 말이 꽤 옳다고 생각했다.

자기 살점을 뜯어 먹으면 죽는다

정관 9년, 태종이 위징에게 말했다.

"최근 주나라 역사와 제齊나라 역사에 관한 것을 읽었는데, 최후에 나라를 멸망시킨 황제의 악행은 대체로 유사했소. 북제의 후주后主 고위高緯는 특히 사치스러웠는데, 소유한 국고를 거의 다 사용했고 관문이나 시장마다 부세를 징수하지 않은 곳이 없었소. 나는 항상 참언하는 자를 스스로 자기 살점을 뜯어 먹는 것에 비유하는데, 자기 살점을 뜯어 먹으면 자신은 반드시 죽게 될 것이오. 군주가 끊임없이 세금을 징수하면 백성은 곤궁해지고 군주 또한 멸망하는데, 제나라 후주가 이와 같았소. 그러면 후주선제後周宣帝인 천원황제天元皇帝와 제나라 후주를 비교하면 누가 더 못났다고 할 수 있소?"

---

5) 바로 이회李悝로, 전국시대 초기 정치가이다. 그는 기원전 406년에 위문후의 재상이 되어 변법과 개혁을 주도했다. 농민들의 토지를 분배했으며, 곡물을 수매하여 농업 생산을 발전시켰다. 정치적인 측면에서는 노동을 한 자만이 먹을 수 있고, 공로가 있는 자만이 봉록을 받으며, 어진 사람만이 상을 받고, 형벌을 시행함에 있어서는 타당성이 있어야 한다는 입장을 견지하고 행하여 세습 귀족의 특권을 폐지했다.

위징이 대답했다.

"나라를 멸망시킨 이 두 군주는 비록 결말은 서로 같지만 그 행위에는 차이가 있습니다. 제나라 후주는 유약하여 정치적 명령에 일관성이 없었으며, 나라에는 법적 기강이 서지 않아 결국 멸망하게 되었습니다. 천원황제는 성격이 흉포하고 교만합니다. 포상과 형벌을 모두 독단적으로 시행하였습니다. 나라를 멸망시킨 문제는 전적으로 그 자신에게 있습니다. 이러한 상황으로부터 논해보면, 제나라 후주가 더 열등합니다."

권卷 9

제35편

정벌(征伐: 정벌의 시기)

【해제】

군주들은 통치자의 자리에 오르면 대개 안으로는 안정을 구하고 밖으로는 영토 확장을 꾀한다. 영토 확장은 나라의 세력을 강화하며, 주변 나라들의 존경을 받는 결과를 가져온다. 그러나 전쟁은 나라의 흉기라는 말도 있듯이, 지나친 영토 확장은 안정된 국내 정세를 혼란에 빠지게 하는 경우가 많다.

〈정벌〉 편에서 정벌은 창업 시기에 하는 것으로 그치고, 일단 나라를 세운 이후에는 보존하는 일에 열중해야 함을 말하고 있다. 나라를 보존하는 방법이란 그동안 출정出征의 고통으로 시달린 백성을 위로하고 어진 정치를 베푸는 것이다.

형세가 불리할 때의 제압법

무덕武德 9년 겨울, 돌궐의 힐리가한頡利可汗과 돌리가한突利可汗이 그 병사 20만 명을 이끌고 위수渭水 변교便橋 북쪽까지 이르렀다. 그리고 수장 집실사력執失思力을 보내 당나라 조정의 허실을 염탐하도록 했다. 집실사력은 자기 군대의 세력을 과장하여 '두 가한이 백만 병력을 이끌고 지금 도착했습니다.'라고 아뢰었다. 태종은 그에게 이렇게 말했다.

"나는 돌궐과 직접 화친을 맺었는데 당신들이 그것을 어겼소. 나는 아무런 부끄럼이 없소. 당신들은 병력을 이끌고 경솔하게 우리 수도 근처까지 들어와 그 강성함을 과시하고 있소. 나는 먼저 당신을 죽여야겠소."

집실사력은 두려워 목숨을 구걸했다.

소우蕭瑀와 봉덕이封德彝는 예절에 따라 집실사력을 돌려보낼 것을 요청했다. 그러자 태종은 이렇게 말했다.

"안 되오. 오늘 그를 돌려보내면 반드시 내가 그들을 두려워한다고 생각할 것이오."

그러고는 사람을 보내 그를 체포했다.

태종이 말했다.

"힐리는 우리나라가 최근 내부적으로 현무문玄武門의 변이 있었고, 내가 막 즉위한 사실을 들었소. 그래서 대군을 이끌고 직접 이

곳까지 왔소. 내가 감히 그들과 대항하지 못할 것으로 생각하고 있는 것이오. 내가 만일 장안 성문을 닫고 스스로 지킨다면 적은 반드시 병사를 풀어 약탈할 것이오. 적군이 강하고 내가 약한 형세에서는 단 한 가지 계책만 있을 뿐이오. 내가 직접 혼자 말을 타고 성문을 나가 적을 가볍게 여긴다는 것을 보여주고, 아울러 우리 병력의 위용을 드러냄으로써 그들로 하여금 우리가 반드시 싸울 결심을 하고 있음을 알도록 하는 것이오. 만일 생각지도 않은 데서 일이 발생하면 그들의 원래 의도는 혼란스러워질 것이오. 흉노를 제압하는 것은 이 행동에 달려 있소."

그리하여 태종은 혼자 말을 타고 앞으로 나가 위수를 사이에 두고 힐리와 말했다. 힐리는 당나라의 계획을 예측하지 못했다. 당나라 군대가 계속하여 도착하였다. 힐리는 당나라 군대의 위용이 성대함을 보고, 또 사력이 체포되었음을 알고는 매우 두려워하여 맹약을 청하고 물러났다.

모반자들은 은덕으로 어루만져라

정관 초년, 영남제주嶺南諸州가 고주高州의 우두머리 풍앙馮盎[1]과 담전談殿[2]이 병력에 기대 조정을 모반하려 한다는 상소를 올렸다. 태

1) 자는 명달明達이고 고주高州 사람이다. 수나라 말 한양태수漢陽太守로 있었으며, 양제가 요동을 정벌한 후 좌무위대장군左武衛大將軍으로 임명되었다. 수나라가 멸망하자 직접 영남嶺南을 차지했다. 당나라가 건립된 후로는 영토를 바치고 당나라에 투항했다.

2) 생애는 상세하게 알려져 있지 않다. 수나라가 멸망할 때 영남 일대를 점령했다.

종은 장군 인모藺謨[3]에게 조서를 내려 강남과 영남의 수십 주의 병사를 징발하여 토벌하도록 했다. 비서감秘書監 위징魏徵이 간언하여 말했다.

"중원 지역은 막 전란이 평정되었고, 백성이 입은 전쟁의 참상은 아직 회복되지 않았습니다. 영남 지역은 역병이 심하며 산천이 험하고 깊어 행군과 식량 수송을 계속하기 어렵고, 질병과 역병이 수시로 발생합니다. 만일 그와 같음을 예상하지 못한다면 후회해도 소용없습니다. 풍앙이 만일 모반한다면 중원의 전란이 아직 평정되지 않았을 때에 먼 곳에 위치한 나라들과 결탁하여 병사들을 모았을 것이고, 험준한 요새의 교통을 끊어놓고 가까운 이웃의 주·현을 격파하고 약탈하며 자기 관사官司를 두었을 것입니다. 모반에 관한 고발이 수년 동안 계속되었는데도 그들의 군대가 자신의 영토를 조금도 넘지 않은 것은 무엇 때문이겠습니까? 이것은 모반의 형세가 아직 형성되지 않은 것입니다. 병사를 일으키고 사람들을 동원하여 그들을 토벌할 필요가 없습니다. 폐하께서는 그곳으로 사람을 파견하여 정찰한 적이 없습니다. 그들이 조정으로 진술을 해와도 아마 진상을 명백히 하기는 어려울 것입니다. 지금 사신을 파견하여 조정의 의도를 그들에게 알리면 대군을 동원할 필요가 없을 것이고, 그들은 자발적으로 조정에 귀순할 것입니다."

태종이 위징의 말을 받아들여 영남 전체가 안정되었다. 곁에서 모시는 신하들이 아뢰었다.

3) 생애는 상세하게 알려져 있지 않으며, 태종 때 장군이었다.

"풍앙과 담전은 과거 항상 서로 정벌하였습니다. 폐하께서는 한 명의 전문 사신을 파견하여 영남 지역을 안정시켰습니다."

태종이 말했다.

"당초 영남의 여러 주에서는 풍앙이 반역하려 한다는 보고를 했소. 나는 반드시 병사를 일으켜 그를 토벌하려고 생각했소. 그때 위징이 은덕으로 그들을 어루만지면 반드시 토벌하지 않아도 직접 복종해 올 것이라고 계속 간언했소. 나는 이 의견을 따라 실행했고, 그 후 영남은 평정되었소. 병사들을 수고롭게 하지 않고 안정시킬 수 있었던 것은 10만 대군에게 승리한 것이오."

위징에게 비단 5백 필을 내렸다.

군대는 흉기이고 전쟁은 불행이다

정관 4년, 담당 관리가 아뢰었다.

"임읍국林邑國의 만인蠻人이 올린 문장에 공손하지 못한 말이 있으니, 군대를 파견하여 그들을 토벌하기를 청합니다."

태종이 말했다.

"군대는 흉기이므로 부득이한 경우에만 그것을 사용해야 하오. 한광제는 '군대를 동원할 때마다 머리카락이 하얗게 새는 것조차 느끼지 못한다.'라고 했소. 옛날부터 전쟁을 좋아하여 필요 이상의 병력을 사용하는 사람 가운데 멸망하지 않은 자가 없었소. 부견苻堅[4]은 자기 병력의 강성함에 기대 반드시 진晉나라를 삼키려고 생각하고 백만 대군을 일으켰소. 하지만 한 차례의 큰 싸움으로 크게 패하여 나라는 멸망하게 되었소. 수양제隋煬帝도 반드시 고구려를 탈취하려는 생각으로 해마다 수많은 백성을 노역에 시달리게 하여 백성의 원망은 극에 달했소. 그래서 결국에는 평범한 한 사람의 손에 죽게 되었소. 힐리가한의 경우는 과거 수년 동안 우리나라를 끊임없이 침범하여 각 부락은 모두 정벌로 지쳤으며, 결국 멸망하게 되었소. 나는 지금 이러한 상황을 보았는데 어찌 군대를 파견하여 정벌할 수 있겠소? 하물며 험준한 산을 수없이 넘어야 하고, 그 땅은 장기瘴氣로 가득 차 있고 역병이 유행하고 있소. 만일 우리 병사들이 역병에 전염된다면 이 만국蠻國을 정복할지라도 또 무슨 이익이 있겠소? 그들의 언사가 공손하지 못한 것은 개의할 것이 못 되오!"

결국 임읍국을 토벌하지 않기로 결정했다.

헛된 명예를 위해 백성을 상하게 할 수는 없다

정관 5년, 강국康國이 귀속을 원했다. 이때 태종은 주위에서 모시는 신하들에게 이렇게 말했다.

"과거 제왕의 대다수는 영토 확장에 주력하여 죽은 이후의 허명

---

4) 16국시대 전진前秦의 국왕이다. 자는 영고永固이다. 그는 부건苻健의 조카이며, 영흥永興 원년 부건의 아들 부생苻生을 살해하고 스스로 대진천왕大秦天王이라고 했다. 부견은 농업을 권장하고 수리사업을 일으켰으며, 유학을 제창하고 군정軍政을 정비하여 관롱關隴 지역의 경제와 문화를 발전시켰다.

을 구하였소. 이것은 자신에게 어떠한 이익도 없으며, 백성에게는 매우 큰 손해요. 나는 결코 이러한 일을 하지 않을 것이오. 하물며 허명만을 구하고 백성에게 손해를 끼치겠소! 강국의 귀속을 수락할 경우 긴급한 일이 생기면 구조하지 않을 수 없소. 그러나 군대가 만 리 먼 곳까지 출정하게 되면 어찌 백성에게 고통이 아니겠소? 백성을 고달프게 하여 허명을 구하는 일은 내가 바라는 것이 아니오. 강국이 귀속을 원한 것은 받아들일 필요가 없소."

장례 기간에는 토벌을 피한다

정관 14년, 병부상서 후군집侯君集[5]이 고창국高昌國을 토벌했다. 군대가 유곡柳谷에 도착했을 때, 정찰 기병이 말했다.

"고창국 왕 국문태麴文泰가 죽었습니다.[6] 고창국에서는 날을 정해 왕의 장례를 치르려고 합니다. 그 나라 사람들이 모두 모였습니다. 만일 기병 2천 명으로 습격한다면 완벽한 승리를 거둘 수 있을 것입니다."

부장 설만균薛萬均,[7] 강행본姜行本은 모두 이 의견에 찬성했다. 후군집이 말했다.

5) 당나라 초기의 장수이다. 처음에는 이세민을 추종했고, 여러 번 승진하여 좌우후左虞侯·거기장군까지 이르렀으며, '현무문의 변' 계획에 참여했다. 태종이 즉위한 후에는 우위대장군右衛大將軍·병부상서 등의 직책을 역임했다. 정관 9년 이정을 보좌하여 토욕혼吐谷渾을 공격했다. 정관 17년 태자 승건과 모반했다가 피살되었다.

6) 정관 14년, 고창국 왕 국문태는 당나라 군대가 이미 가까운 곳까지 이르렀다는 소식을 듣고 두려워하다 병이 나서 죽었다.

"천자는 고창국의 왕이 교만하고 무례하다고 생각하였으므로 우리에게 하늘의 뜻에 따라 그를 토벌하도록 했습니다. 만일 그의 묘소에서 장례 의식을 습격한다면, 이것은 무공武功이라고 할 수 없습니다. 또 죄를 묻는 군대가 할 일이 아닙니다."

이에 병력을 이끌고 장례 의식이 끝나기를 기다렸다가 진군하여 고창국을 멸망시켰다.

이민족과의 화친 정책도 필요하다

정관 16년, 태종이 주위에서 모시는 신하들에게 말했다.

"북방의 만족은 옛날부터 대대로 중원 본토로 침입하여 소란스럽게 했소. 지금 연타延陀 부락은 강성하여 복종하지 않고 있으니 반드시 조기에 그들을 처리해야 하오. 나는 이 문제를 거듭 생각해 보았는데, 오직 두 가지 방법뿐이오. 먼저 10만 정예 병사를 선발하여 그들을 격파시켜 흉악함을 깨끗이 제거하면 1백 년 동안은 아무 일 없이 평안할 것이오. 이것이 한 방법이오. 만일 그들이 통혼通婚을 요구한다면 인척 관계를 맺을 것이오. 나는 백성의 부모요. 백성에게 이익이 된다면 어찌 딸 하나를 아까워하겠소? 북방 만족의 풍속은 부인의 권세가 강하오. 공주가 아들을 낳으면 나의 외손이니, 중원을 침략할 수 없음을 알 수 있소. 이로부터 판단하면, 변방이

7) 당나라 토벌 대장으로 고조 때 상주국上柱國으로 봉해졌다. 정관 연간에 돌궐과 토욕혼을 공격한 공로가 있어 관직이 좌둔위대장군左屯衛大將軍까지 이르렀고, 노국공潞國公으로 봉해졌다.

30년간은 안정될 것이오. 이 두 방법 가운데 어떤 것이 좋겠소?"

사공司空 방현령房玄齡이 대답했다.

"수왕조의 천하 대란을 겪은 후 호구의 태반은 아직 회복되지 않았습니다. 병기는 흉악하고, 전쟁은 위험하므로 성인 공자가 가장 신중하게 대했습니다. 화친 정책은 사실상 천하의 큰 행복입니다."

혼란을 평정한 뒤에는 무기를 쉬게 하라

정관 17년, 태종이 주위에서 모시는 신하들에게 이렇게 말했다.

"고구려의 연개소문淵蓋蘇文은 그의 군주를 살해하고 그 나라의 정권을 탈취했는데, 실제로 사람들이 받아들이기 어려운 일이오. 오늘날 나라의 병력을 가지고 그를 토벌하는 일은 결코 어렵지 않소. 그러나 나는 즉시 병력을 동원할 수는 없소. 그래서 인근의 거란契丹, 말갈靺鞨에게 고구려를 혼란스럽게 만들도록 하려는데, 여러분은 어떻게 생각하오?"

방현령이 말했다.

"신이 고대 여러 나라를 보면, 강국이 약국을 침범하고 인구가 많은 나라가 적은 나라를 침범하지 않은 적이 없었습니다. 현재 폐하께서는 백성들을 인자하게 기르셨고, 장수들은 용감하고 날쌥니다. 이처럼 그 위력은 충분하지만 고구려를 공격하여 취하지 않고 있습니다. 이것은 정말로 고대에 혼란을 평정하고 무기를 쉬게 함이 진정한 무공이라고 한 것과 같은 행동입니다. 과거 한무제는 여러 차례 병사를 일으켜 흉노를 토벌하였고, 수양제는 세 번이나 요동을 정벌했습니다. 백성들이 빈곤해지고 나라가 파괴된 것은 사실상 여기서 기인한 것입니다. 폐하께서 자세하게 살펴보시기를 청합니다."

태종이 말했다.

"훌륭하오."

전쟁에서 이기지 못할 경우를 생각하라

정관 18년, 태종은 고구려의 막리지(莫離支, 연개소문)가 고구려의 군주를 살해하고 고구려의 대신과 백성을 잔혹하게 박해했으므로 그를 토벌할 일을 상의하였다. 간의대부諫議大夫 저수량褚遂良이 나아가 간언하여 말했다.

"폐하의 용병술과 뛰어난 지략은 그 누구도 예측하기 어렵습니다. 폐하께서는 과거 수隋나라 말의 동란 중에 적군을 이겨 혼란을 평정하였습니다. 북방의 이민족이 변방을 침략하고 서쪽의 이민족이 무례한 행동을 했을 때, 폐하께서는 장군에게 명하여 그들을 토벌하도록 하였습니다. 그때 대신들은 한결같이 간곡히 간언했습니다. 그러나 폐하께서는 영명한 결단력과 탁월한 판단력으로 결국 이러한 이민족들을 일제히 토벌했습니다. 지금 폐하께서 고구려를 토벌하려 한다는 것을 듣고 신은 혼란스럽습니다. 그러나 폐하의 신과 같은 무덕武德과 위명威名은 북주北周나 수나라의 군주와는 비교할 수 없습니다. 대군이 만일 요하를 건너면 반드시 승리할 것입니다. 만에 하나 이 목표에 이를 수 없을 때에는 군주의 무위武威를 먼 곳의 나라에 보일 방법이 없게 됩니다. 폐하께서는 반드시 크게 노여워하여 다시 병사를 일으켜 공격할 것입니다. 만일 사태가 이 지경까지 이른다면, 나라의 안위를 예측하기 어렵습니다."

태종은 저수량의 말이 맞다고 생각했다.

장수의 일은 장수에게 맡겨라

정관 19년, 태종이 직접 고구려를 정벌하려고 했을 때, 개부의동삼사開府儀同三司 울지경덕尉遲敬德이 아뢰었다.

"황제께서 만일 직접 고구려를 정벌한다면, 황태자는 아직 정주定州에 있어 국사를 담당할 수 없고, 낙양과 장안 동서의 두 수도는 재화와 무기 창고가 있는 곳으로, 수비하는 병사가 있어도 결국에는 텅 비게 될 것입니다. 요동은 길이 머니, 양현감楊玄感이 병사를 일으켜 낙양을 포위한 변란[8]과 같은 일이 생길 수 있습니다. 또 고구려처럼 구석의 작은 나라는 황제께서 직접 정벌할 가치가 없습

8) 양현감이 수양제가 요동을 공격하는 기회를 타서 여양에서 난을 일으켰는데 이를 '현감지변玄感之變'이라고 한다.

니다. 만일 승리해도 무공이라고 칭하기는 부족하고, 패하면 오히려 세상 사람들의 웃음거리가 될 것입니다. 고구려를 정벌하는 일은 훌륭한 장수 한 명에게 맡기십시오. 그러면 자연스럽게 그들을 멸망시킬 수 있습니다."

태종은 울지경덕의 의견을 받아들이지 않았지만, 식견 있는 선비들은 모두 그의 의견이 옳다고 생각했다.

장수의 결단력이 승리를 이끈다

예부상서禮部尙書 강하왕江夏王 이도종李道宗이 태종을 따라 고구려를 정벌하러 갔다. 태종은 도종에게 조서를 내려 장군 이적李勣과 더불어 선봉이 되도록 했다. 도종 등이 요수를 건너 개모성蓋牟城[9]을 공격했을 때 적의 대군이 습격했다. 군대의 진영 안에 있는 자들은 모두 성의 참호를 깊게 하고 요새를 지키며, 태종의 부대가 도착하기를 기다려 서서히 나아가려고 했다. 도종이 말했다.

"안 됩니다. 적은 개모성의 위급함을 구하기 위하여 멀리 왔으므로 병사들은 모두 지쳐 있고 쇠약해져 있습니다. 병력의 수가 많은 것에 기대 우리 군대를 가볍게 여기고 있으니, 한번 맞붙어 싸우면 그들을 무찌를 수 있습니다. 과거 후한의 경감耿弇[10]은 장보張步를 토벌하고, 왕랑王郞을 평정하였으며, 동마銅馬·적미赤眉를 진압하였

9) 양한시대의 개마현蓋馬縣으로 후에 고구려로 편입되었다.

10) 후한 초기의 장수로 자는 백소伯昭이며, 아버지는 경황耿況이다.

고, 적을 군왕에게까지 남겨주지 않았습니다. 저는 이처럼 선봉이 되었으니 먼저 적군을 소탕하여 왕을 기다려야 합니다."

이적은 그의 의견에 적극적으로 찬성했다. 수백 명의 용감한 기병을 이끌고 적군의 진영 속으로 곧장 뚫고 들어가 좌우로 드나들었다. 이적은 기세를 타고 합쳐 공격하여 크게 무찔렀다. 태종은 도착하여 그에게 큰 상을 주었다. 도종은 전쟁터에서 다리에 부상을 입었는데, 태종이 몸소 그를 위해 침을 놓고 뜸을 떴으며 임금에게 바치는 음식인 어선을 내렸다.

백성을 보살피되 적도 헤아려야 한다

태종은 《제범帝範》(제왕의 규범이란 뜻이며 12편으로 구성됨)에서 이렇게 말했다.

"무기와 갑옷은 나라의 흉기이다. 토지가 비록 광활할지라도 전쟁을 좋아하면 백성은 피곤할 것이며, 나라가 비록 태평스러울지라도 전쟁을 잊으면 백성은 해이해질 것이다. 백성이 피곤한 것은 나라를 보존하는 방법이 아니고, 백성이 해이해짐은 적을 헤아리는 방법이 아니다. 병기가 완전히 필요 없다고 할 수 없지만, 또 그것을 항상 사용할 수는 없다. 그러므로 농한기를 이용하여 무술을 익히고, 행군의 나아가고 물러나는 의식을 배워야 한다. 3년 동안 군대를 다스려 등급과 순서를 판별한다. 구천句踐[11]은 수레에서 청개구리를 향해 예를 다하여 사기를 고무하고 치욕을 잊지 않아 결국 패업을 성취하였다. 서언徐偃[12]은 병력을 준비하지 않아 결국 나라를 멸망시켰다. 무슨 이유에서인가? 월越나라는 행군의 나아가고 물러나는 방법을 익혔지만, 서언은 나라의 병력을 준비해야 한다는 점을 잊었기 때문이다. 공자는 '훈련되지 않은 백성을 동원하여 전쟁을 하는 것은 생명을 버리는 것과 같다.'[13]라고 했다. 활쏘기의 위력을 알아 나라에 이익이 되게 하는 것이 병사를 사용하는 사람의 직책이다."

고구려 정벌은 나라만 상하게 한다

정관 22년, 태종이 다시 고구려를 정벌하려고 했다. 이때 방현령은 병상에 누워 있었는데 위독한 상태였다. 그는 아들에게 이렇게 말했다.

"현재 천하는 태평하고 모두 각기 머물 곳을 얻었다. 왕께서 다시 고구려를 정벌하려고 하는데, 이것은 나라의 크나큰 해로움이다. 나는 이 점을 알고 있지만 말하지 못하고 있다. 만일 질병으로 인하여 일어나 말하지 못한다면 구천에서까지 한을 품게 될 것이다."

---

11) 춘추시대 말기 월나라 왕이다. 일찍이 오나라 왕에게 패하자 굴복하여 화해를 청하였다. 그는 와신상담하여 발분하며 나라를 강성하게 만들어 마침내 오나라를 멸망시키고, 이어 서주徐州에서 제후들을 크게 소집한 후 맹주가 되었다.

12) 주목왕周穆王 때 서徐나라의 군주라고 전해진다.

13) 《논어》〈자로〉에 나온다.

그리하여 표를 올려 이렇게 간언했다.

"저는 전쟁에서 가장 나쁜 것은 쉴 수 없는 것이고, 무공에서 가장 귀한 것은 전쟁을 멈출 수 있는 것이라고 들었습니다. 현재 성상께서 펼친 교화는 먼 곳까지 이르지 않는 곳이 없습니다. 상고 시기에 신하가 되기를 원하지 않던 나라도, 폐하는 신하가 되도록 할 수 있었습니다. 제어할 수 없던 이민족도 폐하께서는 제어할 수 있었습니다.

고금의 역사를 상세하게 살펴보니, 중원의 재앙으로는 돌궐 이상이 없었습니다. 폐하께서 궁궐 안에서 신묘한 계책을 운용하여 전당殿堂을 나오지 않고도 크고 작은 가한들이 계속하여 귀순합니다. 오늘날에는 금위禁衛의 경호를 맡고, 창을 쥐고 대열 속에 있습니다. 이후 설연타薛延陀가 맹위를 떨쳤는데, 오래지 않아 전멸되었습니다. 철륵鐵勒은 폐하의 은혜를 흠모하여 중원으로 귀속하여 주와 현을 두기를 원했습니다. 사막 이북은 만 리까지 전쟁이 없습니다. 고창高昌이 멀리 사막 지역에서 모반하고, 토욕혼이 적석산積石山에서 우왕좌왕하고 있어 일부 병력을 파견하여 평정했습니다.

고구려는 역대로 토벌을 피했는데, 그 누구도 토벌 공격을 하지 못했습니다. 폐하께서는 그들이 반역 행위를 하여 혼란을 조성하고, 군주를 살해하고 백성을 학대한 것을 질책하여 직접 대군을 인솔하여 요하遼河·갈석碣石 지역까지 가서 죄를 물었습니다. 열흘도 되지 않아 요동을 점령했고, 수십만 명을 포로로 잡았습니다. 이들을 각 주로 분산시켰으므로 한 지방도 가득 차지 않은 곳이 없었습니다. 과거의 치욕을 씻고 전사자의 유해를 매장했습니다.[14] 이 공덕을 비교하면 이전 시대의 제왕에 비해 만 배는 됩니다. 이러한 것은 폐하께서 알고 있는 일이니, 소인이 어찌 감히 다 말씀드리겠습니까.

폐하의 인후한 풍모는 천하를 뒤덮었고, 그 효와 덕은 선조들보다 밝습니다. 변방의 이민족이 멸망하려는 것을 보려면 몇 년이 더 걸릴 것입니다.

장수에게 관할 지역의 지휘권을 주면 만 리 먼 곳에서 전기戰機를 결정합니다. 손꼽아 헤아리며 사신의 보고를 기다리고, 해의 이동을 바라보고 편지가 도착하길 바랍니다. 명령에 부응하는 것은 마치 신과 같고, 계략에는 조금의 실책도 없습니다. 병사 가운데서 장수를 발탁하고, 평범한 사람 속에서 모사를 선발하여 취합니다. 먼 곳의 작은 나라의 사신을 한 번 보고 나면 잊지 않습니다. 낮은 신하의 이름을 한 번 물은 이후에는 다시 묻지 않습니다. 화살을 사용하여 일곱 겹의 갑옷을 뚫을 수 있고, 활을 당겨 6균鈞 무게의 과녁을 채울 수 있습니다.

폐하께서는 고대 경전이나 시가 문장에 관심을 갖고 있습니다. 서법에서는 종요鍾繇와 장지張芝를 뛰어넘습니다. 사부辭賦에서는 가의賈誼나 사마상여司馬相如와 견줄 수 있습니다. 문화 방면에서는 이미 떨쳤고, 음악 방면에서는 자연스럽게 조화를 이룹니다. 가볍게

14) 《춘추좌전》 희공 33년조와 문공 3년조에 자세한 내용이 나온다.

붓을 휘두르면 아름다운 꽃이 다투어 피어나는 것과 같습니다.

인자함으로 백성을 어루만지고, 예의로써 신하를 대우합니다. 아주 작은 선행도 포상하여 드날리며, 법망을 관대하게 하여 백성에게 인자함을 보입니다. 귀를 거스르는 간언도 반드시 진지하게 듣고, 알맹이 없는 참언과 간언은 또 거절합니다.

생명을 아끼는 미덕은 강이나 호수에서 물고기를 잡는 것을 금했습니다. 살생을 싫어하는 인덕은 시장에서 칼로 살아 있는 짐승을 죽이는 것을 금했습니다. 오리와 학은 똑같이 벼나 조를 먹는 은혜를 받았고, 개나 말도 똑같이 옛날 휘장이나 덮개를 덮을 수 있는 은혜를 받았습니다.

지존한 수레에서 내려 직접 이사마李思摩 장군을 위해 피고름을 빨았으며, 직접 위징의 영구 앞으로 가서 제사 지내고 슬피 곡을 했습니다. 또한 전쟁 중에 죽은 병사들을 위해 통곡했는데, 그 슬픈 감정은 육군六軍을 감동시켰습니다. 요동 전쟁 때에는 병사들과 함께 땔나무를 져서 길을 메워 천지를 감동시켰습니다. 일반 백성의 생명을 중시하는 것은 백성의 형옥刑獄을 신중히 하여 마음을 다하였습니다.

신은 질병으로 인해 마음이 혼란한데, 어떻게 성상의 위대한 공덕과 고원한 덕을 말할 수 있겠습니까! 폐하께서는 큰 미덕을 겸비하고 있어 완전무결하다고 할 수 있습니다. 소신은 폐하를 위해 이를 깊이 아끼고, 중대하게 생각하며, 귀중하게 여깁니다."

진퇴와 존망의 법칙을 알라

"《주역》〈건괘〉'문언전'에서 말하기를 '나아갈 줄은 알지만 물러날 줄은 모르고, 생존은 알지만 사망은 모르며, 얻는 것은 알지만 잃는 것은 모른다.'라고 했고, 또 '진퇴와 존망을 알고 정도를 잃지 않는 사람은 아마도 성인일 것인저!'라고 했습니다. 이 말에 근거해서 말하면, 나아감에는 물러남의 뜻이 포함되어 있고, 생존에는 멸망의 계기가 함유되어 있으며, 얻음에는 잃음의 이치가 포함되어 있습니다. 늙은 신하가 폐하를 위해 애석해함은 이것 때문입니다.

《노자》에서 말하기를 '만족할 줄 알면 치욕을 당할 수 없고, 적합함을 알고 멈추면 위험을 만날 수 없다.'라고 했습니다. 신은 폐하의 위무와 공덕 또한 만족할 만하다고 생각합니다. 토지는 변방 지역까지 광대하게 개척했으니 멈출 수 있습니다. 고구려는 변방 멀리 있는 소수민족으로 인의로써 그들을 대우할 가치가 없으며, 통상적인 도리로써 질책할 수 없습니다. 옛날부터 그들을 물고기와 자라로 간주했으므로 마땅히 관대하게 대해야 합니다. 만일 그들을 풀을 베고 뿌리를 제거하듯이 대한다면, 막다른 골목까지 쫓기던 짐승이 방향을 돌려 달려드는 것처럼 완강하게 저항할까 매우 두렵습니다.

폐하께서는 사형수를 재판함에 있어서는 반드시 여러 차례 반복하여 아뢰도록 명령했고, 형벌을 집행하는 날은 고기 없이 소식素食

을 올리도록 하고 음악을 멈추게 했습니다. 인명을 소중히 여기시는 폐하의 인자함에 감동했습니다.

지금 병사들은 어떠한 잘못도 없습니다. 그런데도 이유 없이 그들을 전쟁터로 내몰아 창칼 아래 있도록 합니다. 무고한 그들의 간과 뇌가 땅을 뒤덮도록 하고, 그들의 혼백이 돌아오지 못하도록 합니다. 그들의 늙으신 아버지와 어린 자식, 과부가 된 아내와 인자한 어머니가 그들의 시신을 실은 수레를 바라보고 얼굴을 가리며 통곡하도록 합니다. 가까운 사람의 마른 유골을 끌어안고 가슴 아파하도록 합니다. 이러한 정경은 음양에 이상 변동이 있게 하고, 천지 사이의 조화로운 기운을 흔들거나 손상하기에 충분합니다. 사실상 천하의 원망이 되고 비애가 되는 것입니다.

병기는 흉기이고 전쟁은 위험한 일이므로 아주 부득이한 경우에만 그것들을 사용합니다. 고구려가 과거에 신하로서의 예절을 어기거나 잃으면, 폐하께서는 그들을 칠 수 있었습니다. 중원 백성을 침략하면 그들을 소멸시킬 수 있었습니다. 그들이 장기간 중원의 우환거리가 되면 폐하께서는 그들을 뿌리 뽑을 수 있었습니다. 이러한 세 가지 조건 중 하나라도 해당된다면, 하루에 1만 명을 죽여도 부끄러워할 필요가 없습니다. 현재는 이 세 가지 조건이 전부 갖추어져 있지 않습니다. 단지 이유도 없이 스스로 중원을 수고롭게 하여 내적으로는 연개소문에게 피살당한 과거 군주 고건무高建武의 원한을 씻어주기 위해서이고, 외적으로는 신라 침략에 대한 복수라고 하니,[15] 어찌 얻는 것은 너무 적고 잃는 것은 너무 크지 않다고 하겠습니까?"

만족할 줄 알면 치욕을 당하지 않는다

"원컨대 폐하께서는 원조遠祖 노자의 '만족할 줄 알면 치욕을 당할 수 없고, 적합함을 알고 멈추면 위험을 만날 수 없다.'는 교훈을 지키십시오. 만대의 숭고한 명성을 지키십시오. 비가 내리는 것과 같은 은혜를 베푸십시오. 관대한 조서를 내리십시오. 따뜻한 봄빛에 순응하여 은택을 펴십시오. 고구려가 허물을 고치고 스스로 새로워지도록 허락하십시오. 바다에 떠다니는 전선을 불태우고, 소집된 수많은 병사를 해산하십시오. 이와 같으면 자연스럽게 중원과 이민족 모두 폐하를 따를 것이며, 먼 곳의 나라도 공순해지고, 국내는 안정될 것입니다.

신은 늙고 병든 삼공三公으로 아침에 일어나 저녁도 지키지 못하며 언제 죽을지 모릅니다. 후회되는 것은 약간의 먼지나 이슬방울만큼도 없지만, 폐하의 바다나 산과 같은 위대한 덕에 조금이라도 공헌할 수 있기를 바랍니다. 그래서 삼가 여생을 다하고, 죽은 후에

15) 정관 17년 신라에서 사신을 파견하여 다음과 같은 내용의 글을 올렸다. "고구려와 백제는 여러 차례 공격해 들어와 수십 개의 성을 잃었으며, 두 나라가 병력을 연대하여 저희 사직을 멸망시키려고 합니다. 배신陪臣을 파견하여 대국에 귀의했으니 군사를 보내 도와주십시오." 태종은 고구려로 사람을 보내 다시는 백제와 함께 신라를 공격하는 일이 없도록 경고했다. 그러나 연개소문은 이 경고를 받아들이지 않았다. 이에 태종이 직접 고구려 정벌에 나서게 되었다.

결초보은의 충성심을 갖습니다. 만일 죽기 전의 이 몇 마디가 받아들여진다면, 설사 신이 죽어도 썩지 않을 것입니다."

태종은 그의 표를 보고 탄식하며 말했다.

"이 사람은 이처럼 위독한 상태에서까지도 나라를 위해 걱정하는구나."

비록 그의 간언은 받아들여지지 않았지만 진정 충신이었다.

창업과 수성의 자세를 겸하라

정관 22년, 전쟁이 여러 차례 발생했고 궁궐 건축이 잇따라 백성은 매우 고달파했다. 충용充容 서씨徐氏[16]가 상소문을 올려 간언하였다.

"정관 연간 이래로 20여 년간 비바람은 순조로웠고, 매년 풍작이 이어져 백성에게는 홍수나 가뭄의 고통이 없었고, 나라에는 기근의 재앙이 없었습니다. 과거 한무제는 만들어진 법을 준수하는 평범한 군주였는데, 옥을 새긴 부符로 봉선封禪의 예를 거행하였습니다. 제환공齊桓公은 작은 나라의 평범한 군주이면서도 각지의 제후들을 모아 봉선을 행하려고 했습니다. 폐하께서는 그 공로를 사양하여 자신을 낮추시고, 공덕을 양보하여 머물지 마십시오. 백성이 한마음으로 폐하에게 향하고는 있지만 폐하께서 봉선의 예를 시행하기에는 부족합니다. 상고 시기 제왕은 운운산云云山, 정정산亭亭山

16) 충용이란 당나라 후궁의 관호官號로 구빈九嬪 중의 하나이다. 서씨는 이름은 혜惠이며, 서효덕의 딸로 총명하고 학문을 좋아하여 당태종이 그 소문을 듣고는 재인才人으로 삼고 나중에 충용으로 승진시킨 것이다. 당고종 때 죽었다.

에서 성공을 하늘에 고하는 제사를 시행했습니다. 그러나 폐하께서는 아직 제천 의식을 거행하지 않고 있습니다. 이와 같은 공덕은 백대 제왕의 업적을 뛰어넘고, 천년 후의 제왕들도 비교할 수 없는 정도입니다. 그러나 옛사람이 '복록이 있어도 기뻐할 필요가 없다.'라고 한 것은 매우 일리 있는 말입니다.

창업創業과 수성守成을 한 몸에 겸하는 것은 옛날 성인이나 철인조차도 매우 드물었습니다. 업적이 큰 자는 반드시 교만해지기 쉽다는 것을 알 수 있습니다. 폐하께서는 그것을 매우 하기 어려운 일로 생각하시어 교만함을 경계하기 바랍니다. 시작이 좋은 자가 끝까지 그것을 견지하기는 어렵습니다. 폐하께서는 그것을 쉽게 할 수 있는 일로 생각하시어 처음부터 끝까지 완성하기를 바랍니다."

무력을 남용하지 말라

"제가 최근 몇 년간을 살펴보니 부역과 전쟁이 동시에 진행되었습니다. 동쪽으로는 요동 고구려를 토벌하는 일이 있었고, 서쪽으로는 서역으로 곤륜산崑崙山 전쟁이 있었습니다. 병사와 말은 완전무장으로 지쳐 있고, 배나 수레를 모는 사람은 녹초가 되었습니다. 소집된 병사들은 부모와 처자식을 남겨놓고 떠나왔으므로 모두 생사이별의 슬픔을 품고 있습니다. 거센 바람과 풍랑으로 인해 사람과 군량미가 모두 물에 빠질 위험이 있습니다.

한 명이 열심히 농사를 지어도 1년 동안 수십 석石을 수확하지 못합니다. 그러나 한 척의 배가 파손되면 수백 석의 식량을 잃게 됩니다. 이것은 한정된 농업 생산물을 끝없는 큰 파도 속에 버리는 것입니다. 또 얻을 수 없는 다른 나라 백성을 탐하다가 우리가 양성한 군대를 잃게 되는 것입니다. 비록 흉악함을 제거하고 포학함을 토벌하는 일은 나라의 일반적인 법이지만, 무력을 남용하여 전쟁을 일으키는 것은 옛 현인들이 경계한 일입니다.

과거 진시황秦始皇은 육국을 병탄하여 천하를 통일했지만, 오히려 그것이 진왕조의 기틀을 위험에 처하게 하는 원인이 되었습니다. 진무제晉武帝는 위·촉·오 삼국을 멸망시켰지만, 오히려 제업의 실패를 이끌게 되었습니다. 어찌 업적의 높음에 의지하여 교만하고 자만해져 도덕을 버리고 나라를 가볍게 여긴 것이 아니겠습니까? 작은 이익을 탐하여 크나큰 재앙을 잊고 한껏 사욕을 채운 것이 아니겠습니까? 그 결과 천지 사방은 광활해도 그의 멸망에 이르는 위험을 구하지는 못했습니다. 슬픔에 찬 백성들은 전쟁의 병폐로 인해 멸망의 재난을 입었습니다. 이것을 통해 광활한 영토도 영원히 안정시킬 방법이 아님을 알 수 있습니다. 백성의 힘든 삶이 혼란을 일으키는 근원임을 알 수 있습니다. 원컨대 폐하! 백성에게 은택과 인의를 널리 베풀어주십시오. 곤궁한 백성을 불쌍히 여겨 출정의 고통을 줄이시고 감로甘露 같은 은혜를 늘려주십시오."

궁궐 건축은 백성을 고달프게 할 뿐이다

"신첩은 또 정치의 근본은 '무위이치無爲而治'를 귀하게 여긴다고 들었습니다. 저는 개인적으로 토목건축은 동시에 진행할 수 없다고 생각합니다. 북쪽의 궁궐이 막 낙성식을 하였고, 남쪽에서는 취미궁翠微宮을 지었습니다. 또 1년도 안 되어 옥화궁玉華宮 건축에 착수했습니다. 그것은 궁궐 건축의 수고로움이며 확실히 인력 낭비입니다. 비록 풀로 지붕을 덮어 검소함을 나타낼지라도 나무나 돌 등을 충당하는 데 많은 노력이 필요합니다. 설령 정부에서 임금을 주고 사람을 고용할지라도 수많은 백성을 고달프게 하는 병폐를 피할 수 없습니다.

낮고 조악한 궁전은 성왕의 안식처였고, 금이나 옥으로 장식한 궁전은 교만한 군주의 화려한 작품이었습니다. 그러므로 도가 있는 군주는 백성을 편안하게 쉬도록 하지만, 어리석고 무도한 군주는 음악을 튕기며 즐깁니다. 바라건대 폐하께서는 때에 맞게 백성을 부리십시오. 그러면 인력은 고갈될 수 없습니다. 그들을 부리면서도 쉴 수 있도록 하면 백성은 기쁜 마음으로 복종할 것입니다."

진귀한 세공물은 나라를 멸망에 이르게 하는 도끼이다

"진귀하고 정교한 세공물은 나라를 멸망시키는 도끼입니다. 주옥이나 아름다운 비단은 사실상 마음을 미혹시키는 독주毒酒입니다. 신첩은 개인적으로 의복과 완구의 정교한 화려함은 마치 대자연의 조화 같고, 공물로 바치는 진귀한 보물은 마치 신선의 손에서 나온 것과 같다고 봅니다. 비록 이것은 지금 세상의 화려한 풍속을 드날리는 것이지만, 실제로는 질박하고 돈후한 풍속을 파괴하는 것입니다.

칠기가 결코 반역을 부르는 도구는 아니지만, 걸왕桀王이 그것을 만들어 제후들이 반역했습니다. 옥 술잔이 나라의 멸망을 초래하지 않지만, 주왕紂王이 그것을 사용하여 나라가 멸망했습니다. 사치와 화려함의 근원을 고찰하면 그치지 않을 수 없습니다. 검소한 데서 법령을 정해도 사치함을 걱정하는데, 사치한 데서 법령을 정한다면 무엇으로 후세 사람들을 규제할 수 있겠습니까?

폐하께서는 [일이] 형성되기 전에 사물을 분명하게 살피고, 사고를 넓게 하십시오. 기린각麒麟閣[17] 속에서 심오한 비밀을 탐구하고, 유림들 속에서 사물의 오묘한 이치를 탐구하십시오. 역대 제왕의 치세와 난세, 후손 대대로의 안위安危, 흥망성쇠의 운명, 득실이나 성패의 관건, 이러한 것은 본래 가슴속에 품고 있고, 눈빛 속에 두르고 있습니다. 이것은 폐하께서 장기간 고찰한 결과로 신첩의 한

17) 기린은 성인이나 성군의 등장을 예고하기 위해 나타난다고 하는 상상 속의 상서로운 동물이다. 그 이름을 딴 기린각은 한무제가 궁중에 세운 누각으로 위대한 공신들의 그림을 걸어두고 그 공을 기렸다.

두 마디 설명에 도움을 받을 필요가 없는 것들입니다.

단지 이러한 것을 이해하는 것은 어렵지 않지만 실천하는 것은 쉽지 않습니다. 공업이 혁혁할 때 마음이 교만해지고, 시국이 안정되었을 때는 방종하게 게을러집니다. 폐하께서 마음을 억누르고 언제나 신중하시기를 바랍니다. 작은 허물을 줄여 큰 덕을 늘리고, 오늘의 정확한 것으로 과거의 잘못을 대신한다면, 폐하의 광대한 명성은 일월과 함께 영원할 것입니다. 성대한 사업은 천지와 함께 영원히 태평스러울 것입니다."

태종은 충용 서씨의 말을 매우 칭찬하고 특별히 후한 상을 더했다.

제36편

안변(安邊: 변방을 안정시켜라)

【해제】

진시황이 만리장성을 쌓았던 이유는 북방 흉노족의 남침을 저지하기 위한 것이었고 한무제의 영토 확장 정책도 주변 사이四夷에 대한 지나친 경계 심리에서 비롯된 것이었다. 중국의 어떤 군주도 변방의 안정 여부에서 결코 자유스러울 수 없었다.

〈안변〉 편에서는 변방을 안정시키는 방법에 관해 논하고 있다. 당나라는 흉노를 비롯한 주변 나라의 잦은 침략에 대하여 강력하게 공격하기보다는 회유 정책을 폈다. 무력으로 그들을 항복시키는 일은 어렵지 않았지만, 천하의 근본이라 할 수 있는 자국의 백성을 안정시키는 일이 급선무였기 때문이었다. 또 고대로부터 변방이 안정된 나라가 멸망하는 예는 드물다는 인식이 있었던 덕분이기도 했다.

회유 정책으로 흉노를 다스려라

정관 4년, 이정李靖은 돌궐의 힐리가한을 공격하여 무찔렀다. 힐리가한의 부락 대부분이 항복했다. 태종은 대신들에게 변방을 안정시킬 정책에 관하여 토의하도록 조서로 명령했다. 중서령中書令 온언박溫彦博이 이런 의견을 내놓았다.

"하남 일대에 그들을 안치하기를 청합니다. 한나라 건무建武 때에 의하면 항복한 흉노는 오원五原 변방에 안치하여 그들의 부락을 보존시켜 견고한 병풍이 되게 하였습니다. 또한 그들의 풍속을 바꾸지 않고 그들을 어루만져주었습니다. 한편으로는 머나먼 변방 땅을 채우고 또 한편으로는 조정에서 그들에게 어떠한 의심도 갖고 있지 않음을 나타냈습니다. 이것이 포용하고 양육하는 정책입니다."

태종은 그의 의견을 듣고 따랐다. 비서감 위징이 말했다.

"흉노는 옛날부터 오늘에 이르기까지 지금처럼 쇠미한 적이 없었습니다. 이것은 하늘이 그들을 단절시키려 함입니다. 또 우리 당나라 종묘사직의 뛰어난 무용입니다. 흉노는 대대로 중원을 침범하였습니다. 폐하께서는 그들이 이미 항복했다고 여기고 그들을 주살하여 멸망시키려 하지 않았습니다. 그러니 그들을 하북으로 보내 자신들의 옛 땅에서 살도록 해야 합니다. 흉노는 인간의 얼굴을 한 짐승이니 우리 동족이 아닙니다. 그들은 강성해지면 반드시 침입하여 약탈하고, 쇠약할 때는 비굴하게 굽실거리며 우리에게 복종하며, 은혜와 신의를 돌아보지 않습니다. 이것이 그들의 천성입니다.

진秦나라와 한漢나라는 그 해악을 심하게 받았기에 때를 가리지 않고 용맹한 장수를 파견하여 그들을 공격했습니다. 그들이 침략하여 점령하고 있던 하남 일대의 토지를 수복하여 군현을 설치했습니다. 폐하께서 만일 그들을 국내에 거주하도록 한다면, 현재 항복한 수십만은 얼마 후 자생하고 번창하여 두 배로 불어날 것입니다. 이리하여 우리의 주변 영토에서 거주하고 수도 근교에 의지할 것입니다. 이는 가장 중요한 부위에 병이 생기는 것이니 반드시 이후의 재앙이 될 것입니다. 더욱이 그들을 하남 일대에 안치할 수는 없습니다."

온언박이 말했다.

"천자는 만물에 대해서 하늘이 덮고 땅이 이고 있듯이 대합니다. 귀의하는 것들은 길러주어야 합니다. 현재 돌궐은 패배했고, 남은 부락들도 우리에게 모두 귀순했습니다. 폐하께서 그들을 불쌍히 여기지 않고 그들을 버리고 용납하지 않는다면, 이것은 천지자연의 이치에 부합하는 것이 아닙니다. 소수민족의 성의를 끊는 것은, 어리석은 저로서도 옳지 않다고 느낍니다. 마땅히 그들을 하남에 안치해야 합니다. 이것이 바로 죽으려고 하는 자를 살리고, 멸망하려는 자를 생존하게 하는 것입니다. 그들로 하여금 폐하의 심후한 은덕을 생각하게 하십시오. 그러면 결국에는 반역 행위가 없을 것입니다."

위징이 말했다.

"진晉왕조는 위魏가 남긴 다른 소수민족의 부락을 진나라 수도와 인접한 군이나 주에 나누어 거주시켰습니다. 대신 강통江統[1]은 진 무제에게 그들을 변방 밖으로 내칠 것을 간언하였습니다. 그러나 무제는 그의 말을 받아들이지 않았습니다. 수년 후 낙양과 장안이 공격을 받아 함락되었습니다. 이전 시대의 수레가 뒤집히는 교훈이나 나라가 멸망하는 교훈은 결코 멀리 있지 않습니다. 폐하께서 틀림없이 언박의 건의를 받아들여 그들을 하남 지역으로 보내 거주하도록 할 것입니다. 이것은 이른바 맹수를 길러 자신에게 후환을 남기는 것입니다."

언박이 다시 말했다.

"신은 성인의 주장은 통하지 않음이 없다고 들었습니다. 돌궐의 패잔병들은 생명을 우리에게 주었고, 우리는 그들을 영토 안에 받아들여 살게 했습니다. 예법으로 그들을 교육시키고 우두머리를 선출하여 궁궐 안으로 보내 경호를 담당하도록 해서 황실의 위력을 두려워하고 황실의 은덕에 감격하도록 하면, 또 무슨 우환이 있겠습니까? 후한 광무제는 하남의 선우 부락을 영토 안의 주와 군에 거주하도록 하여 병풍이 되도록 하였습니다. 한시대를 지날 때까지 반역은 발생하지 않았습니다."

언박의 말이 계속 이어졌다.

1) 자는 응원應元이며, 일설에는 원세元世라고도 한다. 선진 초기에 산음령山陰令·태자세마太子洗馬·전상서랑轉尙書郞, 산기상시로 임명되었다. 그는 저서 《도융론徒戎論》에서 융적은 한족에게 재앙과 같으므로 관중 지역에 있는 융적을 이주시킬 것을 주장했다.

"수문제隋文帝는 병사를 일으키고 병력을 동원하여 창고의 식량을 낭비했습니다. 돌궐의 가한을 세워 자기 나라를 회복하도록 했습니다. 후에 돌궐은 은혜를 돌아보지 않고 신의를 지키지 않았습니다. 그들은 안문雁門에서 수양제를 포위했습니다. 현재 폐하께서는 인자하고 관대하여 그들이 바라는 대로 하남과 하북 지역에서 편히 거주하도록 했습니다. 각기 자기의 우두머리가 있어 서로 통솔하거나 종속되는 관계가 없습니다. 세력이 분산되어 있으니 어찌 우리를 해롭게 할 수 있겠습니까?"

급사중給事中 두초객杜楚客[2)]이 진언했다.

"북방의 몇몇 민족은 교화되지 않아 덕정으로 그들을 감화시키기는 어렵지만 위력으로 정복하기는 쉽습니다. 안문 싸움에서 비록 돌궐이 은정을 등졌지만, 분명 수나라 군주가 어리석고 무도하여 중원에 혼란이 발생한 것입니다. 어찌 멸망한 나라를 회복시켜 이와 같은 혼란이 일어났다고 말할 수 있겠습니까? 다른 민족은 우리 중원을 혼란에 빠뜨릴 수 없습니다. 이것은 이전 시대 성현의 분명한 가르침입니다. 멸망한 것을 생존하도록 하고, 단절된 것을 지속시키는 것, 이것은 여러 성군의 보편적인 법칙입니다. 일을 처리함에 있어서 옛 교훈을 따르지 않아 사직을 보존하기 어려울까 걱정입니다."

태종은 두초객의 의견을 칭찬했다. 그러나 당시 위로하고 감화시키는 회유 정책에 힘썼던 까닭에 그의 의견을 실행하지는 않았다. 결

2) 당나라 두여회의 동생이다. 정관 4년에 급사중으로 임명되었고, 포주자사蒲州刺史·공부상서 등의 직책을 역임했다. 후에 위왕 태泰의 모반을 돕다가 면직되어 고향으로 돌아갔다.

국 언박의 정책을 받아들여 유주幽州로부터 영주靈州까지 순順·우祐·화化·장長 네 주에 도독부都督府를 설치하여 그들을 관리하였다. 그 중 장안에 거주하는 돌궐 사람은 거의 1만 가구나 되었다.

뿌리를 흔들면 가지와 잎도 흔들린다

돌궐의 힐리가 패배한 이후로 수많은 부락의 우두머리들이 항복해 왔다. 모두 장군이나 중랑장의 관직을 받았고, 지위에 따라 조정 안에서 5품 관직에 배치된 사람은 1백여 명이나 되어 대략 조정 관원의 절반을 차지했다. 단지 탁발拓跋만이 이르지 않았으므로, 또 사신을 파견하여 그들을 불러 위로했다. 큰길에 사신의 왕래가 끊이지 않았다. 양주도독凉州都督 이대량李大亮은 이와 같이 하는 것은 나라에 이익이 없으며, 나라 재물을 헛되이 낭비할 뿐이라고 생각했다. 이에 이대량은 다음과 같은 상소를 올렸다.

"신은 먼 나라를 안정시키려면 먼저 가까운 곳을 안정시켜야 한다고 들었습니다. 중원 백성은 천하의 근본이며, 사방 이민족은 지엽에 해당됩니다. 근본을 흔들어 지엽을 튼튼히 하면서 영원히 안정되게 다스리려는 것은 종래에 없던 일입니다. 과거 지혜로운 군주들은 신의로써 중원 백성을 교화했고, 권위로써 사방의 이민족을 부렸습니다. 때문에 《춘추》에서는 '융적戎狄은 승냥이나 이리와 비슷하여 그들의 욕망을 충족시킬 수 없다. 중원의 여러 나라는 매우 친밀하여 돌아보지 않고 버릴 수 없다.'[3]라고 했습니다.

폐하께서 천하를 통치한 이후로 나라의 기강은 견고해졌고, 백성은 편안하며, 병력은 강하고 말들은 튼실하며, 전국이 풍족해졌습니다. 그리하여 사방 이민족들이 자발적으로 복종했습니다. 현재 돌궐을 불러들여 그들이 국내로 진입할지라도 저는 헛된 수고라는 생각이 듭니다. 이와 같이 해서 무슨 이익이 있는지 모르겠습니다.

하서 지역의 백성들은 이민족을 지키고 방어합니다. 각 주와 현 모두 삭막하고 인구가 매우 적은 데다, 수나라 말기의 전란이 겹쳐 인력과 재력을 많이 잃었습니다. 돌궐이 평정되기 전에는 편안히 거주하고 즐거운 마음으로 농업에 종사할 수 없고, 흉노가 쇠약해진 다음에야 농사가 회복되기 시작할 것입니다. 만일 지금 다시 부역을 시행하면, 아마도 농업 생산에 장애와 손실을 초래할 것입니다. 저의 어리석은 생각으로 폐하께서 그들을 불러 위로하는 것을 멈추기를 청합니다. 또한 황복荒服[4]의 외족이 설사 스스로 신하라고 칭하고 항복해 와도 받아들이지 말아야 합니다.

주나라는 백성을 아끼고 외족을 배제했기 때문에 8백 년 역사를 지속했습니다. 진시황은 경솔하게 북방의 호胡나라 사람들과 전쟁을 하였기 때문에 40년 만에 멸망했습니다. 한문제漢文帝는 군대를 훈련시키고 변방을 안정되게 수비했기에 천하는 안정되고 풍족했

---

3) 《춘추좌전》 민공 원년조에 나오며, 관중이 제환공에게 고하는 말이다.

4) 오복五服의 하나로, 수도에서 가장 멀리 떨어진 속지屬地를 가리킨다. 옛날에는 천자를 섬기는 나라를 복服이라고 했으며, 이러한 나라는 천자가 머물고 있는 수도로부터 거리상 멀고 가까움에 따라 다섯 등급으로 구분하여 오복이라고 했다.

습니다. 효무제는 무공을 떨쳐 먼 곳까지 갔던 까닭에 국내의 재력은 텅 비게 되었습니다. 비록 만년에 《윤대죄기조서輪臺罪己詔書》에서 국외로 해마다 병력을 소모한 일을 후회했지만, 그 후회는 돌이킬 수 없는 것이었습니다.

수나라는 매우 일찍 이오伊吾를 탈취하고, 또 선선鄯善을 겸하여 통치하였습니다. 이러한 지방을 점령한 후에는 나날이 더욱더 낭비가 심해져 내부를 텅 비게 만들고 재물을 외지로 운반하여 결국에는 손해만 남고 이익이 없었습니다. 멀리로는 진한 시대를 거슬러 올라가고 가까이로는 수나라 때를 살펴보면, 그들의 동정動靜과 안위安危, 각종 상황과 결과는 매우 분명합니다.

이오가 이미 귀순하여 신하라고 칭했지만, 지역이 머나먼 사막지대이고, 주민은 중원 사람이 아니며, 토지는 대부분 소금기 있는 모래밭이었습니다. 자칭 부속국이 된 사람은 그들을 얽어주고 수용해 주기를 청합니다. 변방 밖에서 편안히 거주하게 하면 반드시 조정의 위력을 두려워하고 은혜에 감사하며 영원히 속국이 됩니다. 이것은 헛된 은혜를 시행하여 실질적인 이익을 거두는 것입니다.

근래 돌궐이 우리나라로 대거 유입되었습니다. 그들로 하여금 강회江淮 일대에서 떠돌며 그들의 습속을 바꾸도록 할 수는 없습니다. 영토 안에 안주시켜 수도로부터 멀리 있지 않으니, 비록 이것이 관대하고 인자한 행동일지라도 오랫동안 다스리는 방법은 아닙니다. 한 사람이 처음으로 귀순하여 항복하면 비단 다섯 필과 솜옷 한 벌을 상으로 줍니다. 우두머리에게는 모두 큰 관직을 수여하여 봉록은 두텁고 지위가 존귀해지니 낭비가 많습니다. 백성이 납부하는 조세로 나쁜 일을 한 적에게 주는 셈입니다. 사람 수가 또 그처럼 많으니, 이것은 중원에게 유리한 일이 아닙니다."

태종은 그의 의견을 받아들이지 않았다.

정관 13년, 태종이 구성궁九成宮을 순행했다. 돌리가한의 동생 중랑장 아사나결사阿史那結社가 은밀히 그의 옛 부하를 집결시켜 함께 돌리의 아들 가라골駕羅鶻을 지지하여 저녁에 태종이 머물고 있는 구성궁을 습격했다. 이들은 일이 실패한 후 모두 피살되었다.

태종은 이로부터 다시는 돌궐을 믿지 않았다. 과거 돌궐 부족을 중원 일대에 안치시킨 것을 후회했다. 그들의 옛 부하들을 하북 일대로 돌아가 원래 있던 정양성定襄城에 거주하도록 하였다. 이사마를 을미니숙사리필가한乙彌泥熟俟利苾可汗으로 세워 그들을 통솔하도록 했다. 태종은 이 일을 빌려 주위에서 모시고 있는 신하들에게 이렇게 말했다.

"중원의 백성은 확실히 천하의 근본이고, 외부의 이민족들은 모두 지엽에 속하오. 근본을 해쳐 지엽을 무사하게 함으로써 영원히 안정되게 다스려지기를 구함은 근본적으로 불가능하오. 처음에 나는 위징의 의견을 받아들이지 않았는데, 지금은 나날이 소란스럽고 낭비가 심해짐을 느끼오. 영원히 다스려지는 방책을 거의 잃게 되었소."

과도한 변방 수비를 경계하라

정관 14년, 후군집이 고창국을 평정한 후 태종은 그 땅을 주현州縣으로 삼으려고 했다. 위징이 말했다.

"폐하께서 제위에 막 올랐을 때 고창국은 먼저 조정으로 와서 알현했습니다. 이후 상업에 종사하는 호나라 사람들이 서역에서 장안으로 공물을 가져오는 사람을 고창국이 제지했다고 자주 말했습니다. 게다가 고창국 왕은 당나라 사신에게 무례하게 굴었습니다. 그러므로 폐하께서는 그들을 다시 한 번 토벌하려고 하십니다.

만일 국문태麴文泰 한 사람만을 멈추게 한다면 그럴 수 있습니다. 그러나 그들 백성을 안정시키고 고창국 왕의 아들을 왕으로 삼는 것만 못합니다. 이것은 이른바 죄가 있는 통치자를 토벌하여 곤궁에 빠진 백성을 위로하는 것이며, 위력과 은덕이 멀리 외부 이민족에게까지 두루 미치는 것입니다. 이것이 나라를 다스리는 훌륭한 계책입니다.

지금 만일 그들의 토지를 이용하여 주현을 세운다면, 정상적인 상황에서도 반드시 그곳에 1천여 명이 주둔하여 지켜야 합니다. 몇 년이 지나면 한 차례 바꾸어야 합니다. 매번 왕래하고 교차하므로 도중에 사망하는 자가 열에 서너 명은 될 것입니다. 또한 그들을 보낼 때는 농산물과 돈을 준비하고 친척과 이별해야 하니, 10년 후면 농우隴右 일대는 텅 비게 될 것입니다. 폐하께서는 결국 고창의 쌀

한 톨, 배 한 척도 중원에 보태지 못할 것입니다. 이것은 유용한 재물을 흩어 무용한 곳에 쓰는 것입니다. 저는 이러한 것을 시행할 수 없다고 봅니다."

태종은 그의 의견을 받아들이지 않았다. 결국 고창국 경내에 서주西州를 설치하였다. 또 서주에 안서도호부安西都護府[5]를 설치하고, 매년 1천여 명을 그곳으로 파견하여 수비하도록 했다.

황문시랑黃門侍郞 저수량도 이와 같이 할 수 없다고 생각하여 다음과 같이 아뢰었다.

"저는 고대의 지혜로운 군주가 천하를 통치하고, 총명한 제왕이 기업基業을 세울 때 반드시 중원을 우선시하고 멀리 있는 외족을 뒤에 두었다고 들었습니다. 은덕과 교화를 널리 시행하고, 멀고 먼 황무지를 다스리지 않았다고 들었습니다.

주선왕周宣王은 험윤獫狁을 정벌하고 변방까지 추격했다가 돌아왔습니다. 진시황은 먼 변방에 흉노를 막는 긴 성을 쌓아 결국 중원이 나누어졌습니다. 폐하께서는 고창국을 멸망시키고 서역에 위력을 늘려 그곳의 흉악한 사람들을 복종케 하고 주현을 설치하였습니다. 그러나 조정 군대가 처음 출정했을 때부터 하서 일대의 백성은 노역을 제공하기 시작했습니다. 신속하게 식량과 풀(꼴)을 운반하여 열 집에 아홉은 극도로 궁핍해졌습니다. 군은 황폐해지고 을씨년스러워졌으며, 5년이 지나자 또 원기를 회복하기 어렵게 되었습니다.

폐하께서는 매년 천여 명의 군을 파견하여 먼 곳의 변방을 수비

---

5) 당나라 육도호부六都護府의 하나로 안서사진安西四鎭을 관할한다. 도호부는 관직명으로 경내의 방위, 행정 및 민족 관계 사무를 관리한다. 전한의 선제가 처음으로 서역도호를 설치하여 서역 지역의 최고 장관으로 삼았다. 당나라 태종은 앞뒤로 안서安西, 안북安北, 선우單于, 안동安東, 안남安南, 북정北庭 육대 도호부를 두었다.

합니다. 병사들이 고향과 친척을 떠나고, 만 리 떨어진 곳에서 집을 그리워하고 돌아갈 날을 생각합니다. 더욱이 길 떠나는 사람의 경비는 스스로 부담해야 하므로 식량을 팔고, 또 베나 비단을 팔아야 합니다. 도중에 쉽게 죽는 사람은 말할 필요도 없습니다. 게다가 쫓겨난 죄인을 보내니 또 그들의 도주를 막아야 합니다. 그 가운데 또 달아나는 자가 있으면 관청에서는 추격하여 체포하니, 나라에 많은 고통을 더하고 있습니다.

고창국의 길은 사막이 천 리입니다. 겨울에는 바람이 차고 얼음이 얼며, 여름에는 바람이 불과 같습니다. 길을 가는 사람이 이 같은 열악한 기후를 만나면 대부분 죽음을 면치 못합니다. 《주역》〈계사전〉에서는 '평안할 때 위험을 잊지 말며 태평할 때 혼란을 잊지 말라.'라고 했습니다. 설사 장액張掖에서 전쟁이 발발하여 연기와 먼지가 날린다 하더라도 폐하께서는 어찌 고창국에서 한 사람의 식량이라도 얻어 출사하는 땅에 이를 수 있겠습니까? 결국 또 농우의 여러 주로부터 병사와 식량을 징발하여 유성이나 번개처럼 빨리 달려서 출격해야 합니다. 그러므로 하서 일대는 마치 우리의 심장과 같고, 고창국은 다른 사람의 수족과 같습니다. 어찌 중원의 재물을 낭비하여 아무 소용없는 곳에 사용할 수 있겠습니까?

폐하께서는 변방의 사막에 있는 힐리를 평정하고, 청해호青海湖 일대의 토혼吐渾을 소멸시켰습니다. 돌리의 남은 부락을 위해 가한을 세우고, 토혼의 유민을 위해 군주를 세웠습니다. 또 고창국을 위해 군주를 세웠는데 선례가 없었던 것이 아니며, 이것은 이른바 죄가 있으면 죽이고 복종하면 살려준다는 것입니다. 고창국 사람들을 기를 수 있는 적당한 인물을 선택하여 그들의 우두머리로 삼아 고창국으로 파견하십시오. 폐하의 크나큰 은덕을 입어 장기간 우리 당나라의 병풍이 되도록 하십시오. 중원이 침략을 받지 않으면 풍족하고 태평스러울 것이며, 창성한 제업이 자손 후대에까지 전해질 것입니다."

그러나 태종은 이 의견을 받아들이지 않았다.

간언을 따르지 않으면 후회하게 된다

정관 16년, 서돌궐이 병사를 파견하여 서주西州를 노략질하였다.

이때 태종은 주위에서 모시는 신하들에게 말했다.

"나는 서주에 긴급한 상황이 발생했다는 소식을 들었소. 비록 큰 재앙이 닥친 것은 아닐지라도 어찌 우려하는 마음이 없겠소? 과거 처음 고창국을 평정했을 때, 위징과 저수량은 나에게 고창국 왕 국문태의 자제를 왕으로 삼을 것을 권했으나 그들의 계책을 받아들이지 않았소. 오늘 나는 이 일을 크게 후회하며 자책하고 있소.

옛날 한고조漢高祖는 평성平城이 포위된 후 누경婁敬에게 상을 주었고, 원소袁紹[6]는 관도官渡에서 크게 패한 후에 전풍田豊을 주살했소. 나는 항상 이 두 역사적 사건으로 스스로를 경계하고 있소. 어찌 나에게 간언하는 사람을 잊을 수 있겠소?"

6) 자는 본초本初이고 여남汝南 여양汝陽 사람이다. 젊어서 낭郎이 되었으며, 후에 시어사侍御史·호분중랑장虎賁中郎將이 되었다. 영제靈帝가 죽자 그는 대장군 하진何進에게 태후太后를 위협하여 환관을 주살하도록 권하였다. 이 일이 누설되어 하진은 피살되었다. 그러나 원소는 병사들을 이끌고 궁궐로 들어가 환관을 주살했다. 후에 동탁董卓이 병사를 이끌고 낙양으로 진입하여 중앙정권을 통제하게 되자 원소는 기주冀州로 달아났다가 병사들을 소집하여 동탁을 토벌하였다. 오래지 않아 기주, 청주, 유주, 병주를 차지하여 당시 영토와 병력 면에서 가장 세력이 컸다. 건안建安 4년, 10만 병력을 동원해 여양黎陽으로 진군하여 허창許昌을 공격해 조조曹操를 소멸시키려고 했다. 전풍의 간언을 듣지 않고 오랜 시간 대치하다가 관도官渡 싸움에서 조조에게 패하였고, 곧이어 질병으로 사망했다.

권卷 10

제37편

행행(行幸: 지방 순시)

【해제】

통치자의 지방 순시는 정신적인 휴식을 취하기 위함도 있지만 민심을 파악하기 위한 목적도 있다. 그럼에도 몇몇 군주는 단 한 번의 지방 순시를 위해 궁궐을 짓고 길을 정비하는 등 재력과 인력을 낭비했다. 진시황도 여러 차례 순시를 하면서 자신의 위세를 온 천하에 과시했으나 사구沙丘라는 곳에서 갑작스레 세상을 떠나고 말았다. 수양제는 백성을 부려 화려한 궁궐을 지음으로써 천하의 원망과 반란을 야기하여 피살되고 멸망하는 운명에 처했다.

그러므로 〈행행〉 편에서는 후대의 통치자가 이 점을 마음에 새겨야 함을 역설하고 있다. 지방 순시의 목적에 합당한 행동을 할 때 하늘에서 복을 내리므로 그 의의를 다시 한 번 새겨본 후 행해야 한다는 것이다.

잦은 지방 순시는 국말國末에 이르는 길

정관 초년, 태종이 주위에서 모시는 신하들에게 말했다.

"수양제는 궁실을 넓혀 건축하고, 자기 마음대로 지방을 순시했소. 서경 장안에서 동경 낙양에 이르기까지 길가에는 이궁離宮이나 별관別館이 서로 이어져 길가에 지어졌으니 병주幷州에서 탁군涿郡까지의 길도 이와 같지 않은 곳이 없었소. 길은 모두 수백 보 넓이로 만들어졌고, 양쪽으로 나무를 심어 길을 단장했소. 백성의 재력과 인력은 모두 견디지 못해 서로 모여 도적이 되었소. 말년에 이르러서는 한 척의 토지도, 한 사람의 신하도 양제의 소유가 되지 않아 멸망하였소.

이로부터 보면, 대규모로 궁궐을 건축하고 지방 순시를 좋아하는 것은 과연 어떤 이익이 있겠소? 이러한 것은 모두 내가 직접 귀로 듣고 눈으로 본 일이오. 마땅히 자신의 경계로 삼아야 하오. 그리하여 경솔하게 백성의 힘을 사용하지 않고, 단지 백성을 안정되게 하여 원망하는 말과 반란이 생기지 않도록 할 뿐이오."

수나라의 멸망이 주는 교훈

정관 11년, 태종은 낙양궁으로 순행을 가서 적취지積翠池에서 배를 타고 놀았다. 그는 고개를 돌려 곁에서 모시는 신하들에게 이렇게 말했다.

"이러한 이궁·별관·누대·연못은 모두 수양제隋煬帝가 만든 것이오. 백성을 부려서 이처럼 아름답고 화려하게 지은 것이오. 이 도성을 지키거나 백성을 위하는 생각은 하지 못했소. 《시경》〈소아〉'하초불황何草不黃'에서 노래하기를 '어떤 풀이 누렇게 되지 않으리오! 어느 날이 바쁘지 않으리오!'라고 했고, 〈소아〉'대동大東'에서는 '동방의 작은 나라나 큰 나라, 실과 마를 모두 써서 길쌈질을 하지 않네.'라고 했소. 진정 이러한 상황을 말하는 것이오. 그 결과 천하는 원망하고 반란을 일으켰으며, 양제 자신은 피살되고 나라는 멸망했소.

현재 그의 궁궐과 정원은 전부 내 소유가 되었소. 수隋나라의 멸망이 어찌 수양제의 무도함에만 원인이 있겠소? 또한 훌륭한 신하의 보좌가 없었기 때문이오. 가령 우문술宇文述·우세기虞世基·배온裴蘊[1]과 같은 사람은 그 시대의 대관으로 매우 높은 대우를 받았고 제왕의 신임을 받았소. 그러나 그들은 교묘한 말로 충성스럽고 선량한 일을 해치고 제왕의 귀와 눈을 가렸소. 그러면서도 그들의 나라를 위험에 처하게 하거나 멸망에 이르지 않게 하려 했으니, 이것은 불가능한 일이었소."

사공司空 장손무기長孫無忌가 아뢰었다.

"수나라의 멸망은 군주가 충성스럽고 정직한 언론을 막고 신하 또한 자신의 이익만을 보존하려 했기 때문에 일어났습니다. 군주

1) 처음에는 진陳나라의 신하였으나 진나라가 멸망한 후 수나라로 들어왔다. 양제 때 민부시랑民部侍郎으로 임명되었다.

주위에 있는 신하들은 허물이 있어도 처음부터 적발하여 검거하지 않았고, 도적이 들끓어도 그 사실을 보고하지 않았습니다. 이 점에 근거하면, 하늘의 뜻으로 수나라가 멸망한 것이 아니라 실제로는 군주와 신하 간에 서로 도와 잘못을 바로잡지 않은 결과입니다."

태종이 말했다.

"나는 여러분과 함께 수왕조가 남긴 병폐를 물려받은 것이오. 오직 바른 도를 시행하여 풍속을 고치겠소. 자손만대로 하여금 영원히 의지하도록 하겠소."

정관 13년, 태종이 위징魏徵 등에게 말했다.

"수양제 때는 문제가 남긴 사업을 계승하여 나라 안이 풍족했소. 만일 항상 관중關中을 차지할 수 있었다면, 어찌 나라가 멸망했겠소? 그는 백성의 고통을 돌아보지 않고 끝없이 외유를 하며 직접 강도江都까지 갔소. 또한 동순董純,[2] 최상崔象[3] 등의 간언을 받아들이지 않았소. 그리하여 자신과 나라 모두 멸망했으며, 천하의 웃음거리가 되었소. 비록 제업의 길고 짧음은 하늘에 달려 있다 할지라도, 선하면 복을 얻고 악하면 재앙을 받는 것은 인간의 행동에서 결정되오. 내가 항상 생각하건대, 만일 군주와 신하가 서로 오랫동안 평안하고 나라에 위험이 없도록 하려면, 군주에게 과실이 있을 때 신하들이 반드시 의견을 제시해야 하오. 나는 여러분의 간언을 듣고, 설령 즉시 받아들일 수 없을지라도 여러 차례 심사숙고하여 훌륭한 의견을 골라 실행하겠소."

2) 수나라 신하로 자는 덕후德厚이다.

3) 최민상崔民象이다. 대업 12년 양제의 강도 순행을 중지하도록 간언했다가 피살되었다.

군주의 욕망과 민심의 상관관계

정관 12년, 태종은 동쪽 여러 제후국을 돌며 시찰하다가 낙양으로 들어갈 때 현인궁顯仁宮에서 머물렀다. 궁궐의 정원을 관리하는 이들 중 적지 않은 수가 질책과 징벌을 받았다. 시중侍中 위징이 진언하여 말했다.

"폐하께서 지금 낙주洛州를 순시하고 있습니다. 이곳은 과거 전쟁이 있었던 곳이나 거의 안정되어가고 있기 때문에 마을 사람들에게 은혜를 베풀려 하고 있습니다. 그러나 현재 성 안팎의 백성은 아직도 덕정과 은혜를 입지 못했으며, 궁궐의 관리 가운데 적지 않은 사람이 무고하게 벌을 받고 있습니다. 어떤 사람은 바친 물건이 정미하지 않다는 이유 때문이고, 어떤 사람은 맛있는 음식을 바치지 않았다는 이유 때문입니다. 이는 사욕이 만족을 몰라 사치스럽고 호화로운 것만을 좋아하는 것입니다. 이번 순행의 처음 의도를 등지면 어찌 백성의 기대에 부합할 수 있겠습니까?

수나라의 군주는 순시하면서 먼저 신하들에게 훌륭한 음식을 많이 바치라고 하였습니다. 바친 음식이 많지 않자 위력을 이용하여 질책하고 벌주었습니다. 위에서 좋아하는 것이 있으면 아래에는 반드시 고달픔이 있습니다. 서로 다툼이 끊이지 않아 결국에는 나라가 멸망한 것입니다. 이것은 결코 역사적인 기록을 통해 아는 것이 아니라 폐하께서 직접 목격한 것입니다. 수나라 군주가 무도했기 때문에 하늘이 폐하로 하여금 수나라를 잇도록 한 것입니다.

마땅히 조심하고 모든 일은 간략히 하고 절약해야 합니다. 또한 과거 군왕을 본받아 후대 자손을 가르쳐야 합니다. 어떻게 오늘 다른 군왕의 아래에 있으려고 하십니까? 폐하께서 만일 만족스럽다고 생각한다면, 오늘뿐만 아니라 앞으로도 언제나 만족하실 것입니다. 만일 불만족스럽다고 생각한다면, 오늘보다 일만 배는 좋아도 만족할 수 없을 것입니다."

태종은 매우 놀라며 말했다.

"그대가 아니면 나는 이런 말을 듣지 못했을 것이오. 오늘 이후로 이러한 일은 거의 없을 것이오."

제38편

전렵(畋獵:사냥)

【해제】

사냥은 군주의 주요한 오락거리였다. 군주들은 사냥을 통해 심신을 단련하고 용맹함을 기른다. 그러나 무분별한 사냥은 백성에게 큰 고통을 안겨주기도 했다. 더구나 때를 가리지 않고 사냥을 나가 직접 위험한 지역을 달려 끝까지 맹수를 추격하는 것은 바람직하지 않다. 왜냐하면 군주는 그 혼자만의 것이 아니라 온 백성의 어버이요 나라의 기둥이기 때문이다. 만에 하나 사나운 맹수의 습격이라도 받는다면 그 나라의 기강은 송두리째 흔들릴 것이다.

〈전렵〉 편에서 군주는 무분별한 사냥 행위를 금하고 나라와 백성을 위해 무슨 일을 할 것인가를 생각해야 한다는 점을 이야기하고 있다.

사냥을 절제해야 하는 이유

비서감秘書監 우세남虞世南은 태종이 사냥을 지나치게 좋아하자 상소를 올려 간언하였다.

"신은 군왕이 가을과 겨울에 사냥하는 것은 일반적인 제도라고 들었습니다. 사나운 새를 활로 쏘고 야수를 쫓는 것에 있어서는 선인의 가르침이 매우 주도면밀합니다. 폐하께서는 상소문을 보고 듣는 틈틈이 계절에 순응하여 사냥을 하십시오. 몸소 표범을 공격하고 곰을 무찌르며, 호랑이 가죽으로 장식한 수레를 몰아 맹수의 동굴까지 추격하십시오. 산림 속의 맹수를 전부 찾기를 바랍니다. 흉악함을 평정하고 포학함을 제거하여 백성을 보호하십시오. 금수의 가죽을 모으고 털을 뽑아 군사용품을 갖추십시오. 깃발을 들어 종묘에 노획물을 바치고, 상고의 의식을 따르십시오. 그러면 황색 명주로 만든 수레 덮개를 하고 금으로 장식한 수레 속에 앉은 존귀한 제왕을 사면팔방의 사람들이 경모하고, 각 군 사람들의 마음이 모일 것입니다. 도로를 깨끗이 정비한 후에 달리고, 또 달리는 말과 수레가 전복되는 것을 주의해야 합니다. 이처럼 미세한 부분까지 신중을 기하여 [사고를] 방지하는 것은 국가를 위해서입니다.

한무제가 수레를 몰아 맹수를 추격하거나 격투하는 것을 좋아했던 까닭에 사마상여司馬相如가 앞에서 간언을 하였습니다. 장소張昭[1]는 뒤에서 오주吳主 손권孫權이 말을 달려 호랑이를 쏘는 행위에 대

1) 자는 자포子布이고, 삼국 시기 손권孫權의 군사軍師였다.

해 정색을 하며 간언했습니다. 진실로 부족하지만 제가 어찌 이 이치를 잊겠습니까?

또한 활과 화살, 그물이 사방 조밀하게 펼쳐져 있어 화살에 맞아 죽은 짐승이 많고, 노획한 물건을 상으로 주고 있으니, 폐하의 은혜는 이미 매우 큽니다. 바라건대 폐하, 때때로 수레를 멈추고 긴 창을 넣어두십시오. 미천한 사람의 청을 거절하지 마십시오. 몸을 굽혀 아주 미미한 건의도 받아들이십시오. 어깨를 드러내고 맨손으로 하는 일은 아랫사람에게 시키십시오. 이것은 백대 제왕들이 남긴 전범이며, 영원히 만대까지 비출 것입니다."

태종은 그의 건의를 매우 칭찬했다.

새지 않는 비옷

곡나율谷那律[2)]이 간의대부諫議大夫로 임명되었을 때 한번은 태종을 따라 사냥을 나간 적이 있다. 도중에 비를 만나자 태종이 그에게 물었다.

"비옷은 어떻게 하면 새지 않게 할 수 있소?"

그가 대답했다.

"기와로 만들 수만 있다면 절대로 새지 않을 것입니다."

태종이 자주 사냥하지 못하도록 하려고 한 말이었다. 태종은 그

---

2) 당나라 대신으로, 정관 연간에 여러 차례 승진하여 국자박사가 되었다. 후에는 간의대부 겸 홍문관 학사로 승진했다. 많은 책의 내용을 깊이 있게 알고 있었으므로 저수량은 그를 《구경九經》의 보고라고 했다.

의 의견을 칭찬하고 받아들였다. 그러고는 비단 50단을 내리고 금으로 장식한 허리띠를 더해주었다.

간언에는 절차탁마가 필요하다

정관 11년, 태종이 곁에서 모시는 신하들에게 말했다.

"나는 어제 회주懷州에 갔는데 봉사封事[3]를 올리는 자가 있었소.

그는 이렇게 말했소.

'무엇 때문에 산동의 수많은 사람을 차출하여 정원 안에서 궁궐을 짓도록 하십니까? 현재의 부역은 수왕 때와 비교해도 가볍지 않습니다. 회주와 낙양 동쪽으로 부역을 하며 남아 있는 사람은 생명을 유지하기 어렵습니다. 그런데도 사냥은 나날이 많아지니 사치와 음탕함을 일삼는 군주입니다. 현재 또 회주로 와서 사냥을 하니, 충직한 간언은 다시 낙양에 이르지 못합니다.'

계절이 바뀜에 따라 그에 맞는 사냥을 하는 것은 제왕의 보편적인 예요. 오늘 회주로 와서 사냥을 함에 있어서 백성의 일에는 추호도 간여하지 않을 것이오. 바른 일을 간언하는 상소에는 자연히 그 통상적인 준칙이 있소. 신하의 귀함은 말하는 데 있고, 군주의 귀함은 잘못을 바로잡는 데 있소. 이처럼 비방하는 것은 저주하는 것과 같은 것이오."

3) 옛날 신하들은 글을 올려 일을 서술할 때, 누설되는 것을 막기 위해 봉투에 넣고 봉했다. 그리하여 그것을 봉사封事라고 했다.

시중 위징이 아뢰었다.

"나라가 직언의 길을 열었기 때문에 봉사를 올리는 자가 더욱 많은 것입니다. 폐하께서 직접 이러한 문건들을 열람하는 것은 신하들의 말에서 취할 만한 것이 있기를 바라기 때문입니다. 그래서 요행을 바라는 사람들도 기회를 보아 추악함을 드러냅니다. 일반 신하들이 군주에게 간언할 때는 반드시 반복하여 절차탁마하고 넌지시 간언해야 합니다.

한원제漢元帝[4]는 일찍이 햇곡식으로 빚은 순주醇酒로 종묘에 제사 지내기 위해 문을 나와 배를 탔습니다. 어사대부御史大夫 설광덕薛廣德[5]이 수레를 타고 관도 쓰지 않은 채 이렇게 말했습니다.

'다리로 건너셔야 합니다. 폐하께서 저의 권고를 듣지 않는다면, 저는 스스로 목을 자르고 피로 수레를 물들일 것입니다. 폐하께서는 종묘로 들어갈 수 없습니다.'

원제는 매우 불쾌해했습니다. 광록경光祿卿 장맹張猛이 진언하여 말했습니다.

'신이 듣건대 군주가 영명하면 신하가 충직하며, 배가 안전하지 못하면 다리 위로 안전하게 간다고 하였습니다. 성명한 군주는 모험을 할 수 없으니, 설광덕의 말은 들을 만합니다.'

이에 원제는 이렇게 말했습니다.

4) 유석劉奭이다. 전한 황제로 선제宣帝의 아들이다. 그는 선제가 형명刑名으로 다스리자 형벌 남용이 너무 심하다며 유생을 임용할 것을 주장했다. 그리하여 앞뒤로 공우貢禹, 설광덕薛廣德, 위현성韋玄成, 광형匡衡 등의 유생을 승상으로 임명했다. 그는 인자했으나 우유부단했고, 유학을 숭상했으나 지나치게 이상적인 정책을 펴 재정이 악화되었다. 환관과 외척이 득세하면서 중앙집권이 약해지고, 사회에는 깊은 위기가 닥쳤으며, 호족들의 겸병이 성행했고, 관노비가 10여만 명에 이르러 전한 왕조가 나날이 쇠락해갔다.

5) 자는 장경長卿이며, 한원제 때 관직이 어사대부·승상에까지 이르렀다.

'사람이 타이를 때는 마땅히 이와 같이 해야 하지 않겠는가.'

그러고는 다리 위로 갔습니다. 이로부터 말하면, 장맹은 충직하게 군주에게 간언했다고 할 수 있습니다."

태종은 매우 기뻐했다.

맹수와 싸우는 것은 군주의 일이 아니다

정관 14년, 태종은 동주同州의 사원沙苑으로 사냥을 나가 직접 맹수와 격투를 벌였다. 연일 아침에 나갔다가 밤이 되어서야 돌아왔다.

특진特進 위징이 아뢰었다.

"신은 《주서》에서는 문왕이 사냥에 탐닉하지 않은 것을 찬미한 기록이 있고, 《춘추좌전》에서는 〈우잠虞箴〉에서 말한 후예后羿가 활쏘기에 빠져 국사를 다스리지 않아 자신을 멸망하게 한 일을 서술하고 있다고 들었습니다. 과거 한문제漢文帝가 언덕에 다다라 달려 내려가려고 하자, 원앙袁盎이 말고삐를 잡고 이렇게 말했습니다.

'성명한 군주는 모험을 하지 않고 요행을 바라지 않습니다. 현재 폐하께서는 여섯 마리 말이 끄는 수레를 타고 높낮이가 일정하지 않은 산길을 달려가려고 합니다. 만일 말이 놀라 수레가 뒤집히는 위험한 상황이 발생한다면, 폐하께서 자신을 가볍게 여기려고 했을지라도 어찌 조상을 볼 낯이 있겠습니까?'

효무제도 사냥을 즐기고 맹수와 격투하기를 좋아했는데, 사마상여는 이렇게 간언했습니다.

'힘에 있어서는 오획烏獲[6]을 말하고, 민첩함에 있어서는 경기慶忌[7]를 말합니다. 진실로 사람 가운데 오획처럼 힘이 센 사람은 없으며, 경기처럼 화살같이 민첩한 사람은 없습니다. 짐승들도 이처럼 이상할 정도의 힘과 민첩함을 지니고 있습니다. 갑자기 사나운 짐승들을 만나면 살기 어려울 것입니다. 비록 오획이나 봉몽逢蒙[8]이라도 소용없을 것입니다. 유약하고 힘없는 짐승이라도 폐하를 곤란하게 할 것입니다. 비록 만전을 기하여 아무 일이 생기지 않는다 해도 군주가 본래 할 일이 아닙니다.'

효원제는 교외로 가서 천신에게 제사를 지내고, 그 기회에 머물며 사냥을 하려고 했습니다. 그러자 설광덕이 이렇게 말했습니다.

'신은 개인적으로 관동 지역이 매우 빈곤하고, 백성은 머물 곳을 잃어 이리저리 떠돌며 재앙을 겪는 것을 보았습니다. 오늘 이미 멸망한 진나라의 종을 울리고, 정나라와 위나라의 음악을 노래하고, 병졸들은 드넓은 들녘에 드러나 있으며, 따르던 관원은 고통과 피곤함을 감당하지 못합니다. 폐하께서는 종묘사직을 안정시키려고 하면서 무엇 때문에 강물을 건너고 직접 사냥하는 것과 같은 위험한 일을 하여 경계할 수 없게 하십니까.'

신은 이러한 몇몇 황제의 마음을 살펴보았는데, 어찌 그들만 나

6) 전국시대 진무왕秦武王의 역사로 80여 세를 살았다. 맹자는 그가 3천 근 무게의 용문정龍文鼎을 들 수 있다고 말했다.

7) 춘추시대 오나라 왕 요僚의 아들이다. 그는 신장이 크고 힘이 셌으며, 짐승을 달려 추격하고, 손으로 날아가는 새를 잡을 정도로 매우 민첩했다고 한다.

8) 봉문逢門이라고도 한다. 활쏘기에 뛰어났다고 한다.

무나 돌로 만들어져 사냥하는 즐거움을 모르겠습니까? 그들이 스스로를 억제하면서 신하들의 간언을 들은 이유는 나라의 보전에 마음을 두었기 때문이지 자신을 위한 것이 아니었습니다.

신은 폐하께서 최근 직접 맹수들과 격투하며 아침에 나갔다가 저녁에 돌아오신다고 들었습니다. 만승萬乘의 지존한 제왕으로서 황량한 들에서 어리석은 행동을 하고, 깊숙한 숲 속까지 달려 들어가고, 무성한 풀을 밟는다고 들었습니다. 이것은 만전을 기하는 방법이 아닙니다. 폐하께서 개인적인 즐거움을 버려 야수와 격투하는 취미를 멀리하시고, 위로는 종묘사직을 생각하고, 아래로는 백관과 억만 백성을 편안하게 하기를 바랍니다."

태종이 말했다.

"어제의 일은 우연히 일시적으로 한 것일 뿐 계속하여 이렇게 한 것은 아니오. 오늘 이후로 이 점을 깊이 경계하겠소."

정관 14년 겨울 10월, 태종은 역양櫟陽으로 사냥하러 나가려 했다. 현승縣丞[9] 유인궤劉仁軌[10]는 수확이 아직 끝나지 않았는데, 군주가 계절에 순응하는 행동을 하지 않았기 때문에 태종이 머물던 곳으로 가서 간절하게 표를 올렸다. 이에 태종은 사냥하려던 것을 멈추고, 유인궤를 신안현新安縣의 현령으로 발탁했다.

9) 관직명이다. 진秦나라 때 처음 설치하였다. 지방의 현령縣令이나 현장縣長을 보좌하고 사법 재판을 책임지는 중하층 관직이다.

10) 당나라 대신으로 자는 정칙正則이다. 집안이 한미했으나 학문을 좋아하였다. 유인원劉仁願을 도와 백제 부흥군을 물리치고, 신라와 함께 고구려를 공격해 멸망시켰다.

제39편

재상(災祥: 재해와 상서로움)

【해제】

다스리는 위치에 있는 자는 자연현상의 이상한 변화에 민감하지 않을 수 없을 것이다. 중국에서 역대로 일관이나 점치는 자들이 군주 곁에서 조언자 역할을 했던 것도 이런 점에서 수긍할 만하다. 그러나 국가의 중대사를 비이성적인 현상에 의존하여 처리함으로써 적지 않은 폐단을 낳기도 했다.

〈재상〉 편에서는 군주란 길흉에 근거하여 백성을 다스리는 것이 아니라 덕행의 수행과 대공무사함으로 다스려야 한다고 주장하고 있다.

좋은 징조가 우스운 이유

정관 6년, 태종이 곁에서 모시는 신하들에게 말했다.

"나는 근래 수많은 사람이 길한 징조에 근거하여 좋은 일을 해야 한다는 논의를 하며 자주 경하하는 표를 올리는 것을 보았소. 나의 본심은 오직 천하를 태평스럽게 하고, 집집마다 사람이 풍족하도록 하려는 것이오. 비록 길한 징조가 없을지라도 그 덕은 요와 순임금에 비할 수 있을 것이오. 만일 백성의 의식이 부족하고 외부의 이민족이 중원을 침략하여 소란스럽게 한다면, 설령 큰길과 작은 골목에 영지초靈芝草[1]가 가득하고, 봉황이 정원의 나무에 집을 지을지라도 걸왕桀王이나 주왕紂王과 어떤 차이도 없을 것이오.

일찍이 조趙나라 석륵石勒[2] 때 한 군의 관원이 연리목連理木[3]을 불태우고 흰 꿩을 구워 먹었다고 들었소. 어찌 석륵을 영명한 군주라고 하겠소? 또 수문제隋文帝는 길한 징조를 매우 좋아하여 비서감 왕소王劭[4]를 파견하여 예복을 입고 조당朝堂에서 조상의 패위牌位를 대하고 향을 피우고 《황수감서경皇隋感瑞經》[5]을 읽게 했소. 이러한 일은 전설로 내려오고 있는데, 사실상 매우 우스운 일이오.

한 나라의 군주는 반드시 대공무사함으로써 천하를 다스려 백성

1) 옛사람들은 상서로운 풀이라고 생각했다.

2) 16국시대 후조後趙의 창립자로 자는 세룡世龍이다.

3) 인접한 같은 종의 나뭇가지가 서로 이어져 한 몸이 된 나무이다. 옛날에는 연리목을 길조로 보았다.

4) 자는 군무君懋이며 수문제 때 저작랑과 비서감으로 임명되었다.

5) 《황수영감지皇隋靈感志》라고도 한다. 수문제는 길흉화복의 징조를 믿었다. 왕소는 가요, 그림, 불경 등을 모으고 무속적인 수식을 더하여 이 책을 편찬했다.

의 환심을 얻어야 하오. 요나 순이 다스릴 때 백성은 천지를 공경하는 것처럼 그들을 존경하고, 부모를 사랑하는 것처럼 그들을 사랑하였소. 토목공사 등의 일에 백성은 모두 기쁘게 참여하였소. 호령을 내리면 백성은 즐겁게 시행하였소. 이것이 크나큰 길상인 것이오. 이 이후로 각 주에서 출현하는 길한 징조는 모두 보고하는 것을 허락하지 않겠소."

재앙은 구휼과 덕행으로 막는다

정관 8년, 농우 일대에서 산이 붕괴되어 커다란 뱀이 여러 차례 출현했다. 산동과 양자강, 회하 일대에서도 큰 홍수가 여러 차례 발생했다. 태종은 이 일에 관해 곁에 있는 신하들에게 물었다. 비서감 우세남이 대답했다.

"춘추 시기 양산梁山이 붕괴하자, 진경공晉景公은 대부 백종伯宗을 불러 이 일에 관해 물었습니다. 그러자 백종은 이렇게 대답했습니다.

'나라는 산천이 주가 되기 때문에, 산이 붕괴되고 냇물이 마르는 현상이 발생하면 군왕은 음악을 연주하지 않습니다. 화려한 옷을 입지 않습니다. 장식 없는 수레를 탑니다. 예물을 던져 신령에게 공손히 바칩니다.'

양산은 진晉나라에서 제사 지내던 명산입니다. 진경공은 백종의 말을 들었기 때문에 진나라가 멸망에 이르는 재앙이 발생하지 않은 것입니다.

한원제 원년, 제齊나라와 초楚나라 일대에 스물아홉 개의 산이 같은 날에 붕괴되고 큰 홍수가 발생했습니다. 문제는 각 군국郡國[6]에 명령하여 물품을 바치지 못하도록 하고, 천하 백성에게 은혜를 베풀었습니다. 그러자 먼 곳과 가까운 곳에 있는 사람들 모두 기뻐하여 융합하였고, 재앙도 발생하지 않았습니다. 후한 영제靈帝 때 푸른색 뱀이 어좌御座 옆에 나타났습니다. 진혜제晉惠帝 때는 3백 보 길이의 큰 뱀이 제齊나라 땅에 출현하여 시장을 지나 조정으로 들어갔습니다. 당연히 뱀은 풀이 무성한 들에 있어야 합니다. 그런데 시장과 조정으로 들어왔기 때문에 사람들은 기괴한 일이라 여겼습니다.

현재 뱀은 산의 풀 속이나 연못 속에 있고, 원래 깊은 산과 큰 연못에는 반드시 용과 뱀이 숨어 있으니 기괴하게 여길 필요는 없습니다. 산동의 비는 비록 정상적인 현상이지만 날씨가 오랫동안 어두우니, 아마도 억울한 일이 발생했을 것입니다. 관련 있는 죄수를 조사하여 심판하면 대개 하늘의 뜻에 부합할 수 있습니다. 사악함은 도덕을 이길 수 없고, 도덕을 수양하면 재앙을 소멸시킬 수 있습니다."

태종은 그의 말이 매우 옳다고 생각하였다. 이에 사신을 파견하

6) 한나라 초기에 군郡과 왕국王國은 모두 지방 행정기구였다. 수나라 때는 국은 폐지되고 군만 남게 되었다.

여 백성을 구제하고, 억울한 소송을 심의하여 대다수의 죄인을 사면하였다.

혜성도 두렵지 않은 이유

정관 8년, 남방에 혜성이 나타났다. 길이가 6장丈이나 되었고 110여 일이 지난 후에야 사라졌다. 태종이 곁에서 모시는 신하들에게 물었다.

"하늘에 혜성이 나타난 것은 내가 덕이 없고 정치를 잘못했기 때문이오. 이것은 무슨 요사스러운 일이오?"

우세남이 대답했다.

"과거 제경공齊景公 때 혜성이 출현하자 제경공은 안자晏子에게 물었습니다. 안자는 이렇게 대답했습니다.

'당신은 연못을 파면서 깊지 않음을 걱정하고, 대사臺榭[7]를 고쳐 지으면서 높지 않음을 걱정하고, 형벌을 시행하면서 무겁지 않음을 걱정하였습니다. 이에 하늘에 혜성이 나타나 당신에 대해 경고를 하는 것입니다.'

경공은 두려워하며 덕정을 시행하였습니다. 그 후 16일 만에 혜성이 사라졌습니다.

폐하께서 만일 덕정을 닦지 않는다면 기린이나 봉황의 상서로운

---

7) 둘레를 내려다보기 위하여 높고 크게 세운 누각이나 정자.

징조가 수차례 출현할지라도 결국 아무런 이익도 없을 것입니다. 오직 조정에 정치상의 과오가 없어야만 백성이 편안히 거주하고 즐거운 마음으로 산업에 종사할 것입니다. 그러면 재앙이나 이상한 변화가 있어도 군왕의 덕행에 어떤 손해가 있겠습니까?

폐하께서는 공덕이 옛사람보다 높다고 생각하여 스스로 존대하지 마십시오. 태평스러운 날이 오래되었다고 스스로 교만하고 사치스럽고 음란하지 않도록 하십시오. 만일 언제나 덕정을 시행할 수 있다면 혜성이 나타나는 것을 걱정할 일이 없습니다."

태종이 말했다.

"나는 나라를 다스림에 있어서 확실히 제경공과 같은 잘못은 없었소. 나는 18세에 처음으로 국사를 처리하기 시작하여 북쪽으로는 유무주劉武周를 소멸하고, 서쪽으로는 설거薛擧를 평정하였으며, 동쪽으로는 두건덕竇建德과 왕세충王世充을 생포했소. 24세에 천하를 평정하였고, 29세에 제위에 올랐소. 사방의 외족들이 항복하여 귀순했으며, 천하가 평안하여 일이 없게 되었소. 고대의 영웅과 반란을 평정한 군주도 따라잡지 못한다고 느끼고 자못 스스로 긍지를 가졌는데, 이것이 나의 잘못이오. 하늘에서 흉조를 보이는 것이 진실로 이 때문이오? 진시황秦始皇이 육국을 평정하고, 수양제는 천하의 재물을 차지하여 교만하고 나태해져 한순간에 멸망하였소. 나 또한 어찌 교만할 수 있겠소? 이러한 것들을 생각하면 걱정과 두려움을 금치 못하겠소!"

위징이 진언하여 말했다.

"신은 고대의 제왕들은 재앙이나 이변을 만난 적이 없다고 들었습니다. 오직 덕정을 시행해야만 재앙과 변이가 자연스럽게 소멸됩니다. 폐하께서는 천하에 혜성이 출현했기 때문에 경계하며 두려워하여 다시 생각하고, 깊이 자신의 잘못을 꾸짖고 있습니다. 설령 이와 같은 흉조가 있더라도 반드시 재앙이 될 수는 없을 것입니다."

오래 가꾼 아름드리나무의 잎

정관 11년, 큰비가 내려 곡수穀水가 범람하였다. 낙양성을 뚫어 낙양궁까지 물이 들어왔다. 수위가 평지로부터 5척 높이나 되었다. 사묘寺廟가 열 중 아홉은 물에 잠겼고, 7백여 가구가 침수되었다. 태종이 곁의 신하들에게 말했다.

"내가 덕이 없어 하늘에서 재앙을 내렸소. 내가 보고 듣는 것이 분명하지 않고 형벌이 지나쳤기 때문에 음양의 운행에 혼란이 발생하고 비 또한 이상하게 내린 것이오. 백성을 불쌍히 여기고 나 자신을 탓하며 깊이 근심하오. 내가 또 무슨 마음으로 혼자 맛있는 음식을 받겠소? 상식尙食[8]으로 하여금 고기반찬은 그만두고 채소반찬을 올리도록 하시오. 문무백관 모두 밀봉한 상소문을 올려 나의 잘잘못을 낱낱이 말하시오."

---

8) 관직명이다. 제왕의 음식을 관장하는 일을 담당했다. 진시황 때 상식을 두었고, 후한 이후에는 태관太官·탕관湯官이 그 직책을 담당했다.

중서시랑中書侍郎 잠문본岑文本이 밀봉한 상소문을 올려 말했다.

"신은 난리를 평정하는 일을 시작할 때 그 성공은 어렵고, 이미 성공한 기업基業을 지키는 것도 쉽지 않다고 들었습니다. 그러므로 편안할 때 위험을 생각하는 것, 이것은 기업을 안정되게 하기 위함입니다. 일을 할 때 시작과 끝이 분명한 것은 기업을 공고히 하기 위함입니다.

현재 비록 억만 백성이 태평무사하며 변방이 평정되어 편안하지만, 혼란과 멸망이 있은 지 얼마 지나지 않았고 여전히 쇠퇴하고 궁핍하여 호구 수의 감소 또한 매우 많으며, 농지 개간은 매우 적습니다. 폐하께서 펼친 은혜가 널리 뒤덮고 있지만 역사적인 상처는 아직 회복되지 않았습니다. 덕교의 기풍은 전국적으로 미쳤지만, 재물은 여전히 궁핍함을 느낍니다.

옛사람들은 [천하를 안정시키는 것을] 나무를 심는 것에 비유했습니다. 시간이 오래되면 나뭇가지와 잎이 무성합니다. 만일 나무를 심은 시간이 짧고 근본이 튼실하지 못하면, 비록 옥토를 덮고 봄날의 햇살이 따뜻하게 비추어도 누군가 흔들면 반드시 말라버릴 것입니다.

오늘날의 백성은 이러한 상황과 매우 유사합니다. 항상 아끼고 기르면 나날이 번성합니다. 하루아침에 징발하여 부역하면 시간이 지남에 따라 시들고 고갈됩니다. 시들고 고갈됨이 지나치면 백성은 살길이 없습니다. 백성이 살길이 없으면 원한이 넘쳐흐를 것이고, 등지고 반역하는 마음이 생길 것입니다.

순임금은 이렇게 말했습니다. '사랑할 만한 건 임금이 아닐까? 두려워할 만한 건 백성이 아닐까?' 공안국孔安國은 이 말을 해석하여 '백성은 군주를 성명性命으로 삼기 때문에 군주가 사랑스러운 것이다. 군주가 무도하면 백성은 그를 등지기 때문에 백성을 두려워한다.'라고 했습니다. 공자는 '군주는 배와 같고 백성은 물과 같다. 물은 배를 띄울 수 있지만 또 뒤집을 수도 있다.'라고 했습니다. 그리하여 고대의 지혜로운 군주가 비록 편안해도 그 편안함을 누리지 않고, 하루하루 더욱 근신한 것은 이 때문입니다."

군주가 도리를 다하면 재앙은 복으로 바뀐다

"폐하께서 천하 고금의 일을 종합적으로 관찰하고, 안전과 위험의 관건을 고찰하며, 위로는 나라를 중시하고 아래로는 억만 백성을 마음에 담아두기를 바랍니다. 인재의 선발과 기용을 분명하게 하고, 포상과 징벌에 있어서는 삼가야 하며, 어질고 착한 사람을 기용하고 이익을 추구하는 소인을 물리쳐야 합니다. 자신의 과실을 들으면 즉시 바로잡고, 간언을 듣는 것은 물이 아래로 흐르는 것처럼 순리가 있어야 합니다. 좋은 일을 할 때는 주저하거나 의심하지 말아야 하며, 명령을 내릴 때는 반드시 신의를 지켜야 합니다. 정신을 기르고 사냥하는 오락을 줄이십시오. 사치를 없애고 절약을 전하십시오. 부역의 비용을 줄이십시오. 힘을 다해 나라 안의 안녕을 구하고, 변방을 개척하려고 하지 마십시오. 활과 화살을 감추어두되 전쟁에 대비하고 있어야 합니다.

무릇 이러한 문제들은 비록 나라를 다스리는 변함없는 도리이고 폐하께서 항상 실행하는 것이지만, 어리석은 제가 폐하께 바라옵건대 이러한 문제를 늘 생각하고 행동함에 있어서 게을리하지 마십시오. 그리하면 완벽한 도덕은 삼황오제三皇五帝와 융성함을 비교할 수 있고, 억만년의 제업은 천지와 함께 장구할 것입니다.

설령 상桑과 곡穀[9]이라는 나무에 괴상한 일이 발생하고, 용과 뱀이 재앙을 일으키고, 들새가 솥의 귀에서 울며, 진晉나라 땅의 돌이 말을 할지라도 재앙을 복으로 바꿀 수 있고, 변이를 길상으로 만들 것입니다. 하물며 홍수의 재앙은 자연의 이치인데, 어찌 하늘이 질책하여 폐하의 마음을 얽어매려는 것이라고 할 수 있겠습니까?

신은 이러한 말을 들었습니다. '농부는 일을 하고 군자는 교화를 펴며, 어리석은 사람은 말을 하고 지혜로운 사람은 선을 택하여 따른다.' 망령되게도 저는 이처럼 얕은 의견을 서술하였습니다. 땅에 엎드려 주살되기를 기다립니다."

태종은 그의 건의를 깊이 받아들였다.

---

9) 뽕나무와 닥나무. 상桑은 상喪과 같고, 곡穀은 생生과 같다. 《사기》〈은본기〉에 따르면, 은 고종殷高宗 때 궁궐에 뽕나무와 닥나무가 나서 하루저녁에 두 손아귀만큼 자라자 사람들이 불길하게 여겼다. 신하 이척伊陟의 말을 듣고 고종이 덕을 쌓자 나무가 말라 죽었다고 한다.

제40편

신종(愼終: 신중한 끝맺음)

【해제】

‘시종여일始終如一’이라는 말이 있다. 처음과 끝이 하나같다는 말로, 일관성 있는 행동을 의미한다. 대개 나라를 다스리는 자든 공부를 하는 학생이든 간에 처음에는 큰 목표를 향해 한길로 나아가려고 한다. 그러나 시간이 흐르면서 그 각오가 퇴색되어 이전 사람의 전철을 밟는 경우가 숱하며 군주 또한 창업 초기의 마음 자세를 유지하는 것이 결코 쉽지 않다.

〈신종〉 편에서는 무슨 일을 하든 간에 처음의 마음가짐을 잊지 말고 끝까지 신중하게 추진할 것을 언급하고 있다.

혼란스러운 미래를 대비하라

정관 5년, 태종이 곁에서 모시는 신하들에게 말했다.

"옛날부터 제왕들도 항상 교화할 수는 없었으니 국내가 안정되면 반드시 나라 밖이 소란스러웠소. 현재 먼 곳의 외족은 모두 복종하고 농가는 모두 풍성하게 수확을 했소. 도적들이 나오지 않고 안팎이 모두 평정되었소. 이것은 결코 나 개인의 힘으로 된 것이 아니라 사실상 여러분이 보좌한 결과인 것이오.

그러나 평안할 때는 위험을 잊지 말아야 하며, 잘 다스려지고 있을 때는 반란을 잊지 말아야 하오. 비록 오늘날의 태평무사함을 알지라도 어떻게 하면 시종여일 그리할 수 있는지를 고려해야만 하오. 항상 이렇게 할 수 있으면 매우 귀하게 여길 만하오."

위징이 말했다.

"옛날부터 군주와 신하는 완전무결할 수는 없었습니다. 어떤 때는 군주는 성군이지만 신하가 어질지 못했습니다. 어떤 때는 어진 신하가 있으면 성군이 없었습니다. 현재 폐하께서는 밝으시기 때문에 천하가 다스려지는 것입니다. 과거에 어진 신하는 있었지만 군주가 교화할 생각을 하지 않았다면 어떤 이익도 없었을 것입니다. 오늘날 천하는 비록 태평스러울지라도 우리는 만족하며 기뻐할 수 없습니다. 오직 폐하께서 안정된 상황에서 재앙과 혼란을 생각하며 게으르지 않도록 노력하기를 바랄 뿐입니다."

군주의 욕망을 채우면 대업을 완수하기 어렵다

정관 6년, 태종이 곁에서 모시고 있는 신하들에게 이렇게 말했다.

"옛날부터 군주가 좋아하는 일을 하면 대부분 그의 대업을 지킬 수 없었소. 한고조漢高祖 유방劉邦은 사수정泗水亭의 정장亭長에 불과했으나[1)] 처음부터 백성을 위험 속에서 구제하고, 포악한 정치를 실행하던 강력한 진秦나라를 멸망시킬 수 있었으므로 제업을 성취하였소. 그러나 또 10여 년이 지난 후 그 역시 교만하고 안일해져 과거의 그와 같은 성취를 보존하지 못했소. 무엇에 근거하여 이러한 것을 알겠소?

한혜제 유영劉盈은 맏아들의 신분으로 태자가 되어 온화, 공경, 인애, 효도를 실천하였소. 그런데 한고조는 애첩의 말을 듣고 척부인戚夫人 소생의 조왕趙王 여의如意를 태자로 삼고 유영을 폐위하려고 했소. 소하蕭何와 한신韓信은 한왕조를 세운 공훈이 매우 높았지만 소하는 후에 난을 입어 구금되었고,[2)] 한신도 관직에서 쫓겨났다가 살해되었소.[3)] 남은 공신 영포英布[4)] 등은 두렵고 불안하여 유방을 반역하게 된 것이오. 군주와 신하, 아버지와 아들 사이가 이처럼 어그러졌으니 어찌 공업을 보존하기 어려운 명백한 증거가 아니겠

---

1) 유방은 처음에는 사수정장이 되었다. 진한秦漢 때 10리마다 정을 하나씩 설치하여 지방 치안기구로 삼았다. 정에는 정장이 있어 치안, 경호, 여행객의 잡무를 담당했다.

2) 소하는 일찍이 백성을 위해 황가의 정원이나 숲의 공터를 농지로 바꿀 것을 건의하였다. 이에 유방은 매우 노여워했고, 소하를 정위廷尉로 넘겨 형구를 씌워 며칠간 구금했다.

3) 어떤 사람이 한신이 모반하려 한다고 밀고하자, 유방은 진평陳平의 계책을 사용하여 초왕 한신을 체포하고 회음후淮陰侯로 강등시켰다. 후에 진희陳豨가 모반했을 때 여후呂后가 한신을 속여 궁궐로 유인하여 체포한 후 참수하고 삼족을 멸했다.

소? 그런 까닭에 나는 천하가 안정되었다고 안심하지 않고 항상 위태와 멸망을 생각하여 경계할 것이오. 그리고 사직을 끝까지 보존하겠소."

책 속에 나라를 다스리는 근본이 있다

정관 9년, 태종이 궁궐의 고위 관원들에게 말했다.

"나는 두 손을 모으고 단정히 앉아 아무것도 하지 않았지만 다스려졌고, 사방의 이족들이 모두 우리 조정으로 귀순했소. 이것이 어찌 나 개인의 힘으로 도달할 수 있었던 것이겠소. 진실로 여러분이 온 힘을 다해 도와주었기 때문이오! 마땅히 좋은 시작과 끝을 생각하고 영원히 위대한 업적을 공고히 하고, 자자손손 대대로 서로 보좌하는 것을 생각해야 하오. 위대한 공훈과 두터운 이익이 후대까지 이어지도록 하고, 수백 년 뒤 어떤 사람이 우리 조대의 역사를 읽을 때 위대한 공훈과 번영한 대업이 눈부셔 장관이라고 느끼도록 하시오. 어찌 주왕조, 전한, 후한의 광무제와 명제의 전장제도典章制度만을 칭송할 수 있겠소?"

방현령이 기회를 타서 진언하여 말했다.

"폐하의 겸손한 마음이 공로를 신하에게 돌렸습니다. 정치적으로

4) 한나라 초기의 제후왕이다. 일찍이 얼굴에 글자를 새겨 먹을 입히는 벌을 받았기 때문에 경포黥布라고도 한다. 진秦나라 말기 농민봉기 때는 병사를 일으켜 항우의 선봉장이 되었다. 초나라와 한나라 전쟁 때는 초나라를 등지고 한나라로 귀의하여 회남왕淮南王으로 봉해졌으며, 유방을 따라 해하垓下에서 항우를 멸망시켰다. 개국 공신들이 피살되자 반란을 일으켰으나 실패하고 달아났다가 주살당했다.

태평성대를 이룬 것은 근본적으로 폐하의 큰 덕에 있는 것이지, 신하가 어떤 힘이 있겠습니까? 폐하께서 시종 훌륭하여 천하가 영원히 행복하기를 바랄 뿐입니다."

태종이 또 말했다.

"내가 보기에 옛날의 이전 왕조에서 반란을 평정한 군주의 나이는 모두 40세가 넘었는데, 한나라 광무제만은 33세였소. 그러나 나는 18세에 병사들을 이끌고 전쟁을 하였고, 24세에 천하를 평정하였으며, 29세에는 천자의 자리에 올랐소. 이것은 무공 방면에 있어서는 고대의 군주를 뛰어넘는다고 할 것이오.

젊었을 때는 군대를 따라 전쟁을 하느라 책 읽을 시간이 없었고, 정관 이래로는 손에서 책을 놓지 않고 독서를 하여 교육 감화의 근본적인 방법을 알았으며, 나라를 다스리는 근본을 발견하게 되었소. 몇 년간 공부를 하여 천하는 크게 다스려졌고, 풍속이 바뀌었으며, 자녀는 효도하고 순종하였으며, 신하들은 충성스럽고 곧았소. 이것은 문치文治 방면에서 고대를 뛰어넘는 것이오.

과거 주나라와 진秦나라 이후로 이족은 중원을 침략했지만, 오늘 외족들은 무릎을 꿇고 투항했으며, 모두 우리 당나라의 신하가 되었소. 이것 또한 먼 곳의 나라를 어루만진 것이 옛사람을 뛰어넘은 것이오. 이 세 방면에 있어서 나는 어떤 덕행으로 감당하겠소? 이미 이러한 공덕과 업적이 있는데, 어찌 시종 훌륭하기를 생각지 않을 수 있겠소?"

초심을 간직하라

정관 12년, 태종이 곁에서 모시는 신하들에게 말했다.

"나는 책을 읽을 때 과거의 군주가 한 좋은 일을 보고는 그것을 모방하여 실천하려고 노력하며 게으르지 않았소. 내가 임용한 여러 분은 확실히 어진 신하라고 생각했소. 그러나 나라의 다스림의 수준이 삼황오제의 시대와 비교되지 않는 것은 무엇 때문이오?"

위징이 대답했다.

"현재 사방의 이족은 귀순하여 공물을 바치고, 천하가 태평하여 일이 없음은 진실로 옛날부터 없었던 것입니다. 그러나 옛날의 제왕이 처음 보위에 올랐을 때는 모두 최선을 다해 나라를 잘 다스리려고 했으며, 사적은 요나 순임금과 서로 비교할 만했습니다. 그러나 안락할 때는 교만하고 사치스러우며 방탕하고 안일해져 끝까지 좋은 일을 하는 자가 없었습니다.

신하가 처음 기용되었을 때는 모두 군주를 보좌하고 시국을 구제하여 직稷과 설契의 업적을 추종하려고 했습니다. 그러나 부귀해졌을 때는 관직과 작위를 보존하려고만 할 뿐 충성과 절개를 다할 수 없었습니다. 만일 군주와 신하로 하여금 항상 게으르지 않고, 각자의 위치에서 처음부터 끝까지 잘하게 한다면, 천하가 잘 다스려지지 않음을 걱정하지 않아도 자연스럽게 고대를 뛰어넘을 수 있습니다."

태종이 말했다.

"진실로 그대가 말한 것과 같소."

검약을 실천하라

정관 13년, 위징은 태종이 끝까지 근검절약하지 못하고 근래에는 사치와 방종을 매우 좋아하는 것을 걱정하여 상소문을 올려 간언하였다.

"신이 고대의 제왕이 하늘의 명을 받아 왕조를 건립한 일을 살펴보면, 모두 강산을 자손만대까지 전하려 하고, 남겨진 것을 모두 자손에게 전하려고 했습니다. 때문에 조정에 앉아 옷을 늘어뜨리고 손을 모은 채 천하에 호령하고, 나라를 다스리는 방법에 관해 담론하며, 소박하고 순후함을 숭상하고, 허황되고 화려한 것을 억제했습니다.

인물을 의논함에 있어서는 반드시 충성스럽고 어진 것을 존중하고 숭상하며 사악하고 간사함을 홀시했습니다. 제도를 말할 때는 사치와 낭비를 두절시키고 근검절약을 숭상했습니다. 생산물에 관해 말하면 곡물과 비단을 중시하고 진귀하고 특이한 보물을 가볍게 여겼습니다.

천명을 받은 초기에는 모두 이러한 원칙을 존경하여 따르므로 정치가 맑습니다. 그렇지만 약간 안정된 후에는 대다수가 이러한 정신을 등지고 사회 풍속을 파괴하게 됩니다.

무엇 때문이겠습니까? 지극히 높은 지위와 천하를 다 소유하는 부유함을 지니고, 말을 하면 감히 순종하지 않는 이가 없으며, 일을 하면 사람들이 모두 반드시 복종하고, 공적인 도는 사적인 감정에 의해 가려지고, 예의와 법도가 기호와 욕망에 의해 어그러지기 때문 아니겠습니까?

옛사람이 말하기를 '아는 것이 어려운 것이 아니라 실천함이 어렵다. 그것을 실천함이 어려운 것이 아니라 그것을 끝까지 견지함이 어렵다.'라고 했습니다. 이 말이 매우 옳습니다.

폐하께서는 20세쯤 큰 힘으로 혼란스러운 시국을 구제하고 전국을 평정하였으며, 제왕의 기업을 열었습니다. 정관 초년에는 마침 폐하께서 젊고 힘이 왕성할 때로, 개인의 기호를 억제하고 몸소 근검절약을 실행하여 안팎으로 평정되었으므로 아주 맑은 정치가 나타났습니다.

공로를 논하면 탕임금, 주무왕周武王도 능가합니다. 도덕을 말하면 요임금이나 순임금과 비교해도 별 차이가 없습니다. 저는 폐하 가까이에 선발되어 10여 년 동안 항상 폐하를 모셨으며, 여러 차례 밝은 뜻을 들었습니다. 폐하께서는 항상 인애와 정의로써 나라를 다스리는 이치를 지키고 잃지 않았습니다. 또한 검소함과 절약하는 마음도 처음부터 끝까지 변함이 없었습니다. '한마디 말이 나라를 일으킨다.〔一言興邦〕'는 말이 바로 이것을 가리킵니다. 폐하의 지극한 이치와 밝은 말이 신하의 귓가에서 울리고 있는데, 어떻게 감히 그것을 잊겠습니까?

그러나 근 몇 년 이래로 폐하께서는 지난날의 뜻을 약간 어겼으며, 순후하고 소박한 정신은 점점 끝까지 견지할 수 없게 되어갔습니다. 삼가 제가 알고 있는 것을 아래에 열거하겠습니다.

폐하께서는 정관 초년에 백성을 번거롭게 하지 않고 탐욕을 품지 않았으며, 맑고 안정된 교화를 멀리 황무지까지 펼쳤습니다. 그러나 근래의 상황을 잠시 살펴보면, 이러한 기풍은 점점 소실되고 있습니다. 폐하의 언론은 멀리 상고 시기의 성명한 제왕들을 넘어서고 있지만, 실적에 있어서는 평균 수준의 군주도 넘지 못하고 있습니다. 무엇에 근거하여 이처럼 말하겠습니까? 한문제, 진무제晉武帝는 모두 고대의 영명한 제왕이 아니지만, 한문제는 천리마를 받지 않았고,[5] 진무제는 꿩 털로 만든 갖옷을 불태웠습니다. 그러나 폐하께서는 현재 만 리 밖까지 사람을 파견하여 준마를 찾고 있으며, 외국으로 가서 진귀한 물건을 구하고 있어 길 가는 백성들로부터 질책당하며 외족들의 경시를 받고 있습니다.

이것이 폐하께서 끝까지 견지하지 못하는 첫 번째 항목입니다."

5) 한문제 때 어떤 사람이 천리마를 공물로 바치자 문제는 공물을 바친 자에게 여비를 주어 천리마를 데리고 돌아가도록 명령했다.

조심하고 삼가라

"과거 자공子貢[6]은 공자에게 백성을 가르치고 다스리는 이치를 구하였는데, 공자는 이렇게 말했습니다.

'썩은 새끼줄로 여섯 필의 말이 이끄는 수레를 부리는 것처럼 조심하고 삼가라.'

자공이 말했습니다.

'무엇 때문에 그렇게 두려워합니까?'

공자가 대답했습니다.

'도의로써 백성을 이끌지 않으면 백성은 원수가 되어 원한을 가질 것이다. 내가 어떻게 두려워하지 않을 수 있겠는가?'

《상서》에서는 이렇게 말했습니다.

'백성은 나라의 근본이다. 근본이 견고해야 나라가 비로소 안정된다.'

백성의 위에 있는 군주가 어떻게 조심하며 근신하지 않겠습니까? 폐하께서는 정관 초년에 백성을 대함이 마치 당신이 상처를 입은 것처럼 관심을 기울이셨습니다. 그들의 고생을 불쌍히 여기셨습니다. 백성에 대한 사랑이 자식에 대한 사랑과 같았습니다. 스스로 항상 소박하고 절약하는 기풍을 유지하려고 하여 대규모의 토목공사를 일으켜 궁궐을 짓지 않았습니다.

---

6) 성은 단목端木이고 이름은 사賜이며 위衛나라 사람이다. 공자의 제자로 변설에 능하여 공자가 항상 그것을 누르곤 했다. 자공은 시세를 보아 물건을 매매하여 이익을 챙기는 것을 좋아해 집 안에 천금을 쌓아두기도 했다. 또한 국가 간의 힘겨루기에도 관여하여 노나라를 존속시키고 제나라를 혼란에 빠뜨렸으며, 오나라가 망하게 하고 진晉나라가 강국이 되게 하고, 월나라가 패가가 되도록 하였다.

그러나 최근 몇 년 이래로 마음은 사치와 사욕으로 가득 차 있고, 순식간에 겸허함과 절약을 잊었으며, 인력을 가볍게 동원했습니다. 또 '백성이 일이 없으면 교만하고 방만해지고 끊임없이 일을 하게 하면 부리기 쉽다.'라고 했습니다. 옛날부터 백성의 편안함과 즐거움이 나라의 쇠망을 야기한 적은 없었습니다. 백성이 교만해지고 방만할까 두려워 고의로 그들을 수고롭게 합니까? 이것은 아마도 나라를 흥하게 하는 정확한 언론이 아닐 것입니다. 또 어떻게 이것이 백성을 편안하게 하는 원대한 계책이겠습니까?

이것이 폐하께서 끝까지 견지하지 못하는 두 번째 것입니다."

자신을 억제하는 것이 모두를 이롭게 하는 것이다

"폐하께서는 정관 초년에는 자신이 누릴 것을 억제하여 백성이 이익을 얻도록 하였습니다. 그러나 오늘날에 이르러서는 개인적인 욕망만을 따르며 백성을 수고롭게 합니다. 겸손하고 절약하는 기풍은 해마다 바뀌고 교만과 사치가 나날이 늘고 있습니다. 비록 백성에 대해 관심의 말을 끊임없이 할지라도 스스로 향락을 추구하는 일을 오히려 마음속에 생각하고 있습니다.

어떤 때는 궁궐을 지으려고 할 때, 누군가 이 문제로 간언할까 봐 '만일 궁궐을 짓지 않으면 내 몸이 매우 불편할 것이오.'라고 했습니다. 신하 된 자로서 어떻게 다투어 간언할 수 있겠습니까? 이것은 한마음으로 간언하는 사람의 입을 막는 것입니다. 어떻게 좋은 의견을 선택하여 실행할 수 있겠습니까?

이것이 폐하께서 견지하지 못하는 세 번째 것입니다."

소인을 멀리하라

"입신처세의 성공과 실패는 외적 환경에 달려 있습니다. 향기로운 풀 가까이에 있으면 향기가 몸에 배고, 냄새 나는 고기 가까이에 있으면 나쁜 냄새가 몸에 뱁니다. 가까이 있는 사람들을 삼가고 깊이 생각하지 않을 수 없습니다.

폐하께서는 정관 초년에 명성과 절조를 힘써 닦으시고 사적인 감정으로 사람을 취하지 않았습니다. 오직 훌륭한 사람이 있으면 교류하고, 군자를 가까이하고 아꼈으며, 소인을 멀리하고 배척했습니다.

현재는 그와 같지 않습니다. 경솔하게 소인을 가까이하고, 아주 적은 예절로써 군자를 존중하고 있습니다. 명목상으로는 군자를 존중하지만 실제로는 멀리합니다. 명목상으로는 소인을 경시하지만 실제로는 그들을 아주 가까이합니다. 가까이하는 소인을 대하면 그의 잘못을 보지 못하고, 거리를 두고 있는 군자를 보면 그의 장점을 알지 못합니다. 군자의 장점을 모르면, 이간하려는 의도가 없어도 저절로 소원해지고, 소인의 결점을 보지 못하면 때때로 자연스럽게 가까워집니다. 소인을 매우 가까이하는 것이 나라가 제대로 다스려지는 방법은 아닙니다. 군자를 멀리하는 것이 어찌 나라를 일으키는 바른길이겠습니까?

이것이 폐하께서 끝까지 견지하지 못하는 네 번째 것입니다."

근본에 충실하라

"《주서》〈여오〉에서는 이렇게 말했습니다.

'이익이 없는 일을 하여 유익한 일에 손해를 끼치지 않으면 대업은 성공하는 것이다. 기이한 물건을 진귀하게 여기고 일상용품을 경시하지 않으면 백성은 풍족할 것이다. 개와 말은 본토에서 기르지 않으며, 진귀한 짐승은 도성 안에서 기르지 말라.'

폐하께서는 정관 초년에는 요임금과 순임금을 따라 황금과 아름다운 옥을 버리고 순박한 본성으로 돌아갔습니다. 근래 몇 년 이래로 폐하께서는 특히 기괴하고 얻기 어려운 물건을 좋아하여 멀리 있어도 구하려고 합니다. 진기한 완구의 제작은 멈출 때가 없습니다. 폐하께서는 사치와 낭비를 좋아하면서 신하와 백성에게는 돈후하고 소박하기를 바라고 있으니, 그것은 불가능한 일입니다. 상업과 수공업을 지나치게 일으키면서 농업의 풍성한 수확을 요구하니, 이것이 불가능한 일임은 또한 매우 분명합니다.

이것이 폐하께서 끝까지 견지하지 못하는 다섯 번째 것입니다."

감정에 따라 인물을 평가하지 말라

"정관 초기에 폐하께서는 몹시 갈증이 나는 것처럼 어질고 재능 있는 자를 구하였습니다. 어진 사람이 추천한 인재를 믿고 등용하였습니다. 그들의 장점을 받아들이고 항상 받아들임에 부족함이 있을까 걱정하였습니다.

그러나 최근 몇 년 이래로 개인적으로 좋아하고 싫어하는 것에 따라, 어떤 때는 많은 사람이 좋다고 추천하여 임용한 자를 오직 한 사람의 비방만 있어도 버립니다. 어떤 때는 여러 해 동안 믿고 임용하고, 또 어떤 때는 하루아침에 의심하고 멀리합니다. 사람에게는 평소 행동이 있고, 일에는 성취한 공적이 있습니다. 그러므로 사람을 헐뜯는 자는 추천된 사람에 비해 믿을 필요가 없습니다. 다년간의 행위가 하루아침에 소실되어선 안 됩니다.

군자의 포부는 열심히 인의를 실행하여 성대한 공덕을 날리는 것이고, 소인의 본성은 참언과 아첨을 좋아하여 자기의 이익을 도모하는 것입니다. 폐하께서는 그 근원을 살피지 않고 가볍게 상벌을 내리십니다. 이것은 도의를 받들어 실행하는 사람이 나날이 멀어지게 하고, 기회를 보아 이익을 취하는 소인이 나날이 발탁되게 하는 것입니다. 이 때문에 사람들은 단지 구차하게 편안함만을 구할 뿐 그 누구도 전심전력으로 나라를 위해 노력하지 않습니다.

이것이 폐하께서 끝까지 견지하지 못하는 여섯 번째 것입니다."

빈번한 사냥은 재앙을 부른다

"폐하께서는 제위에 올랐을 때 존귀한 자리에 있으면서 먼 곳까지 보았으며, 일을 처리함에 있어서는 백성을 번거롭지 않게 하는 것만을 구하고, 마음속으로는 개인의 기호나 욕망을 품지 않았습니다. 안으로는 새나 토끼를 사냥할 때 쓰는 긴 자루가 달린 작은 그물과 주살을 없애고, 밖으로는 사냥의 근원을 단절했습니다.

몇 년 후에는 원래의 뜻을 고수할 수 없게 되었습니다. 비록 오랜 시간의 방종과 유희는 없었지만 때때로 1년에 세 차례에 국한된 사냥 제도를 어겼습니다. 그리하여 사냥의 환락이 백성에게 질시를 받고, 올빼미나 개를 공물로 바치는 것은 멀리 사이四夷까지 이르렀습니다.

어떤 때는 무예를 가르치는 곳이 멀어 새벽을 가르고 출발했다가 깊은 밤이 되어서야 돌아옵니다. 질주하는 말로써 환락을 삼고,

예측하기 어려운 변고를 고려하지 않습니다. 만일 예측하지 못한 재앙이 발생하면 구할 수 있겠습니까?

이것이 폐하께서 끝까지 견지하지 못하는 일곱 번째 것입니다."

군주와 신하 사이에도 예와 충이 필요하다

"공자는 《논어》 〈팔일〉에서 '군주는 예절로써 신하를 부리고, 신하는 충성으로 군주를 섬긴다.'라고 했습니다. 그러므로 군주가 신하를 대할 때는 예의상 조금도 경박할 수 없습니다.

폐하께서 처음 제위에 올랐을 때는 공경하는 태도로 신하들을 대하였습니다. 군주의 은덕은 아래까지 퍼졌으며, 신하들의 생각은 군주에게 이르렀습니다. 위아래가 모두 같은 마음으로 힘을 다하려고 했으며, 마음속에 숨기거나 꺼리는 것이 없었습니다.

그러나 근년 이래로 소홀히 한 점이 많았습니다. 어떤 경우는 지방 관리가 일에 대해 보고하기 위해 조정으로 들어와 군주를 만나 임지에서 본 일을 말하려고 해도 얼굴을 기대할 수 없고, 원하는 것이 있어도 은혜를 받지 못했습니다. 어떤 경우는 신하의 부족한 점으로 인해 작은 과실을 힐책합니다. 비록 총명하고 민첩하며 언변이 뛰어난 재능이 있어도 그 내심의 맑은 충심을 표현하기는 어려울 것입니다. 이러한 상황에서 위아래가 같은 마음과 덕을 가지며,

군주와 신하가 융합하기를 바라는 것은 또한 너무 어렵지 않겠습니까? 이것이 폐하께서 끝까지 견지하지 못하는 여덟 번째 것입니다."

겸손만이 교만과 탐욕에서 구해줄 수 있다

"교만함을 자라게 해선 안 됩니다. 욕망을 마음대로 내버려두어서는 안 됩니다. 즐거움을 구해서는 안 됩니다. 원하는 것이라도 분수를 넘어 만족을 구해서는 안 됩니다.[7] 이 네 가지는 이전 시대 제왕들이 복을 구한 방법이고, 사리에 통달한 어진 사람이 깊은 경계로 삼은 것입니다.

폐하께서는 정관 초년에는 부지런히 노력하고, 자기를 굽혀 다른 사람을 따랐으며, 항상 충분하지 못하다고 느꼈습니다. 근년 이래로 약간 교만하고 방종해져 자신의 공업이 크다고 여기고 내심 이전 시대의 군왕을 멸시하고 있습니다. 스스로 성현의 지혜와 총명함을 갖추었다고 자부하여 마음속으로 그 시대의 인물을 경시합니다. 이것은 교만을 키우는 것입니다. 마음속으로 무언가를 생각하면 모두 마음대로 요구하고, 설사 때때로 자기감정을 누르고 간언을 들어도 결국에는 자기가 하려고 한 일을 잊지 못합니다. 이것이 사욕을 채우는 것입니다.

마음을 유희에 두며 이런 마음을 누르지 않았을 때는 정치에 완

---

7) 《예기》〈곡례〉에 나온다.

전히 장애를 주지는 않아도 한마음으로 나라를 다스릴 수는 없습니다. 이것이 도를 넘어서는 오락입니다. 천하가 안정되고 이족이 귀순하였습니다. 그런데 여전히 변방에서는 병사를 일으켜 사람들을 수고롭게 하고, 먼 곳의 이족에게는 병력을 사용하여 죄를 묻습니다. 이것은 지나치게 자기 마음을 만족시키는 것입니다.

친근한 사람은 폐하의 뜻에 영합하여 진술하지 못하고, 소원한 사람은 폐하의 위엄을 두려워하여 또 감히 간언하지 못합니다. 이와 같은 상황이 장기간 누적되어 멈추지 않으면 반드시 폐하의 고상한 품덕에 해가 될 것입니다.

이것이 폐하께서 끝까지 견지하지 못하는 아홉 번째 것입니다."

군주의 정성 앞에서는 재앙도 무색해진다

"과거 도당陶唐·성탕成湯 시대에도 하늘이 내린 재앙과 사람이 만든 재앙이 있었습니다. 그런데도 그들의 숭고한 덕행을 칭송한 까닭은 그들의 처음과 끝이 한결같았기 때문입니다. 백성을 고달프게 하지 않았으며, 사욕을 부리지 않았기 때문입니다. 재앙을 만나면 매우 걱정하며 정사에 부지런했고, 세월이 안정되어도 교만하거나 자만하지 않고 방종하지 않았기 때문입니다.

정관 초년, 해마다 서리와 한발이 발생하여 수도 부근의 백성은 전부 동관潼關 밖으로 흘러갔고, 노인을 부축하고 어린아이의 손을 잡고 오간 지 몇 년이 되었으나 한 가구도 도망친 자가 없었습니다. 고통스럽다고 원망하는 말 한마디가 없었습니다. 이것은 진실로 백성이 폐하가 불쌍히 여기고 돌보려는 마음을 느꼈기 때문에 설사 죽을지라도 등지고 떠나지 않은 것입니다.

그러나 근년 이래로 백성은 부역으로 지쳐 있고, 관중의 백성은 고통과 피곤함이 특히 심합니다. 각종 수공업 장인은 복역 기간이 찬 이후에도 전부 남아서 관청의 일을 계속하고 있습니다. 부역하는 병사들은 경성의 부역에 징발되어 또 대다수가 다른 일을 합니다. 관청이 마을에서 구하는 물자는 끊임이 없고, 물자를 보내는 관리가 길에 이어져 있습니다. 이미 병폐가 발생하여 백성을 놀라게 하기 쉽고, 홍수와 가뭄으로 곡식과 보리는 수확하지 못하니, 백성의 마음은 옛날처럼 편안할 수 없을 것입니다.

이것이 폐하께서 끝까지 견지하지 못하는 열 가지입니다."

높이 쌓은 산도 죽롱 하나 차이로 허물어진다

"저는 '복과 재앙이 오는 것에는 일정한 기준이 없다. 이것은 스스로 초래하는 것이다.'라는 말을 들었습니다. 사람들이 과실을 소홀히 하지 않으면 기괴한 일은 쉽게 출현할 수 없습니다. 폐하께서 천하를 다스린 지 벌써 13년이 되었습니다. 도의는 천하에 널리 이르렀고, 위엄 있는 명성은 사해 밖까지 떨쳤습니다. 해마다 오곡이 풍성하고, 예교는 흥성하여 쇠하지 않았습니다. 집집마다 덕행이 가득하고 사람마다 표창할 만하며, 천하는 태평스럽고 백성은 풍족합니다.

그런데 올해는 재앙이 만연하고 한발이 전국 각지에 미쳤습니다. 흉악하고 추악한 것이 재앙이 되어 갑자기 경성 부근에 발생했습니다. 하늘이 무엇을 말할 수 있겠습니까? 하늘은 징조를 나타내어 경고를 하시니, 정말로 폐하께서 놀랄 때이고, 우려하고 정사를 부지런히 할 때입니다.

만일 경계하고 두려워하며 좋은 주장을 선택하여 듣는다면, 주문왕처럼 근신하고 조심하며 은殷나라의 탕임금처럼 자신을 질책할 것입니다. 과거 성공한 제왕이 천하를 크게 다스릴 수 있었던 까닭은 실천에 부지런했기 때문입니다. 지금 덕정이 파괴되었으므로 바로 고치려는 생각을 해야 합니다. 백성들과 함께 옛것을 제거하고 새로운 것으로써 신국면을 열고, 사람들의 견해와 생각을 바꾼다면 제위는 영원히 보존되고 천하의 백성은 매우 행복해할 것입니다. 어찌 재앙과 패망의 문제가 발생하겠습니까?

사직과 강산의 안위, 나라의 태평함과 혼란은 폐하 한 사람에게서 결정될 뿐입니다. 현재 태평스러움의 기초는 이미 하늘 높이까지 이르렀습니다. 그러나 9인仞이나 쌓은 높은 산도 흙을 나르는 죽롱竹籠 하나 차이로 허물어집니다. 현재 천년간 만나기 어려운 이와 같은 좋은 시기는 다시 올 수 없습니다. 영명한 군왕은 본래 실천할 수 있는데도 분발하여 노력하지 않으니 미천한 신하는 이 때문에 마음속이 울적하여 긴 탄식을 금하지 못합니다."

신하의 간언을 받아들여 실천하라

"저는 실제로 어리석고 미천한 탓에 정사의 관건에 통달하지 못하여 대략 본 것 열 가지를 들어 말씀드렸습니다. 폐하께서 신하의 어리석은 말을 받아들이고, 미천한 사람의 생각을 참조하시기 바랍니다. 이익이 될 만한 견해가 성상의 과실을 바로잡아주기를 바랍니다. 그러면 죽어도 살아 있는 것과 같을 것이고, 기쁜 마음으로 형벌을 받을 것입니다."

상소문이 올라오자 태종은 위징에게 이렇게 말했다.

"신하가 군주를 섬기면서 뜻에 순종하기는 매우 쉽지만 군주를 억제하기는 어렵소. 그대는 나를 보좌하는 대신이고, 항상 자기 견해를 진술하여 나에게 바쳤소. 나는 현재 잘못이 있음을 알면 바로잡을 수 있고, 또 끝까지 좋은 일을 할 수 있소. 만일 신이 제시한 이러한 말을 위배하면 나는 또 무슨 얼굴로 그대와 만나겠소? 또 무슨 방법으로 천하를 다스릴 생각을 하겠소? 그대의 상소문을 받은 후로 나는 계속 연구하고 토론하였는데, 말에 힘이 배어 있고 도리 또한 정확하다고 느꼈소. 그것을 병풍에 붙여놓고 아침저녁으로 공손한 마음으로 보고 있소. 또 베껴서 사관에게 주어 천년 이후의 사람들이 군주와 신하 간에 마땅히 준수해야 할 원칙을 알기를 바라오."

태종은 위징에게 황금 10근과 궁중의 명마 두 필을 내렸다.

지키기는 어렵다

정관 14년, 태종이 주위에서 모시고 있는 신하들에게 말했다.

"천하가 평정되었지만 내가 만일 천하를 지키면서 법도를 잃는다면, 공훈과 업적은 지키기 어려울 것이오. 진시황은 처음에는 육국을 평정하고 천하를 차지했으나, 만년이 되어서는 강산을 보존하지 못했소. 이 역사적 교훈은 사실상 경계로 삼아야 하오. 그대들은 마땅히 나라의 이익을 앞세우고 사사로운 이익을 잊도록 해야 하오. 그러면 빛나는 명성과 숭고한 지위는 끝까지 완전하게 보존될 수 있을 것이오."

위징이 대답했다.

"저는 전쟁에서 승리하기는 쉽지만 승리를 지키기는 어렵다고 들었습니다. 폐하께서는 깊이 도모하고 멀리 생각하여 평안할 때 위험을 잊지 마십시오. 공훈과 업적은 이미 매우 현저하며, 도덕과 교화 또한 전국으로 퍼지고 있습니다. 이와 같이 하여 나라를 장기간 다스리면 패망할 이유가 없습니다."

절제하여 끝까지 미덕을 지키라

정관 16년, 태종은 위징에게 말했다.

"근고近古의 과거 제왕들은 제위를 10대나 전했소. [겨우] 1대나 2대를 전하는 것은 스스로 천하를 얻은 후에 스스로 잃은 것이오. 나는 항상 마음속으로 걱정하고 두려워하고 있소. 어떤 때는 백성들을 걱정하여 어루만지지만 백성들은 저마다 도움이 되는 것이 없소. 어떤 때는 또 교만과 방종의 문제가 발생하고, 좋아하고 노여워함에 절제가 없음을 걱정하오. 그러나 자신의 문제점을 스스로 깨닫지 못하는데 경은 나에게 이 점을 일일이 말해주었소. 나는 반드시 그것을 나의 행동 지침으로 삼을 것이오."

위징이 대답했다.

"좋아하고 기뻐하고 노여워하는 감정은 현명한 사람이든 어리석은 사람이든 모두 한가지입니다. 현명한 사람은 그것을 절제할 수 있어 한도를 넘지 않도록 하지만, 어리석은 사람은 그것을 방종하여 제어하지 못하고 부풀립니다. 폐하의 숭고한 덕행은 지극히 높고 원대하며, 평안한 환경 속에서도 위험을 생각할 수 있습니다. 엎드려 바라오니 폐하께서 항상 자신을 억제하여 끝까지 미덕을 지키도록 하십시오. 그리하면 자손만대까지 힘입어 영원히 지속될 것입니다."

참고문헌

許道勳 譯註, 陳滿銘 校閱,《貞觀政要》, 臺北, 三民書局, 2000.

孟芷,《貞觀政要注譯》, 山東教育出版社, 1993.

葉光大 主編,《貞觀政要譯注》, 四川人民出版社, 1987.

葉光大,《貞觀政要全譯》, 貴州人民出版社, 1991.

駢宇騫 注,《貞觀政要》, 中華書局, 2011.

章培恒,《貞觀政要選譯》, 鳳凰出版社, 2010.

朱義禄,《貞觀政要鑑賞辭典》, 中國辭書出版社, 2013.

楊琪,《貞觀政要治道研究》, 巴蜀書社, 2010.

王娟 譯註,《貞觀政要譯注》, 上海三聯出版社, 2010.

原田種成,《貞觀政要 上·下》, 東京 明治書院, 1984.

이중구 외 역,《정관정요집론 1·2》, 전통문화연구회, 2016.

이해원,《당제국의 개방과 창조》, 서강대학교출판부, 2013.

박한제,《대당제국과 그 유산》, 세창출판사, 2015.

김원중,《중국문화사》, 을유문화사, 2000.

김원중, 〈唐代取士제도와 唐詩의 상호관련양상〉,《중국인문과학》 27집, 2003.

김원중 역,《한비자》, 휴머니스트, 2016.

김원중 역,《사기열전》(개정판), 민음사, 2015.

김원중 역,《사기세가》(개정판), 민음사, 2015.

김원중 역,《손자병법》, 글항아리, 2011.

김원중 역,《노자》, 글항아리, 2013.

찾아보기

ㄱ

ㄴ

ㅁ

ㅂ

ㅅ

ㅇ

ㅊ

ㅎ

옮긴이 김원중金元中

성균관대학교 중문과에서 문학박사 학위를 받았다. 대만 중앙연구원과 중국 문철연구소 방문학자 및 대만사범대학교 국문연구소 방문교수, 건양대학교 중문과 교수, 대통령 직속 인문정신문화특별위원, 한국학진흥사업위원장을 역임했다. 현재 단국대학교 사범대학 한문교육과 교수로 재직 중이며, 중국인문학회 부회장을 맡고 있다.
동양의 고전을 우리 시대의 보편적 언어로 섬세히 복원하는 작업에 매진하여, 고전 한문의 응축미를 담아내면서도 아름다운 우리말의 결을 살려 원전의 품격을 잃지 않는 번역으로 정평 나 있다. 《교수신문》이 선정한 최고의 번역서인 《사기 열전》을 비롯해 《사기 본기》, 《사기 표》, 《사기 서》, 《사기 세가》 등 개인으로서는 세계 최초로 《사기》 전체를 완역했으며, 그 외에도 MBC 〈느낌표〉 선정도서인 《삼국유사》를 비롯해 《논어》, 《맹자》, 《대학 · 중용》, 《노자 도덕경》, 《장자》, 《한비자》, 《손자병법》, 《명심보감》, 《채근담》, 《정관정요》, 《정사 삼국지》(전 4권), 《당시》, 《송시》, 《격몽요결》 등 20여 권의 고전을 번역했다. 또한 《고사성어 사전: 한마디의 인문학》(편저), 《한문 해석 사전》(편저), 《문학사와 권력, 권력의 문학사》, 《사기란 무엇인가》, 《중국 문화사》, 《중국문학 이론의 세계》 등의 저서를 출간했고 40여 편의 논문을 발표했다. 2011년 환경재단 '2011 세상을 밝게 만든 사람들'(학계 부문)에 선정되었다. 삼성사장단과 LG사장단 강연, SERICEO 강연 등 이 시대의 오피니언 리더들을 위한 대표적인 인문학 강연자로도 널리 알려져 있다.

정관정요

열린 정치와 소통하는 리더십의 고전

1판 1쇄 발행일 2016년 5월 2일
1판 7쇄 발행일 2022년 12월 26일

지은이 오긍
옮긴이 김원중

발행인 김학원
발행처 (주)휴머니스트출판그룹
출판등록 제313-2007-000007호(2007년 1월 5일)
주소 (03991) 서울시 마포구 동교로23길 76(연남동)
전화 02-335-4422 **팩스** 02-334-3427
저자·독자 서비스 humanist@humanistbooks.com
홈페이지 www.humanistbooks.com
유튜브 youtube.com/user/humanistma **포스트** post.naver.com/hmcv
페이스북 facebook.com/hmcv2001 **인스타그램** @humanist_insta

편집주간 황서현 **편집** 박상경 이수경 **디자인** 김태형 **표지글씨·전각** 강병인
조판 홍영사 **스캔·출력** 이희수 com. **용지** 화인페이퍼 **인쇄** 삼조인쇄 **제본** 경일제책

ISBN 978-89-5862-324-3 04140
ISBN 978-89-5862-322-9 (세트)